L'ÉLYSÉE
(et les oligarques)
CONTRE L'INFO

Jean-Baptiste Rivoire

L'ÉLYSÉE
(et les oligarques)
CONTRE L'INFO

Éditions Les Liens qui Libèrent

Relecture de Jean Stern

ISBN : 979-10-209-1081-3

INTRODUCTION

Attention, bastion démocratique en danger !

Un soir de novembre 2017, je bois un verre avec Éric Colomer, ancien reporter de *Complément d'enquête*, sur France 2. La pluie et le vent balaient les terrasses bordant la place qui dessert la sortie du métro Mairie d'Issy. À dix minutes de là, au siège de France Télévisions, c'est la crise, avec l'annonce de réductions d'effectifs dans l'information. Éric reçoit un texto d'une copine d'*Envoyé spécial*: « On y est : ils viennent de nous annoncer le démantèlement des magazines. Les CDI sont sommés de remonter aux JT [journaux télévisés]. Fin des CDD en juin. Il restera quatre personnes à *Envoyé spécial* et deux à *Complément d'enquête*. Le reste ? Achats extérieurs. [...] C'est la fin des magazines du service public. » Mon confrère est abasourdi. François Hollande avait déjà laissé torpiller l'investigation sur Canal Plus. Son ancien bras droit à l'Élysée, Emmanuel Macron, va-t-il l'anéantir dans son dernier bastion, le service public ? « Tu te rends compte, à France Télé, les magazines, c'est seulement 6 % du budget de l'information[1]. » Même stupeur chez cette journaliste d'*Envoyé spécial* qui fait les comptes : « L'État réclame une économie de 50 millions d'euros sur 3 milliards, ce qui fait une baisse de budget d'environ 1,7 %. Avec ce plan, 66 % des économies à concéder reposeraient sur les magazines d'information[2] ! »

1. Entretien d'Éric Colomer avec l'auteur, 27 novembre 2017.
2. Voir Émilie Gavoille, « Menaces sur les magazines d'info à France 2 », *Télérama*, 24 novembre 2017.

Pour comprendre ce qui se trame en coulisses en cet automne 2017, il faut revenir quelques mois en arrière.

« Sabrer ce qui fait la spécificité du service public » ?

Au printemps de cette année-là, Emmanuel Macron a depuis longtemps trahi François Hollande en se présentant à l'élection présidentielle. Dans son programme, le jeune candidat prévoit d'accélérer la « transformation numérique » de l'audiovisuel public. La coqueluche des éditorialistes parisiens veut concentrer les moyens « sur des chaînes moins nombreuses, mais pleinement consacrées à leur mission de service public ». Quelques mois plus tard, au cœur de l'été 2017, alors qu'Emmanuel Macron s'est installé à l'Élysée, le gouvernement d'Édouard Philippe met brutalement fin à la hausse des crédits budgétaires pour France Télévisions. L'exécutif se justifie avec des formules technocratiques ronflantes : « Big bang de l'audiovisuel », « modernisation de la gouvernance » ou « synergies ». Mais l'objectif semble bien de réduire le financement de l'audiovisuel public.

Dès la rentrée, l'Élysée passe à l'attaque et exige de France Télévisions des économies drastiques : près de 200 millions d'euros sur le quinquennat, dont 50 millions dès 2018. Delphine Ernotte, nommée à la tête du groupe public en 2015, tente d'abord timidement de ramener de 50 à 30 millions d'euros les économies réclamées. Elle argue du fait que le gouvernement veut plus de numérique et une chaîne d'information publique. Comment investir dans ces projets avec moins de moyens ?

L'argument porte auprès de la majorité. Delphine Ernotte obtient l'appui de Marc Schwartz, ancien directeur financier de France Télévisions et directeur de cabinet de Françoise Nyssen, la discrète ministre de la Culture. Puis le soutien de certains conseillers de Matignon. Et même celui d'Ismaël Emelien, le conseiller spécial du président. Mais Emmanuel Macron refuse de céder : France Télévisions devra faire 50 millions d'euros d'économie dès 2018. Le 13 novembre, le quotidien *Le Monde* révèle que, pour atteindre l'objectif présidentiel, le ministère de la Culture envisage de supprimer des chaînes, de fermer les bureaux régionaux de France 2 et de regrouper l'ensemble de l'audiovisuel public (France Télévisions, Radio France, l'INA et France Médias Monde) au sein d'une *holding*[1]. Un *revival* de l'ORTF (Office de radiodiffusion-télévision française), l'hydre gaulliste démantelée en 1974? À France Télévisions, les équipes de Delphine Ernotte font alors un choix surprenant: elles mettent lourdement à contribution les magazines d'information, qui ne représentent pourtant qu'une infime partie du budget du groupe public! «Une procédure normale et un calendrier habituel dans toutes les entreprises, l'exécutif n'a rien à voir là-dedans», m'a affirmé quatre ans plus tard Yannick Letranchant, troisième directeur de l'information de l'ère Ernotte[2].

Le 22 novembre 2017, celui-ci est envoyé au front pour porter la parole de la présidente de France Télévisions. Au micro de *L'instant M*, sur France Inter, il explique que les magazines hebdomadaires *Envoyé spécial* et *Complément d'enquête* pourraient devenir... mensuels. Sonia Devillers, la présentatrice de l'émission, s'en étonne: «C'est quand même la mission du service public d'avoir des soirées entières capables de s'intéresser à l'investigation, de ne pas trembler devant tous les pouvoirs, politiques, économiques, non?

– Ce n'est pas parce qu'il y en aurait un petit peu moins qu'il n'y aurait pas d'investigation, cela ne se mesure pas au kilo, mais à la qualité.

– *Envoyé spécial*, c'est trente-cinq cartes de presse, c'est une toute petite équipe, et vous gérez à France Télévisions un budget de 3 milliards d'euros. Comment en arrive-t-on à sabrer ce qui fait la spécificité du service public sur un budget aussi colossal?

– Toutes les directions font des efforts et la rédaction aussi. [...] On prendra une décision dans les prochains jours. Nous conservons *Envoyé spécial*, *Complément d'enquête*, qui sont des marques très fortes.

– Vous conservez les marques, mais vous supprimez trois numéros sur quatre?

– C'est mieux que de les supprimer totalement!

– Parce que c'est à l'étude aussi?

1. Clarisse Fabre et Alexandre Piquard, «Rassembler France Télévisions et Radio France, supprimer France Ô, les pistes choc du ministère de la Culture», *Le Monde*, 13 novembre 2017.

2. Mail de Yannick Letranchant à l'auteur, 14 juillet 2021.

– On se prend quand même moins 50 millions en 2018, c'est une sacrée somme[1] ! »

Cinq jours plus tard, Yannick Letranchant et Pascal Doucet-Bon, directeur délégué de l'information, réunissent les responsables des magazines de France 2, dont la journaliste Élise Lucet, et confirment des coupes sombres dans les effectifs de journalistes d'investigation. Les trois quarts des reporters de *Complément d'enquête* ou d'*Envoyé spécial* doivent être remerciés ou réaffectés au journal télévisé.

Mais la colère gronde à France Télé. Dès le lendemain de l'interview de Yannick Letranchant sur France Inter, une assemblée générale propose une motion de défiance contre Delphine Ernotte, c'est-à-dire de la démettre de ses fonctions. Les équipes de *Complément d'enquête* et d'*Envoyé spécial* alertent les téléspectateurs via les réseaux sociaux. Élise Lucet dégaine sur Twitter : « Touche pas mon info, les mags du jeudi en danger. » La polémique enfle. Catherine Deneuve et l'ancien garde des Sceaux de François Mitterrand, Robert Badinter, apportent leur soutien aux magazines d'information de France 2. Pour Daniel Schneidermann, le fondateur du site *Arrêt sur images*, l'argument financier n'est qu'une excuse : « Pourquoi censurer des enquêtes dérangeantes, quand il est si simple de faire en sorte qu'elles ne soient jamais réalisées ? Et comment faire en sorte qu'elles ne soient jamais réalisées, sinon en supprimant les postes des journalistes qui pourraient les réaliser ? Au nom, bien entendu, de l'effort budgétaire, demandé à tous[2]. »

Pour Emmanuel Macron, c'est une mauvaise mayonnaise qui prend. Les coupes sombres qu'il exige de l'audiovisuel public risquent d'être accusées de la disparition d'émissions emblématiques appréciées des Français. Plutôt risqué en termes d'image pour le nouveau président. Le 29 novembre 2017, face à cette levée de boucliers, la direction de l'information de France 2 bat en retraite. Elle renonce à supprimer les trois quarts des effectifs d'*Envoyé spécial* et de *Complément d'enquête*. Pour Delphine Ernotte, la présidente de France Télévisions, c'est la Bérézina : non seulement elle n'est pas parvenue à externaliser la production des reportages magazines, mais

1. Sonia Devillers, *L'instant M*, France Inter, 22 novembre 2017.
2. Daniel Schneidermann, « Mieux que la censure, l'étranglement financier », *Rue89*, 27 novembre 2017.

elle s'est de surcroît mise à dos ses journalistes. Elle n'a plus leur confiance pour « préserver la qualité et les moyens de l'information ». La motion de défiance proposée est finalement votée à… 84 %. Et, cerise sur le gâteau, une grève est annoncée.

L'audiovisuel public français, une « honte » selon Macron

Emmanuel Macron, élu avec le soutien des industriels contrôlant les médias privés français (Bernard Arnault, Xavier Niel, Vincent Bolloré, Patrick Drahi, Arnaud Lagardère), se lance alors dans une diatribe rageuse contre Radio France et France Télévisions : « L'audiovisuel public français, je vais vous dire ce que je pense très profondément, est une honte. C'est une honte pour nos concitoyens, c'est une honte en termes de gouvernance, c'est une honte en ce que j'ai pu voir ces dernières semaines de l'attitude des dirigeants. »

Pour « Jupiter », comme on surnomme désormais ce jeune président si sûr de lui, tout est à jeter : « C'est très cher […] pour une production de contenus de qualité variable » ; le système « complètement incestueux » profiterait à des producteurs « abonnés à la commande publique ». Il évoque même les gens « loin de la culture » (*sic*) qui ne trouveraient pas de contenus télévisuels adaptés. Mais cette sollicitude présidentielle pour ses concitoyens les plus fragiles prête à sourire : la majorité ne vient-elle pas de valider au même moment une baisse de cinq euros des aides au logement pour les étudiants ?

Une honte, vraiment ? Prenons l'exemple d'Elice Lucet, figure emblématique du service public et patronne d'*Envoyé spécial* et de *Cash investigation.* Son bureau est à des années-lumière des dorures de l'Élysée. Sur un rayonnage, on peut voir une photo de jeunes manifestants nantais, de noir vêtus et les visages dissimulés, posant derrière une banderole « Élise m'a radicalisé ». Depuis le lancement de *Cash investigation* en 2011, la journaliste s'évertue à percer pour le grand public les secrets du « monde merveilleux des affaires », dit-elle ironiquement. Elle décrypte les stratégies contestables de multinationales et les complaisances politiques dont elles jouissent. Jusqu'à la création de *Cash,* cette critique des effets pervers de la mondialisation était presque taboue à la télévision. Elle l'est toujours sur les chaînes privées.

Houspillant sur France 2 poids lourds de la finance et patrons du CAC 40, Élise Lucet a la cote chez les téléspectateurs, surtout les plus jeunes. Pour chaque numéro de *Cash investigation*, Premières Lignes Télévisions, la société de production créée par Paul Moreira et Luc Hermann après que Canal Plus a supprimé leur *90 Minutes* en 2006, fournit de longues enquêtes fouillées, rigoureuses et souvent accablantes. Des millions de Français ont pris l'habitude de les regarder, majoritairement en *replay*. On peut citer pêle-mêle : « Les vendeurs de maladies », sur les stratégies des laboratoires pharmaceutiques pour inciter à consommer toujours plus de médicaments inutiles, voire dangereux ; « Paradis fiscaux, les petits secrets des grandes entreprises », sur la tendance des multinationales à frauder le fisc ; « Diesel, la dangereuse exception française », ou comment la France, sous Nicolas Sarkozy, a encouragé fiscalement le diesel jusqu'à ce qu'il représente 80 % des achats de véhicules, rendant l'air de nos villes irrespirables ; « Industries agro-alimentaires : business contre santé », sur les réticences des industriels de la malbouffe à informer clairement les consommateurs sur la composition de leurs produits. Et la liste est longue[1].

La popularité d'Élise Lucet ne se limite pas aux moins de trente ans. À l'automne 2017, pas moins de 3,8 millions de téléspectateurs sont bouleversés par un documentaire de *Cash investigation* signé Sophie Le Gall et titré « Travail, ton univers impitoyable ». Elle est alors sacrée « animatrice préférée des Français ». Même le médiateur de l'information de France 2, habitué à recevoir des tombereaux d'insultes, n'en revient pas : « Il n'y a presque que des courriers positifs ! Bien sûr, il y a des gens qui la détestent, [...] mais pas tant que ça. On reçoit beaucoup de lettres d'encouragement qui disent : "Merci ! Merci !" C'est très inhabituel[2]. »

---

1. Voir aussi : « La mort programmée de nos appareils » (1er juin 2012), « Industrie du tabac, la grande manipulation » (7 octobre 2014), « Quand les actionnaires s'en prennent à vos emplois » (3 mars 2015), « Le business de la peur » (21 septembre 2015), « Climat, le grand bluff » (24 mai 2016), « Pédophilie dans l'Église, le poids du silence » (21 mars 2017), « Travail, ton univers impitoyable » (26 septembre 2017), « Plastique, la grande intox » (11 septembre 2018), « Luxe, les dessous choc » (9 octobre 2018), « Implants, tous cobayes » (27 novembre 2018)...

2. Voir Pierre Jaxel-Truer, « Sainte Élise et Lucifer », *Le Monde Magazine*, 10 mars 2018.

Alors pourquoi diable Emmanuel Macron qualifie-t-il l'audiovisuel public de « honte » et tente-t-il de faire croire que les chaînes privées font aussi bien le job[1] ? Le président a-t-il oublié ce mémorable aveu en 2004 de Patrick Le Lay, l'ancien PDG de TF1 : « le métier de TF1, c'est d'aider Coca-Cola, par exemple, à vendre son produit. Or, pour qu'un message publicitaire soit perçu, il faut que le cerveau du téléspectateur soit disponible. Nos émissions ont pour vocation de le rendre disponible : c'est-à-dire de le divertir, de le détendre pour le préparer entre deux messages. Ce que nous vendons à Coca-Cola, c'est du temps de cerveau humain disponible[2] » ? Ou cette sortie de Nicolas de Tavernost, président du directoire du groupe M6, assumant en 2015 des déprogrammations de reportages de l'émission *Capital* susceptibles de déplaire aux annonceurs : « Je ne peux pas supporter qu'on dise du mal de nos clients[3] » ?

Si Emmanuel Macron connaît mal ses classiques médiatiques, le grand public ne s'y trompe pas. Il sait que des émissions telles qu'*Envoyé spécial*, *Complément d'enquête*, *Cash investigation* ou *Pièces à conviction* ont contribué à faire connaître les affaires Pénélope Fillon, Bygmalion et plus tard Alexandre Benalla[4]. Les magazines d'information de France Télévisions, avec *Le Monde*, *Le Canard enchaîné* ou *Mediapart* ont bousculé la République à maintes reprises. Ils ont dévoilé les pratiques contestables de patrons du CAC 40 comme Bernard Arnault (LVMH), Vincent Bolloré (Vivendi), Xavier Niel (Iliad-Free), Patrick Drahi (Altice-SFR) ou Arnaud Lagardère, cinq puissants propriétaires de presse souvent enclins à s'approprier les médias privés pour orienter les choix démocratiques des Français. En 2017, tous soutenaient Emmanuel Macron.

---

1. Voir Laurent Delahousse, « 19 heures le dimanche », France 2, 17 décembre 2017.
2. Les associés d'EIM, *Les Dirigeants face au changement. Baromètre 2004*, Éditions du Huitième jour, Paris, 2004.
3. « Le Supplément », Canal Plus, 31 mai 2015. En septembre 2012, la direction de M6 avait déprogrammé un numéro de *Capital* sur Free mobile, suscitant les protestations de cinquante-sept salariés de la chaîne.
4. Voir Yvan Martinet, Tristan Waleckx , Pierre Monegier, « Interview de Pénélope Fillon », *Envoyé spécial*, 2 février 2017 ; Tristan Waleckx, « Affaire Bygmalion, révélations d'un homme de l'ombre », *Envoyé spécial*, 29 septembre 2016 ; Tristan Waleckx, « Les secrets de l'affaire Benalla », *Envoyé spécial*, 20 juin 2019.

Il ne fait guère de doute que derrière le coup de gueule du locataire de l'Élysée se cachait la volonté d'étouffer ce travail embarrassant ses puissants soutiens, comme ses prédécesseurs avaient avant lui tenté de le faire. Car depuis les années 2000 – au moins –, pour avoir encouragé une poignée de riches industriels à prendre le contrôle de la quasi-totalité des médias privés, les responsables politiques français se retrouvent piégés, contraints de leur montrer patte blanche pour accéder au pouvoir. Au risque de faire de l'Élysée un adversaire de la liberté de l'information.

Un grave dévoiement démocratique de la Vᵉ République amorcé sous Jacques Chirac, entretenu par François Hollande et poussé jusqu'à la caricature par Emmanuel Macron. Dans la lignée de Nicolas Sarkozy? Quelques années auparavant, lui aussi avait pris en grippe le journalisme «façon Élise Lucet». Candidat à la présidentielle, il avait déjà bénéficié du soutien des milliardaires contrôlant les médias. Comme Macron, il avait été conseillé par la «papesse» de la presse people, Michèle Marchand, multipliant les unes de *Paris Match*, l'hebdo Lagardère. Après son élection, Nicolas Sarkozy aussi avait fêté ses résultats dans une luxueuse brasserie parisienne. Lui aussi avait été rapidement qualifié de «président des riches», quand Vincent Bolloré lui avait prêté jet et yacht privés. Enfin, lui aussi a entrepris de réduire drastiquement le financement de l'audiovisuel public. Nicolas Sarkozy, une source d'inspiration pour Emmanuel Macron? Un modèle du genre, en tout cas, en matière de torpillage de France Télévisions et de mise au pas de l'information…

Attention, bastion démocratique en danger! Tel est le propos de cet ouvrage, où j'ai tenté, enquêtes à l'appui et sans acrimonie aucune, de restituer l'histoire trop méconnue des rapports entre les responsables politiques français, les industriels contrôlant la presse privée et les dirigeants de l'audiovisuel public au cours des «années Macron». Ce qui implique d'explorer d'abord les pratiques antérieures observées au cours des «années Sarkozy» et des «années Hollande».

I

Un inspirateur nommé Sarkozy ?

1

Sarkozy, candidat des milliardaires

Jacques Dupuydauby est président de la Société commerciale d'affrètement et de combustible (SCAC), une entreprise spécialisée dans le transit douanier en Afrique dont le siège se situe dans le quartier de la Défense. Un matin de 1983, il reçoit un coup de fil : « Monsieur le Président, j'ai la secrétaire du maire de Neuilly au téléphone.

– Euh... Dites-moi, le maire de Neuilly, c'est qui ?

– Un jeune, je crois... Un certain... Sarkozy. »

Sarkozy, 1983 : « il va y avoir des gens qui seront mes amis et les autres »

Dupuydauby est invité à passer à la mairie « pour faire connaissance avec Monsieur le maire ». Intrigué, ce gaulliste à l'ancienne propose plutôt au jeune – il a alors 28 ans – et nouvel édile de Neuilly de venir déjeuner à son siège. Élevée au bon grain de la « Françafrique », la SCAC sait recevoir ses invités avec huissier et maître d'hôtel. Trente-huit ans après, aucun témoin ne peut confirmer la véracité de la scène qui va suivre, mais Dupuydauby affirme s'en rappeler comme si c'était hier : « D'entrée, Nicolas Sarkozy m'explique qu'il sera député de la circonscription en 1986 et qu'il a besoin d'aide. Je lui ai dit que si cela lui faisait plaisir, je lui paierai ses affiches de campagne. Manifestement, cela ne lui suffisait pas. Je lui ai alors demandé s'il voulait devenir ministre ? Premier ministre ? Président ? ». Selon Dupuydauby, Nicolas Sarkozy n'aurait pas démenti et lui aurait expliqué qu'il lui fallait beaucoup d'argent pour sa carrière et qu'il constituait un cercle d'amis pour l'aider. En clair, le jeune édile aurait suggéré au patron de la SCAC de le rémunérer comme avocat de son entreprise, Dupuydauby aurait fermement refusé. Nicolas Sarkozy lui aurait alors lâché: «il va y avoir des gens qui seront mes amis et les autres». Et avant que le maître d'hôtel n'ait eu le temps de servir le fromage, il aurait lâché à Dupuydauby un tonitruant «Je m'en souviendrai» avant d'être raccompagné par l'huissier. Déjà évoquée en 2011 par deux confrères du *Monde* sans être démentie ni contestée en justice par le principal intéressé, cette scène nous a été confirmée par Jacques Dupuydauby presque mot pour mot en 2021[1].

Jeune maire de Neuilly, Nicolas Sarkozy aurait-il répété ce petit manège avec d'autres entrepreneurs des Hauts-de-Seine? Petit-fils d'un aristocrate hongrois réfugié en Allemagne en 1945 pour fuir l'Armée rouge et d'un médecin juif de Salonique, en Grèce, il est élevé avec ses deux frères à Neuilly par sa mère, Andrée Mallah. Dans cette ville cossue des Hauts-de-Seine, on regarde de haut cette femme juive divorcée qui élève seule trois enfants. Délaissés par leur père hongrois, les garçons tentent tant bien que mal de se faire accepter par la bourgeoisie locale. «On ne nous invitait pas beaucoup», nous confiait Nicolas Sarkozy en 2004, à l'occasion d'un portrait sur Canal Plus[2]. Cette enfance à l'écart de la «haute société» et ce père absent nourrissent en lui de formidables envies de revanche. Voire une impitoyable tendance à tuer ses «pères» en politique.

En 1981, après des études de droit, il devient avocat. Dans le cabinet d'affaires qu'il intègre, son confrère Jacques Copper-Royer est frappé par son ambition: «La volonté de Nicolas Sarkozy était, dès le départ, de faire une carrière politique. Je dirais même qu'il avait une ambition: devenir président de la République. [...] Être avocat, cela lui permettait d'avoir des relations dans le milieu des affaires[3].» En 1983, alors qu'il milite au RPR

1. Entretien de Jacques Dupuydauby avec l'auteur, février 2021 et Gérard Davet et Fabrice Lhomme, *Sarko m'a tuer*, Stock, Paris, 2011. Contacté, Nicolas Sarkozy n'a pas souhaité s'exprimer.

2. Voir Jean-Baptiste Rivoire et Véronique Robert, «Sarkozy, enquête sur un présidentiable», *90 Minutes*, Canal Plus, 31 mai 2005.

3. Voir David Servenay, «Quand Sarkozy l'avocat ne méprisait pas les paradis fiscaux», *Rue89*, 7 novembre 2016.

de Neuilly, Charles Pasqua, patron de la droite des Hauts-de-Seine, l'envoie convaincre les conseillers municipaux de le choisir pour diriger la ville. Mais Sarko s'arrange – à seulement 28 ans et au grand dam de son mentor – pour se faire élire à sa place à la tête de la municipalité par les vieux notables.

Une fois maire, Nicolas Sarkozy développe des liens avec les entreprises influentes du département le plus riche de France. En 1985, il crée « Neuilly communication », un club sélect visant à « favoriser les rencontres entre les présidents du monde de la communication et des médias ». Parmi ses membres, on compte Gérald de Roquemaurel, un dirigeant de Hachette Filipacchi Médias (une branche du groupe Lagardère), Jean-Claude Decaux, ou plus tard Nicolas de Tavernost. « Quand on regarde les membres de cette association, ce sont les mêmes qui détiennent aujourd'hui les clés de l'ensemble de l'audiovisuel privé, estimait Noël Mamère en 2009. Ce sont les mêmes qui sont propriétaires de grandes entreprises, qui ont des relations étroites avec l'État. Qu'il s'agisse de Lagardère, qui est aussi un marchand d'armes, qu'il s'agisse de Bouygues, qui est présent dans le nucléaire, tout cela est très inquiétant quant au pluralisme, quant aux conflits d'intérêts, et donc quant à la démocratie[1]. »

En 1987, le maire de Neuilly crée avec deux amis son propre cabinet d'avocats d'affaires. Nicolas Sarkozy défend bientôt les intérêts du laboratoire pharmaceutique Servier ou du groupe Bouygues, qu'il aide à conquérir TF1. Élu député en 1988, puis nommé ministre du Budget et porte-parole du gouvernement d'Édouard Balladur en 1993, Nicolas Sarkozy s'est attaché le soutien des principaux propriétaires de presse, dont Martin Bouygues. Il va les inciter à soutenir son mentor : « Sarko avait réussi à convaincre Le Lay et Mougeotte[2] que Balladur serait le prochain président, confiera plus tard un ancien cadre de TF1. En off, la consigne nous était répétée : "Il faut faire gagner Balladur." L'état-major de la chaîne [...] était mobilisé pour cela[3]. » « C'est TF1 qui fera le prochain président

1. Cité par Sarah Perrig et Alexandre Bochatay, « Sarkozy, vampire des médias », *Temps présent*, TSR, 4 juin 2009.

2. PDG et vice-PDG de TF1 à l'époque. Les deux sont décédés récemment, Patrick Le Lay en mars 2020 et Étienne Mougeotte en octobre 2021.

3. Cité par Aude Dassonville et Jamal Henni, *TF1. Coulisses, secrets, guerres internes*, Flammarion, Paris, 2016.

de la République », s'illusionnait même Francis Bouygues quelques mois avant son décès, survenu en juillet 1993. Cette année-là, Claire Chazal, présentatrice vedette sur la Une, publie une hagiographie d'Édouard Balladur[1]. En avril 1995, quand son collègue Patrick Sébastien ose caricaturer Nicolas Sarkozy, alors porte-parole du Premier ministre, en « toutou qui lèche Balladur », celui-ci se plaint à Martin Bouygues et le célèbre animateur se voit ordonner de « ne plus faire des sketchs sur des politiques[2] ».

Malgré le soutien de TF1, Édouard Balladur échoue face à Jacques Chirac à la présidentielle de 1995. Nicolas Sarkozy entame alors une douloureuse traversée du désert. Mais le banquier Antoine Bernheim, l'un des parrains du capitalisme français, l'aide à renouer avec son métier d'avocat d'affaires. Il lui confie la défense de dossiers du groupe Generali qu'il dirige et lui rabat des clients fortunés. Le milliardaire canadien Paul Desmarais lui apporte également quelques dossiers. Grâce à Arnaud Lagardère (Europe 1, *Paris Match*, *Le JDD*...), à la famille Dassault, au PDG de LVMH Bernard Arnault (*La Tribune*), à la banque Rothschild ou à la Générale des eaux de Jean-Marie Messier, le cabinet d'avocats Leibovici-Claude-Sarkozy tourne à plein régime. En 1997, quand Vincent Bolloré tente un raid boursier sur son groupe dans l'espoir de prendre le contrôle de TF1, Martin Bouygues rémunère à son tour Nicolas Sarkozy comme avocat. « Je ne suis pas ami avec Martin [Bouygues], plastronne alors ce dernier. Je suis très ami[3]. »

Dans la perspective de la présidentielle de 2002, toujours sous la houlette de Patrick Le Lay et d'Étienne Mougeotte, TF1 martèle lourdement, notamment dans le 13 heures de Jean-Pierre Pernaut, des antiennes traditionnelles de la droite : « c'était mieux avant », « on est mieux chez nous », « on paie trop d'impôts », « le terroir ne ment pas », etc. Les JT de la Une relayent également la thématique médiatique favorite de Nicolas Sarkozy : accuser les jeunes des banlieues d'être responsables des malheurs des quartiers défavorisés. Avec Lionel Jospin à Matignon, cette surenchère sécuritaire entretenue également par les journaux d'Arnaud Lagardère fait des ravages dans l'opinion. Au moindre fait divers, les caméras de TF1 débarquent et développent au « 20 heures » une psychose des « racailles »,

1. Claire Chazal, *Balladur*, Flammarion, Paris, 1993.
2. Renaud Saint-Cricq et Frédéric Gerschel, *Canal Sarkozy*, Flammarion, Paris, 2009.
3. Pierre Péan et Christophe Nick, *TF1, un pouvoir*, Fayard, Paris, 1997.

comme dit Nicolas Sarkozy. En avril 2002, à quelques jours du premier tour de la présidentielle, l'affaire « Papy Voise » (un fait divers dramatique monté en épingle par Télé Bouygues) contribue à faire triompher la droite. Au premier tour, Chirac rallie 19,9 % des suffrages et Jean-Marie Le Pen 16,9 %. Avec seulement 16 % des voix, Lionel Jospin est éliminé. Deux semaines plus tard, Jacques Chirac est reconduit à l'Élysée avec près de 80 % des voix.

Écœuré, Julien Dray, co-fondateur de SOS Racisme et membre de l'équipe de campagne de Lionel Jospin, accuse publiquement TF1, « qui pourrait s'appeler TF-Haine » (comme T-FN) d'avoir orchestré une campagne sécuritaire pour favoriser la droite : « Je mets en cause cette chaîne pour la manière dont elle a mis en scène l'insécurité durant la campagne présidentielle[1]. » Dray sera interdit d'antenne sur TF1 et LCI.

Nicolas Sarkozy, lui, triomphe. Grâce à son talent médiatique et au soutien de la plupart des propriétaires de presse, il réussit une incroyable rédemption politique. Alors qu'en 1995, il avait été souillé par les crachats des militants du RPR (Rassemblement pour la République) lui reprochant d'avoir trahi Jacques Chirac pour Édouard Balladur, et alors qu'aux élections européennes de 1999 il avait réalisé le pire score de toute l'histoire du parti avec seulement 12,5 % des voix, Jacques Chirac le nomme… ministre de l'Intérieur, l'un des postes les plus influents de la République. Place Beauvau, puis au ministère de l'Économie, Nicolas Sarkozy entretient d'excellentes relations avec ses mécènes. Arnaud Lagardère l'appelle bientôt « mon frère », Martin Bouygues et Bernard Arnault sont les témoins de son mariage avec Cécilia. Bouygues est même le parrain de son fils Louis. Dans la perspective de 2007, ils vont mettre leurs médias au service de sa candidature présidentielle.

L'affaire Cécilia : l'oligarchie aux petits soins médiatiques

En 2004, Serge Dassault rachète au groupe Hersant la Socpresse et *Le Figaro*. En 2005, Vincent Bolloré lance sa chaîne D8 sur la TNT. Quant à Arnaud Lagardère, présent dans l'aéronautique, l'armement, l'édition et

1. Radio Shalom, 9 mai 2002.

la presse, il va carrément mettre tout son empire de médias au service de la candidature Sarkozy.

Quelques mois avant la mort du père d'Arnaud Lagardère en 2003, Nicolas Sarkozy avait promis au patriarche de « veiller sur son fils ». Selon une enquête de *Mediapart*, il aurait profité de sa double casquette de ministre du Budget et d'avocat du groupe Lagardère pour que son ami Arnaud puisse ne pas payer trop d'impôts sur la succession : « Une dizaine de millions d'euros seulement », une « misère » par rapport aux 320 millions transmis par son père[1]. Le ministre du Budget a-t-il aidé Arnaud Lagardère dans l'espoir d'être soutenu par *Paris Match*, Europe 1 et *Le JDD* pour la présidentielle de 2007 ? L'arrangement fiscal avait en tout cas choqué François Bayrou : « Arnaud Lagardère ne fait pas mystère de l'aide que lui a apporté Nicolas Sarkozy, alors ministre des Finances, en 2004. Chacun sait que le ministre des Finances est maître des transactions fiscales, notamment lorsqu'il s'agit de droits de succession[2]. » « Le climat entre les deux hommes a permis de faciliter les solutions » dans le cadre de cette succession, reconnaîtra Claude Guéant quelques années plus tard[3]. Des « solutions » sur lesquelles Arnaud Lagardère se gardera bien de communiquer. Interrogé sur le sujet en commission des finances de l'Assemblée, il lâchera dans un éclat de rire : « Alors là... On a droit à un joker, ici... Ou bien je téléphone à un ami, ou je demande le 50/50. Mais très franchement, je préfère ne pas répondre à cette question...[4] »

Quelques mois après, en avril 2005, le groupe Lagardère invite Nicolas Sarkozy à un séminaire à Deauville. Devant Alain Genestar, patron de *Paris Match*, et Jean-Pierre Elkabbach, alors à la tête d'Europe 1, Arnaud Lagardère monte sur scène. En pull blanc décontracté, micro en main, il se lance dans un vibrant hommage à son « ami » Nicolas : « Il y a un homme,

1. Laurent Mauduit, « Sarkozy aussi a arrangé le dossier fiscal d'une succession », *Mediapart*, 5 août 2010.

2. François Bayrou, *Abus de pouvoir*, Plon, Paris, 2009.

3. Julien Daguerre, « Arnaud Lagardère, au nom du père », *Envoyé spécial*, France 2, 16 février 2017.

4. François Bayrou, *Abus de pouvoir*, *op. cit.* Réinterrogé sur ce point par Julien Daguerre en 2017, Arnaud Lagardère affirmera finalement que l'arrangement fiscal aurait été négocié avec Alain Lambert, le prédécesseur de Nicolas Sarkozy au ministère du Budget.

un, qui a œuvré pour nous, j'allais dire pour moi, mais ce qui compte, c'est surtout pour nous, c'est-à-dire *in fine* pour notre indépendance et notre survie, notamment en politique, c'est lui. [...] Je vous présente quelqu'un qui est un peu un frère pour moi. [...] Je vous demande un tonnerre d'applaudissements pour... Nicolas Sarkozy[1] ! »

Dans ce contexte, dans la perspective de la présidentielle de 2007, les médias Lagardère vendent sans relâche le « formidable duo » que le ministre de l'Intérieur formerait avec son épouse Cécilia, présenté à longueur de reportages photo complaisants dans *Paris Match* ou *Le JDD* comme « le couple présidentiel qui monte ». Sauf que, depuis 2005, ce beau roman-photo ne correspond plus à la réalité. Loin de la photo où ils posaient dans le bureau du ministre avec le jeune Louis jouant au pied de ses parents (clin d'œil de *Paris Match* à une célèbre photo du président américain John Kennedy dans le bureau ovale de la Maison-Blanche avec son fils John-John dans les années 1960), le couple Sarkozy s'est fissuré. Pour le ministre, qui vient de se faire élire à la tête de l'UMP et rêve d'accéder à l'Élysée en 2007, c'est une catastrophe politique. Pendant vingt ans, il s'était mis en scène avec son épouse dans l'espoir de séduire les Français : « Il la qualifiait de "conseillère la plus proche" et précisait bien qu'elle entrerait avec lui à l'Élysée ou que son destin ne se réaliserait pas », rappelait en 2009 l'avocat d'un journal suisse poursuivi en justice par Nicolas Sarkozy[2]. Le candidat de l'UMP craint qu'en se présentant devant les Français en homme esseulé, il perde la présidentielle. D'autant que ses rivaux politiques commencent déjà à ricaner : « En privé, Villepin disait : "Quand on n'est pas capable de garder sa femme, on ne peut pas garder la France" », se remémore un éditeur parisien. Entretenir le mythe du couple « Nicolas-Cécilia » est essentiel pour le candidat, quitte à cacher la situation aux Français.

Pour Nicolas Sarkozy, la descente aux enfers commence paradoxalement lors d'une période faste : l'automne 2004. En novembre de cette année-là, pour célébrer sa désignation à la tête de la droite, il se fait payer par son parti un show hollywoodien. Au Bourget, devant son épouse et 40 000 militants en transe qui viennent de l'élire à 85 % des voix, il déclare : « Je

1. Julien Daguerre, « Arnaud Lagardère, au nom du père », *op. cit.*
2. Sarah Perrig et Alexandre Bochatay, « Sarkozy, vampire des médias », *op. cit.* On verra plus loin à quel sujet et ce qu'il en est advenu.

suis prêt parce qu'au plus profond de moi-même, je sais que la France ne redoute plus le changement, mais qu'elle l'attend. Et ce changement, c'est nous qui allons l'incarner. » En fin de meeting, une vidéo de son fils Louis, alors âgé de 7 ans, l'encourage sur un écran géant : « Bonne chance, mon papa ! » Mais en coulisses, Cécilia Sarkozy a du vague à l'âme. Après avoir consacré vingt ans de sa vie à l'ambition sans bornes de son mari, l'avoir accompagné dans ses déplacements, dirigé son cabinet à l'UMP, l'avoir conseillé, celle qui se disait « fière de n'avoir aucun sang français dans les veines[1] » craque. Nicolas est-il trop obsessionnel, trop névrosé, trop absent ? En préparant le meeting du Bourget, elle rencontre Richard Attias, président de Publicis Events. Riche, séduisant, tranquille et sûr de lui, Attias séduit Cécilia, qui commence à le fréquenter discrètement. Si le « Tout Paris » apprenait cette liaison, ce serait un véritable séisme politique pour le candidat...

Début 2005, un premier reporter photographie Cécilia Sarkozy et Richard Attias dînant dans un restaurant parisien, mais aucun journal n'ose publier ses photos. Connu pour avoir distribué en 1994 le scoop sur Mazarine Pingeot, la fille cachée de François Mitterrand, au sortir d'un déjeuner avec son père, le photoreporter Pascal Rostain apprend que le publicitaire et la femme du ministre de l'Intérieur vont s'envoler pour Cannes. Avec son confrère Bruno Mouron, ils embarquent dans le même avion qu'eux et parviennent à leur tour à les photographier, alors que les tourtereaux dînent dans un restaurant en vue du port. Mais le lendemain, *Paris Match*, l'hebdo d'Arnaud Lagardère, décide de ne pas publier leurs photos. « Il semble qu'il y ait de la pression dans l'air, racontera Rostain dans ses mémoires. Alors que tout le monde sait que Cécilia a quitté Nicolas pour Richard, aucun rédac'chef ne veut publier notre reportage, car si les déboires de Nicolas Sarkozy feraient vendre des millions d'exemplaires, susciter son courroux effraie. Effraie beaucoup[2]. »

Au fil des semaines, la séparation du couple Sarkozy explose pourtant au grand jour : alors que durant dix-sept ans, Cécilia n'avait quasiment jamais

1. Cité par Vanessa Schneider, « La deuxième dame de France », *Libération*, 8 juillet 2004.

2. Pascal Rostain, *Voyeur. Mémoires indiscrets du roi des paparazzi*, Grasset, Paris, 2014.

quitté Nicolas plus de 24 heures, elle ne l'accompagne même plus pendant la campagne du référendum européen. Le 19 mai 2005, elle lui annonce qu'elle le quitte et part pour Roissy. Affolé, le président de l'UMP la suit dans une course poursuite en voiture officielle, toutes sirènes hurlantes : « J'essaye de sauver ma famille, lui lâche-t-il dans le hall de l'aéroport. Si tu pars, c'est un point de non-retour. » En vain. Elle décolle pour retrouver Richard Attias. Le dimanche 22 mai, dévasté, Nicolas Sarkozy annule sa venue au 20 heures de TF1, un rendez-vous pourtant crucial à une semaine du référendum sur la constitution européenne.

« Ils ont une peur bleue, car c'est le futur président »

Mais cette fois encore, les puissants propriétaires de presse qui le soutiennent vont parvenir à étouffer le scandale qui menace son projet élyséen. Le 25 mai, un journal suisse, *Le Matin*, titre bien en une : « Sarko largué par Cécilia[1]. » Mais le lendemain, aucun média français ne reprend ce scoop. Inquiet, le rédacteur en chef du *Matin* appelle son correspondant à Paris : « Je lui ai demandé pourquoi les autres journaux, les télévisions, les radios n'en parlent pas. Il m'a dit : "Tout le monde le sait, mais ils n'osent pas. Ils ont une peur bleue, car c'est le futur président"[2]. » Quand les avocats de Nicolas Sarkozy portent plainte, la justice condamne le journal suisse sur quelques détails, mais le blanchit sur l'essentiel : Sarkozy « avait bâti son ascension politique sur les rapports fusionnels, mais aussi professionnels qu'il entretenait avec son épouse de l'époque, Cécilia Sarkozy, expliquera l'avocat du journal. Le tribunal a mesuré qu'ayant utilisé ce levier très fort de la médiatisation d'un couple politique, l'un des composants de ce couple politique ne pouvait pas être totalement à l'abri de l'attention de la presse[3]. » La justice française estimera ainsi qu'un couple qui s'est fortement médiatisé pour « booster » son destin peut difficilement refuser toute médiatisation quand des nuages surviennent. Au lendemain de la révélation de sa rupture par *Le Matin*, Nicolas Sarkozy accepte pour la première fois d'en parler

---

1. « Sarko largué par Cécilia », *Le Matin*, 24 mai 2005 (cité dans « Affaire Cécilia, Sarkozy attaque le journal suisse *Le Matin* », *Libération*, 14 juillet 2005).
2. Sarah Perrig et Alexandre Bochatay, « Sarkozy, vampire des médias », *op. cit.*
3. *Ibid.*

publiquement, le 26 mai, dans le « 19/20 » de France 3 : « Vous voulez parler de la rumeur ? Alors interrogez-moi, faites votre joli métier ! [...] Il est normal en tant qu'homme public que je réponde aux questions. Mais ne trouvez-vous pas que, parfois, cela va trop loin ? Que ma famille mérite aussi d'être respectée ? Que ma femme, qui est une personne éminemment respectable, mérite aussi d'être respectée ? Qu'elle n'a pas à être suivie en permanence par des motos avec des photographes pour savoir avec qui elle déjeune ? Mes enfants doivent être respectés. La vérité, elle est très simple : comme des millions de familles, la mienne a connu des difficultés. Ces difficultés, nous sommes en train de les surmonter. Ma famille a besoin d'un peu de répit. [...] Moi, je suis un homme public. Je peux combattre, je peux me défendre. Eux, pas[1]. »

En clair, à deux ans de la présidentielle, le candidat phare de la droite demande à la presse de cacher aux électeurs le fait que le couple politique qu'il leur a vendu depuis des années vient d'exploser. Pour bien faire comprendre qu'il considère désormais tout paparazzi comme un ennemi, il conclut : « Pour abattre quelqu'un, on utilise tous les procédés. » Selon Jean-Michel Psaïla, le patron de l'agence photographique Abaca, cette sortie de Sarko s'expliquerait par l'article paru en Suisse, mais aussi par une autre « paparazzade », jamais révélée à ce jour : « Quelques jours avant sa sortie sur France 3, un photographe était à nouveau parvenu à immortaliser Cécilia et Richard sortant d'un restaurant parisien. Il a immédiatement proposé ses photos à *VSD*. Marc Simon, le directeur photo, est monté voir Philippe Labi, alors directeur des rédactions de *Voici*, *Gala* et *VSD*, puis il est redescendu en disant que cela ne les intéressait pas. » Seize ans plus tard, Philippe Labi nous a affirmé « ne pas se souvenir » qu'on lui ait proposé des photos de Cécilia Sarkozy et Richard Attias[2]. Marc Simon, lui, fouille dans sa mémoire : « Je ne me souviens pas d'avoir reçu Psaïla. Mais mon responsable était bien Philippe Labi. C'est lui que je consultais, forcément. [...] Il est vrai qu'à *VSD*, on ne "tirait" jamais les premiers. Quand les Allemands de Bertelsmann avaient racheté l'hebdo en 1995, Chirac l'avait mal pris. Du coup, nos actionnaires marchaient sur des œufs. Labi n'aurait jamais

1. « 19/20 », France 3, 26 mai 2005.
2. Entretien de Philippe Labi avec l'auteur, 13 juillet 2021.

publié une telle “première salve” dans un de ses journaux. D'autant qu'il était assez pote avec Sarko[1]. »

C'est quelques jours après que *VSD* ait refusé les photos amenées par Psaïla et un de ses confrères que Nicolas Sarkozy mettait en garde sur France 3 les photographes suivant sa femme. « Je pense qu'il avait été mis au courant de l'existence des nouvelles images de Cécilia dînant avec Richard Attias », soupçonne Psaïla[2]. Après avoir renoncé à publier ces photos, Philippe Labi aurait-il été jusqu'à informer Nicolas Sarkozy de leur existence ? Tout en admettant qu'il tutoyait alors le président de l'UMP, Labi dément : « Je ne suis pas un agent de police[3] ! ».

Quand Nicolas Sarkozy revient au ministère de l'Intérieur le 31 mai 2005, avec Dominique de Villepin à Matignon, il est contraint d'admettre que son épouse ne sera plus sa cheffe de cabinet à l'UMP. Fin juin, Cécilia consulte l'avocat Georges Kiejman, déménage de l'appartement de la place Beauvau et part s'installer à New York avec Richard Attias. Durant tout l'été, alternant menaces et SMS insistants, le ministre de l'Intérieur tente de reconquérir sa femme. Alors qu'elle organise désormais sa vie entre Paris et New York, et que leur fils Louis est scolarisé aux États-Unis, les preuves de l'explosion du couple Sarkozy s'accumulent sur le bureau d'Alain Genestar, le directeur de la rédaction de *Paris Match* : « Des photos nous arrivaient, révèlera-t-il en 2008 à Daniel Schneidermann. Cécilia et son ami ne se cachant pas, ils se promenaient sur la Croisette, ils louaient une décapotable et à Paris, […] ils allaient dans des restaurants très connus et ils se mettaient en terrasse[4]. » En dépit de sa célèbre maxime (« Le poids des mots, le choc des photos ») et du fait qu'en juillet, Pascal Rostain et Bruno Mouron sont parvenus à rephotographier Cécilia et Richard consultant les plans d'un appartement à New York, l'hebdo du groupe Lagardère achète les photos mais ne les publie pas. Alain Genestar s'en explique aujourd'hui : « La consigne était naturellement d'acheter [les photos de Cécilia et Richard]. Non pas pour

1. Entretien de Marc Simon avec l'auteur, 3 août 2021.
2. Entretiens de Jean-Michel Psaïla avec l'auteur, 14 janvier 2020 et 13 juillet 2021.
3. Entretien de Philippe Labi avec l'auteur, 13 juillet 2021.
4. Alain Genestar, « À propos de mon licenciement, Sarkozy ne dit pas la vérité », *Arrêt sur images*, 27 juin 2008.

les bloquer. Aucun magazine français n'allait les publier. Mais à *Match*, on savait qu'à un moment il faudrait publier l'histoire. C'est une règle à *Match* (comme dans tous les grands magazines people) : on achète les photos pour enrichir les archives quand la décision éditoriale est prise de revenir sur une histoire[1]. » « Les médias français sont dirigés par des groupes industriels gouvernés par leurs peurs », estimera pour sa part le talentueux Rostain[2].

Ce n'est qu'à la fin de l'été 2005, quand il apprend que des photos de Cécilia et Richard ont été achetées par le *Sunday Times* de Londres et qu'il va donc se faire « griller », que Genestar se décide à « casser » la une de *Paris Match* au dernier moment pour publier les photos prises en juillet à New York par Pascal Rostain et Bruno Mouron. « On a estimé que *Match* ne pouvait pas être à la traîne », expliquera-t-il à Daniel Schneidermann[3]. Alors que les photos de New York prouvent que Cécilia s'installe aux États-Unis, *Paris Match* titre timidement : « Cécilia Sarkozy, l'heure du choix. » Autre précaution, malgré l'urgence, Genestar a fait valider cette une par Gérald de Roquemaurel, devenu PDG de Hachette Filipacchi Médias. Et il est confiant : « Moi, je pense qu'on ne va pas me virer, ce n'est pas l'intérêt de Sarko, ni de personne. [...] Et je me dis : "Si on me vire, c'est tellement mauvais pour *Paris Match* qu'ils ne vont pas le faire"[4]. » Quand l'hebdo paraît, le mythique photoreporter Daniel Filipacchi, fondateur du groupe propriétaire de *Paris Match*, le félicite : « Il m'a appelé de New York pour me dire : "Je me demandais quand vous alliez oser le faire. Bravo !" », s'enorgueillit Genestar.

Côté Sarkozy, en revanche, c'est la « soupe à la grimace ». Le mercredi 24 août, veille de la sortie en kiosque, la une de *Paris Match* est envoyée au ministre de l'Intérieur en fin de matinée. Quand il descend déjeuner avec Patrick de Carolis, le nouveau PDG de France Télévisions qu'il a convié place Beauvau, Nicolas Sarkozy est blême. Il passera les trois quarts du repas son téléphone vissé à l'oreille : « [Il] était bouleversé et cherchait

---

1. Mail d'Alain Genestar à l'auteur, 17 juillet 2021.
2. « Pascal Rostain, l'interview vérité », *LeMatin.ch*, 7 février 2014.
3. Alain Genestar, « À propos de mon licenciement, Sarkozy ne dit pas la vérité », *op. cit.*
4. *Ibid.*

désespérément à joindre Arnaud Lagardère, le propriétaire du magazine», témoignera de Carolis[1]. «Il ne comprenait pas pourquoi *Match* s'apprêtait à publier cette photo, il prenait cela pour une trahison, confie l'un de ses anciens conseillers. Arnaud lui-même était très ennuyé[2].»

Quelques jours après la publication, dont Arnaud Lagardère a manifestement été prévenu trop tard, Alain Genestar appelle le ministre de l'Intérieur: «J'ai pu ressentir en parlant très brièvement au téléphone avec Nicolas Sarkozy la violence qui, s'abattant sur moi, s'était abattue sur Arnaud Lagardère. Et j'ai compris: la pression avait été trop forte[3].» En 2021, Genestar a accepté de nous en dire un peu plus sur ce douloureux échange: «Ce fut une conversation très froide, avec la formulation d'une menace implacable: "Ce que tu as fait, je ne l'oublierai jamais", suivi de ces mots étranges: "Tu seras responsable de ce qui arrivera." J'ai eu le sentiment qu'il y avait une sorte de "contrat" à mon endroit[4].» Le 3 septembre, devant des journalistes à La Baule, Nicolas Sarkozy lâche à propos d'Arnaud Lagardère: «Soit c'est un traître, soit il ne tient pas son groupe.» Dans les semaines qui suivent, ce dernier appelle à son tour Genestar pour l'informer qu'il ne «dirigera plus *Paris Match* durant la campagne présidentielle». Et en juin 2006, il est remercié, officiellement pour «dérive déontologique». Bouleversé, Genestar partira sous les applaudissements de son équipe, qui se mettra même brièvement en grève pour protester contre une éviction qu'elle juge «politique». Quelques mois plus tard, Gérald de Roquemaurel est écarté à son tour. Interrogé quelque temps avant la présidentielle sur l'éviction d'Alain Genestar, Nicolas Sarkozy déclare n'avoir «aucune responsabilité dans cette décision, même si j'ai été blessé par certaines attitudes[5]». Une dénégation qui incitera l'ancien directeur de la rédaction de *Paris Match* à sortir du silence: «Dans un grand pays libre et démocratique comme le nôtre, il n'est pas concevable qu'un ministre de l'Intérieur puisse être à l'origine du limogeage d'un journaliste. […] Je tiens donc à préciser que

1. Patrick de Carolis, *Les Ailes intérieures*, Plon, Paris, 2016.
2. Entretien avec l'auteur, mai 2021.
3. Alain Genestar, *L'Expulsion*, Grasset, Paris, 2008.
4. Mail d'Alain Genestar à l'auteur, 16 juillet 2021.
5. France 5, 29 septembre 2006.

le ministre de l'Intérieur, quand il affirme n'être pour rien dans mon licenciement, ne dit pas la vérité[1]. »

Quelques mois plus tard, Vincent Barbare, directeur général des éditions First, va découvrir lui aussi les pressions que Nicolas Sarkozy peut exercer pour entretenir le mythe du couple politique qu'il entend encore désespérément incarner avec son épouse. Fin 2005, First commande à Valérie Domain, une journaliste de *Gala* ayant interviewé Cécilia Sarkozy quelques années auparavant pour un ouvrage sur la célébrité[2], une biographie de la probable future première dame. « À l'automne 2005, lors de plusieurs rendez-vous et échanges téléphoniques, Cécilia Sarkozy raconte donc à Valérie Domain son histoire d'amour avec Nicolas Sarkozy, la fin de cette histoire, sa nouvelle vie avec Richard Attias[3]. » Quelques semaines auparavant, Nicolas Sarkozy lui-même avait fait du shopping dans le quartier de la Madeleine, à Paris, au bras d'Anne Fulda, une journaliste du *Figaro* qu'il présentait aux vendeurs d'Ikea ou de Darty comme la « nouvelle Mme Sarkozy[4] ». Comme au printemps, ni *Paris Match* ni *VSD* n'avaient osé publier des clichés de Pascal Rostain et Bruno Mouron immortalisant le ministre de l'Intérieur et sa nouvelle compagne rentrant au domicile de cette dernière, avenue Victor-Hugo (dans le 16e arrondissement de Paris), portant des cabas chargés de fleurs[5]. Le 3 novembre, conscient que les révélations de Cécilia sont explosives, l'éditeur fait paraître dans *L'Express* un petit écho révélant que Domain l'a débriefée « avant » et « après » sa rupture avec Nicolas Sarkozy. Quand rien ne bouge, Barbare décide de foncer. Mais à quelques jours de la publication, alors que 25 000 exemplaires ont déjà été imprimés et que le plan média est prêt (interview chez Fogiel…), Cécilia envoie un texto à Domain : « Tout peut encore changer[6]. » Puis, après relecture des deux chapitres évoquant la rupture, elle laisse entendre que la journaliste n'a pas respecté ses propos et révèle dans *Le Parisien*

1. « Selon Alain Genestar, Nicolas Sarkozy est à l'origine de son licenciement », *Le Monde*, 16 novembre 2006.
2. Valérie Domain, *Femmes de, filles de*, First, Paris, 2005.
3. Entretien de Vincent Barbare avec l'auteur, 26 avril 2021.
4. « Le vrai roman de Nicolas et Cécilia Sarkozy », *Le Temps*, 7 février 2006.
5. Renaud Revel, *Les Amazones de la République*, First-Gründ, Paris, 2013.
6. Cité dans « À l'Élysée sans elle », *Le Monde*, 19 octobre 2007.

qu'elle a « appelé Nicolas au secours[1] ». Le 10 novembre 2005, Vincent Barbare est convoqué place Beauvau. Depuis le perron du ministère, le conseiller presse et communication Franck Louvrier l'aurait conduit directement dans le bureau de Nicolas Sarkozy : « Ils m'ont dit : "Vous êtes libre, mais si vous publiez, on attaquera pour atteinte à la vie privée", nous a confié Barbare. Ils ont ajouté que le livre n'avait pas de raison d'être, que notre journaliste [Valérie Domain] avait divagué, qu'elle n'avait en réalité jamais recueilli le témoignage de Cécilia (ce qui était faux). » Interrogé seize ans plus tard sur cet entretien, Franck Louvrier nous a affirmé n'y avoir « pas assisté »[2].

En sortant du ministère, Barbare est sonné. À l'époque, First est en train d'être vendu à Editis, du groupe Wendel, alors propriété du baron Ernest-Antoine Seillière. Nicolas Sarkozy aurait-il tenté de faire capoter cette vente ? Barbare appelle en tout cas Seillière, ainsi qu'un dirigeant d'Editis : « Je leur ai expliqué que le bouquin était devenu un peu hors sujet. J'ai suggéré qu'on suspende la publication, j'avais d'autres combats à mener. » En catastrophe, Barbare appelle Hachette, qui s'apprête à distribuer dans toutes les librairies de France les 25 000 exemplaires déjà imprimés, et les fait sortir d'urgence de l'« office ». « À 24 heures près, ils étaient placés dans des cartons pour expédition ! Je les ai fait mettre sous bâche dans un entrepôt », nous a-t-il confié. Manque à gagner : plusieurs centaines de milliers d'euros.

Mais dans les jours qui suivent, catastrophe : *Le Canard enchaîné*, qui a eu vent de l'histoire, y consacre un article[3] ! Une du *Parisien*, caméras de télé en bas de chez lui, Barbare ne sait plus où donner de la tête. Seize ans après, il minimise : « J'ai été la victime collatérale d'une réconciliation conjugale. » Domain, elle, sortira profondément blessée de l'épisode. Elle en sera réduite à publier à la place du récit envoyé au pilon un roman à clés ou Cécilia devient « Célia » et Nicolas, « Guillaume »[4].

---

1. « Le vrai roman de Nicolas et Cécilia Sarkozy », *op. cit.*
2. Entretien de Franck Louvrier avec l'auteur, 21 juillet 2021.
3. Christophe Nobili, « Coup de karcher sur une bio de Cécilia », *Le Canard enchaîné*, 16 novembre 2005.
4. Valérie Domain, *Entre le cœur et la raison*, Fayard, Paris, 2006.

2005 : DE L'HUILE SUR LE FEU DES BANLIEUES ?

Depuis la place Beauvau, protégé par cette omerta médiatique, Nicolas Sarkozy poursuit sa stratégie. À deux ans de la présidentielle, il stigmatise régulièrement les jeunes issus de l'immigration. Comme d'autres, les caméras de TF1 contribueront à jeter de l'huile sur le feu en relayant ses « effets d'annonce », voire ses provocations. Comme le 19 juin 2005. Suite à la mort accidentelle d'un enfant de onze ans, le ministre de l'Intérieur déclare à La Courneuve : « Les voyous vont disparaître. Je mettrai les effectifs qu'il faut, mais nous nettoierons la cité des 4 000. » Quelques jours plus tard, il revient à La Courneuve et assume face aux caméras d'avoir utilisé devant la famille de la petite victime le terme « Karcher » : « Nettoyer au karcher est le terme qui s'impose, car il faut nettoyer cela. » En septembre, il s'insurge à nouveau contre « ceux qui menacent la sécurité des Français », « en premier lieu les gens du voyage, les jeunes de banlieue, les immigrés illégaux ». Le 26 octobre, hué par des jeunes d'Argenteuil choqués de le voir débarquer à nouveau au milieu d'un essaim de caméras, il continue à faire dans la provocation. S'adressant à un habitant à sa fenêtre, il lance : « Vous en avez assez de cette bande de racailles ? Eh bien, on va vous en débarrasser. »

Mais ce petit jeu qui consiste à humilier les jeunes des quartiers devant les caméras à ses limites. En octobre 2005, alors en poste à *90 Minutes* (Canal Plus), j'apprends que cela « chauffe » à Vaulx-en-Velin, dans la banlieue de Lyon. Je propose à Paul Moreira et Luc Hermann d'aller enquêter sur place avec mon confrère Saddek Chettab (moi accompagnant, *embedded*, comme on dit dans le milieu, des policiers d'une brigade anticriminalité qui chassent les gamins tous les soirs au « flashball », lui côté émeutiers). Saddek apprend rapidement que si des jeunes brûlent des voitures, c'est depuis que l'un d'entre eux, soupçonné de rouler sur un scooter volé, a été blessé lors d'une « frappe », c'est-à-dire percuté intentionnellement par un véhicule de police[1].

En cours de tournage, un incident de même nature survient en Seine-Saint-Denis. Suite à un appel d'un habitant de Clichy-sous-Bois croyant voir des silhouettes pénétrer sur un chantier, les policiers de la ville se mettent à pourchasser, toutes sirènes hurlantes, des gamins qui reviennent

1. « La banlieue brûle », *90 Minutes*, Canal Plus, novembre 2005.

du foot. Deux d'entre eux, Zyed Benna et Bouna Traoré, se réfugient dans un transformateur électrique d'EDF. Au lieu de faire couper le courant, les policiers les encerclent. Paniqués, les deux ados de 15 et 17 ans meurent électrocutés. Loin de calmer le jeu, Nicolas Sarkozy relaye alors à longueur de JT des contre-vérités en prétendant que ses fonctionnaires ne « pourchassaient pas » les jeunes victimes[1]. Depuis le récit d'un survivant, les habitants du quartier savent que c'est un mensonge éhonté. Quand TF1 et France 2 se mettent à relayer les « infox » du ministre de l'Intérieur, les jeunes de Clichy-sous-Bois basculent dans la violence. Ce cycle provocation-répression débouche sur les plus graves émeutes urbaines depuis 1968 : trois semaines de révoltes, 9 000 voitures brûlées, 200 millions d'euros de dégâts. Et une France placée sous état d'urgence, pour la première fois depuis la guerre d'Algérie[2].

Au plus fort des émeutes, la chaîne de Martin Bouygues évoque à peine les ravages provoqués par les surenchères sécuritaires de son candidat favori. Notamment en enterrant après diffusion une scène particulièrement significative. Elle est filmée en caméra cachée début novembre, quelques jours après l'électrocution de Zyed et Bouna.

Ce soir-là, dans le quartier de la Duchère à Lyon, une reporter de l'émission « 7 à 8 », produite par Emmanuel Chain pour TF1, est interpellée par des jeunes qui affirment être maltraités par des policiers lors d'incessants contrôles au faciès. Sophie Hamdad veut en avoir le cœur net. Elle décide de rester à l'écart en tournant en caméra cachée. La nuit tombée, une patrouille s'arrête devant les jeunes. Les policiers ignorent qu'ils sont filmés. L'un d'entre eux hausse le ton vis-à-vis d'un jeune : « Ta gueule !

– Vous nous dites "Ta gueule !", on n'a rien fait, Monsieur !

– Tu veux qu'on t'emmène à un transformateur ? On te dit de reculer, tu recules !

– Regardez, Monsieur, nous, on vous vouvoie et votre collègue, il nous tutoie. »

En marge de la scène, un autre jeune provoque un policier (chauve) : « C'est bien fait, t'as le cancer, t'as plus de cheveux !

---

1. Voir notamment TF1, « 20 heures », 30 octobre 2005.
2. Voir « Émeutes en banlieue, la mécanique infernale », *Spécial investigation*, Canal Plus, 4 novembre 2013.

– Tu veux griller, toi aussi, avec tes copains ? Tu veux aller dans un transfo ? Ramène ta gueule, on va t'y mettre. [...] Et arrête de me regarder comme un âne !

– Vous croyez que c'est comme cela que le quartier va se calmer ? demande un jeune.

– Que le quartier se calme ou pas, nous, on s'en branle, répond l'un des policiers. À la limite, plus cela merde, plus on est contents[1]. »

En pleines émeutes urbaines, cette scène ayant miraculeusement échappé à la censure montre que, chauffés à blanc par Nicolas Sarkozy, certains policiers cherchent manifestement à ce que la France s'embrase. Visionnant les images juste avant diffusion, Patrick Le Lay est furieux qu'Étienne Mougeotte et Robert Namias, respectivement vice-président du groupe TF1 et directeur général adjoint de l'information, les aient validées. Selon le journaliste Thomas Hugues, Nicolas Sarkozy aurait « appelé Martin Bouygues, qui a appelé Patrick Le Lay, qui nous a mis une soufflante... Dans le circuit de la pression, ce cas de figure est exemplaire[2]. » Le lendemain, lors d'un pot pour la 200e de « 7 à 8 », la reporter ayant tourné la scène croise Robert Namias, qui est aussi l'époux d'Anne Barrère, la chargée de communication de la fondation « pièces jaunes » de Bernadette Chirac. Quand elle tente de lui parler, il la toise et lui tourne le dos. Au café où elle me fait alors ce récit, Sophie Hamdad m'affirme que sa séquence a ensuite été interdite à la vente par TF1[3]. Dans les mois qui suivent, un de ses reportages pointant du doigt la politique de quotas migratoires de Nicolas Sarkozy aurait été « mis à la poubelle par TF1 ». Puis, au moment des premières menaces contre *Charlie Hebdo*, en 2006, Sophie Hamdad reçoit l'ordre d'interrompre en plein tournage un reportage avec Cabu. « À l'arrivée de Sarkozy, j'ai quitté "7 à 8", j'ai estimé qu'il n'y avait plus d'enquête possible sur la Une », regrette-t-elle en 2021[4]. L'audiovisuel public échappait-il, lui, à ces pressions ?

1. « 7 à 8 », TF1, 6 novembre 2005.

2. Cité par Aude Dassonville et Jamal Henni, *TF1. Coulisses, secrets, guerres internes*, *op. cit.*

3. Entretien de Sophie Hamdad avec l'auteur, décembre 2005.

4. Entretien de Sophie Hamdad avec l'auteur, 8 juillet 2021.

L'information de France 2, pro-Sarkozy ?

Quand les émeutes éclatent, le président de France Télévisions, Patrick de Carolis, est en négociation avec le gouvernement Villepin pour qu'il desserre l'étau financier handicapant le groupe public depuis des années[1]. Aussi les patrons de l'info marchent-ils sur des œufs. Sur demande des autorités, les décomptes quotidiens du nombre de voitures brûlées sont souvent escamotés des antennes. Plus grave : les violences policières qui se multiplient (matraquages sauvages, passages à tabac dans les commissariats...) sont la plupart du temps passées sous silence. Le 7 novembre 2005, alors qu'à La Courneuve une équipe du « 20 heures » de France 2 filme des policiers tabassant à coups de pied et de poings un jeune gisant au sol, Arlette Chabot, directrice de l'information, bloque la diffusion de la séquence durant près de trois jours, laissant le temps au ministre de l'Intérieur de préparer des éléments de langage justifiant la violence de ses fonctionnaires.

Pro-Sarkozy, Arlette Chabot ? Elle le connaît en tout cas très bien. Selon Bruno Roger-Petit, ancien journaliste de France 2 qui deviendra conseiller d'Emmanuel Macron, elle avait pris l'habitude, lors de la campagne présidentielle de 1995, de surnommer Chirac le « naze » et Balladur (dont le porte-parole était Nicolas Sarkozy) « Mon doudou »[2]. Quand Chabot autorise enfin le « 20 heures » à diffuser quelques images du tabassage, le 10 novembre 2005, David Pujadas commence par rendre hommage au « professionnalisme » des policiers, puis annonce que huit d'entre eux ont été « suspendus ». Le sujet est atténué par une interview du patron de l'IGS (totalement fusionné avec l'IGPN en 2013), la police des polices, qui justifie longuement et sans contradicteur la violence de ses collègues.

À l'occasion, on découvre une autre scène filmée trois jours auparavant par une équipe de la télévision allemande, mais jamais diffusée en France. Menottés et plaqués au sol, deux jeunes y accusent des policiers

---

1. D'un montant de 116,50 euros en 2001, la redevance audiovisuelle annuelle était tombée à 116 euros en 2008 (dont environ 80 euros par an et par foyer pour France Télévisions). Un montant sensiblement moins élevé que dans plusieurs autres États européens.

2. Cité par Marc Endeweld, *France Télévisions [Off the record]*, Flammarion, Paris, 2010.

de les avoir roués de « coups de pied dans la tête ». Excédé, l'un des fonctionnaires lâche alors devant les journalistes allemands : « Regarde la France d'aujourd'hui, regarde cela ! C'est pas beau, ça[1] ? » Il aura fallu une nouvelle bavure pour que France 2 se décide à diffuser quelques secondes de ces scènes donnant une petite idée de la violence policière – et des remarques racistes – qui s'abattent alors sur les banlieues. Et encore, en donnant longuement la parole à Nicolas Sarkozy, qui justifiera en plateau la violence de ses policiers[2].

Le ministre de l'Intérieur récolte rapidement les fruits de sa stratégie de la tension : après les émeutes, sa cote de popularité bondit[3]. Dans la foulée, les industriels des médias continuent de soutenir son ascension politique. Quand TF1 décide de faire un « coup de com » en plaçant le journaliste d'origine martiniquaise Harry Roselmack en vitrine de son « 20 heures », Nicolas Sarkozy est le premier à faire buzzer l'info : « Grâce aux liens qui me rapprochent de Martin Bouygues, je sais qu'il y aura un Noir au 20 heures de TF1 cet été », lâche-t-il le 17 février 2006 lors d'un dîner avec des membres du Club Averroes, un groupe informel de médias promouvant la diversité dans la presse. Quelques mois plus tard, quand il publie son livre *Témoignage*[4], *Le Point*, hebdomadaire de François Pinault (du groupe Kering), lui consacre une troisième couverture souriante en quelques mois. Sur Europe 1 (groupe Lagardère), Jean-Pierre Elkabbach l'invite pour une interview à la complaisance burlesque. Quelque temps auparavant, alors que Nicolas Sarkozy avait pris la tête de l'UMP, Elkabbach l'avait même consulté sur le choix du journaliste de la radio qui suivrait… l'UMP[5].

À *Paris Match*, Olivier Royant, nommé en remplacement d'Alain Genestar, reprend les vieilles habitudes de l'hebdo Lagardère : flatter l'image des amis du patron. En juin 2006, alors que Cécilia Sarkozy est revenue vivre en France « pour tenter de reconstruire sa famille » (pour ne

---

1. « 20 heures », France 2, 10 novembre 2005.
2. « France 2 s'acharne sur Zyed et Bouna », *Télérama*, 18 mars 2015.
3. Voir notamment le sondage Ipsos/*Le Point* du 16 novembre 2005, où 63 % des sondés approuvaient « plutôt » ou « tout à fait » son action.
4. Nicolas Sarkozy, *Témoignage*, XO, Paris, 2006.
5. « Sarko, conseiller en recrutement pour Europe 1 », *Le Canard enchaîné*, 22 février 2006.

pas plomber le projet présidentiel de son mari, penseront certains), *Paris Match* publie un reportage photo en Guyane donnant l'impression qu'elle est de nouveau heureuse avec Nicolas Sarkozy. En réalité, l'épouse du candidat souffre le martyre. Et la situation n'est pas non plus facile pour les enfants. Lors de leur retour en France, alors que Nicolas Sarkozy est venu les accueillir en personne sur le tarmac de l'aéroport à leur arrivée d'un long vol en provenance des États-Unis avec Cécilia et Richard à leurs côtés, Louis (8 ans) et Jeanne-Marie (18 ans) refusent de descendre de l'avion: « Pour eux, les États-Unis avaient incarné un paradis, nous a confié un proche. Pour la première fois de leur vie, ils pouvaient sortir sans escorte policière, aller dormir chez des amis, se promener incognito, c'était la liberté! » Richard Attias, en revanche, payera cash le fait d'avoir osé s'afficher avec l'épouse du ministre de l'intérieur: « Il a perdu la plupart de ses clients », nous racontera une proche[1]. Comme Klaus Schwab, le fondateur du Forum de Davos, qui lui aurait lâché: « Je ne veux plus travailler avec toi! »

À cette période, il reste néanmoins quelques médias qui osent résister à l'emprise de Nicolas Sarkozy. Comme Canal Plus, dont la maison-mère, Vivendi, est alors dirigée par le chiraquien Jean-René Fourtou. Financée depuis sa création en 1984 par des abonnés attachés à son indépendance, ce premier « *Mediapart* de la télé » a même fait de la résistance au sarkozysme une culture d'entreprise. Un bref retour en arrière n'est pas inutile pour mesurer l'ampleur de la mise au pas dont va être victime la chaîne cryptée.

1. Entretien avec l'auteur, avril 2021.

2

Incontrôlables *Guignols*

En ce 17 septembre 1997, sur le plateau de *Nulle part ailleurs*, Bruno Gaccio est chargé de dresser le portrait de l'invité de Guillaume Durand. Malgré l'échec de son mentor Édouard Balladur en 1995, Nicolas Sarkozy tente un retour en politique. Il ne va pas être déçu. Pendant de longues minutes, l'auteur phare des *Guignols de l'info* fait marrer le public en le qualifiant de « traître » (pour avoir trahi Chirac en 1995), de « poissard en politique » (parce qu'il choisirait toujours le mauvais cheval), en lui demandant « comment on peut être jeune et balladurien »... Bref, il tape fort. « Personne ne s'attendait à cette chronique de Gaccio, confiera Pierre Lescure, alors président de Canal Plus. Nicolas Sarkozy était reparti furieux. En sortant, il a piqué une crise. On savait qu'il nous en voudrait jusqu'à la dernière génération. Il répétait que c'était inadmissible[1]. »

Mais en coulisses, Alain de Greef, le directeur des programmes de la chaîne, savoure, lui, le culot de son poulain. Gaccio le raconte : « Je sors du plateau, je m'engage dans un couloir, tous les techniciens me disaient : "Bravo d'avoir osé !" Et là, j'arrive à une porte battante derrière laquelle m'attendait Alain de Greef. Je me suis dit que j'allais me faire engueuler, car j'y avais vraiment été fort. De Greef me regarde et me dit : "Parfait, il manquait juste un sourire"[2] ! » Alain de Greef, ancien de l'ORTF et

1. Cité par Renaud Saint-Cricq et Frédéric Gerschel, *Canal Sarkozy*, *op. cit.*
2. Entretien de Bruno Gaccio avec l'auteur, 2016.

d'Antenne 2, avait appris à détester le journalisme servile. Il est une pièce maîtresse de l'indépendance éditoriale de Canal Plus. Dans les années 1990, il encourage les *Guignols* à cogner, les protège contre Lescure et la fureur des politiques.

Canal Plus sous pression ?

En 2002, quand Pierre Lescure, patron emblématique de Canal Plus, est viré par le numéro un de l'actionnaire majoritaire Vivendi, Jean-Marie Messier, proche d'Édouard Balladur, les salariés de la chaîne cryptée envahissent le CSA (le conseil supérieur de l'audiovisuel) pour réclamer des gages d'indépendance éditoriale. Après la chute de Messier, le nouveau président du groupe, Bertrand Méheut, doit avancer avec précaution. Il a compris qu'à Canal Plus, l'indépendance fait partie de l'ADN de la chaîne, que les abonnés y sont attachés et qu'il serait dangereux de la remettre en cause. Suite à la réélection de Jacques Chirac et à l'arrivée d'un de ses proches, Jean-René Fourtou, à la tête de Vivendi, il va néanmoins entreprendre, avec son nouveau directeur général venu de TF1, Guillaume de Vergès, de remettre en cause le ton « libre et irrévérencieux de Canal Plus[1] ». Dans la foulée, avec son successeur Rodolphe Belmer, Méheut va tenter de mettre au pas *Les Guignols de l'info*.

L'histoire nous a été racontée par leur auteur phare, Bruno Gaccio : « Méheut me dit : il faut être plus équilibré, arrêter de taper sur la droite. J'entends pas. Du coup, ils veulent qu'on enregistre l'émission pour qu'ils puissent relire nos textes tous les jours à 17 heures. On refuse de renoncer au direct. Mais on consent à leur envoyer nos textes pour relecture. » Contrarié, Gaccio décide alors de faire des blagues à sa direction : « Un soir, la marionnette de Bernadette Chirac est prévue en plateau. Notre texte prévoit de la présenter par provocation, de manière particulièrement injurieuse, comme : « Bernadette Chirac, grosse pute ». Paniqué, un employé du service juridique alerte la direction. Belmer m'appelle, affolé, et je lui réponds : "Mais non, Rodolphe, on ne va pas dire cela !

– Si, j'ai le texte sous les yeux !

1. « Canal : de l'eau tiède dans le décodage », *Le Canard enchaîné*, 4 juin 2003.

– Ben oui, mais c'est une version de travail de 14 heures, on affine, Rodolphe, détends-toi !"

Le lendemain, rebelote, raconte encore Gaccio, on invite Roselyne Bachelot. On écrit un texte qui la présente de manière encore plus injurieuse comme une « grosse truie qui pue la merde ». Belmer a rappelé pour me dire : "OK, j'ai compris." Après, ils nous nous ont fichu la paix[1]. »

Depuis la place Beauvau, Nicolas Sarkozy mène alors une politique ultra-sécuritaire. Quand les auteurs des *Guignols* (Bruno Gaccio, Ahmed Hamidi, Lionel Dutemple, Julien Hervé) la pointent du doigt, il persifle : « Ce sont des militants, pas des auteurs. » Lui qui gère ses relations avec autrui par le rapport de force ou la séduction n'arrive à rien avec les marionnettes : « Il n'a aucune prise, et cela le désespère. Alors il fait mine d'oublier le problème », témoigne un ami. Fin 2004, après sa conquête de l'UMP dans la perspective de la présidentielle, Nicolas Sarkozy recommence à se plaindre des *Guignols*. Notamment chez Michel Drucker : « J'essaie de vivre en acceptant. Bien sûr, qu'on m'en parle dans la rue. Ma marionnette a fait nettement plus d'heures de télévision que moi. Aller faire le sérieux après, c'est pas facile. C'est un métier noble, la politique. Bien sûr, ça blesse[2]. » En 2006, Nicolas Sarkozy tente d'attirer les auteurs à un petit déjeuner place Beauvau. Mais ils ne « mangent jamais avec les politiques[3] ». Alors à l'approche de la présidentielle, le ministre de l'Intérieur change de tactique : il passe des coups de fil furibards à Bertrand Méheut et Rodolphe Belmer. À Canal Plus, l'un des auteurs se voit même conseiller de « mettre la pédale douce », car « Sarko va péter une durite ». Parmi les saltimbanques de Canal Plus, les coups de pression du ministre de l'Intérieur commencent à lasser. En avril 2007, même Christian Borde, *alias* Jules-Édouard Moustic, le discret présentateur de Groland, n'hésite plus à critiquer Nicolas Sarkozy : « Il va dans le sens du poil de tout le monde pour prendre le pouvoir, c'est tout juste s'il ne promet pas de la vodka gratuite, comme en Russie ! [...] C'est

1. Entretien de Bruno Gaccio avec l'auteur, 25 mars 2019.
2. « Vivement dimanche », France 2, 5 décembre 2004.
3. Pour avoir ignoré cette règle en acceptant de dîner en compagnie de Ségolène Royal en 2006, Bruno Gaccio sera poussé vers la sortie des *Guignols* en juin 2007.

pas possible d'être finaud avec quelqu'un qui tape avec des chaussures à semelles compensées. Forcément, tu sors tes santiags[1] ! »

La mise au pas de l'investigation

Mais si les trublions de Canal Plus parviennent à résister, l'investigation, en revanche, va être mise au pas. Incarnée par le magazine *90 Minutes* lancé en 1999 par Paul Moreira avec une équipe de journalistes salariés de Canal Plus, elle a longtemps joui d'une très grande indépendance éditoriale. Sous Jacques Chirac, nous allons initier plusieurs enquêtes de nature à embarrasser l'exécutif. En 2002, Bernard Nicolas et Michel Despratx lèvent un coin du voile sur les barbouzeries gaullistes. Après des mois d'enquête, ils démontrent qu'en 1979, le ministre du Travail Robert Boulin (un gaulliste historique rallié à Giscard) ne s'est pas suicidé, mais qu'il a vraisemblablement été assassiné[2]. Une autre de nos enquêtes va provoquer une déflagration en Afrique de l'Ouest. En 2004, des dizaines d'Ivoiriens sont tués par balle à Abidjan lors d'une manifestation hostile à la présence française. Mais alors que la ministre française de la Défense Michèle Alliot-Marie nie toute bavure, des images récupérées par mon confrère Stéphane Haumant montrent des soldats français tirant sur la foule[3]… Quand des chiraquiens font pression pour empêcher la rediffusion de ce scoop dévastateur, Stéphane Haumant se voit interdire de continuer à travailler sur le sujet. À cette époque, Belmer censure « Mâdame », un portrait non autorisé de Bernadette Chirac réalisé par l'impertinent John-Paul Lepers pour *Lundi Investigation*. Puis il annonce à Paul Moreira que trois autres enquêtes ne seront pas diffusées. L'une explore le passé extrémiste de José-Manuel Barroso, alors président de la Commission européenne. Une autre évoque des interventions de Nicolas Sarkozy dans les marchés publics des Hauts-de-Seine et sa stratégie pour accéder au pouvoir.

Pour l'enquête sur Sarkozy, que je réalise avec ma consœur Véronique Robert (qui sera tuée en 2017 par l'explosion d'une mine en Irak), l'UMP

1. *Les Inrocks*, avril 2007.
2. « Robert Boulin, le suicide était un crime », *90 Minutes*, Canal Plus, 15 janvier 2002.
3. Stéphane Haumant, Jérôme Pin et Laurent Cassoulet, « Côte d'Ivoire : quatre jours de feu », *90 Minutes*, Canal Plus, 30 novembre 2004.

avait commencé par exercer des pressions pour que Véronique, proche du député UMP Thierry Mariani, ne participe pas à son interview. Le jour J, alors que nous avons accepté cette concession et que nous l'attendons de pied ferme avec Paul Moreira, Nicolas Sarkozy arrive en retard, nous donne des coups de poing dans les épaules et nous lâche, furieux, qu'il n'a que « vingt minutes à nous accorder » alors qu'une heure avait été négociée. Dans les semaines qui suivent, Paul Moreira nous informe que la direction de Canal Plus refuse de diffuser notre reportage sur Nicolas Sarkozy, ainsi que celui de Thierry Vincent sur José Manuel Barroso. Notre équipe prend alors rendez-vous avec Rodolphe Belmer. Surpris par notre détermination, il consent finalement à mettre nos enquêtes à l'antenne.

Quelques semaines après la diffusion de notre documentaire sur Nicolas Sarkozy, croisant son conseiller en communication Franck Louvrier, dans un commissariat parisien, je lui lâche en rigolant : « On prépare déjà une suite ! » Glacial et sûr de lui, Louvrier me répond : « Cela m'étonnerait. » Dans la perspective de la présidentielle de 2007, le conseiller du ministre avait-il obtenu de la direction de Canal Plus la promesse que *90 Minutes* ne dérangerait plus Nicolas Sarkozy ? Aujourd'hui, il nie et avance une autre explication : « C'était à cause des règles du CSA, votre direction ne voulait probablement pas se mettre en défaut[1]. » En réalité, les règles d'équité des temps de parole entre candidats fixées par le CSA ne concernent que les quatre mois précédant une élection présidentielle… À compter de cette période, en tout cas, Rodolphe Belmer fait savoir à Paul Moreira, patron de *90 Minutes*, que désormais, tout projet d'enquête devra être « validé par la direction ».

En novembre 2005, alors qu'une émission spéciale qui questionnait le rôle de la police dans le déclenchement des émeutes dans les banlieues françaises a manifestement déplu à « Sarko », le ministère de l'Intérieur nous interdit durant plusieurs mois d'interviewer un quelconque représentant de la police nationale. Dans la foulée, en juin 2006, *90 Minutes* est tout bonnement… supprimée par Rodolphe Belmer, qui décide brutalement d'externaliser l'investigation. Désormais, sur Canal Plus, elle sera cantonnée à *Lundi investigation*, une émission reposant sur des producteurs

1. Entretien de Franck Louvrier avec l'auteur, 20 juillet 2021.

extérieurs dépendant économiquement de la chaîne (et donc plus facile à canaliser). À un an de la présidentielle, Nicolas Sarkozy peut souffler : les pugnaces journalistes d'investigation Paul Moreira et Luc Hermann sont remerciés par Canal Plus.

Mais cet été-là, malgré son jeu de pompier pyromane durant les émeutes et les complaisances médiatiques dont il bénéficie, Nicolas Sarkozy séduit moins que la populaire Ségolène Royal, qui caracole en tête des sondages, avec 53 % d'intentions de vote. En octobre, elle écrasera Dominique Strauss-Kahn et Laurent Fabius à la primaire de la gauche. Le soutien de l'oligarchie à Nicolas Sarkozy s'accentue d'autant plus. À la fin de l'été, *La Tribune*, alors contrôlée par Bernard Arnault, commande un sondage CSA sur la confiance que les Français accordent aux candidats à la présidentielle en matière économique et sociale. Quand François-Xavier Pietri, le directeur de la rédaction du quotidien, découvre que Ségolène Royal arrive en tête avec 54 %, devant Nicolas Sarkozy (49 %), il escamote tout bonnement cette question dans l'article qui rend compte du sondage ! Furieuse, la rédaction dénonce une censure grossière et vote à une écrasante majorité une motion de défiance réclamant sa démission[1]. Pro-Sarkozy, les médias des milliardaires ? C'est alors la conviction de beaucoup de citoyens. Dont François Bayrou.

Bayrou contre les « puissances d'argent »

Interviewé sur France Inter le 30 août 2006, le candidat centriste à la présidentielle critique un scénario écrit à l'avance par les oligarques : « Tout l'été a servi au matraquage médiatique Sarko-Royal. Ça a été les premières pages des magazines, comme si les Français n'avaient le choix qu'entre ces deux photos, ces deux images. [...] Il y a en France aujourd'hui des puissances très importantes qui, en particulier, ont des intérêts dans les médias, et qui poussent à ce choix [...], Nicolas Sarkozy d'un côté, Ségolène Royal de l'autre. D'une certaine manière, elles mettent des billes dans les deux cases. Donc ça ne peut pour eux que rapporter le jackpot. [...]

– Dassault a *Le Figaro*, on va parler clair, Lagardère a un nombre important de médias, et M. Bouygues a TF1 ?, lui demande Patrick Boyer.

1. « *La Tribune* censure Royal », *L'Obs*, 6 septembre 2006.

– Eh bien voilà, vous venez d'évoquer trois groupes principaux[1]. »

François Bayrou insiste sur France 3 le 1er septembre : « Je plaiderai pour que la République retrouve ses principes de séparation entre les intérêts des grands groupes économiques et le pouvoir politique. » Empêcher les puissants industriels contrôlant la presse d'avoir prise sur l'Élysée ? Dès le lendemain, le candidat de l'UDF (Union pour la démocratie française) se fait sermonner par Claire Chazal, la présentatrice du « 20 heures » de TF1 : « Est-ce que vous n'allez pas vous couper de cette majorité élargie à l'UMP en critiquant comme vous l'avez fait aujourd'hui, assez violemment, Nicolas Sarkozy ?

– Je ne critique pas Nicolas Sarkozy en rappelant la proximité qui est la sienne avec des responsables économiques extrêmement puissants, c'est une proximité affichée, assumée et étalée dans les journaux comme vous le savez ! [...] L'argent et la politique doivent être séparés. L'un ne doit pas avoir barre sur l'autre, notamment quand ces puissances économiques détiennent de très grands médias[2]. »

Les propos de François Bayrou font immédiatement le buzz sur la Toile, signe qu'il rejoint une préoccupation citoyenne. Mais la réplique ne tarde pas. Le dimanche 7 novembre, dans *Le JDD*, le directeur de l'information de TF1, Robert Namias, dénonce l'« acharnement » du candidat UDF contre sa chaîne : « François Bayrou n'a rien d'autre à dire pour exister en ce moment », il est « démagogique ». « Que le directeur de l'information de TF1 se permette de dire ça d'un candidat à l'élection présidentielle [...] montre à quel point la chaîne est engagée », réplique à son tour Bayrou sur RMC. En janvier 2007, alors que sa cote explose avec près de 24 % d'intentions de vote, Bayrou profite de ses vœux à la presse pour s'adresser à nouveau aux « grandes puissances médiatiques » : « Vous n'êtes pas les patrons de la France, leur lâche-t-il. Nous, Français, sommes un peuple de citoyens : nous ne céderons pas à votre matraquage. »

Le message reste sans effet puisque les oligarques continuent à soutenir la candidature de Sarkozy. À quelques mois de la présidentielle, Vincent Bolloré crée *Matin Plus*, un quotidien gratuit dont une partie du contenu

1. France Inter, « 8 h 20 », 30 août 2006.
2. « 20 heures », TF1, 2 septembre 2006.

est fourni par *Le Monde* et *Courrier international,* mais dont la ligne éditoriale soutient l'ascension politique du ministre de l'Intérieur. « Vincent Bolloré ne fait pas du journalisme, ce n'est pas son métier, estimera François Bonnet, le journaliste du *Monde* alors chargé du partenariat [...]. Son obsession est de ne pas se fâcher avec ses pairs, ses amis, les gens avec qui il est en affaires. Par ailleurs, on connaît les orientations politiques de Bolloré. Le journal est à sa main et il fait ce qu'il veut. Il suffit de regarder les unes des gratuits de Bolloré qui sont des photos publicitaires du gouvernement [Sarkozy] [1]. »

En mai 2007, un responsable de *Courrier international* révèle ainsi que *Matin Plus* a refusé de publier un article hongrois sélectionné par l'hebdo. Il racontait les déboires de musiciens roms avec la police de Roissy. Pour se justifier, Jean-Christophe Thiery de Bercegol du Moulin, alors patron de Bolloré Médias, aurait lâché au responsable de *Courrier international*: « On ne peut pas parler de la sorte de la police française [2]. »

Au premier tour de la présidentielle, malgré les puissantes protections médiatiques dont bénéficie Nicolas Sarkozy, François Bayrou fera le plus grand « carton » électoral de son histoire : plus de 18,6 % des voix. « J'aurais pu gagner, estimera-t-il en 2021. À un mois du premier tour, Michel Rocard, qui n'appréciait pas Ségolène Royal, a failli me rallier. Nous avions eu plusieurs rendez-vous secrets. Et puis cela ne s'est pas fait [3]. » Ségolène Royal rassemble 25,9 % des suffrages. Quant à Nicolas Sarkozy, grâce à une campagne habile sur le thème « la gauche a divorcé du monde ouvrier » et au soutien des propriétaires de presse, il arrive en tête avec 31,2 %.

Entre les deux tours, François Bayrou et Ségolène Royal vont subir une ultime humiliation de la part du groupe Canal Plus. Rodolphe Belmer leur avait donné son accord pour organiser un débat entre eux, façon de redonner une chance aux deux *outsiders*, mais il fait marche arrière. Officiellement, c'est un problème de « respect des temps de parole ». Mais

1. Jamal Henni, « Quand le divorce entre *Le Monde* et Bolloré tourne au vinaigre », *BFM business*, 12 août 2018.

2. « Accusé de censure, le groupe Bolloré reconnaît la suppression d'un article », *L'Obs*, 4 juin 2007.

3. Entretien de François Bayrou avec l'auteur, 12 mai 2021. Le 13 avril 2007, Michel Rocard publiera finalement une tribune appelant à une « alliance Royal-Bayrou ».

tant Royal que Bayrou dénoncent des pressions sarkozystes[1]. Le débat aura malgré tout lieu, organisé par Jean-Jacques Bourdin sur BFMTV.

Le 6 mai 2007, sur le plateau de TF1, alors que PPDA et Claire Chazal s'apprêtent à révéler que Nicolas Sarkozy a été élu avec 53 % des suffrages exprimés, la présence incongrue d'une coupe de champagne laisse entrevoir aux téléspectateurs à quel point la prétendue « neutralité » de Télé Bouygues n'est que pure hypocrisie. Au Fouquet's, où Nicolas Sarkozy fête sa victoire, se pressent Martin Bouygues, premier actionnaire de TF1, Bernard Arnault et Nicolas Bazire, premier actionnaire et secrétaire général de LVMH, Vincent Bolloré, patron du groupe éponyme et de Havas, Alain Minc, qui conseille Bolloré et Sarkozy, Nicolas Beytout, directeur de la rédaction du *Figaro,* Stéphane Courbit, ex-président d'Endémol France, Jean-Claude Decaux... Le gratin parisien des affaires et des médias. Arnaud Lagardère, lui, n'est pas là. Mais une anecdote survenue à l'époque montre que son empire médiatique n'en continue pas moins à protéger le président.

Lors du second tour, Cécilia s'est secrètement abstenue d'aller voter. Elle s'en expliquera quelques années plus tard au micro de Marc-Olivier Fogiel : « Le poids des autres, les caméras... C'était trop dur. J'ai eu envie de vivre vraiment ma vie et d'être en accord avec moi-même, ne plus mentir. J'étais entre deux chemins. J'ai choisi le chemin de la vérité[2]. » Mais cette « vérité » que Cécilia ne veut plus cacher à la face du monde, la presse Lagardère, elle, ne va pas s'en faire l'écho. Le samedi suivant le second tour, Florence Muracciole, rédactrice en chef au *JDD*, propose deux articles : l'un évoque les vives tensions au sein du couple Sarkozy, l'autre l'affaire du « non-vote », découverte par un journaliste de l'hebdo. Évoquant le « respect de la vie privée », le directeur de la rédaction, Jacques Espérandieu, refuse le premier papier. Mais donne son feu vert au second : il rapporte un fait vérifié et significatif.

Mais dans l'après-midi, patatras ! Espérandieu demande désormais à ses journalistes qu'ils appellent Cécilia pour « l'informer de la publication du

---

1. Voir « Débat Bayrou-Royal annulé : des pressions de Sarkozy sur Canal ? » *L'Obs*, 27 avril 2007 ; et Christophe Nobili, « Les télés sous la pression du Karcher », *Le Canard enchaîné*, 2 mai 2007.

2. Marc-Olivier Fogiel, « RTL soir », 9 octobre 2013.

papier». Certains racontent que Claude Guéant, directeur de campagne de Nicolas Sarkozy, et Franck Louvrier, son chargé de communication, auraient appelé *Le JDD* pour déconseiller la publication. Vers 20 heures, Arnaud Lagardère en personne aurait appelé Jacques Espérandieu pour lui demander de ne pas révéler que l'épouse du nouveau président de la République n'avait pas voté[1]. Résultat: le papier est «trappé», comme on dit dans notre milieu, il est passé à la trappe, au grand dam de la rédaction. Contacté récemment, Franck Louvrier niera avoir passé des coups de fil, arguant que le «non-vote» de Cécilia était «connu des journalistes depuis le 6 mai[2]».

Jusqu'au bout, les propriétaires de presse auront néanmoins tenté de minimiser le fait que derrière les sourires de circonstance, le couple présidentiel battait de l'aile. Six mois plus tard, la fable de la reconquête de Cécilia vole en éclats. Nicolas Sarkozy accepte enfin le divorce. Mais même dans ces circonstances, les propriétaires de presse qui le soutiennent vont maintenir une chape de plomb sur les circonstances de l'explosion du couple présidentiel.

Sarkozy président : évacuer PPDA, la vengeance du « petit garçon »

Tout ce qui touche aux relations amoureuses du président est scruté et contrôlé minutieusement par ses chevaliers des médias. En janvier 2008, des journalistes de Direct 8 programment une émission intitulée «Sarkozy et les femmes». S'agit-il là uniquement de sa vie privée? Oui et non… Quelques semaines plus tôt, le président de la République s'est laissé longuement photographier à Disneyland par des photographes de Michèle Marchand avec sa nouvelle compagne, le mannequin Carla Bruni, peut-être pour booster une cote de popularité chancelante… L'opération de «com' politique» mérite en tout cas d'être décryptée. Sur le plateau de *88 Minutes*, Direct 8 invite plusieurs auteurs de livres sur Cécilia, dont Michaël Darmon, Laurent Léger, le publicitaire Jacques Séguéla

1. «Un article sur Cécilia Sarkozy aurait été censuré par *Le JDD*», *Libération*, 13 mai 2007.
2. Entretien de Franck Louvrier avec l'auteur, 21 juillet 2021.

ou Jean-François Probst, ancien conseiller de Jacques Chirac et figure du RPR, qui vient de publier *Les Dames du président*[1].

Au dernier moment, cette émission risquant de lever un coin de voile sur certaines fragilités du nouveau président de la République est déprogrammée par la chaîne de Vincent Bolloré. Officiellement pour des raisons « techniques ». Jean-François Probst (décédé en 2014) n'y croit pas une seconde. Connu pour son franc-parler, il lâche à *L'Obs* : « Si c'était seulement un incident technique, Direct 8 aurait organisé l'émission la semaine suivante. Non, cela s'appelle de la censure. [...] J'ai tout de même du mal à croire que Vincent Bolloré n'était pas lui-même au courant du thème de l'émission. Si l'ordre d'annuler vient de lui, c'est très grave. Ce sont là des méthodes de dictateur africain. [...] Ce n'est tout de même pas possible qu'en 2008, on se fasse bâillonner par des hommes qui prétendent défendre le libéralisme ! Il ne s'agit pas seulement d'une entrave imbécile, il s'agit de la traduction d'un état mental gravement dégradé en France. [...] À Sarkozy, il prête son avion et son yacht, mais à moi il ne veut pas me prêter huit minutes d'antenne pour parler de mon livre ? », conclut l'ancien conseiller de Jacques Chirac[2].

Et de fait, « Sarkozy et les femmes », qui aurait certainement fait un carton d'audience, ne sera jamais reprogrammée. Le thème était-il trop sensible pour le locataire de l'Élysée ? On peut le soupçonner, tant Sarkozy tente de museler tout ce qui a trait à sa rupture avec Cécilia. En février 2008, quand *L'Obs* annonce dans une brève que, quelques jours avant d'épouser Carla Bruni, le chef de l'État aurait envoyé à son ex ce texto : « Si tu reviens, j'annule tout[3] », le président exige des excuses de l'hebdomadaire. Quant à David Martinon, le porte-parole de l'Élysée réputé proche de Cécilia qui fut soupçonné d'être à l'origine de la fuite, il perd son poste au château et tout espoir de succéder à Nicolas Sarkozy à la mairie de Neuilly. Tout au long de son quinquennat, cette allergie du locataire de l'Élysée à certaines informations ne va épargner aucun média, aussi puissant soit-il.

---

1. Jean-François Probst, *Les Dames du président*, Le Rocher, Monaco, 2008.
2. « Sarkozy et les femmes : Probst dénonce la censure à Direct 8 », *L'Obs*, 29 janvier 2008.
3. Airy Routier, *L'Obs*, 6 février 2008.

À peine arrivé à l'Élysée, il va même s'attaquer à Arlette Chabot, directrice de l'information de France Télévisions, et Patrick Poivre d'Arvor, l'inamovible patron du « 20 heures » de TF1. Après un sommet du G8 début juin en Allemagne où le président s'était montré tout fier de côtoyer ses homologues étrangers, PPDA l'interroge depuis l'Élysée : « On vous a vu très à votre aise avec les différents chefs d'État et de gouvernement, presque même un peu excité, un peu comme un petit garçon en train de rentrer dans la cour des grands, est-ce l'impression que vous avez eue ?

– C'est très aimable de présenter les choses comme cela », rétorque Sarkozy, blême, estomaqué d'être comparé à un « petit garçon ».

Le lendemain, Nonce Paolini, nouveau directeur général de TF1, dit sobrement à Poivre : « Tu n'es pas près de remettre les pieds à l'Élysée[1]. » En janvier 2008, Nicolas Sarkozy annonce son intention de ne plus s'appuyer sur le tandem Chabot-PPDA pour l'interviewer. Quelques mois plus tard, Nonce Paolini aurait demandé à Patrick Buisson, alors conseiller de Nicolas Sarkozy, d'informer ce dernier que PPDA allait être remplacé par Laurence Ferrari et que Robert Namias, le très chiraquien directeur de l'info de TF1, laisserait sa place à Jean-Claude Dassier, plus sarko-compatible[2] (son fils Arnaud a dirigé la campagne Internet de Nicolas Sarkozy en 2007). Début juillet 2008, après avoir orgueilleusement annoncé dans la presse qu'il était « le seul à connaître la date de son départ du 20 heures », PPDA apprend qu'il est remercié. Pas si intouchable qu'il ne le croyait... Son JT, bien qu'en baisse, était pourtant toujours le plus regardé de France (près de 35 % de parts d'audience). Quelques années plus tard, PPDA réglera ses comptes avec son ancien PDG, Nonce Paolini : « Il m'avait enterré alors que les audiences étaient exceptionnelles. [...] Et surtout, le faire sur ordre, parce que quelqu'un au-dessus de vous l'a demandé, je trouve ça insupportable.

– Qui ? Nicolas Sarkozy ?

1. Cité par Amaury de Rochegonde et Richard Senejoux, *Médias, les nouveaux empires*, First, Paris, 2017.

2. Lors des élections municipales de 2008, Jean-Claude Dassier se présentera dans sa ville de Teste-de-Buch (Gironde) sur une liste « majorité présidentielle divers droite ». Puis il écrira : « J'avoue que le dynamisme de Sarkozy, son énergie incroyable m'ont séduit » (Jean-Claude Dassier, *Connivences*, Michel Lafon, Paris, 2013).

– C'est politique, tout le monde le sait. J'en ai eu maints témoignages depuis, par des gens qui étaient au pouvoir à l'époque ou à TF1. Tout le monde me l'a dit, des administrateurs de TF1 comme François Pinault[1]. »

Laurence Ferrari défend sa vie privée

Politique, le remplacement de PPDA ? « Je ne comprends pas que TF1 n'ait toujours pas pris Ferrari au 20 heures », aurait lâché à l'époque le président de la République devant témoins quelques mois avant l'éviction du célèbre présentateur[2]. « Nicolas Sarkozy avait imposé Laurence Ferrari à Martin Bouygues », confirmera, péremptoire, le journaliste Renaud Revel en 2013[3]. À l'origine de cette hypothèse, une liaison supposée entre la journaliste de TF1 et le locataire de l'Élysée. Évoquée par la presse britannique fin novembre 2007[4], la rumeur bruisse bientôt sur la Toile : Nicolas Sarkozy aurait emmené Laurence Ferrari à bord de son Falcon présidentiel pour une escapade dans un riad de Marrakech[5]. Et la présentatrice de *Dimanche plus*, sur Canal Plus, est pistée par un paparazzi : durant quelques semaines, il la photographie se rendant à l'Élysée, parfois derrière les vitres fumées d'un véhicule officiel venu la récupérer en face de RTL, rue Bayard[6]. De nature à entamer sa crédibilité journalistique, l'épisode déstabilise ses équipes : « Notre rédacteur en chef lui a demandé si c'était vrai, elle a nié », nous a confié un confrère qui œuvrait alors à CAPA pour *Dimanche plus*.

Mêmes doutes à Storybox, la société de production de Laurence Ferrari. Début novembre, alors qu'un de ses reporters couvre un voyage officiel de Nicolas Sarkozy aux États-Unis, la rumeur d'une liaison entre le président et la célèbre présentatrice est sur toutes les lèvres de la délégation : « Un soir, alors qu'il n'y avait que trois places à la Maison-Blanche pour

---

1. *C à vous*, France 5, 26 février 2016.
2. Cité par Aude Dassonville et Jamal Henni, *TF1. Coulisses, secrets, guerres internes*, *op. cit.*
3. *On n'est pas couché*, France 2, 8 juin 2013.
4. *Daily News*, 25 novembre 2007, cité par Renaud Revel, *Les Amazones de la République*, *op. cit.*
5. Voir notamment « Sarkozy et Ferrari, c'est officiel », *Bladi.net*, 23 novembre 2007 et *Daily News*, 25 novembre 2007.
6. Renaud Revel, *Les Amazones de la République*, *op. cit.*

des caméras françaises, le staff de l'Élysée m'en a réservé une. Du coup, je me suis dit que la rumeur était fondée», se souvient l'envoyé spécial de *Dimanche plus*[1]. Quelques jours plus tard, dans son bureau de Storybox à Boulogne-Billancourt, Ferrari fait un demi-aveu à un collègue en qui elle a toute confiance: «Elle m'a dit qu'au plan professionnel, elle était irréprochable, et que le reste la concernait», nous révélera-t-il[2].

Pour protéger sa vie privée, Ferrari attaque. En décembre, suite à un papier de *Closer* évoquant les retentissements de sa liaison supposée avec le président dans la presse étrangère[3], elle assigne l'hebdo en référé, réclamant 30000 euros de dommages et intérêts. Elle en obtiendra 12000[4]. Mais en 2013, sa consœur Anne Fulda (elle-même en couple avec Sarkozy en 2005-2006) relance la rumeur d'une nomination politique de Ferrari au 20 heures de TF1 en confiant au journaliste Renaud Revel: «En restant dix-huit mois aux côtés de Nicolas Sarkozy, j'ai gagné un billet d'humeur dans *Le Figaro* quand d'autres, qui l'ont fréquenté deux mois, ont hérité d'un JT[5].» L'année suivante, quand *Closer* publie le récit d'un photographe affirmant avoir vu Ferrari être récupérée dans un parking fin 2007 par un véhicule officiel chargé de la conduire discrètement à l'Élysée[6], la présentatrice hésitera un an, avant de porter plainte à nouveau.

Mais revenons au début du quinquennat de Nicolas Sarkozy. Alors que TF1 exauce ses volontés et soigne la carrière de plusieurs de ses proches[7], le groupe Bouygues ne tarde pas à signer une pluie de contrats avec les pouvoirs publics: construction du nouveau bâtiment des Archives nationales

1. Entretien avec l'auteur, 7 août 2021.
2. Entretien avec l'auteur, 8 août 2021.
3. «La folle rumeur», *Closer*, 1er au 9 décembre 2007.
4. La première chambre civile du TGI de Nanterre a jugé que la reproduction d'articles venant de l'étranger «participe de l'atteinte au droit de Laurence Ferrari au respect de sa vie privée dès lors que leur reprise n'est pas susceptible de participer à un débat d'intérêt général sur lequel le public devrait être légitimement informé».
5. Renaud Revel, *Les Amazones de la République*, *op. cit.*
6. Nolwen Dalpvia, «Nicolas Sarkozy et Laurence Ferrari, leurs rendez-vous secrets», *LeGossip.net*, 28 juin 2014.
7. En 2007, TF1 recrute Laurent Solly, ex-chef de cabinet de Nicolas Sarkozy, nomme son ancien conseiller Patrick Buisson directeur général de sa chaîne Histoire et recrute comme lobbyiste Marie-Charlotte Guichet, ancienne attachée de presse de Charles Pasqua dans les Hauts-de-Seine.

à Pierrefitte-sur-Seine, de la cathédrale orthodoxe russe de Paris, de trois prisons à Réau, Nantes et Lille, du palais de justice de Paris et du siège du ministère de la Défense, le tout souvent dans le cadre de « partenariats public-privé » ruineux pour les contribuables[1]. Exactement le type de dérives que François Bayrou craignait durant la campagne.

Courant 2008, Martin Bouygues va aller encore plus loin, en transmettant de nombreuses notes à son « cher Nicolas » pour qu'il n'ouvre pas le marché de la téléphonie mobile, alors cornaqué par Orange, Bouygues et SFR, à un quatrième opérateur. Pour convaincre son ancien avocat de protéger les intérêts de son groupe, Martin Bouygues lui aurait glissé : « Je me suis acheté un château [Bouygues Télécom], ce n'est pas pour laisser les romanichels [Free] venir sur les pelouses[2]. » Durant des mois, Nicolas Sarkozy met son poids dans la balance pour protéger le marché de son « ami » propriétaire de TF1, quitte à léser les consommateurs. Ce n'est qu'en juillet 2009, profitant d'un malaise vagal présidentiel qui lui laisse les mains libres, que le Premier ministre François Fillon signera un décret attribuant une quatrième licence de téléphonie mobile à Free. Début 2012, Xavier Niel lancera ses abonnements mobiles à 2 euros par mois qui démocratiseront le téléphone portable en France. Mais c'est surtout dans le sort réservé à France Télévisions que le favoritisme de Nicolas Sarkozy à l'égard de Martin Bouygues se fait jour.

---

1. En janvier 2013, Christiane Taubira, garde des Sceaux sous François Hollande, chiffrera le coût du palais de justice de Paris à 2,7 milliards d'euros d'ici 2043 et lancera devant l'Assemblée : « Comme démonstration de bonne gestion, je crois qu'on a déjà fait mieux ! » Le siège du ministère de la Défense, lui, a été estimé à 3,5 milliards d'euros.

2. Cité par Guillaume Champeau, « 4e licence 3G : Bouygues attaque au conseil d'État pour gagner du temps », *Numerama*, 21 octobre 2009.

3
L'Élysée contre France Télévisions

Le 30 juin 2008, la tension est palpable devant le siège parisien de France Télévisions. Informés de la venue du président de la République au « 19/20 » de France 3, des dizaines de salariés manifestent avec des pancartes hostiles à la suppression de la publicité dans l'audiovisuel public, une mesure décidée unilatéralement par l'Élysée quelques mois plus tôt. Quand Nicolas Sarkozy les aperçoit depuis son convoi présidentiel, il s'énerve. En montant quatre à quatre les escaliers, il lance à Patrick de Carolis, le président de France Télévisions venu l'accueillir : « Cette maison n'est pas tenue ! » À l'intérieur, il continue à l'accabler de reproches.

Quelques instants plus tard, des salariés de France 3 excédés tentent d'envahir le plateau du « 19/20 » en faisant sauter la porte avec… un bélier ! Quand Nicolas Sarkozy prend place sous les projecteurs, il est toujours aussi en colère. Le président tance le technicien qui a le malheur de ne pas le saluer en lui installant un micro : « Quand on est invité, on a le droit que les gens vous disent bonjour, quand même ! Ou alors on n'est pas dans le service public ! » Depuis la régie, un journaliste de *Rue89* assiste à la scène. Mieux : il obtient des journalistes de France 3 une copie de ces quelques minutes d'avant-journal où les caméras tournent déjà et la met vite en ligne sur le site de *Rue89*. De retour à l'Élysée, le président redouble de colère. Embarrassé, Patrick de Carolis est contraint de déclencher une enquête interne. Pour comprendre cette incroyable tension entre Nicolas Sarkozy et France Télévisions, il faut revenir quelques mois en arrière.

Janvier 2008 : interdiction de la publicité sur les chaînes publiques

Quand Nicolas Sarkozy accède à l'Élysée, TF1 est dans une situation difficile. Lancé en 1996, son bouquet satellite TPS est un gouffre financier qu'il a fallu revendre à Canal Plus. La TNT, la télévision numérique terrestre? Patrick Le Lay a toujours méprisé cette « lubie marxiste du CSA » et TF1 en rate le coche. Pour sauver sa chaîne menacée par une concurrence accrue, Martin Bouygues veut obtenir de son ancien avocat devenu président une réforme du marché de la publicité. Le 26 septembre 2007, Laurent Solly, son directeur adjoint de la campagne présidentielle qui s'est fait embaucher comme numéro deux de TF1, se lance dans un vibrant plaidoyer devant Nicolas Sarkozy: « Il faut supprimer la pub sur le service public pour la réserver aux groupes privés. Nous, les Français, sommes des nains face aux Américains. Il est nécessaire de compenser ce retard en fortifiant les groupes privés afin de reconquérir des territoires, au moins en Europe[1]. »

Pour France Télévisions, qui tire près du tiers de ses ressources de la publicité, une telle réforme serait un coup de poignard dans le dos et déboucherait sur des milliers de licenciements. Pourtant, en cet automne 2007, un second canal de lobbying se met en place: Alain Minc, qui conseille officiellement Vincent Bolloré et officieusement le président de la République, pousse lui aussi Nicolas Sarkozy à couper la pub au service public. Favorable à un système à la « BBC » (un service public sans publicité), le rocardien Denis Olivennes, alors PDG de la FNAC, rédige également des notes sur ce thème.

C'est dans cette période que le nouveau locataire de l'Élysée va subir un affront de France 3. Le 22 octobre, alors qu'il s'envole vers le Maroc pour une visite d'État au pays de Mohammed VI, le « 19/20 » annonce que le juge Patrick Ramael vient de délivrer des mandats d'arrêt contre cinq hauts responsables marocains soupçonnés d'être impliqués dans l'affaire Ben Barka, du nom de l'opposant marocain ayant mystérieusement disparu en 1965 après avoir été intercepté en plein Paris par des agents du SDECE (ancêtre de la DGSE). Dénonçant depuis des années l'omerta

1. Cité par Emmanuel Berretta, *Le Hold-Up de Sarkozy*, Fayard, Paris, 2010.

entourant cette disparition, le journaliste à l'origine du scoop, Joseph Tual, n'est pas peu fier d'avoir contribué à placer le président de la République face à une responsabilité historique de la France : « Sarko a appris la nouvelle dans l'avion présidentiel ! Quand il a atterri, les Marocains avaient la bouche tordue de haine. Ils étaient fous furieux. En 2004, ils avaient reçu des garanties que la France ne les "embêterait" plus avec cette affaire. Du coup, le dîner d'État fut annulé. Et des contrats aussi ! Officiellement, Nicolas Sarkozy avait "mal à la gorge"[1]. »

Suite à ce pataquès franco-marocain, les patrons de TF1 poussent leur avantage : Patrick Le Lay rédige une liste de revendications qu'il dépose à l'Élysée. Début janvier 2008, Nonce Paolini remet à Claude Guéant une note détaillant les souhaits de la première chaîne. Révélée quelques mois plus tard sous le nom de « livre blanc », elle réclame que les millions d'euros de publicité qui se déversent chaque année sur les chaînes françaises soient réservés aux chaînes privées (TF1, M6, Canal Plus...)[2]. Et que ces dernières obtiennent le droit d'en diffuser nettement plus.

Résultat, lors de sa première conférence de presse en tant que président, le 8 janvier 2008, Nicolas Sarkozy annonce à la presse, sans se concerter avec Christine Albanel, la ministre de la Culture, ni avec Patrick de Carolis, le président de France Télévisions, la réforme tant attendue par TF1. Dans son langage, cela donne : « Le service public existe parce qu'il a une mission particulière. Si les chaînes publiques fonctionnent selon les mêmes critères, selon les mêmes exigences, selon la même logique que les chaînes privées, alors [...] on ne voit pas très bien pourquoi il y aurait un service public. [...] Je souhaite donc que le cahier des charges de la télévision publique soit revu et que l'on réfléchisse à la suppression totale de la publicité sur les chaînes publiques[3]. »

À la Bourse de Paris, les cours des chaînes privées bondissent aussitôt : + 9,94 % pour TF1, + 4,49 % pour M6. Le lendemain, *Le Parisien* titre : « Chaînes publiques sans pub : un cadeau à TF1 et M6. »

1. Entretien de Joseph Tual avec l'auteur, 12 février 2020.

2. Voir Olivier Milot, « Extraits du "livre blanc" de TF1 qui demandait la fin de la pub sur France Télévisions », *Télérama*, 10 décembre 2008.

3. Conférence de presse de Nicolas Sarkozy à l'Élysée, 8 janvier 2008.

Patrick de Carolis, lui, manque de s'étrangler. La suppression totale de la pub, c'est 830 millions d'euros en moins chaque année pour les chaînes publiques. Comment les remplacer? Lors de sa conférence de presse, Nicolas Sarkozy a évoqué des « taxes sur les surplus publicitaires des chaînes privées » et sur « les opérateurs de téléphonie »... Mais c'est difficile à mettre en œuvre, voire contraire au droit européen. Une annonce bâclée, donc. Un coup de fil de l'Élysée ordonne d'ailleurs à Patrick de Carolis de n'accorder aucune interview. Désireux de conserver son poste, il décide de ne pas broncher. Après tout, avec moins de pub, France Télévisions dépendra peut-être moins de l'audience, ce qui devrait permettre de mettre à l'antenne des programmes plus culturels. Par un communiqué, le patron de France Télévisions se contente donc de « prendre acte » de la suppression de la publicité.

Mais ses 11 000 salariés, eux, sont inquiets. L'annonce présidentielle est hautement suspecte. À France 3, on n'a pas oublié les coups de gueule de Nicolas Sarkozy. Comme le 18 mars 2007, quand, furieux de devoir attendre quelques minutes au maquillage avant de participer à *France Europe Express*, l'émission de Christine Ockrent, il avait balancé à propos des dirigeants de France 3 : « Toute cette direction, il faut la virer. Je ne peux pas le faire maintenant, mais ils ne perdent rien pour attendre. Cela ne va pas tarder[1]. » Quelques mois plus tard, il aurait confié à Christine Ockrent, qu'il s'apprêtait à inviter avec son époux Bernard Kouchner à se rendre pour Noël en Égypte à bord du jet de Vincent Bolloré[2] : « Tu ne vas quand même pas rester chez ces connards de France 3 ? »

Y avait-il, chez le président de la République, une volonté d'affaiblir l'audiovisuel public ? « Sarkozy voulait que France Télévisions soit constitué de mini-Arte, révélera le producteur Nicolas Traube. Cela m'a été confirmé par David Martinon [alors porte-parole de l'Élysée]. Le service public généraliste ne l'intéresse pas[3]. » Problème : le candidat UMP n'en avait rien dit durant sa campagne : « La suppression de la pub, ce n'était pas dans

1. « Sarko veut faire le ménage à France 3 », *Le Canard enchaîné*, 21 mars 2007.

2. Interrogé à ce propos, Bernard Kouchner nous a confirmé avoir passé quelques jours en Égypte avec Christine Ockrent et Nicolas Sarkozy à Noël 2007, mais n'avoir « aucun souvenir d'un jet appartenant à Vincent Bolloré ».

3. Cité par Marc Endeweld, *France Télévisions [Off the record]*, *op. cit.*

son programme, pointe Joseph Tual. On était en colère! D'autant qu'aucune vraie compensation financière n'était prévue!» Un mois et demi plus tard, les syndicats de France Télés organisent une manif sur le thème: «Ni pub ni soumise.» 30 % des salariés font grève. Conscient que sa réforme improvisée suscite des critiques, Nicolas Sarkozy installe Jean-François Copé, alors président du groupe UMP à l'Assemblée nationale, à la tête d'une «commission chargée de trouver une solution au financement de France Télévisions». Mais soufflant plus le froid que le chaud, tout au long de l'année 2008, le locataire de l'Élysée continue à se comporter en chef tout-puissant qui harcèle, déstabilise, abîme France Télévisions.

«J'AURAIS VOULU ÊTRE DIRECTEUR DES PROGRAMMES!»

Dès le début de son quinquennat, Nicolas Sarkozy harcèle Patrick de Carolis et Patrice Duhamel, le duo à la tête de la télé publique, pour qu'ils favorisent les amis du président. Pour qu'ils trouvent une émission politique pour son ami Pierre Sled, pour qu'ils casent Jacques Chancel, Didier Barbelivien ou Christian Clavier, à qui il faudrait «proposer des téléfilms», ou qu'ils s'occupent de Daniela Lumbroso, venue se plaindre à l'Élysée qu'elle n'avait «plus d'émissions»... Quelques mois plus tard, c'est à David Hallyday, le fils de Johnny – le célèbre rocker a pris sa carte à l'UMP et l'a soutenu durant la campagne, au point d'être invité au Fouquet's – qu'il faudrait laisser produire une émission sur France Télés avec son ami Cyril Viguier... À l'inverse, il faudrait écarter Patrick Sébastien ou Laurent Ruquier, qui auraient pris trop de distances à son égard. «Il faut que vous m'aidiez. Tu sais bien que les médias ne m'aiment pas, les médias ne me soutiennent pas, alors aidez-moi!», aurait gémi à plusieurs reprises le président de la République en s'adressant à Patrice Duhamel courant 2007. «J'aurais voulu être directeur des programmes!», aurait-il été jusqu'à avouer à cette époque à des syndicalistes de France Télévisions[1]...

De Carolis et Duhamel s'arrachent les cheveux. Le président de la République se comporte en permanence comme s'il voulait co-piloter France Télés! En février 2008, quelques minutes avant d'installer la

1. Isabelle Roberts et Raphaël Garrigos, «Sarkozy et les médias, leurre de vérité», *Libération*, 30 octobre 2010.

commission Copé, il fait à nouveau la morale à Patrick de Carolis et Jean-Paul Cluzel, le PDG de Radio France. *À vous de juger*, l'émission d'Arlette Chabot, serait trop « cacophonique ». *France Europe Express*, l'émission de Christine Ockrent, serait « diffusée trop tard »... Rappelons qu'elle est mariée avec Bernard Kouchner, son ministre des Affaires étrangères et qu'il s'apprête à la nommer à la tête de l'audiovisuel extérieur de la France (RFI, TV5 Monde...). Le PDG de Radio France, lui, se fait souffler dans les bronches sur le thème : « Les journaux de France Info ne valent pas mieux que ceux de France Télés ! », la profession « manquerait de déontologie » quand elle traite de sa « vie privée », etc.[1]

En plus des engueulades récurrentes du président, Patrick de Carolis doit aussi supporter des rumeurs d'éviction colportées dans le Tout-Paris : il serait sur un « siège éjectable », le président se préparerait à le « remplacer ». Si on y ajoute l'ébullition qui règne à la base, les salariés craignant d'être étranglés financièrement pour le plus grand bénéfice de Martin Bouygues, voire de Vincent Bolloré, on comprend la situation intenable des dirigeants de France Télévisions. Auraient-ils pu appeler à la rescousse la ministre de la Culture, Christine Albanel ? Peu probable : « La relation d'amitié entre Nicolas Sarkozy et Martin Bouygues ne nous avait pas échappé, déclarera plus tard un membre de son cabinet. On faisait attention à tout ! On avait dans l'idée qu'au moindre problème, au moindre message qu'on aurait oublié de faire passer à la ministre, à la moindre instruction qu'on n'aurait pas bien suivie, on avait une chance de se faire virer[2]. »

L'hypocrisie laissant croire que Jean-François Copé mène la réforme de l'audiovisuel public vole en éclats en mai 2008. Alors qu'au sein de sa commission qui doit rendre son rapport fin juin, députés UMP et socialistes ne voient qu'une augmentation de la redevance pour compenser la réforme bancale du président de la République, celui-ci les humilie publiquement en tranchant à leur place sur RTL : « Je me suis toujours engagé à ce qu'il n'y ait pas d'augmentation de la redevance. Moi, ma politique, c'est de diminuer les taxes, les prélèvements, de libérer le travail. [...] Chacun a son idée pour faire un petit prélèvement de plus. Je vous le dis :

---

1. Cité par Emmanuel Berretta, *Le Hold-Up de Sarkozy*, *op. cit.*
2. Cité par Aude Dassonville et Jamal Henni, *TF1. Coulisses, secrets, guerres internes*, *op. cit.*

c'est non[1].» Après cet oracle présidentiel, le peu de crédibilité qu'il restait à Jean-François Copé s'effondre. Furieux, les quelques députés socialistes qui avaient accepté de jouer le jeu de sa commission «bidon» claquent la porte. Quelques jours plus tard, averti par Carla Bruni que des producteurs menés par Fabienne Servan-Schreiber s'apprêtent à déclencher une fronde, le président les reçoit à l'Élysée et leur accorde que, finalement, après une dizaine d'années de stagnation, la redevance sera au moins «indexée sur l'inflation».

Mais le 17 juin, lors d'une remise de Légion d'honneur à Yann-Arthus Bertrand à l'Élysée, le président fond à nouveau sur Patrice Duhamel. Sous prétexte que France Télévisions vient de «piquer» Julien Courbet à TF1, Nicolas Sarkozy passe quinze minutes à «pourrir» Duhamel devant trente témoins. L'information à France Télés? «Nulle! Tout est à refaire, tout est à revoir, du sol au plafond!» Avec une particulière mauvaise foi, le président reproche au numéro deux de France Télés que le groupe public ne diffuse pas le match France-Italie de l'Euro dont TF1 avait acquis les droits plusieurs mois auparavant[2]. Nicolas Sarkozy conclut sa tirade en affirmant qu'il rédigerait lui-même le nouveau cahier des charges du service public[3].

Sarkozy: «Je nomme moi-même le président de France Télévisions»

Ainsi, à la remise du rapport Copé, le 25 juin 2008, le président de France Télévisions est sur ses gardes. Nicolas Sarkozy se montre affable, recevant même des syndicalistes de France Télévisions pour leur promettre qu'il entend «défendre le service public». Mais en secret, il mijote une nouvelle annonce explosive, qu'il dévoile devant Patrick de Carolis, Patrice Duhamel et la ministre de la Culture quelques minutes avant le début de son discours: «Pour la nomination du président de France Télévisions, il faut être simple, quand même… Fini l'hypocrisie, c'est des bêtises, tout ça. Je vais annoncer que je nomme moi-même le président de France Télévisions.» Ses interlocuteurs sont estomaqués. En quelques mots,

1. Jean-Michel Apathie, RTL, 27 mai 2008.
2. *Ibid.*
3. Voir Alain et Patrice Duhamel, *Cartes sur table*, Plon, Paris, 2010.

Nicolas Sarkozy vient d'officialiser un bond de quarante ans en arrière, quand le général de Gaulle nommait les patrons de l'ORTF. Après son discours, le président de la République fait la tournée de ses invités, hilare et content de lui.

Le lendemain, la presse s'afflige qu'il veuille « prendre possession de la télé ». Selon un sondage CSA/*Le Parisien*, 71 % des Français sont hostiles à ce retour en arrière qui fleure bon la « monarchie élective » dénoncée par le journaliste Laurent Joffrin quelques mois auparavant (on y reviendra). Patrick de Carolis est à nouveau relégué au rang de laquais. Les syndicalistes de France Télé, que le président avait caressés dans le sens du poil quelques minutes avant sa conférence de presse, se sentent trahis. C'est cinq jours plus tard, lors de la venue de Nicolas Sarkozy au « 19/20 » de France 3, qu'ils vont lui organiser comme on l'a vu, l'accueil le plus houleux de l'histoire de la télévision française.

Excédé, le président de France Télévisions envisage de « claquer la porte ». Mais le lendemain, il se ravise. Invité le 2 juillet par Jean-Michel Apathie sur RTL, Patrick de Carolis décide de balancer ses quatre vérités au président de la République. Il rappelle qu'il est « fier d'avoir été choisi par le CSA », façon de dire qu'il ne doit pas sa légitimité à Nicolas Sarkozy, indique que concernant les compensations liées à la suppression de la pub, il « prendra ses responsabilités si le compte n'y est pas ». Quant à la qualité des programmes, il estime faire une télévision « respectable » et entend qu'elle soit « respectée ». Enfin, il indique qu'il ne se « soumettra jamais une grille de programmes ou un concept d'émission à un quelconque visa venu de l'extérieur de l'entreprise ». En conclusion, il estime que « non, les programmes de France Télévisions et des chaînes commerciales n'ont pas grand-chose à voir ». Pour Carolis, dire le contraire comme le fait le président est « faux, injuste et stupide ».

À l'écoute de RTL, les salariés de France Télévisions qui endurent les déstabilisations de Nicolas Sarkozy depuis des mois n'en croient pas leurs oreilles : après deux ans d'humiliation, Patrick de Carolis ose enfin dire sa vérité au président de la République. Ils ne sont pas les seuls à apprécier : France Télévisions reçoit suite à l'interview à RTL un nombre record de 15 000 lettres et mails de félicitations. À l'Élysée, évidemment, on n'apprécie pas. À peine sorti de RTL, de Carolis reçoit un coup de fil glacial de

Claude Guéant, le secrétaire général de l'Élysée: « C'est assez inédit qu'un président d'une entreprise publique attaque aussi frontalement le président de la République à la radio...

– C'est assez inédit de voir un président de la République décortiquer les grilles de programmes des chaînes et jouer au directeur des programmes, rétorque de Carolis.

– Ce serait bien qu'on en parle assez rapidement...

– Avec grand plaisir, mais je pars cet après-midi à l'étranger. Donc si vous voulez bien, nous en reparlerons dans une semaine.

– Très bien... », répond Guéant, interloqué.

Dans la foulée, Nicolas Sarkozy aurait passé un « savon » au directeur général de France Télévisions Patrice Duhamel, affirmant sa ferme intention de se débarrasser de son président, Patrick de Carolis. Le CSA aurait même été approché pour convoquer ce dernier, mais la manœuvre aurait échoué[1]. Nicolas Sarkozy semble se résoudre à le laisser terminer son mandat. Pendant ce temps, à l'approche du débat parlementaire sur la réforme de l'audiovisuel, fin 2008, TF1 et M6 se frottent les mains. L'exécutif prévoit en effet une stricte limitation de la publicité sur France Télévisions, le déplafonnement de la publicité sur les chaînes privées en la portant de six à neuf minutes en moyenne par heure, l'autorisation d'une seconde coupure publicitaire dans les films et téléfilms et l'autorisation du placement de produits dans les programmes. Toutes les revendications de TF1 dans son fameux « livre blanc » ont été acceptées.

Les salariés de France Télés restent mobilisés. En novembre 2008, lors de l'examen du projet de loi au Parlement, 40 % d'entre eux se mettent en grève. Dans l'Hémicycle, le député écologiste Noël Mamère, qui présentait le « 20 heures » de France 2 quelques années auparavant, attaque au bazooka: « Pour le président, l'urgence consiste manifestement à remercier d'abord ceux qui l'ont fait roi, les Bouygues, Bolloré, Lagardère et compagnie. [...] Il fallait payer en cash dès le début du quinquennat. Pendant que ses copains se goinfrent du gâteau publicitaire pour transformer la télévision en parts de cerveau disponibles, Nicolas Sarkozy devient le Napoléon de la télévision d'État, en soumettant les chaînes du service

1. Voir Emmanuel Berretta, *Le Hold-Up de Sarkozy*, *op. cit.*

public au bon vouloir de son service privé[1]. » « Comment les intérêts privés peuvent-ils à ce point prendre le pas sur l'intérêt général, dicter leur loi à l'intérêt public ? », tonnera plus classiquement le socialiste Didier Mathus[2]. Quelques jours plus tard, Noël Mamère se moque à nouveau devant l'Assemblée : « Maintenant que le président de la République est également devenu président et directeur des programmes de France Télévisions, le "Point route" pourrait être présenté par Dominique Bussereau [secrétaire d'État aux Transports, NDLA], "Amour, gloire et beauté" par Mme Carla Bruni-Sarkozy, "Motus" par François Fillon et le journal, naturellement, par Nicolas Sarkozy... » Malgré les fous rires dans les travées, le lendemain, la loi prévoyant la suppression progressive de la publicité sur France Télés et la nomination des patrons de l'audiovisuel public par l'exécutif est votée en première lecture.

En marge de ce climat d'intimidation qui tétanise désormais l'audiovisuel public, il reste quelques médias qui ne sont pas contrôlés par des oligarques clients ou amis du président. Ceux-là tentent de faire leur boulot : exercer un regard critique sur le pouvoir exécutif. Ils vont rapidement découvrir la violence du locataire de l'Élysée dès qu'il s'agit d'information indépendante.

---

1. Déclaration à l'Assemblée nationale, 25 novembre 2008.
2. Déclaration à l'Assemblée nationale, 11 décembre 2008.

4

Asservir les médias « résistants »

La scène avait marqué les esprits. Le 13 octobre 2004, arrivé en avance à France Inter, Nicolas Sarkozy patiente dans le salon face au studio de l'information. Alors ministre de l'Économie, des Finances et de l'Industrie, il doit être interrogé par Stéphane Paoli à 7 h 50. Tout va bien jusqu'à la diffusion dans le journal de 7 h 30 d'une courte interview de Raymond Avrillier, un élu écologiste de Grenoble connu pour avoir contribué à la chute d'Alain Carignon, maire de la ville et ministre du gouvernement Balladur, condamné en 1996 pour corruption[1]. Après avoir évoqué la proximité entre Alain Carignon et Nicolas Sarkozy et révélé que depuis la place Beauvau, ce dernier avait promu un fonctionnaire condamné pour son implication dans les affaires grenobloises, Avrillier conclut au micro de France Inter : « Il y a une assez grande similitude, vue de Grenoble, entre le fonctionnement de M. Sarkozy, ses grandes déclarations, sa communication et ce que faisait M. Carignon. Il y a une certaine amitié politique, mais en même temps, une pratique politique qui est assez similaire. » Entendant ces mots, Nicolas Sarkozy sort de ses

1. En 1996, Alain Carignon avait été condamné à cinq ans de prison, cinq ans d'inéligibilité et 400 000 francs (plus de 83 000 euros) d'amende pour « corruption », « abus de biens sociaux » et « subornation de témoins » après que la Lyonnaise des eaux, bénéficiaire de la privatisation des eaux de Grenoble, a épongé les dettes d'un journal l'ayant aidé à se faire réélire à la tête de la ville en 1989 (voir Raymond Avrillier et Philippe Descamps, *Le Système Carignon*, La Découverte, Paris, 1995).

gonds et pénètre dans le studio. En plein direct, il coupe la présentatrice, Bernadette Chamonaz, et s'empare du micro en bégayant : « Je peux vous dire que je suis très choqué de ce que je viens d'entendre. [...] Alain Carignon a été condamné.[...] Je l'ai pas laissé tomber, mais je n'ai rien à vous... Et [...] Et humainement, chacun des auditeurs peut le comprendre... Mais je n'ai absolument rien à voir avec ces affaires, c'est proprement invraisemblable. »

Journaliste respecté de France Inter, l'auteur de l'interview d'Avrillier, Benoît Collombat, n'en croit pas ses oreilles. Dans la bouche du ministre, son reportage devient « inadmissible », « malhonnête », « empreint de choses fausses[1] ». Cette anecdote est représentative de ce que fera ensuite Nicolas Sarkozy une fois devenu président de la République : l'indépendance éditoriale n'est pas à son goût.

Preuve en est son altercation avec *Libération* au tout début de son quinquennat. En janvier 2008, devant une cinquantaine de confrères et le gouvernement de François Fillon au complet qui écoute religieusement le chef de l'État, Laurent Joffrin, alors directeur de la rédaction de *Libé*, interpelle le président de la République : « Vous occupez de manière fréquente, sinon continue, la scène médiatique, vous êtes à l'origine de la plupart, sinon la totalité des initiatives gouvernementales, vous avez qualifié votre Premier ministre de "collaborateur". [...] Vous êtes le chef d'État du monde démocratique qui détient le plus de pouvoirs. Au fond, n'avez-vous pas instauré une forme de pouvoir personnel, pour ne pas dire de monarchie élective ? »

Ulcéré par cette critique, Nicolas Sarkozy entreprend alors de discréditer le directeur de *Libération.* Dans la salle, comme s'ils avaient intériorisé leur dépendance à l'égard du pouvoir, ses confrères poufferont à la réponse du président qui rappelle que la monarchie est « héréditaire » alors que lui assume de « prendre ses responsabilités », car les Français l'ont « élu » et que « c'est cela, la démocratie ». Mais ce concept semble vu de façon peu conventionnelle par le président. Quelques mois auparavant, après une une de *Libération* lui ayant déplu, il aurait menacé le banquier Édouard

1. « Quand Nicolas Sarkozy interrompt les journaux de France Inter », *France Inter*, 28 juin 2011.

de Rothschild, qui avait raflé le quotidien au nez et à la barbe de Vincent Bolloré en 2005[1] de lui couper les aides[2] ! »

Bras de fer avec l'Agence France-Presse

Les « résistants » de l'indépendance sont donc clairement dans son collimateur. Les proches du président de la République vont d'abord entamer un bras de fer avec l'Agence France-Presse, protégée depuis 1957 par un statut lui garantissant une certaine indépendance éditoriale. Coïncidence ? Vincent Bolloré cherche à l'époque à maximiser son influence médiatique en mettant la main sur une concurrente de l'AFP, la branche française de l'agence américaine Associated Press (AP), alors en pleine déconfiture. Dans l'espoir d'en prendre le contrôle, il s'allie à un ancien PDG de l'AFP, Bertrand Éveno. Dans ce contexte, les sarkozystes vont s'escrimer à déstabiliser l'AFP. Début 2008, le président annonce vouloir réformer les médias. Le 20 mars, le PDG Pierre Louette révèle que l'exécutif réfléchit à un projet visant à mettre fin au statut coopératif de l'agence. L'idée est de la transformer en société par actions, prélude à une éventuelle ouverture de son capital. Simultanément à ces projets de privatisation, le « clan Sarko » va faire pression sur l'AFP pour obtenir un traitement plus favorable.

En avril 2008, suite à une plainte de deux ex-attachées parlementaires estimant que la totalité de leur salaire ne leur a pas été versée, Ségolène Royal, l'ancienne candidate socialiste à la présidentielle, est condamnée en appel. Estimant l'affaire emblématique, l'UMP organise une conférence de presse et diffuse des communiqués. Considérant qu'ils ne sont pas assez repris par l'AFP, le porte-parole du parti présidentiel, Frédéric Lefebvre, entame une guerre d'usure, fustigeant la « censure » de l'agence et s'insurgeant comme par hasard contre sa « situation de quasi-monopole » : « Nous attendons de l'AFP une position claire sur la nécessité de traiter les dépêches factuelles. L'exigence démocratique veut que l'AFP traite ces dépêches de manière complète, surtout quand il s'agit d'éléments nouveaux dans le débat », estime-t-il début mai.

1. On notera que depuis 2020 et après être passé entre les mains de Drahi, *Libération* appartient à un fond de dotation, devenant ainsi une société à but non lucratif.

2. Patrick Buisson, *La Cause du peuple. L'histoire interdite de la présidence Sarkozy*, Perrin, Paris, 2016.

Outre qu'il confond les « communiqués » de son parti avec des « dépêches », articles distanciés rédigés par des journalistes, cette polémique entretenue par Frédéric Lefebvre sent la mauvaise foi. Un an après l'élection de Nicolas Sarkozy, vise-t-elle à escamoter le spectaculaire effondrement de la cote de popularité du président, qui s'est accompagné d'un échec de la droite aux municipales de mars 2008[1] ? Ou, comme évoqué plus haut, à déstabiliser l'AFP pour aider Vincent Bolloré à développer une agence privée concurrente... et mieux contrôlée politiquement ?

Au sein de l'AFP, ces polémiques déclenchées par les sarkozystes ébranlent en tout cas certains journalistes. Dans leurs dépêches, certains se surprennent à reprendre plus fréquemment les éléments de langage de l'UMP. En avril, lors d'une réunion de la Société des journalistes, Nicolas Thiery, une ancienne plume de *La Tribune*, devenu délégué CFDT de l'agence, incite ses confrères à résister : « Je leur ai dit : "Regardez, Sarko baisse dans les sondages depuis qu'il s'en est pris à France Télés !" Mais certains semblaient insécurisés[2]. »

Précisons qu'à l'époque, plusieurs lieutenants du président (notamment Claude Guéant et Catherine Pégard, une ancienne journaliste du *Point* devenue communicante de Nicolas Sarkozy) auraient pris l'habitude de passer d'incessants coups de fil à Pierre Louette, le PDG de l'AFP : « Ils voulaient intervenir dans la copie, se souvient Sylvie Maligorne, alors cheffe du service des informations générales de l'agence. Ils étaient énervés, ils n'arrêtaient pas de l'appeler. Notre PDG en avait assez. Apparemment, il se faisait insulter, quand même ! Ils avaient même saisi le Conseil supérieur de l'agence, nous avaient menacés de tas de choses... Donc la situation était bloquée[3]. » Face aux mises en cause répétées de Frédéric Lefèvre, Pierre Louette explique que « l'AFP n'a pas vocation à devenir une machine à diffuser des communiqués[4] ». Puis il demande à Sylvie Maligorne de « faire barrage ».

---

1. « 72 % des Français mécontents du bilan de Nicolas Sarkozy », *20 Minutes*, 22 avril 2008.
2. Entretien de Nicolas Thiery avec l'auteur, 9 juin 2020.
3. Entretien de Sylvie Maligorne avec l'auteur, 30 avril 2020.
4. Cité par Isabelle Roberts et Raphaël Garrigos, « L'AFP toujours sous le feu de l'UMP », *Libération*, 14 mai 2008.

Réputée pour son intégrité, celle-ci entreprend de résister. Avec Frédéric Lefebvre, qu'elle considère comme un simple exécutant de Nicolas Sarkozy, elle instaure un rapport de force: «Je lui ai dit: "[...] Cela va être perdant-perdant! On peut être très méchants, nous aussi, on peut faire feu de tout bois! [...] On peut très bien ne rien laisser passer. Chacun fait des erreurs, vous pouvez faire des lapsus, déraper, on peut retenir tout ce qui est mauvais! On peut dire à nos photographes (on ne l'a pas fait) qu'on ne va diffuser que des photos dégueulasses, avec un mauvais profil, un mauvais cadrage, une mauvaise lumière sur telle ou telle personnalité, par exemple!"» Au téléphone, Maligorne me précise: «Les photos, les politiques sont très pointilleux, sensibles, là-dessus. Et s'ils s'émeuvent, on peut leur répondre: "Vous savez bien, c'est le choix subjectif de la photo".»

En octobre, le gouvernement de François Fillon persiste à proposer que l'AFP soit remplacée par une «société par actions», prélude à l'ouverture de son capital. Mais l'idée de vendre une telle marque d'information, qui fait partie des trois agences de presse généralistes mondiales, suscite des critiques. Le 22 novembre, les six syndicats de l'AFP lancent une pétition électronique contre la privatisation. En quelques semaines, elle recueillera 22 000 signatures, dont celles de personnalités telles que Yannick Noah, Noam Chomsky, Rony Brauman, Axel Kahn, Edgar Morin ou Danielle Mitterrand. À la fenêtre de leur siège parisien, place de la Bourse, les journalistes de l'agence déroulent un drap blanc avec inscrit: «L'AFP n'est pas à vendre.» Les sarkozystes sont furieux, mais ils hésitent. «Ils avaient été traumatisés par les critiques radicales de François Bayrou, qui avait mis en cause tout au long de la campagne leur connivence avec les puissants propriétaires de presse, analyse Nicolas Thiery. La manipulation sarkozyste des médias commençait à apparaître un peu trop, l'opinion était contre. Ils avaient peur[1].»

Début 2009, Pierre Louette nomme Sylvie Maligorne à la tête du service politique de l'AFP. Grâce au rapport de force qu'elle a instauré avec les sarkozystes, elle obtient que les journalistes de l'agence puissent enfin traiter librement de l'UMP: «À la fin, avec Fréderic Lefebvre, il n'y avait plus eu aucun souci. D'ailleurs, il s'est complètement démarqué de Sarkozy.»

1. Entretien de Nicolas Thiery avec l'auteur, 9 juin 2020.

Quand je salue son acte de résistance, Maligorne relativise: «Ma force, c'est d'être juste journaliste. Je n'attends rien de ces gens-là, ma carrière ne dépend pas d'eux. Je ferai toujours mon métier. Il ne faut pas avoir peur, mais souvent, dans d'autres médias, ils ont la trouille!»

CONTRÔLER *LE MONDE*

Dans d'autres médias, notamment les grands quotidiens nationaux et régionaux, les journalistes sont payés en partie grâce aux aides publiques à la presse. Sous Nicolas Sarkozy, cette dérive française consistant pour le pouvoir à «s'arroger le parrainage du contre-pouvoir», comme dit Edwy Plenel[1], va s'accentuer. En janvier 2009, le président organise à l'Élysée des «États généraux de la presse écrite». Devant des directeurs de journaux dont la plupart ont pour patron ses amis oligarques, il propose des mesures qui vont accentuer les travers d'une presse malade, trop dépendante des annonceurs et du pouvoir politique. Alors qu'elle est déjà parmi les plus subventionnées du monde, Nicolas Sarkozy annonce que les crédits publics destinés à la presse écrite française vont augmenter de... 51 % en 2010! Soit 420 millions d'euros de crédits de paiement contre 277 millions en 2009. En tout, 600 millions d'argent public promis avant la présidentielle de 2012! «La France aura explosé son propre record de la presse la plus subventionnée, avec un niveau d'aide publique par lecteur cinq fois supérieur à celui de la Suède, par exemple, mais un taux de lectorat trois fois moindre», observe Fréderic Filloux, analyste des médias. Avec seulement 60 millions d'euros sur trois ans, la presse numérique (*Mediapart*, *Arrêt sur images*...) reste le parent pauvre de cette politique de Nicolas Sarkozy consistant à aider toujours plus ses amis propriétaires de journaux pour qu'ils protègent toujours mieux son pouvoir.

Bien que profitant largement lui aussi des aides publiques à la presse, *Le Monde* s'efforce de maintenir une distance critique à l'égard de l'Élysée. En 2008, quand Nicolas Sarkozy tente d'inciter son directeur, Éric Fottorino, à accepter un rachat par le groupe Lagardère, celui-ci refuse. Mais à force de

1. Edwy Plenel, «Le journalisme pris au piège», *in* Edwy Plenel et Medipart (dir.), *N'oubliez pas! Faits et gestes de la présidence Sarkozy. Décryptage au jour le jour d'une contre-révolution*, Don Quichotte, Paris, 2010.

défendre son indépendance vis-à-vis du clan présidentiel, le quotidien du soir va subir des pressions. Au milieu de l'année, Vincent Bolloré, qui sous-traite l'impression de son quotidien gratuit *Matin Plus* à l'imprimerie du *Monde* à Ivry, décide de changer de prestataire. Les publicitaires se plaindraient de la « mauvaise impression du journal ». Mais quand Fottorino propose de régler ce problème technique, Bolloré refuse net. En coulisses, les relations entre les deux groupes s'étaient dégradées depuis 2007, date à laquelle des cadres du *Monde* ou de *Courrier international* avaient révélé que *Matin Plus* avait censuré un article embarrassant pour Nicolas Sarkozy.

En fin d'année, un éditorial du *Monde* accentue les tensions avec le président de la République. À l'époque, il envisage de faire élire son fils aîné, Jean, à la tête de l'Établissement public d'aménagement de la Défense (EPAD). Problème : le fiston n'a que 23 ans, aucun diplôme et l'intention présidentielle déclenche une hilarité planétaire. En Chine, la chaîne CCTV s'étonne que le très jeune homme se voie confier le « plus vaste projet d'Europe ». Au Burkina Faso, *Le Pays* rigole que l'Afrique n'ait « plus l'exclusivité des fils de président qui ont de l'ambition à revendre ». À Londres, le *Daily Telegraph* compare Jean Sarkozy à Alexandre le Grand, Cléopâtre ou Mozart. Et dans *Le Monde*, Éric Fottorino signe un édito critique : « Ce qui sidère, c'est moins l'appétit du fils que le laisser-faire du père. Quand on est chef d'une nation démocratique, tout n'est pas permis. Ce n'est écrit dans aucun manuel, mais il est des choses qu'on ne fait pas, qu'on ne s'autorise pas[1]. »

Plutôt que de se remettre en question, Nicolas Sarkozy entre dans une nouvelle colère noire contre les médias. Chroniquement déficitaire, *Le Monde* est une proie pour des industriels désireux de maximiser leur influence. Le groupe Lagardère avait déjà acquis 16 % du journal en 2005. En cette année 2010, deux alliances d'actionnaires rêvent de prendre le contrôle du quotidien fondé en 1944 par Hubert Beuve-Méry.

La première est un trio formé par Xavier Niel (Iliad-Free), Pierre Bergé (ex-patron milliardaire d'Yves Saint-Laurent) et Mathieu Pigasse (associé-gérant de la Banque Lazard). Problème : Pierre Bergé fut proche de François Mitterrand. Quant à Niel, depuis qu'il a (très modestement)

1. Éric Fottorino, « Brouillages », *Le Monde*, 13 octobre 2009.

contribué au financement de sites d'info indépendants comme *Backchich* de Nicolas Beau ou *Mediapart* d'Edwy Plenel, le président de la République le considère comme un « gaucho ». Le second groupe d'investisseurs est composé de Claude Perdriel (propriétaire des sanibroyeurs SFA, de *L'Obs* et de *Challenges*) et de son bras droit Denis Olivennes, alors directeur général de *L'Obs*. Ancien patron de la FNAC, Olivennes est proche de François Hollande, mais apprécié aussi par Nicolas Sarkozy – en 2007, il avait organisé pour son fils cadet un stage chez la célèbre enseigne sous une discrète identité. Christine Albanel, la ministre de la Culture du gouvernement Fillon, lui avait ensuite confié un rapport sur le piratage. Nicolas Sarkozy avait alors envisagé de le nommer secrétaire d'État au Numérique. Dans leur tentative de conquérir *Le Monde*, Perdriel et Olivennes vont se rapprocher du groupe espagnol Prisa, bientôt rejoints par Stéphane Richard, le très sarkozyste président de France Télécom, et conseillés par Alain Minc. Ancien président du conseil de surveillance de la SA *Le Monde* – et donc en partie responsable de la mauvaise situation financière du journal –, ce dernier est aussi membre du comité stratégique du groupe Bolloré, présentateur de *Face à Alain Minc* sur Direct 8 et conseiller officieux de Nicolas Sarkozy. Autant dire qu'il a les faveurs de l'Élysée.

Le 22 mai 2010, le président de la République met un premier « coup de pression » à Éric Fottorino par téléphone : « Souvenez-vous (...) ce qu'il en a coûté à votre prédécesseur d'être en ma faveur mais d'appeler à voter Ségolène Royal (...). À titre amical je vous le dis, quand on a face à soi des groupes de la qualité de Lagardère, de Prisa, et Juan Luis Cebrian est un homme que j'aime beaucoup (...) on n'a pas la folie de se jeter dans les bras de ce trio BNP, en particulier de ce Niels (*sic*)[1] ! » Début juin 2010, à quelques jours d'un vote important de la Société des rédacteurs du *Monde* pour choisir leur repreneur, le président de la République convoque Éric Fottorino à l'Élysée : « À peine entré dans son bureau, je m'entendais traiter d'imbécile pour une simple raison : je n'obtempérais pas à son vœu, vendre à son ami Arnaud Lagardère le quotidien du soir et le groupe *Le Monde* (*Télérama*, *La Vie*, *Courrier international*), que je

1. Éric Fottorino, *Mon tour du Monde*, Gallimard, Paris, 2014.

présidais », racontera-t-il[1]. « J'ai dit au président Sarkozy que non, je ne voulais pas vendre *Le Monde* au groupe Lagardère, car je ne considérais pas qu'Arnaud Lagardère était la bonne personne pour assurer l'indépendance et la pérennité du *Monde* », précisait-il quelques années plus tard sur le plateau de Yann Barthès, en ajoutant : « Comme tous ces propriétaires de journaux ont fait leur fortune dans un domaine qui n'est pas la presse, ils comptent sur la presse pour jouer de l'influence et d'arme de dissuasion vis-à-vis de leurs concurrents. Cela peut être l'industrie du luxe, l'industrie de la téléphonie, les avions[2]... »

Pour inciter Fottorino à céder, Nicolas Sarkozy lui dit tout le mal qu'il pense de Xavier « Niels » (*sic*), dont la fortune « provient du Minitel rose ». Et menace de bloquer les aides publiques à l'imprimerie du Monde : « Si ce Niels devient propriétaire du Monde, il ne faudra pas compter sur l'argent du contribuable pour le dossier industriel[3]. »

Fottorino envisage alors de dénoncer en une ces pressions élyséennes. Maurice Lévy, patron de l'agence Publicis et grand entremetteur du capitalisme français, l'en dissuade : « N'oubliez pas que votre objectif est de recapitaliser *Le Monde*, lui dit-il. Avec le président, tout ce qui attise est mauvais, tout ce qui apaise est bon. » « J'écoutais attentivement les conseils du sage », écrira Fottorino[4]. Mais les journalistes du quotidien ne cèdent pas pour autant aux pressions sarkozystes. Le 25 juin 2010, ils votent à 90 % en faveur de l'offre Bergé-Niel-Pigasse. Pour l'Élysée, le risque que *Le Monde* tombe entre les mains d'actionnaires dont le cœur penche plutôt à gauche se précise. Au cours de l'été, la ténacité du journal à élucider l'affaire Bettencourt va accentuer la tension. Dans ce contexte, Bernard Squarcini, ancien des renseignements généraux surnommé « l'espion du président » depuis que Nicolas Sarkozy lui a confié en 2008 le soin de fusionner les RG avec la Direction de la Surveillance du Territoire va commettre une énorme bourde.

1. Voir Éric Fottorino, *Le 1*, 23 novembre 2016.
2. *Quotidien*, TMC, vendredi 19 avril 2019.
3. Éric Fottorino, *Mon tour du Monde*, Gallimard, Paris, 2014.
4. Éric Fottorino, *Mon tour du Monde*, Gallimard, Paris, 2014.

Trois « oligarques » en embuscade

Pendant des années, Liliane et André Bettencourt, riches héritiers du groupe L'Oréal, ont soutenu financièrement l'ascension politique de Nicolas Sarkozy par des dons légaux de plusieurs dizaines de milliers d'euros. Mais certains de leurs employés soupçonnent aussi des financements politiques occultes, avec des enveloppes d'argent liquide. En juin 2010, *Mediapart* diffuse des enregistrements réalisés clandestinement au domicile des Bettencourt. Ils laissent entrevoir de l'évasion fiscale, des comptes en Suisse non déclarés et du financement politique illicite du « clan » Sarko. Le 6 juillet, la comptable de Liliane Bettencourt provoque un séisme médiatique. Claire Thibout confie à *Mediapart* qu'en 2007, à la demande de Patrice de Maistre, le gestionnaire de fortune des Bettencourt, elle a retiré 150 000 euros en liquide destinés à Éric Woerth, trésorier de la campagne de Nicolas Sarkozy. La malheureuse comptable est littéralement harcelée par des policiers envoyés par le procureur Philippe Courroye, réputé proche de Nicolas Sarkozy. Elle déclarera avoir eu le sentiment qu'on voulait la faire revenir sur ces propos.

Mais le 17 juillet 2010, Patrice de Maistre confirme aux enquêteurs sa proximité avec Éric Woerth. Il révèle que le ministre du Budget et trésorier de l'UMP – que Nicolas Sarkozy envisage alors de nommer à Matignon – lui a demandé en 2007 d'embaucher sa femme comme gestionnaire de fortune de Liliane Bettencourt[1]. Quand cette audition fuite dans *Le Monde* sous la plume de Gérard Davet, le président de la République entre dans une colère noire. Il veut savoir qui a « balancé » les procès-verbaux au quotidien du soir. En lien avec Claude Guéant, Frédéric Péchenard, alors directeur général de la police nationale, appelle Bernard Squarcini : « Identifie-moi la balance, Bernard ! » Cela reviendrait à espionner le journaliste du *Monde* pour savoir comment il s'est procuré ses informations. Pour examiner les « fadettes[2] » de quelqu'un en dehors de toute procédure judiciaire, les policiers de la DCRI (structure de renseignements à laquelle

1. Gérard Davet, « L'audition de Patrice de Maistre met Éric Woerth en difficulté », *Le Monde*, 17 juillet 2010.

2. Dans le jargon policier, on appelle « fadettes » les factures détailles de téléphone permettant de localiser les interlocuteurs d'une personne.

la DGSI s'est substituée) doivent en principe demander le feu vert d'une Commission nationale de contrôle des interceptions de sécurité. Peu probable qu'elle autorise l'espionnage d'un journaliste, dont les sources sont confidentielles. Depuis quelques années, les services secrets auraient commencé à contacter directement les opérateurs de téléphonie pour obtenir les fadettes, voire les données de géolocalisation des personnes qui les intéressent.

En ce 17 juillet 2010, c'est donc ce procédé illégal qui a été utilisé pour identifier les sources de Gérard Davet. Quand un des subordonnés de Bernard Squarcini récupère les « fadettes » du journaliste, les policiers découvrent qu'il a été en contact avec un certain David Sénat. Conseiller de la ministre de la Justice Michèle Alliot-Marie, ce dernier est immédiatement congédié et muté à Cayenne, comme procureur général d'une cour d'appel qui… n'existe pas encore! Au *Monde*, on apprécie moyennement que le pouvoir ait violé la loi sur le secret des sources pour identifier (et sanctionner) un informateur du journal. Quant à Gérard Davet, il porte plainte contre Bernard Squarcini.

Dans ce bras de fer avec le pouvoir exécutif, *Le Monde* se retrouve complètement lâché par les amis du président. Après Vincent Bolloré, deux autres proches de l'Élysée vont faire faux bond à son imprimerie: « Le groupe Lagardère, propriétaire du *JDD*, a dit: "Finalement, on fait une nouvelle formule du *JDD*, on l'enlève de votre imprimerie" », raconte Éric Fottorino[1]. Quant au groupe *Les Échos*, appartenant à Bernard Arnault, considérant que l'imprimerie ne respecte pas ses engagements, il lui retire l'impression du journal éponyme. « Ils ne nous ont pas attaqués sur le plan éditorial, ils nous ont attaqués sur le plan industriel », analysera l'ancien directeur du *Monde*. Ces trois riches propriétaires de médias ont-ils agi à l'instigation de l'Élysée pour fragiliser un groupe de presse résistant à l'exécutif? L'hypothèse fait froid dans le dos…

À l'automne 2010, c'est en tout cas un groupe *Le Monde* fragilisé qui tombe dans l'escarcelle du trio Niel-Bergé-Pigasse pour 110 millions d'euros. Pour les nouveaux actionnaires, il est manifestement important d'enterrer la hache de guerre avec le président de la République. Le patron de

1. *Quotidien*, *op. cit.*

l'agence Publicis, Maurice Lévy, aide Xavier Niel à décrocher un rendez-vous à l'Élysée, puis s'en ouvre à Fottorino : « Il a été question d'après lui dans ce rendez-vous que mon sort soit scellé avant la campagne de 2012 », nous a affirmé l'ancien directeur du *Monde*[1]. « Jamais Nicolas Sarkozy ne nous a demandé de virer Fottorino, conteste l'entourage de Xavier Niel. Nous restructurions le journal, il s'y opposait, la rédaction ne l'a pas soutenu, nous avons nommé Érik Izraelewicz à sa place[2]. » Poussé vers la sortie comme Alain Genestar l'avait été par Arnaud Lagardère, Éric Fottorino lâchera : « *Le Monde* a rejoint la cohorte de ces titres renommés dont le sort est désormais lié au capital et au bon vouloir des capitaines d'industrie ou de finance[3]. » C'est vrai. Mais pour une fois, un grand média a échappé au « clan » du locataire de l'Élysée.

Dans cette tentative sarkozyste de mettre la main sur le *Monde*, les journalistes du célèbre quotidien auraient-ils en outre été manipulés, voire trahis par l'actuel président de la République Emmanuel Macron ? Associé-gérant de la banque Rothschild en 2009, il s'intéresse au dossier. À l'automne 2009, au cours d'un déjeuner, une journaliste du quotidien, Annie Kahn, lui demande s'il pourrait conseiller la Société des rédacteurs du Monde (SRM) dans la « recherche d'un repreneur ». Au début, son président Gilles Van Kote trouve Emmanuel Macron sympathique et désintéressé. Mais au fil des semaines, la SRM s'étonne qu'à l'instar d'Alain Minc, le jeune loup de la banque Rothschild semble tout faire pour que *Le Monde* tombe dans l'escarcelle de Claude Perdriel et du groupe Prisa, représenté par Juan-Luis Cebrian. Le 8 juin, bien qu'Éric Fottorino ait accueilli froidement les nouvelles pressions sarkozystes en faveur de cette offre, Emmanuel Macron continue, lui, à intriguer en faveur des repreneurs préférés de l'Élysée... Dans une lettre adressée par mail aux membres du conseil de surveillance du *Monde* et aux candidats au rachat, il demande que la date limite de dépôt des offres fixée au 11 juin soit repoussée au 21. Exactement ce que souhaitent Claude Perdriel, Juan Luis Cebrian et Alain Minc, qui n'ont pas eu le temps de finaliser leur offre... Convaincu

1. Mail d'Éric Fottorino à l'auteur, 21 octobre 2020.
2. Entretien d'un proche de Xavier Niel avec l'auteur, 9 août 2021.
3. Cité par Serge Halimi, « Vingt années qui ont changé *Le Monde* », *Le Monde diplomatique*, juillet 2012.

qu'Emmanuel Macron a rédigé cette demande de report en lien avec Alain Minc, Mathieu Pigasse commence alors à le soupçonner de double jeu : « Il nous a dit : "Il travaille pour Minc, c'est évident" », se souvient un proche de Xavier Niel. Dubitatifs à l'idée de repousser la date limite de dépôt des offres, les journalistes du *Monde* acceptent néanmoins face à l'insistance d'Emmanuel Macron. Fin juin, on l'a vu, ils votent malgré tout pour le trio Niel-Bergé-Pigasse. Jusque-là, pour ne pas éveiller les soupçons de la SRM sur son double jeu, Emmanuel Macron avait pris soin de ne jamais s'afficher avec Alain Minc.

Mais le 3 septembre 2010, une rencontre inopinée va confondre le jeune banquier d'affaires. Devant le numéro 10 de l'avenue Georges V, à Paris, les responsables de la Société des rédacteurs papotent en sortant d'un rendez-vous avec les avocats de Pierre Bergé, dont les bureaux sont dans le même immeuble que ceux d'Alain Minc. Quand une porte cochère s'entrouvre, ils ont la surprise de voir sortir le conseiller de Vincent Bolloré qui s'était démené en faveur des repreneurs préférés de Nicolas Sarkozy... avec sur ses talons Emmanuel Macron ! La suite est racontée par Marc Endeweld dans son excellent ouvrage *L'Ambigu Monsieur Macron* : « Alain Minc salue les journalistes du *Monde*, qu'il reconnaît tous. Macron, lui, a préféré rester à l'arrière et se réfugier dans l'immeuble. Il ignore si les journalistes l'ont vu, mais le futur ministre sait que, dans leur esprit, côtoyer Alain Minc vaut déjà trahison. Parmi le petit groupe, Adrien de Tricornot, spécialisé dans la finance et la macroéconomie, a cru reconnaître son "ami" Emmanuel, mais il veut en avoir le cœur net et décide de franchir le portail d'entrée de l'immeuble. Dans la cour, personne. Le voilà alors grimpant les marches quatre à quatre [...] jusqu'au... sixième étage. C'est là que son étonnement trouve confirmation. Emmanuel Macron est posté sur le palier, à côté de l'ascenseur, son téléphone portable vissé à l'oreille, tournant le dos à l'escalier comme au journaliste. L'impétrant Tricornot se rapproche alors à un mètre à peine du banquier. L'autre se retourne : "Je suis au téléphone, ne me dérange pas", bredouille-t-il. On dirait un petit garçon pris sur le fait. "Quand il m'a vu arriver, il a perdu tous ses moyens, il m'a alors raconté qu'il avait perdu la clé pour entrer dans les bureaux du sixième étage. Il était comme un gamin qui venait de faire une bêtise", se souvient Adrien de

Tricornot[1]. » Emmanuel Macron venait-il d'être pris en flagrant délit de trahison ?

Selon le journaliste Laurent Mauduit, co-fondateur de *Mediapart*, tout en faisant mine d'aider les journalistes du *Monde*, l'actuel président de la République s'était effectivement rapproché du « chef de file du camp d'en face et menait avec lui double jeu[2] ». Mauduit affirme que c'est par exemple Alain Minc qui aurait soufflé à l'oreille d'Emmanuel Macron la demande de report du clan Perdriel en juin, et même rédigé en coulisses le courrier adressé à l'époque par Macron aux administrateurs du *Monde*[3]. Le président de la Société des rédacteurs a du mal à croire à une telle trahison : « Si même Emmanuel, qui est tellement sympa, qui a travaillé gratos pour nous, nous a trahis, c'est vraiment à désespérer de l'humanité ! », lâche Gilles Van Kote à ses collègues. Quelques heures plus tard, comprenant qu'il a effectivement été berné par le jeune banquier d'affaires, il textote à Adrien de Tricornot : « Tant pis pour l'humanité[4] ! » En dépit de ces efforts d'Emmanuel Macron pour aider secrètement les repreneurs préférés de Nicolas Sarkozy à prendre le contrôle du *Monde*, c'est finalement le trio Niel-Bergé-Pigasse, on l'a vu, qui l'emportera. Dans un ouvrage récent, Alain Minc reconnaissait qu'en 2010, il avait bien « retourné » Emmanuel Macron : « je l'ai entraîné chez Prisa (...) je l'ai retourné pour *Le Monde* (...) il devient notre banquier[5]. »

« Un banquier d'affaires doit être intelligent, souple, rapide, expliquait-il sur France 2 en 2016. Et s'il peut être en plus charmant, parce que c'est quand même un métier de putes, évidemment... C'est une qualité... Et il les avait toutes ! Et il a merveilleusement réussi ![6] » Réinterviewé en octobre 2021, Alain Minc précisait à propos de la banque d'affaires : « C'est une excellente préparation à la politique, qui est aussi un métier de putes ![7] »

1. Marc Endelweld, *L'Ambigu Monsieur Macron. Enquête sur un ministre qui dérange*, Flammarion, Paris, 2015.

2. Laurent Mauduit, *Main basse sur l'information*, Don Quichotte, Paris, 2016.

3. *Ibid.*

4. *Ibid.*

5. Gérard Davet et Fabrice Lhomme, *Le traître et le néant*, Fayard, Paris, 2021.

6. Amandine Chambelland, « La saga des Rotschild », *Envoyé Spécial*, France 2, 1er décembre 2016.

7. Lucile Berland, *Le Monde : Macron agent double*, premier épisode de « Emmanuel, un homme d'affaires à l'Élysée », *Off investigation*, 2022.

En 2015, Emmanuel Macron lui même déclarait à propos de son ancienne activité de banquier d'affaires, notamment chez Rothschild : « On est comme une sorte de prostituée. Le job, c'est de séduire[1] ».

Et sous Nicolas Sarkozy, les pressions de l'Élysée ne s'exercent pas que sur *Le Monde*. À Canal Plus, nous allons découvrir un peu par hasard comment la police des polices est prête à aller très loin dans la violation du secret des sources quand il s'agit de protéger un maillon clé du « clan Sarko » : la très influente Michèle Marchand.

« MIMI », REINE DE L'OMBRE DE LA PRESSE PEOPLE

Fin 2008, alors que je suis rédacteur en chef adjoint de *Spécial investigation* aux côtés de mon confrère et ami Stéphane Haumant, Romain Bolzinger, de la société TAC presse, nous propose une enquête sur les paparazzis[2]. Banco ! Quelques mois plus tard, il nous fait visionner son documentaire : on y découvre que pour récupérer illégalement les numéros et les adresses de stars, ou leurs plaques d'immatriculation, certains photographes people paient des salariés d'opérateurs téléphoniques, voire des policiers ! En guise de démonstration, un paparazzi a emmené notre reporter « planquer » en bas de chez Laurence Ferrari, alors présentatrice du « 20 heures » de TF1, pour vérifier qu'elle habite bien à l'adresse qu'on lui a indiquée. Quand son véhicule sort de l'immeuble, le paparazzi la prend en chasse et appelle un policier pour qu'il vérifie dans le fichier national des cartes grises si le numéro de plaque correspond bien à la voiture de la star. Et le plus incroyable, c'est que moyennant 200 euros, le flic accepte de le lui confirmer ! Manifestement, en France, espionner illégalement n'importe quel journaliste est donc un jeu d'enfant.

Dans son excellente enquête, Bolzinger va également lever un coin du voile sur une grosse pointure du clan Sarko, Michèle Marchand. Ce sont mes confrères Jean-Michel Décugis et Marc Leplongeon, avec Pauline Guéna, qui ont publié le meilleur portrait de cette femme aussi puissante

1. Stacy Meichtry et William Horobin, "France's Hollande casts fate with Ex-Banker Macron", *The Wall street jounal*, 8 mars 2015.
2. Romain Bolzinger, « Les méthodes choc des paparazzis », *Spécial investigation*, Canal Plus, 10 novembre 2009.

que discrète qui gère l'image people du Tout-Paris depuis trente ans[1]. Timidement accueilli par la presse à l'été 2018, leur ouvrage mérite pourtant le détour. Ancienne femme de braqueur et de trafiquant de drogue, elle a été incarcérée à plusieurs reprises pour « chèque sans provision », puis « constitution d'une société étrangère dans le but d'introduire de l'argent frauduleux en France ». Après avoir passé quelques mois à Fleury-Mérogis en 1985, elle est arrêtée en juillet 1994 au volant d'une camionnette transportant 500 kg de cannabis. Son compagnon, le braqueur Maurice Demagny, échouera en prison pour trafic de drogue. Elle passera deux mois en détention provisoire, puis écopera de trois ans de prison avec sursis. Devenue patronne de boîte de nuit, elle se « maque » avec un policier des RG et grâce à des contacts dans les milieux de la nuit, devient bientôt *la* papesse de la presse people. C'est cet aspect de la vie de celle qu'on appelle « Mimi » qu'explore le documentaire de Romain Bolzinger. En juillet 1998, un an après l'accident mortel de Lady Di, à Paris, elle « vend » à Dominique Cellura, rédacteur en chef de *Voici*, une « interview exclusive » de Trevor Rees-Jones. Ancien garde du corps de la princesse de Galles, ce dernier a miraculeusement survécu à l'accident du 30 août 1997. Mimi prétend avoir négocié le scoop avec Me Christian Curtil, l'avocat de Rees-Jones. « Cellura m'appelle, se souvient le photographe Jean-Michel Psaïla. Il me dit : "Vas-y, elle va chez Curtil, je veux des photos de Rees-Jones, vas-y !" Je dis OK. J'y vais, je planque. Mimi entre, elle reste environ 1 h 30, elle ressort, et elle me dit : "Tu l'as eu ?

– Qui ?

– Ben Rees-Jones !

– Non.

– Alors il a dû passer par une autre porte"[2]... »

Le lendemain matin, Cellura rappelle Psaïla, qui se souvient : « Il m'a passé un savon ! Je lui ai dit : "Dominique, tu me connais depuis vingt ans, je te dis que je ne l'ai pas vu entrer ni sortir ! Tu crois qui" ? » Michèle Marchand aurait-elle inventé de toutes pièces son « entretien avec le garde du corps de Lady Di » vendu à *Voici* sous le pseudo « Dominique Leroy »

1. Jean-Michel Decugis, Pauline Guena, Marc Leplongeon, *Mimi*, Grasset, Paris, 2018.

2. Entretien de Jean-Michel Psaïla avec l'auteur, 14 janvier 2020.

pour la somme de 50 000 francs (un peu plus de 10 200 euros) ? Contactée suite à cette affaire, elle nous a affirmé avoir bien réalisé une interview de Trevor Rees-Jones[1]. Mais quand l'interview paraît, le 6 juillet 1998, Me Curtil porte plainte pour faux : il affirme que Mimi n'a en réalité jamais rencontré son client, qui a perdu la mémoire depuis l'accident, et réclame un million d'euros de dommages et intérêts !

À *Voici*, c'est la panique. « Laurence Pieau était cheffe des infos de *Voici*, se souvient Psaïla. Mimi a dit lui avoir donné la cassette de l'interview. Elle a dit ne "pas la retrouver". » Axel Ganz, le patron de Prisma, est furieux : « J'ai fait venir cette Mimi, ayant toutes les preuves que son interview n'avait pas existé, confiait-il en 2017 à la journaliste Sophie des Déserts. Je lui dis : "Dans la vie, Madame, tout le monde fait des erreurs. On peut régler les choses de manière à limiter les dégâts. Encore faut-il les reconnaître. Prenez trois minutes pour réfléchir." [...] J'attendais un grand *mea culpa*. Elle a maintenu sa version sans ciller. Alors je lui ai demandé de prendre la porte[2]. » Laurence Pieau quitte également *Voici* peu après. Dans les jours qui suivent, l'avocat Christian Curtil est agressé et tabassé en bas de son cabinet. Il porte plainte : « Je n'ai aucune preuve que les deux événements – la fausse interview et mon agression – soient liés. Mais je le pense, bien entendu », confiera-t-il en 2018[3]. Faute de preuve, l'affaire se terminera par un non-lieu. En revanche, l'avocat assignera *Voici* en dommages et intérêts et obtiendra une condamnation du journal[4]. « Cette interview n'a jamais eu lieu, mon client n'ayant jamais consenti d'interview à quiconque à cette époque. Madame Marchand n'a d'ailleurs jamais vu mon client[5] », nous confirmait Me Curtil en 2021.

Lors de son enquête pour Canal Plus, Romain Bolzinger va lever un autre lièvre de nature à entacher sérieusement l'image de la communicante du couple Sarkozy. En 1999, l'agence Elite affronte un scandale :

1. Mail de Michèle Marchand à l'auteur, 7 octobre 2021.
2. Sophie des Déserts, « Mimi Marchand, la reine des peoples au chevet des Macron », *Vanity Fair*, 25 avril 2017.
3. Cité par Jean-Michel Decugis, Pauline Guena, Marc Leplongeon, *Mimi*, *op. cit.*
4. Marion Van Renterghem, « Michèle Marchand, la mimi des paparazzis », *Le Monde*, 21 février 2014.
5. Mail de Christian Curtil à l'auteur, 13 novembre 2021.

selon un documentaire d'infiltration tourné durant un an pour la BBC, la mythique agence mondiale de mannequins ayant fait débuter Linda Evangelista, Naomi Campbell ou Cindy Crawford aurait fermé les yeux sur le harcèlement sexuel de jeunes protégées. Vendu dans une vingtaine de pays, le doc de la BBC provoque un scandale mondial. Dans la foulée, Omar Harfouch, un ancien actionnaire d'Elite, confirme les graves accusations des jeunes mannequins. Furieux, Alain Kittler, alors patron de l'agence, entreprend de le discréditer sur France 2: « Omar Harfouch est un mythomane et je pourrais le prouver. [...] Je vous donnerai des documents pour voir si la presse française peut faire foi de la parole d'un individu pareil qui baigne dans le milieu du proxénétisme et de la mafia. » Alors que Kittler confie sa communication de crise à Michèle Marchand, du jour au lendemain, Harfouch est décrit par *La Tribune de Genève*, puis par *L'Express*, comme un « proxénète interdit de séjour au Liban[1] ». À l'appui de leurs articles, les journalistes évoquent un « rapport Interpol » que leur aurait transmis Elite. En fait, ce document est bidon. Il a été réalisé à partir du rapport d'une officine privée, puis maquillé et présenté comme une fiche Interpol ! Et Harfouch va découvrir que Mimi n'est pas étrangère à l'opération : « Le document d'origine avait été faxé à Michèle Marchand, alors chez Elite, par l'agence Interlynx. » Et de fait, sur le fax d'Interlynx, on peut lire : « Madame, suite à votre demande, je vous prie de trouver ci-joint des premières investigations concernant le sieur Harfouch. » Pour l'avocat d'Harfouch, Jean-Marc Fédida, il s'agissait d'une campagne de déstabilisation : « Sur commande, Mme Marchand est allée chercher des informations pour alimenter une campagne de presse destinée à le déstabiliser. »

Après avoir traîné Harfouch dans la boue sur la foi d'un « rapport Interpol » fabriqué de toutes pièces, les journalistes vont découvrir qu'ils se sont fait manipuler. Omar Harfouch gagnera tous ses procès en diffamation contre *La Tribune de Genève*, Elite et *L'Express*. « J'ai la démonstration ici qu'on a quand même pas mal été instrumentalisés par les gens d'Elite à l'époque, reconnaîtra sur Canal Plus Renaud Revel, le journaliste de *L'Express* qui avait imprudemment relayé la campagne de Michèle

1. Renaud Revel, « Qui veut la peau d'Elite ? », *L'Express*, 15 novembre 2001.

Marchand. Ils ont essayé de nous faire passer des documents qui se révèlent encore une fois aujourd'hui totalement bidonnés, et cela m'agace parce que c'est toujours très désagréable de se faire à la fois balader et instrumentaliser[1]. » Après avoir inventé des rapports Interpol, Mimi va à nouveau trébucher. En 2003, pour des caisses noires chez *Voici* destinées à rémunérer en liquide ses informateurs, elle est mise en examen pour « abus de bien social » et même envoyée quelques jours en prison[2]. Depuis, elle se dit « retraitée ».

« Vas-y, porte plainte, ma poule ! »

Quand Bolzinger lui propose de l'interviewer, en 2009, elle décline : « La presse people est une chose dont je ne m'occupe quasiment plus. Donc non. En plus, je ne rencontre jamais de gens. Je n'aime pas les journalistes ! Je ne suis plus du tout dans la presse people ! » Mais d'après des témoignages recueillis par notre reporter, Mimi continuerait en réalité à organiser dans l'ombre la communication people de nombre de « VIP », dont Nicolas Sarkozy, Carla Bruni ou Rachida Dati. Parfois à coups de photos ou de vidéos négociées. Il se dit même qu'elle est derrière le site Pure-people.com, alors numéro un sur la Toile et souvent premier à diffuser les plus gros scoops. Bolzinger tente un formidable coup de bluff. Quelques semaines auparavant, il avait filmé une starlette de téléréalité « pétant un câble » contre un caméraman à Orly. Il envoie donc un mail au site Pure-people.com pour proposer la vidéo. Une heure plus tard, bingo ! La « retraitée » Michèle Marchand le rappelle et l'invite à venir lui présenter sa vidéo sur-le-champ ! Le temps de s'équiper d'une caméra cachée, il saute sur son scooter et sonne chez Pure-people.com : « Bonjour, je viens voir Michèle.

– C'est vous qui m'avez appelée ? Pour la vidéo ? Montez ! » Bolzinger découvre alors une Mimi trônant dans un bureau avec trois téléphones et un ordinateur : « Je dirige le site et j'ai une agence de presse, je connais du monde », lui lâche-t-elle sans ambiguïté. Ignorant qu'elle est filmée en

1. Romain Bolzinger, « Les méthodes choc des paparazzis », *op. cit.*

2. Entre 1997 et 2001, alors que Michèle Marchand dirigeait Shadow and co, 750 000 euros en liquide avaient transité sur ses comptes bancaires.

caméra cachée, la « retraitée de la presse people » propose alors sa vidéo volée à *VSD*, *Closer*, *People* et *Entrevue*. En quelques minutes, sans même s'en rendre compte, « Mimi la marchande » s'est faite piéger comme une bleue ! Apprenant qu'elle va bientôt apparaître dans notre reportage de Canal Plus, elle traîne le producteur au tribunal à quelques jours de la diffusion pour « violation de son droit à l'image ». Elle demande à disparaître totalement du film. La justice ne lui concédera qu'un floutage pour une scène tournée lors de sa comparution au palais de justice pour l'affaire *Voici*. Quand Bolzinger avait tenté de l'interviewer à la sortie de l'audience, elle avait mis sa main sur l'objectif et cogné sa caméra. Quand il s'en était offusqué, elle lui avait répondu avec dédain, comme si elle ne craignait rien de la police : « Vas-y, porte plainte, ma poule ! »

Mais le plus incroyable, c'est qu'après avoir subi cette agression de la part de Michèle Marchand, Bolzinger va se retrouver... en position d'accusé ! Suite à la diffusion de son reportage mettant à nu la chargée de communication officieuse des Sarkozy, il est convoqué par la police des polices. Il comprend alors qu'à Nanterre, le procureur Philippe Courroye, réputé proche du président de la République, a ouvert une enquête préliminaire pour tenter d'identifier ses sources. Dans les locaux de l'IGPN, on lui demande le nom du paparazzi qui l'avait emmené planquer devant l'immeuble de Laurence Ferrari. Il protège évidemment sa source. Le capitaine de police qui l'interroge lui explique alors qu'il n'a pas de temps à perdre, que le paparazzi a déjà été identifié, tout comme le policier indélicat, qu'ils sont interrogés simultanément dans des bureaux attenants et que tous trois risquent gros ! « Le policier m'a sorti un plan de la ville où tous mes déplacements étaient notés grâce à la géolocalisation de mon téléphone portable. J'ai compris qu'ils avaient aussi eu accès à mes fadettes. C'était dégueulasse, s'étrangle encore aujourd'hui Bolzinger. Plus de cent policiers s'étaient procuré illégalement les coordonnées de Ferrari dans les mois précédents. Les autorités avaient fermé les yeux. Mais nous, parce qu'on le montrait, il fallait nous sanctionner[1] ?! » Dans la foulée, le paparazzi est mis en examen pour corruption. Puis en février 2012, en raison de l'atteinte à la loi sur le

1. Entretien de Romain Bolzinger avec l'auteur, novembre 2019.

secret des sources, la chambre de l'instruction de la cour d'appel de Paris annule cette mise en examen. Rasséréné, Bolzinger porte plainte contre X pour « collecte de données à caractère personnel par moyen frauduleux, déloyal ou illicite ». Quand le parquet classe sa plainte « sans suite », il se constitue partie civile et obtient la nomination d'une juge d'instruction. Mais il faudra huit ans pour que la justice se décide à mettre en examen les policiers de l'IGPN qui avaient espionné illégalement ses fadettes sous Nicolas Sarkozy. Suite à une surprenante ordonnance de non-lieu, Romain Bolzinger s'est pourvu en cassation.

Quand il me raconte cette affaire dix ans après les faits, le courageux reporter regrette que nous ne l'ayons pas « plus défendu » à l'époque. Et c'est vrai que dans mon souvenir, avec Stéphane Haumant, le présentateur de *Spécial investigation*, nous nous étions seulement dit : « Quelle imprudence d'avoir emmené avec lui son téléphone portable ! » En clair, nous n'avions même pas tenté de mobiliser Canal Plus contre le fait que l'État Sarko avait espionné illégalement nos journalistes ! Un fatalisme devenu fréquent parmi les confrères : « Mes fadettes ? Elles ont été épluchées vingt fois, sourit par exemple Michèle Fines, ancienne rubricarde police-justice de TF1. Je me souviens notamment de Roger Marion, alors patron de la DNAT, qui brandissait fièrement mes relevés téléphoniques dans son service en lâchant : "Je sais qui balance !"[1]. » En 2010, Gérard Davet se montrera plus sourcilleux : après l'espionnage illégal de ses fadettes dans l'affaire Bettencourt, il portera plainte et obtiendra une condamnation (symbolique) de Bernard Squarcini, patron de la DCRI à l'époque des faits.

Reste une question : pourquoi suite à son documentaire pour Canal Plus, les sarkozystes ont-ils employé des moyens illégaux pour débusquer les sources de Romain Bolzinger ? À *Spécial investigation*, nous en serons réduits à des hypothèses : lui et ses informateurs ont-ils été victimes de liens supposés entre Laurence Ferrari et Nicolas Sarkozy ? À moins que l'utilisation de moyens illégaux par l'État ne s'explique par le fait que Bolzinger ait mis à jour les hypocrisies de la très influente Michèle Marchand, qui se prétendait « retraitée » alors que gérant la communication people du couple

1. Entretien de Michèle Fines avec l'auteur, 13 octobre 2020.

présidentiel, elle était en réalité une pièce maîtresse du système Sarkozyste[1] ? Nous ne le saurons jamais. Ce qui est sûr, c'est que nous n'avons pas été les seuls, au sein de la chaîne cryptée, à ressentir de fortes pressions de l'« État Sarko ». À France Télévisions, des émissions connues pour explorer les coulisses de l'oligarchie se retrouvèrent également confrontées à un redoutable axe médias privés-Élysée.

Déstabiliser (déjà) Élise Lucet

L'une des premières qui va en faire les frais est la journaliste Élise Lucet. Son fait d'armes le plus mythique remonte à octobre 2000. France Télévisions est alors présidée par Marc Tessier, un ancien de Havas qui avait lancé Canal Plus avec André Rousselet. Présentatrice du « 19/20 » sur France 3, Lucet a le courage de confronter Jacques Chirac aux révélations de Jean-Claude Méry[2]. Ancien financier occulte du RPR, Méry avait été placé en détention dans l'affaire des HLM de la Ville de Paris. Se sentant lâché par les chiraquiens, il avait détaillé en mai 1996 devant la caméra d'un producteur indépendant, Arnaud Hamelin, la façon dont plusieurs partis politiques accordaient des marchés publics en échange de financements clandestins. Interrogé par Élise Lucet après la révélation des confessions Méry par *Le Monde*, Jacques Chirac avait qualifié le témoignage de l'ancien financier du RPR d'« abracadabrantesque »[3]. On sait moins que les révélations de Méry embarrassaient également le groupe Bolloré. Car parmi les « porteurs de valises » du RPR désignés comme ayant personnellement remis de l'argent liquide à Jacques Chirac, alors maire de Paris, figurait Michel Roussin. Ancien numéro deux du SDECE (ancêtre de la DGSE), il avait été le directeur de cabinet de Jacques Chirac de 1988 à 1993. Mais surtout, il venait d'être recruté comme vice-président du groupe Bolloré[4].

---

1. Son site, Pure-people.com, avait sorti des scoops comme la relation Nicolas Sarkozy-Carla Bruni, la grossesse de Rachida Dati ou la future paternité de Jean Sarkozy. Des informations qui n'étaient connues à l'époque que dans le cercle présidentiel.

2. Hervé Gattegno et Fabrice Lhomme, « Le testament de Jean-Claude Méry, financier occulte du RPR », *Le Monde*, 21 septembre 2000.

3. « 19/20 », France 3, 21 septembre 2000.

4. Fin 2005, Michel Roussin a été condamné pour « complicité et recel de corruption » à quatre ans de prison avec sursis, 50 000 euros d'amende et cinq ans de privation

Quelques semaines plus tard, Lucet avait aggravé son cas en diffusant la fameuse « cassette Méry » dans *Pièces à conviction*, une nouvelle émission de France 3 créée pour l'occasion avec Hervé Brusini[1] : « J'avais montré les premières minutes de la cassette à Marc Tessier, qui venait d'être nommé président de France Télés, nous a confié Brusini. Il s'était levé, avait observé la Seine, puis avait lâché : "Bah, sauter sur cela, après tout..." Je l'avais pris pour un feu vert[2]. » Suite à la diffusion de ce témoignage explosif, le scoop avait conféré à Brusini et Lucet une réputation méritée de courage et d'intégrité. Ainsi, *Pièces à conviction* devient une émission récurrente, s'attaquant à des malversations de multinationales, voire des affaires d'État, comme l'étrange bombardement de Bouaké, en Côte d'Ivoire, où neuf soldats français avaient trouvé la mort en 2004[3]. Les rédacteurs en chef de *Pièces à conviction*, Jean-François Gringoire et Lionel de Coninck, sont comme Élise Lucet des anciens de *La Marche du siècle* ou d'*États d'urgence*, les célèbres émissions de Jean-Marie Cavada. Ils ont travaillé avec Hervé Brusini et Dominique Tierce, alors figures de l'investigation à France Télés. De tels journalistes prennent le temps d'enquêter et d'inspirer confiance aux témoins. Ils aiment « porter la plume dans la plaie », comme disait Albert Londres. En 2009, presque dix ans après le scoop de la « cassette Méry », ce sont certaines méthodes du groupe Bolloré en Afrique qui vont être dévoilées par l'équipe d'Élise Lucet, presque par hasard.

Point de départ des reporters de *Pièces à conviction*, un ouvrage de l'ancien gendarme Patrick Baptendier évoquant les coulisses des officines privées[4]. Devenu « agent de recherche privé », Baptendier se voit confier en 2005 par la société Géos une mission délicate. Il doit enquêter sur Gérard Perrier, directeur juridique de Progosa, une société de l'homme d'affaires Jacques Dupuydauby. Géos suggère notamment à l'ancien gendarme de retrouver une vieille condamnation judiciaire du collaborateur

des droits civiques, civils et familiaux. Il restera néanmoins vice-président du groupe Bolloré jusqu'en 2010.

1. « La cassette Méry », *Pièces à conviction*, octobre 2000.

2. Entretien de Hervé Brusini avec l'auteur, 2 août 2021.

3. Magali Serre, « Roquettes sur nos soldats », *Pièces à conviction*, France 3, 2 mars 2007.

4. Patrick Baptendier, *« Allez-y, on vous couvre ! » Un barbouze au service de l'État*, Panama, Paris, 2008.

de Dupuydauby: « Ils savaient que Perrier était auteur d'infractions diverses, notamment fiscales. » Baptendier est intrigué: « J'ai demandé à Géos qui était le client final, on m'a confié que c'était le groupe Bolloré. » L'ancien gendarme apprend alors que l'industriel breton qui contrôle le port d'Abidjan s'inquiète que Progosa, la société de Jacques Dupuydauby, ne le concurrence avec le port de Lomé, au Togo: « La mission consistait en une déstabilisation de certains des membres du groupe Progosa. » Bon soldat, Baptendier s'active et met la main sur la condamnation de Gérard Perrier. Remontant au début des années 1990, elle mentionne quatre mois de prison ferme pour « abus de confiance ». L'ancien gendarme la transmet à Géos.

Quelques mois plus tard, alors que Vincent Bolloré et Jacques Dupuydauby se déchirent devant les tribunaux togolais pour le contrôle du port de Lomé, la condamnation du directeur juridique de ce dernier resurgit comme par hasard dans un hebdomadaire local, manifestement engagé dans une grossière entreprise de déstabilisation. À côté du fac-similé de la condamnation, le journal écrit que « Dupuydauby et ses complices sont de véritables déchets toxiques pour la République togolaise[1] ». L'équipe de France 3 soupçonne le groupe Bolloré d'avoir transmis à la presse togolaise la condamnation de Gérard Perrier retrouvée par Géos. À Lomé, l'un des journalistes signataires des articles ne dément pas vraiment: « Je ne dis pas que ce document ne m'est pas parvenu… N'est pas arrivé au Togo par le fait de Bolloré. Qui d'autre aurait pu avoir ça? C'est eux! » Après avoir lâché cet aveu, il rétropédale: « Même si je l'ai soupçonné, ce n'est pas eux qui me l'ont donné. Ça, c'est vrai. »

À Lomé, l'équipe de *Pièces à conviction* recueille un autre témoignage, plus embarrassant encore. Il émane d'Augustin Assiobo, président de l'Association des journalistes togolais et dirigeant d'un hebdomadaire de Lomé. Lequel affirme avoir été approché pour participer, moyennant finances, à une campagne de presse contre Jacques Dupuydauby. Selon Assiobo, cette pratique de corruption des journalistes serait fréquente en Afrique, notamment au Togo, un pays aux inégalités criantes tenu d'une main de fer par le dictateur Faure Gnassingbé.

1. *Le Combat du peuple*, 19-23 mars 2007.

Sollicité par France 3, le groupe Bolloré tergiverse : « Nous les avons suppliés de témoigner, ce qu'ils ont finalement accepté, révélera Lionel de Coninck, alors rédacteur en chef de *Pièces à conviction*. Nous avons donc réalisé une interview de leur avocat, puis ils se sont rétractés. Ils nous ont interdit non seulement d'utiliser son image, mais aussi de diffuser son nom. » Pour justifier sa rétractation, Me Olivier Baratelli écrit dans un courrier du 26 mars 2009 : « J'ai considéré que votre démarche était intellectuellement malhonnête, posant des questions ouvertes pour tenter d'obtenir des réponses précises. »

L'enquête est diffusée sur France 3 au printemps 2009[1]. Dans les semaines qui suivent, les avocats de Vincent Bolloré l'examinent à la loupe et ne trouvent pas de failles juridiques, puisqu'ils ne poursuivent pas ses auteurs en diffamation. C'est donc sur le terrain médiatique que l'industriel breton va tenter de discréditer Élise Lucet. Le 1er juillet 2009, Jean-Marc Morandini, alors employé par Direct Soir et Direct 8, endosse sur son site la contre-offensive bollorienne. Sous le titre « Exclusif : le groupe Bolloré accuse Élise Lucet de manipulation », il « révèle » que celui-ci « vient d'écrire au CSA pour se plaindre d'un reportage qui a été diffusé sur France 3, dans le cadre du magazine d'Élise Lucet *Pièces à conviction*. [...] Selon ce document adressé au CSA, que jeanmarcmorandini.com s'est procuré, le groupe Bolloré affirme : "Élise Lucet et ses équipes ont pour le moins manqué à leurs obligations en matière de déontologie et se sont, en toute connaissance de cause, livrées à une manipulation de l'information et à une opération de désinformation" ». Selon *Télérama*, Vincent Bolloré va jusqu'à affirmer au CSA qu'Augustin Assiobo, le président de l'Association des journalistes togolais, a été « payé par un tiers pour nuire à sa réputation[2] ». D'Élise Lucet, que Jean-Marc Morandini ne prend pas la peine d'interroger, on n'entendra pas le point de vue. Il est vrai que l'animateur le plus trash du PAF, qui se pique de donner des leçons de journalisme, n'a lui-même pas de carte de presse. D'ailleurs, quand Morandini met

1. Willy Gouville et Charles-Henri Carlier, « Les nouveaux barbouzes, quand les privés dérapent », *Pièces à conviction*, France 3, 13 mai 2009.

2. Cité par Émilie Gavoille, « Vincent Bolloré cherche *Pièces à conviction* », *Télérama*, 1er juillet 2009.

en ligne ce courrier mettant en cause Élise Lucet, ni le CSA ni Lionel de Coninck, le rédacteur en chef de *Pièces à conviction*, ne l'ont encore reçu! Élégant...

Quelques mois plus tard, Lucet aura à subir une autre attaque, autrement plus douloureuse. Cette fois, elle ne provient pas de Vincent Bolloré, mais d'un de ses meilleurs amis: Nicolas Sarkozy, le président de la République. Le 29 décembre 2009, deux reporters de *Pièces à conviction*, Hervé Ghesquière et Stéphane Taponier, sont enlevés par des talibans en Afghanistan. Très vite, sous prétexte qu'ils ont pris des risques en tentant d'interviewer des villageois à l'insu des militaires français censés les protéger, Nicolas Sarkozy et Claude Guéant, alors secrétaire général de l'Élysée, multiplient les déclarations critiquant l'émission *Pièces à conviction* et la direction de France 3. Alors que leurs collègues sont en danger de mort, ces critiques publiques de l'exécutif sont mal vécues par Élise Lucet, mais aussi par Lionel de Coninck, son rédacteur en chef, Paul Nahon, alors patron des magazines et Jean-François Gringoire, son adjoint, qui se succéderont à Kaboul durant des mois pour assurer la liaison avec la DGSE dans l'espoir de faire libérer leurs deux confrères. Pour éviter qu'ils ne prennent trop de valeur aux yeux des talibans, les services français demandent que leurs noms restent confidentiels et qu'on cache leurs visages. Mais au bout de trois mois, la rédaction nationale de France 3 entre en ébullition: « Ils nous accusaient d'être inféodés à la DGSE, se souvient Jean-François Gringoire. Alors que nous, on savait que nos services cherchaient vraiment les otages, qu'ils voulaient à tout prix les faire libérer. Au bout de trois mois, on a cédé et les noms de Ghesquière et Taponier ont été rendus publics. Du coup, la DGSE nous a dit: “Maintenant qu'ils sont connus, cela va être plus cher”[1]. » Le 29 juin 2011, les deux reporters de *Pièces à conviction* seront enfin libérés après 547 jours de captivité.

Comme ses collègues, Élise Lucet sortira de cette affaire laminée, d'autant qu'elle vient de perdre son mari. Quand la direction lui demande de choisir entre *Pièces à conviction* et le « 13 heures » de France 2, qu'elle présente en parallèle depuis quelques mois, elle abandonne la prestigieuse

1. Entretien de Jean-François Gringoire avec l'auteur, 8 août 2021.

émission d'enquête de France 3 à sa consœur Patricia Loison. Sabotage permanent de leur tutelle, déficit de l'audiovisuel public organisé par l'exécutif, déstabilisation d'Élise Lucet, Nicolas Sarkozy a atteint son objectif: en cet été 2011, l'information de France Télévisions est affaiblie. Les chaînes publiques n'ont plus vraiment la force de menacer sa réélection… Reste un souci : Radio France.

5
Fini de rire à Radio France

Une fois Nicolas Sarkozy à l'Élysée, le grand reporter de France Inter Benoît Collombat, qui l'avait déjà exaspéré en donnant la parole à Raymond Avrillier en 2004 (voir chapitre 4), aggrave son cas. Connu pour ses investigations, notamment sur le meurtre maquillé en suicide du ministre Robert Boulin en 1979[1], il s'intéresse désormais à Bernard Kouchner, qui a été nommé au Quai d'Orsay à l'instigation de Nicolas Sarkozy. En ce début 2009, le journaliste Pierre Péan vient de publier un ouvrage estimant qu'entre 2002 et 2007, le *french doctor* avait été grassement payé par les dictateurs gabonais Omar Bongo et congolais Denis Sassou N'Guesso pour rédiger des rapports de complaisance sur leurs systèmes de santé[2]. Selon Pierre Péan, le rapport sur le Gabon (131 pages cosignées par Bernard Kouchner et quelques collègues) aurait été payé près de 2,6 millions d'euros[3]. Le 25 février 2009, Collombat publie ces rapports sur le site de France Inter[4]. En alimentant ce feuilleton embarrassant pour

1. Benoît Collombat, *Un homme à abattre. Contre-enquête sur la mort de Robert Boulin*, Fayard, Paris, 2007.
2. Pierre Péan, *Le Monde selon K*, Fayard, Paris, 2009.
3. Interrogé à ce propos, Bernard Kouchner affirme avoir « enquêté plus de deux ans au Gabon » pour une rémunération « inférieure à celle d'un expert de l'OMS » (Mail de Bernard Kouchner, 2 août 2021).
4. Benoît Collombat, « Enquête sur les affaires africaines du docteur Kouchner », France Inter, 25 février 2009.

l'un des ministres « chouchou » du Président, il a pris le risque d'indisposer l'Élysée.

SARKOZY CONTRE CLUZEL : « CE TYPE EST FOU ! »

Deux jours après, devant ses conseillers, Nicolas Sarkozy laisse éclater sa colère contre Jean-Paul Cluzel. Prenant prétexte que le PDG de Radio France, qui ne cache pas son homosexualité, ait posé – masqué et sans mentionner son nom – dans un calendrier d'Act-Up contre le sida, le président de la République aurait commenté : « Ce n'est pas digne d'un patron de service public. Ce type est fou. Il se croit tout permis. Sa vie privée, c'est sa vie privée. Il en fait ce qu'il veut, mais il n'a pas à s'afficher comme ça[1]. » Comme si Nicolas Sarkozy n'affichait pas depuis des années sa « vie privée » dans les médias... Son ressentiment ne trouve-t-il pas plutôt sa source dans la ligne éditoriale de Radio France, paradoxalement plus indépendante de l'exécutif que celle des radios privées Europe 1 et RTL ? Outre Collombat, France Inter emploie notamment Stéphane Guillon et Didier Porte, deux humoristes qui moquent les hypocrisies « bananières » de la France de Sarkozy[2]. « Cluzel n'en fait qu'à sa tête et il se laisse manipuler par la gauche et les syndicats », aurait conclu Nicolas Sarkozy.

En publiant les « rapports Kouchner », Collombat aurait également gêné Vincent Bolloré. Depuis quelques années, Kouchner s'est rapproché du milliardaire breton. En 2005, son association Réunir a sollicité et obtenu une aide logistique du groupe Bolloré pour transporter des vivres au Niger. En 2006, Bernard Kouchner avait même été invité au mariage de Yannick Bolloré (le fils de Vincent Bolloré) avec Chloé Bouygues, la nièce de Martin. Mais c'est surtout en explorant son arrière-cour africaine que Benoît Collombat va provoquer l'ire de Bolloré. À l'époque, tout part d'un remarquable reportage de *Libération*. En mars 2008, le quotidien enquête sur les plantations camerounaises de la Socapalm, filiale de la Socfin, une *holding* luxembourgeoise de l'homme d'affaires belge Hubert Fabri et dont l'actionnaire principal est le groupe Bolloré (avec 39 % des

1. *Le Canard enchaîné*, 4 mars 2009.
2. Voir notamment Stéphane Guillon, *« On m'a demandé de vous calmer »*, Stock/France Inter, Paris, 2009.

parts). La journaliste Fanny Pigeaud découvre qu'avec leurs familles, les ouvriers employés dans les plantations par une myriade de sous-traitants y survivent dans des campements sans eau, sans sanitaires, avec seulement quelques heures d'électricité par jour. «Comme des animaux», juge l'un d'eux. Tout cela pour une cinquantaine d'euros par mois. Interrogé par l'auteure de l'article, le patron local de Socapalm reconnaît : «Nous savons que les ouvriers ne s'en sortent pas, que leurs employeurs les paient en retard.» Dans les palmeraies, la misère est telle que les ouvriers se surnomment les «esclaves de la Socapalm[1]».

Selon des témoignages recueillis par *Libération*, quand les ouvriers élisent un des leurs pour les représenter à la tête d'une sorte de syndicat tentant de dénoncer les mauvaises manières de la Socapalm, des représentants des autorités camerounaises lui glissent : «Si tu continues, on va te tuer!». Intrigué par cet article qui n'a pas été contesté en justice, Benoît Collombat décolle pour le Cameroun. Dans les plantations de Socapalm, il découvre ce «*Germinal* sous les tropiques» qu'avait évoqué sa consœur de *Libération*. Pendant des semaines, il va tenter d'obtenir des réactions du groupe Bolloré. Mais l'industriel fait la sourde oreille. Une attitude récurrente que Collombat qualifiera en 2015 de «tentative de censure par abstention[2]». Le 29 mars 2009, Dominique Lafont, patron de Bolloré Africa logistics, se résout enfin à accorder une brève interview à Collombat une fois son reportage annoncé à l'antenne de France Inter[3]. Deux jours après cette diffusion critiquant les pratiques de l'ami du président de la République au Cameroun, le ciel va s'abattre sur la tête du PDG de Radio France.

Purge éditoriale

Quand Véronique Brocard, journaliste à *Télérama*, discute le 31 mars 2009 avec Jean-Paul Cluzel dans son bureau de Radio France, ils sont interrompus par un appel du secrétaire général de l'Élysée : «Il m'a dit que

---

1. Fanny Pigeaud, «Les Camerounais exploités des palmeraies de Bolloré», *Libération*, 11 mars 2008.
2. Fabrice Arfi et Paul Moreira (dir.), *Informer n'est pas un délit. Ensemble contre les nouvelles censures*, Calmann-Lévy, Paris, 2015.
3. Benoît Collombat, «L'empire noir de Vincent Bolloré», *Interception*, France Inter, 29 mars 2009.

Guéant venait de lui annoncer son départ et son remplacement par Jean-Luc Hees», raconte la journaliste[1]. Depuis plusieurs mois, le Tout-Paris bruisse des colères présidentielles contre Stéphane Guillon et Didier Porte, les deux «fous du roi» de France Inter. En mars, après que Nicolas Sarkozy se soit offusqué de deux chroniques sur DSK et Martine Aubry, Jean-Paul Cluzel a dû convoquer Guillon pour lui faire part du courroux présidentiel: «On m'a demandé de vous calmer», lui avoue-t-il autour d'une tasse de thé[2]. Cluzel aurait-il payé son impuissance à faire taire Guillon? Pour en avoir le cœur net, Véronique Brocard appelle une source à l'Élysée. On lui confirme que la «feuille de route» du nouveau PDG de la radio publique, «très claire», prévoit «prioritairement» le renvoi de Guillon et Porte. On lui indique aussi que dès son arrivée à la tête de Radio France, Jean-Luc Hees confiera la direction de France Inter à Philippe Val, un ancien de *Charlie Hebdo* proche de Carla Bruni et ayant fait allégeance à Nicolas Sarkozy. En janvier 2010, Val déplore publiquement que l'«actionnaire», c'est-à-dire le pouvoir sarkozyste, ne soit «pas très bien traité sur ses ondes», façon d'accentuer la pression sur Guillon et Porte. Et en juin 2010, les humoristes apprennent par la presse que Jean-Luc Hees ne renouvellera pas leurs contrats. Net et sans bavure.

Ou presque: quelques jours après leur éviction, 2000 auditeurs manifestent devant la Maison de la radio en signe de protestation. Du jamais vu! Et en janvier 2011, Radio France est condamnée à verser... 212000 euros à Stéphane Guillon pour «licenciement sans cause réelle et sérieuse». «En tant que salarié foutu dehors, je suis ravi de cette décision judiciaire. En tant que contribuable, je suis scandalisé qu'une société d'État ait préféré perdre autant d'argent et d'auditeurs pour faire taire un humoriste», réagit Guillon auprès de l'AFP.

Mais les deux trublions ne sont pas les seules cibles de Nicolas Sarkozy: «On m'a donné les noms de deux autres personnes dans le collimateur, révèle Véronique Brocard: l'éditorialiste politique Thomas Legrand et le journaliste chargé de la revue de presse, Frédéric Pommier. Apparemment, ces quatre-là dérangeaient depuis un moment, leurs têtes avaient déjà été

1. Citée par Gérard Davet et Fabrice Lhomme, *Sarko m'a tuer*, *op. cit.*
2. Stéphane Guillon, *«On m'a demandé de vous calmer»*, *op. cit.*

demandées, en vain, à Cluzel[1]. » « Nicolas Sarkozy considérait que le service public, c'était l'État, nous a expliqué en 2019 Camille Pascal, ancien conseiller média du président (en 2011 et 2012)[2]. Certains se comportaient comme si c'était leur propriété, surtout à Radio France. Le président de la République a donc demandé à Philippe Val d'équilibrer. Il n'y a pas que des gens de gauche qui paient la redevance[3] ! »

« Équilibrer », c'est-à-dire couper des têtes qui dérangent. Ce n'est pas un problème pour Jean-Luc Hees, qui l'avait déjà fait par le passé. En 2003, alors directeur de France Inter, il avait débarqué le médecin-chroniqueur Martin Winckler qui avait eu le malheur, dans l'une de ses chroniques[4], de qualifier de « façade » une campagne publicitaire du LEEM (Les Entreprises du médicament, le lobby des labos pharmaceutiques). Officiellement, l'éviction de Winckler n'était pas liée à sa dénonciation des abus des labos. Mais au moment même où il pointait sur France Inter les dérives de l'industrie pharmaceutique, un autre médecin-star employé par Radio France, Michel Cymes, faisait coéditer ses ouvrages par l'industrie pharmaceutique et France info[5]... Et à la place de la dernière chronique de Winckler, la direction de Radio France avait fait diffuser... un « droit de réponse » du lobby pharmaceutique ! En enquêtant pour l'émission *90 Minutes* de Canal Plus, nous avions découvert que quelques mois avant cette affaire, Jean-Luc Hees avait animé – sans l'autorisation de Jean-Marie Cavada, alors patron de Radio France – le colloque annuel du laboratoire pharmaceutique suisse Novartis. Contacté, Hees avait commencé par nier farouchement. Puis, il nous avait expliqué que le fait d'avoir animé ce colloque n'avait « rien à voir » avec le fait qu'il ait évincé l'impertinent docteur Winckler. Le chroniqueur remercié, lui, questionnera la nécessité, pour le patron de France Inter, d'animer des colloques de l'industrie pharmaceutique[6]...

1. Citée par Gérard Davet et Fabrice Lhomme, *Sarko m'a tuer*, *op. cit.*

2. Collaborateur de 2013 à 2016 de l'hebdomadaire *Valeurs actuelles*, Camille Pascal sera nommé en septembre 2020 « plume » de Jean Castex à Matignon.

3. Entretien de Camille Pascal avec l'auteur, 2 décembre 2019.

4. Martin Winckler, « Pourquoi entend-on sans arrêt des spots de l'industrie pharmaceutique en ce moment ? », *Odyssée*, France Inter, 15 mai 2003.

5. Jean-Baptiste Rivoire, Juliette Tissot et Barbara Conforti, « Médicaments, comment on nous conditionne », *90 Minutes*, Canal Plus, 2 février 2004.

6. *Ibid.*

C'est ce même Jean-Luc Hees qu'en avril 2009, Nicolas Sarkozy nomme à la tête de Radio France. Et des pressions éditoriales ne tardent pas à se manifester. Deux mois après l'arrivée de Hees, comme le souhaitait l'Élysée, Frédéric Pommier est déchargé de la revue de presse. Quant à Benoît Collombat et aux journalistes susceptibles d'enquêter sur le groupe Bolloré, ils vont avoir plus de mal à travailler. Car au fil des mois, Jean-Luc Hees aurait initié dans le dos des journalistes de Radio France de discrets compromis avec le milliardaire breton.

Des arrangements secrets avec Vincent Bolloré ?

En septembre 2009, Isabelle Ricq, une photographe *freelance* qui revient des plantations de la Socapalm au Cameroun dont Bolloré est actionnaire est invitée sur France Inter[1]. Quand elle évoque sur les ondes la misère des ouvriers des plantations, Vincent Bolloré porte plainte contre elle et la radio publique. En mars, il avait déjà traîné Benoît Collombat et Jean-Paul Cluzel au tribunal pour le reportage sur ses activités au Cameroun. L'enquêteur de France Inter ne le sait pas encore, mais cette première « procédure bâillon » du milliardaire est le prélude à treize années de harcèlement judiciaire (toujours en cours à la publication de cet ouvrage) qui vont changer sa vie et celle d'une vingtaine de confrères. Au lieu d'attaquer tel ou tel passage du reportage de Collombat, l'avocat du groupe Bolloré porte plainte contre quasiment tous les propos tenus, y compris le lancement du présentateur, Lionel Thompson ! Une stratégie de « filets dérivants », résumera Collombat en 2015[2].

En mai 2010, la 17e chambre correctionnelle du tribunal de Paris, spécialisée dans les affaires de presse, rend un jugement mitigé : sur la plupart des passages consacrés à la misère dans les plantations ou à la Françafrique, Collombat, Thompson et Cluzel sont relaxés. Sur la gestion portuaire ou ferroviaire, en revanche, le reporter de France Inter va trébucher. Son travail, globalement pertinent, recèle quelques failles. Il lui est notamment reproché d'avoir laissé dire que la compagnie ferroviaire Camrail, filiale du groupe Bolloré depuis 1999, aurait dû indemniser 603 employés lors de la

1. Voir Rebecca Menzoni, *Eclectik*, France Inter, 12 septembre 2009.
2. Fabrice Arfi et Paul Moreira (dir.), *Informer n'est pas un délit*, *op. cit.*

privatisation, alors que cette tâche incombait en réalité à l'État camerounais. Quant à dire que le groupe Bolloré a « négligé gravement les investissements relatifs au transport des passagers », le tribunal juge, là encore, que cette formulation manque de nuance. Et qu'elle est donc diffamatoire. Le 6 mai 2010, le tribunal condamne Benoît Collombat ainsi que Jean-Paul Cluzel, à un euro de dommages et intérêts, une amende de 1 000 euros, ainsi qu'à 10 000 euros au titre des frais de justice. Bien sûr, c'est moins que les 124 059,87 euros que Vincent Bolloré réclamait à Radio France pour payer son avocat, Olivier Baratelli. Mais c'est tout de même une condamnation.

« À l'énoncé du jugement, je suis sonné, dans les cordes, écrit Collombat. Comme un boxeur, littéralement décomposé. J'ai besoin d'oxygène. » Son téléphone sonne. C'est Jean-Luc Hees. Le patron de Radio France connaît les liens unissant Nicolas Sarkozy, qui l'a nommé, et Vincent Bolloré qui attaque ses journalistes. Propose-t-il que Radio France défende son reporter jusqu'au bout, en faisant appel ? Basile Ader, l'avocat de Radio France, se serait alors montré « très partisan » d'un appel, croyant une relaxe possible. « Juridiquement, nous avions des chances de gagner », abonde une source interne à Radio France ayant assisté à l'audience. Mais Jean-Luc Hees s'y oppose : « Quand on perd en première instance, on ne va pas en appel », nous lâchera-t-il onze ans plus tard[1]. Collombat lui-même estimera avoir manqué de réflexes face à un PDG manifestement réticent à s'opposer à Vincent Bolloré : « Je n'ai même pas la lucidité d'insister auprès de lui pour faire appel de ce jugement, je laisse filer. Avec le recul, je réalise que c'était évidemment une erreur[2]. »

Le fait que Radio France ne fasse pas appel de cette première « condamnation Bolloré » va encourager le magnat à multiplier les « procédures bâillons ». Quand le tribunal condamne Collombat, Michel Calzaroni, le communicant de Vincent Bolloré, brandit d'ailleurs le jugement comme un trophée : « Nous ne laisserons plus les médias dire n'importe quoi. Chaque fois que des propos diffamatoires seront prononcés, nous attaquerons[3]. »

1. Entretien de Jean-Luc Hees avec l'auteur, 11 mai 2021.
2. Entretien de Benoît Collombat avec l'auteur, 11 mai 2021.
3. Cité par David Servenay, « Presse : Bolloré met France Inter à terre », *L'Obs*, 7 mai 2010.

Comme on l'a vu, le jugement est en fait plus nuancé. Devant le tribunal, la bonne foi de Benoît Collombat a été reconnue pour la partie de son reportage évoquant la misère dans les plantations. Isabelle Ricq et d'autres spécialistes du Cameroun, comme Julien-François Gerber, sont venus confirmer à la barre qu'il n'avait pas exagéré, loin de là. Du coup, l'avocat de Bolloré hésite à poursuivre son procès contre Ricq. Quelques jours plus tard, la direction de France Inter informe la jeune photoreporter qu'après « concertations », Bolloré se serait « désisté ». Elle est déçue, car elle a travaillé six mois pour rassembler des preuves que les ouvriers étaient maltraités dans les plantations. Elle avait donc des chances de remporter son procès, ce qui aurait découragé les « procédures bâillons » de Vincent Bolloré. « Cela m'a plombé moralement et mise en colère à titre personnel », confie la photographe[1].

Quelles tractations France Inter avait-elle menées ? À l'occasion d'un autre procès intenté par Vincent Bolloré à Benoît Collombat pour avoir osé raconter ses mésaventures dans un livre, Olivier Baratelli en dit un peu plus quant aux « concertations » ayant débouché sur son désistement en 2010 face à Isabelle Ricq : « Il y a eu une conversation téléphonique entre Vincent Bolloré et Jean-Luc Hees. Jean-Luc Hees a présenté des excuses à Vincent Bolloré, c'est l'accord qui a été passé[2]. » Des excuses ? Un accord ? Interrogé en 2019, l'ex-PDG de Radio France réfute en bloc : « Le délire est une grave maladie – chez les deux parties, d'ailleurs si ma mémoire est bonne. Je n'ai pas coutume de m'excuser lorsque cela ne s'impose pas sur le plan de la morale. On me prête beaucoup trop de turpitudes[3]. » En réalité, suite à la condamnation de Benoît Collombat en 2009, un « deal » informel aurait bien été accepté par Jean-Luc Hees : « Bolloré renonçait à faire exécuter la condamnation en échange du fait que nous renoncions à l'appel », se souvient une source proche de la radio publique. « Il avait même tenté d'obtenir qu'on s'engage à ne plus parler de lui ni de ses

---

1. Chloé Fiancette, « Bolloré utilise-t-il les poursuites judiciaires pour faire taire les journalistes ? », *Les Inrocks*, 31 juillet 2016.

2. Déclaration d'Olivier Baratelli au Tribunal de grande instance de Paris, 14 février 2019.

3. Cité par Isabelle Roberts et Raphaël Garrigos, « Bolloré enchaîne les scènes de poursuites », *Les Jours*, 16 février 2019.

sociétés ! », abonde une source interne à Radio France. « Inacceptable » en l'état, cette dernière demande aurait été refusée. Mais selon un courrier adressé par Olivier Baratelli à la justice en 2010, Jean-Luc Hees se serait tout de même engagé à ce que Radio France modère à l'avenir ses critiques contre l'ami du président qui vient de le nommer : « M. Jean-Luc Hees a donné directement à M. Vincent Bolloré l'assurance que les propos diffusés sur l'antenne de France Inter seraient désormais mieux contrôlés, afin que de nouvelles allégations attentatoires à l'honneur de l'une ou l'autre des parties que je représente ne soient plus proférées[1]. »

En s'engageant à ce que des « allégations attentatoires à l'honneur de Vincent Bolloré » ne soient plus proférées par les journalistes de Radio France, Jean-Luc Hees ne mettait-il pas le doigt dans un dangereux engrenage ? En décembre 2011, quand Benoît Collombat et David Servenay, de *Rue89*, révèlent sur France Inter qu'un collectif d'ONG porte plainte auprès de l'OCDE contre la façon dont les ouvriers des plantations camerounaises de la Socapalm sont traités, l'avocat de Vincent Bolloré les assigne à nouveau en justice, non sans souligner auprès du tribunal les contradictions de la radio publique : « Radio France et son président Jean-Luc Hees avaient pourtant assuré à la SA Bolloré qu'ils s'engageaient à ce que les propos diffusés sur les différents supports de communication (*sic*) du groupe soient à l'avenir mieux assurés », écrit Olivier Baratelli dans son assignation. Révéler le fait que des ONG portent plainte à l'OCDE contre la Socapalm s'apparenterait-il à un « propos mal assuré » que Jean-Luc Hees se serait engagé à proscrire ? Il le dément. Mais tant qu'il dirige Radio France, y évoquer les pratiques du groupe Bolloré en Afrique s'apparente à un parcours du combattant. En 2013, sous la présidence Hollande cette fois, Maureen Grisot, une jeune journaliste pigeant pour Radio France depuis Abidjan, va se heurter à des pressions inédites, tant sur RFI que sur France Culture.

Un doublé à Abidjan

Abidjan dispose du plus grand port d'Afrique de l'Ouest. En 2004, sans mise en concurrence, le président Laurent Gbagbo y attribue un premier

1. *Ibid.*

terminal à conteneurs au groupe Bolloré, qui règne déjà sur le trafic ferroviaire de la région. Contestée par la population, cette décision déclenche des manifestations que Gbagbo réprime dans le sang. En 2011, un nouveau président, Alassane Ouattara, lance un second terminal pour favoriser la concurrence. Mais en mars 2013, contre toute attente, le groupe Bolloré remporte également cette seconde concession. Arrivé troisième, un concurrent philippin dénonce des irrégularités et porte plainte auprès de l'Union économique et monétaire ouest-africaine (UEMOA) pour « violations des règles de concurrence ».

Intriguée que même Jean-Louis Billon, le ministre ivoirien du Commerce, critique l'attribution du second terminal au groupe Bolloré, Maureen Grisot parvient à l'interviewer pour *Libération*. Elle propose également le sujet à RFI, qui décline. Depuis Paris, son confrère et ami Jean-Baptiste Naudet lui suggère alors de réinterviewer plus longuement le ministre ivoirien pour *L'Obs*. Si Jean-Louis Billon est en colère, c'est que selon lui, l'attribution du premier terminal au groupe Bolloré en 2004 était déjà problématique : « Tout le monde avait hurlé ! Car le groupe Bolloré l'avait obtenu gratuitement, de gré à gré, en méconnaissance de toutes les règles administratives en Côte d'Ivoire », balance-t-il dans *L'Obs*. Suite à la manifestation et sa répression sanglante entraînant plusieurs morts, raconte Billon, « Bolloré n'avait pas réagi et j'avais [...] fait un courrier en disant que tous les conteneurs étaient tachés de sang. » Selon le ministre, dans le dossier du premier terminal, il aura fallu attendre huit ans pour qu'un avenant au contrat régularise la situation et que le groupe Bolloré paie finalement 20 milliards de francs CFA, soit environ 30 millions d'euros pour cette concession[1].

« Aujourd'hui, vous dites que Bolloré s'est payé un monopole, relance Maureen Grisot. Êtes-vous en train de parler de corruption ?

– En 2004, quand je critiquais vivement le contrat sur le premier terminal, j'avais été approché par quelqu'un du groupe Bolloré, répond Jean-Louis Billon. Cette personne m'avait fait des propositions pour que je révise ma position, mais je n'avais pas cédé. Je ne serais pas surpris si

1. Contacté à plusieurs reprises dans le cadre de ce livre, Vincent Bolloré n'a pas répondu à nos sollicitations.

demain on me disait qu'il y a eu des problèmes de gouvernance dans l'attribution du deuxième terminal. » Comme le rappelle *L'Obs*, les détracteurs du ministre ivoirien du Commerce soulignent que son frère est à la tête d'une société faisant partie du consortium rival du groupe Bolloré. Mais Billon affirme défendre simplement la libre concurrence.

Apprenant l'existence de cette interview explosive, Michel Calzaroni, conseiller de Vincent Bolloré, aurait appelé Laurent Joffrin, alors directeur de la rédaction de *L'Obs* : « Il y a eu une tentative de bloquer le papier, nous affirme Naudet. Mais la cheffe du service éco a envoyé "ch..." la direction. Et moi, j'ai menacé de saisir la Société des rédacteurs. Alors ils ont cédé. » Le 6 juin 2013, l'interview est bien publiée dans *L'Obs*[1]. Le groupe Bolloré ne l'attaque pas en diffamation. Dans les jours qui suivent, depuis Abidjan, Maureen Grisot relance RFI, qui finit par accepter le sujet. Un extrait de l'interview du ministre doit être diffusé le samedi 8 juin 2013. « Ce jour-là, je me lève à 5 heures du matin, super-fière, se souvient-elle. C'était important pour les Ivoiriens. Mais rien. Officiellement, ce matin-là, les émetteurs ne "fonctionnaient pas". Après, j'ai demandé que RFI diffuse l'extrait un peu plus tard, mais ils ont refusé... »

Au bout de quelques mois, Maureen Grisot parvient tout de même à évoquer la question du port d'Abidjan sur France Culture[2]. Cette fois, le groupe Bolloré la traîne immédiatement au tribunal. Mais dans la perspective de l'audience, prévue en avril 2016, Maureen Grisot a du « lourd » : le ministre ivoirien du Commerce accepte de venir témoigner devant la justice française. De quoi refroidir la passion de Vincent Bolloré pour les procédures bâillons.

Mais cette fois encore, la radio publique, dirigée depuis 2014 par Mathieu Gallet, aurait transigé en sous-main avec Vincent Bolloré pour obtenir un désistement que la journaliste ne souhaitait pas. Dans un courrier à Grisot, Basile Ader, l'avocat de Radio France, écrit : « Ce désistement est consécutif à une conversation entre avocats où il est apparu, au regard de l'ancienneté de l'affaire, que l'intérêt du procès avait perdu une grande

---

1. Maureen Grisot, « Bolloré est le seigneur des transports », *L'Obs*, 6 juin 2013.
2. Maureen Grisot, « Le port d'Abidjan, symbole persistant de la Françafrique », *France Culture*, 4 décembre 2013.

partie de son acuité[1]. » Le désistement de Vincent Bolloré ne visait-il pas plutôt à éviter que le ministre ivoirien du Commerce ne vienne évoquer dans les prétoires parisiens les pratiques contestables de son groupe en Afrique ? Et que Maureen Grisot, harcelée depuis trois ans, ne puisse faire éclater sa bonne foi ? « J'étais furieuse, se souvient la pigiste. L'avocat me disait : "Maureen, quelle chance !" Mais moi, je passais pour une mauvaise journaliste. » Grisot rappelle Jean-Louis Billon, le ministre ivoirien du Commerce, pour lui expliquer que finalement, la justice française ne souhaite plus l'entendre. Et le pire, c'est que Radio France lui demande de ne pas en expliquer les raisons : « J'ai pris l'engagement qu'il n'y aurait pas de communication sur ce désistement », avait en effet écrit Basile Ader à la journaliste. Cerise sur le gâteau : selon le site *Les Jours*, suite à cette « conversation » entre l'avocat de Radio France et celui de Vincent Bolloré, le reportage de Grisot aurait été retiré du site de France Culture, sans même qu'une décision de justice ne l'ait imposé[2] !

Rappelons qu'au moment de la condamnation de Benoît Collombat en mai 2010, Michel Calzaroni, le communicant du milliardaire, n'avait pas caché que Vincent Bolloré cherchait à faire un « exemple ». À la direction de Radio France, en tout cas, le message est manifestement passé cinq sur cinq. Une stratégie hasardeuse, qui aboutira à fragiliser les reporters de la radio publique. Réinterrogé sur ces douloureux épisodes à l'été 2021, Jean-Luc Hees me traitera de « paresseux » et « complotiste », avant de me lâcher : « Je regrette un peu d'avoir défendu ce pauvre Benoît Combat (*sic*) que j'aurais dû [...] abandonner aux griffes des avocats de Bolloré[3]. » Un comble, puisque Collombat avait largement souffert de l'affaire, comme nous l'avons vu plus tôt.

Mais l'obstination de ce talentueux journaliste de France Inter se révélera finalement payante. Après ses révélations avec son confrère David Servenay sur l'ouverture en 2011 d'une enquête de l'OCDE sur les plantations du Cameroun, Collombat voit Vincent Bolloré retirer sa plainte. Dans la foulée, le reporter, qui fut longtemps l'un des seuls à faire de l'investigation,

1. Isabelle Roberts et Raphaël Garrigos, « Bolloré enchaîne les scènes de poursuites », *op. cit.*
2. *Ibid.*
3. Mail de Jean-Luc Hess à l'auteur, 13 juillet 2021.

parfois sur ses congés, est intégré à une « cellule investigation » mise en place en 2016 au sein de la radio publique. Et en 2019, suite à la vingtaine de procédures bâillons qu'il avait lancées depuis 2008, Vincent Bolloré sera condamné à trois reprises en des termes très sévères pour « procédures abusives »[1]. Une « victoire aux points » après dix ans de harcèlement, estimera Collombat, même si en juin 2021, la Cour de cassation annulera l'une de ces condamnations du groupe Bolloré et ordonnera un quatrième procès du reporter de France Inter. De quoi lui mettre la pression encore quelques années…

1. Début mars 2019, pour avoir réclamé en justice 700 000 euros au journaliste Nicolas Vescovacci avant même qu'il ne publie son ouvrage *Vincent tout-puissant* (Grasset, 2018) ; le 28 mars 2019 par la cour d'appel de Paris pour avoir attaqué « Vincent Bolloré, un ami qui vous veut du bien » (France 2, 2016), le reportage de Tristan Waleckx, devant le tribunal de commerce alors qu'il relevait du droit de la presse ; et le 10 mai 2019 pour « abus de constitution de partie civile » suite à un nouveau procès intenté contre Benoît Collombat pour sa participation au livre *Informer n'est pas un délit* (*op. cit.*), dans lequel il racontait ses démêlés judiciaires avec Bolloré. En juin 2021, c'est cette dernière condamnation que la Cour de Cassation annulera.

6

Un putsch contre Canal Plus ?

Au cours de son quinquennat, Nicolas Sarkozy va tout mettre en œuvre pour fragiliser la direction de Canal Plus. Dès 2008, le Zapping de Patrick Menais irrite le pouvoir en place. Chaque soir, rien n'échappe à l'émission, qui diffuse un best of d'extraits de la télé : les « zappeurs » sont devenus sa mémoire. Avec eux, il est devenu impossible pour un homme politique de faire disparaître une bourde, un lapsus malheureux ou un propos raciste.

FAIRE TAIRE *LES GUIGNOLS*

Lors d'une visite au Salon de l'agriculture en février 2008, Nicolas Sarkozy tend la main à un quidam. Mais celui-ci lui répond : « Ah non, touche-moi pas, tu me salis ! » Ulcéré, le président de la République réplique vertement : « Casse-toi, pauv' con ! » Cette saillie, que Nicolas Sarkozy regrettera amèrement, devient culte quand elle passe en boucle sur Canal Plus. « Il suffit de regarder le *Zapping* jour après jour, fulmine en 2009 un de ses proches. C'est une entreprise de déstabilisation permanente de sa politique. C'est caricatural[1]. » Et Patrick Menais nous confiait effectivement en 2017 : « Quand Nicolas Sarkozy se plaint à Belmer, c'est le *Zapping* qu'il cite en premier, avant *Les Guignols* »[2]

1. Cité par Renaud Saint-Cricq et Frédéric Gerschel, *Canal Sarkozy*, *op. cit.*
2. Entretien de Patrick Menais avec l'auteur, 2017.

Et pourtant, nous savons tous à quel point les célèbres marionnettes exaspèrent Nicolas Sarkozy. Au soir du premier tour de la présidentielle de 2007, il est en tête avec 31,2 % des voix contre 25,9 % pour Ségolène Royal. Sur le plateau de PPD, la marionnette de Sarko, les yeux exorbités et le visage dégoulinant de sueur, fait s'écrouler de rire des millions de téléspectateurs quand elle annonce la composition d'un gouvernement plus oligarchique que jamais: « Premier ministre: Arnaud Lagardère; ministre de l'Économie: Martin Bouygues; ministre du Budget: Bernard Arnault. » Avant même la soirée du Fouquet's et l'escapade maltaise dans le jet privé et sur le yacht de Vincent Bolloré, *Les Guignols* font marrer la France avec un Sarkozy arborant lunettes Ray-Ban et montre Rolex. Une façon de pointer les lourds conflits d'intérêts de celui qu'on appellera bientôt le « président bling bling », voire le « président des riches ».

Peut-on penser que le candidat UMP est indifférent à sa caricature? Peu d'observateurs y croient: « Rien ne prouve que les électeurs modifient leur vote en fonction des caricatures, mais c'est vrai que *Les Guignols*, par exemple, forgent et fixent une image médiatique, analyse Thomas Legrand sur France Inter. Faible ou fort, traître ou loyal, benêt ou fulgurant, le qualificatif dominant colle à la peau du personnage comme de la personne qu'il représente. C'est vrai des *Guignols*, mais d'autres aussi. Nicolas Sarkozy s'était ému auprès de Plantu de la vilaine mouche qui accompagnait systématiquement ses portraits à la une du *Monde*; trop lourd à porter dans le regard des gens, disait-il[1]. »

De fait, 3 millions de téléspectateurs apprennent chaque soir grâce aux célèbres marionnettes à ne pas se laisser intoxiquer par le *storytelling* du locataire de l'Élysée. Début 2009, les très impertinents auteurs des *Guignols* mettent en scène un Nicolas Sarkozy jaloux du président américain Barack Obama et se faisant payer par les contribuables français « Air Sarko one », un appareil presque aussi luxueux que le mythique « Air Force one » du patron de la Maison-Blanche. En octobre 2009, quand le président Sarkozy tente d'imposer son fils Jean à la tête de l'Établissement public d'aménagement de la Défense (EPAD), *Les Guignols* taclent cruellement le jeune pistonné: « Au McDo de la Sorbonne, t'as pris le menu

1. Thomas Legrand, France Inter, 27 mars 2007.

“Redoublant”. En droit des affaires, t’es une buse, en droit civil, t’es un gland. T’as 23 ans, t’es sans emploi, c’est pas un souci, appelle Papa ! [...] Jeannot, aujourd’hui, je te le dis, ton seul coup de génie, c’est de t’appeler Sarkozy ! »

À l’Élysée, le président se sent profondément humilié. Selon *Le Canard enchaîné*, il reproche aux marionnettes d’avoir « dépassé les bornes » et aurait été jusqu’à demander que Bertrand Méheut, le président de Canal Plus, licencie Rodolphe Belmer, directeur de la chaîne, accusé de protéger *Les Guignols*[1]. « C’est vraisemblablement Nicolas Sarkozy qui supporte le moins *Les Guignols*, estimait quelques mois auparavant Alain de Greef. Je ne peux pas dire qu’il soit intervenu, mais il l’a fait savoir par tous les moyens possibles et imaginables, en parlant à tous les gens qu’on pouvait connaître les uns et les autres, disant que c’était un scandale, une atteinte grave à la démocratie, etc. *Bullshit*[2] ! » Début 2010, alors qu’il rêve de briguer un second mandat et qu’il n’a toujours pas obtenu la tête de Rodolphe Belmer, Nicolas Sarkozy se montre de plus en plus inquiet du portrait dévastateur que les marionnettes de Canal Plus continuent à dresser de lui. Mi-mai, devant une flopée de patrons du CAC 40 invités à l’Élysée, il lâche à Jean-Bernard Lévy, président du directoire de Vivendi qui contrôle la chaîne cryptée : « À Canal Plus, je me fais allumer en permanence. C’est devenu une habitude, c’est vraiment pénible ! Quand c’est pas *Les Guignols*, c’est *Le Grand journal*, quand c’est pas *Le Petit journal*, c’est *Les Guignols*, c’est systématique. Et il y en a marre[3] ! » Méheut et Belmer tergiversent. Ils craignent les foudres de l’Élysée, mais comment faire taire *Les Guignols*, symbole de l’indépendance éditoriale de la chaîne ?

En janvier 2011, Nicolas Sarkozy recrute comme « conseiller média » Camille Pascal. Ancien collaborateur de Dominique Baudis au CSA, puis secrétaire général de France Télévision sous Patrick de Carolis, cet élégant et très conservateur catholique versaillais suggère au président de changer de méthode : « Arrêtez de croire que les patrons de l’audiovisuel peuvent

1. « Coup de bâton pour *Les Guignols* », *Le Canard enchaîné*, 28 octobre 2009.
2. Cité par Augustin Scalbert, « De Greef : le plus susceptible avec *Les Guignols* ? Sarkozy », *Rue89*, 15 mars 2009.
3. « Sarkozy se paie le patron de Vivendi et ses *Guignols* », *Le Canard enchaîné*, 19 mai 2010.

arrêter les journalistes de leurs groupes. Arrêtez ce genre d'intervention. Cela ne sert à rien. C'est inefficace, je l'ai vu à France Télévisions. » À deux ans de la présidentielle de 2012, c'est de Jean-René Fourtou, le patron de Vivendi, que viendra la lumière. Avec l'aide de Vincent Bolloré, il initie secrètement un putsch capitalistique qui débouchera, quelques années plus tard, sur un virage très à droite de la chaîne d'info du groupe.

2011 : Bolloré engage la conquête de Vivendi

Tout commence en 2010. À 72 ans, Jean-René Fourtou, président de Vivendi, se prend une énième « avoinée » de Nicolas Sarkozy au sujet de Canal plus, sa filiale. Impuissant à faire taire ses propres trublions, il propose alors au locataire de l'Élysée de travailler à valoriser son bilan. Quand une amie lui suggère d'associer discrètement à sa démarche le journaliste Gérard Carreyrou, Fourtou accepte.

Mais au château, le conseiller média du président est sceptique sur sa capacité à museler ses impertinents subordonnés. Dans le salon de thé parisien où il nous fait ce récit fin 2019, Camille Pascal se montre d'abord dédaigneux : « Contrôler Canal Plus, il aurait pu le faire, il ne l'a pas fait. […] Il faisait semblant d'aider Nicolas Sarkozy en créant un "truc", tous les patrons font cela. Il disait : "Je ne viens pas en tant que président de Vivendi, mais en tant qu'ami." Il l'a fait, il a réuni les "vieux de la vieille", Mougeotte, Carreyrou, etc.[1]. » Puis il nuance sa charge, reconnaissant qu'en 2010, Fourtou n'avait pas forcément les mains libres pour museler *Les Guignols* : « C'est vrai que les médias privés sont sous concession, et les conventions avec le CSA prévoient une séparation de l'actionnariat et de la politique éditoriale. C'était donc juridiquement compliqué d'intervenir. » Soudain tétanisé, il baisse la voix pour évoquer la révolte des salariés de Canal Plus en 2002 contre l'éviction de leur patron historique, Pierre Lescure : « Bruno Gaccio et sa bande avaient envahi le CSA. Je m'en souviens encore, j'y étais ! », souffle-t-il.

En cet automne 2010, Jean-René Fourtou sent bien que le conseiller du président est sceptique. Mais il propose néanmoins à Camille Pascal d'intégrer son groupe secret visant à faire réélire Nicolas Sarkozy. Pascal accepte,

1. Entretien de Camille Pascal avec l'auteur, 2 décembre 2019.

mais pose ses conditions : « J'ai dit à Fourtou qu'il n'était pas question de faire les réunions secrètes du groupe à l'Élysée. Je travaillais pour la France, pas pour la réélection du président. Alors il a proposé chez lui. Et moi, j'ai dit que le soir, en dehors de mes heures de travail, j'étais libre de faire ce que je voulais. C'est ainsi que j'ai assisté aux réunions du groupe Fourtou et que j'ai pu rendre compte [à Nicolas Sarkozy, ndla]. »

Au fil des semaines, Fourtou et Carreyrou fédèrent des figures de droite (Alain Carignon, ancien ministre d'Édouard Balladur, Geoffroy Didier, conseiller politique de Brice Hortefeux, Guillaume Peltier, Sylvain Fort, qui deviendra conseiller d'Emmanuel Macron...), des affaires (comme Michel Pébereau, alors patron de BNP Paribas) ou des médias (Charles Villeneuve, ancien d'Europe 1 et de TF1, Étienne Mougeotte, alors directeur des rédactions du *Figaro*). Favorable à l'initiative, Vincent Bolloré ne participe pas personnellement au groupe Fourtou, mais il s'y fait discrètement représenter par Jean-Christophe Thiery de Bercegol du Moulin, un énarque qu'il a placé à la tête de son pôle médias (*Direct Matin*, Direct 8). « Il est venu peu de temps, ce n'était pas évident pour lui, car à l'époque, Bolloré Médias ne se voulait pas un média d'opinion », nous a confié Geoffroy Didier[1]. Au fil des échanges, une idée émerge dans l'esprit du patron de Vivendi : tenter de convaincre Vincent Bolloré de monter au capital de son groupe.

Officiellement, il s'agit de lui offrir une base actionnariale « stable et française ». Mais Vincent Bolloré a d'autres atouts : il est proche de Nicolas Sarkozy, qui l'a élevé au grade de commandeur de la Légion d'honneur en avril 2009. Autre particularité : il est connu pour contrôler ses journalistes d'une main de fer : « Dans mes médias, j'ai le *final cut* », avait-il déclaré en 2007 aux journalistes de *La Tribune*, qu'il envisageait de racheter[2]. À l'approche de la présidentielle, son entrée au capital de Vivendi, maison-mère de Canal Plus, serait un gage politique offert à Nicolas Sarkozy. « C'est moi qui lui ai demandé de venir dans Vivendi et d'investir, révélera plus tard Fourtou. J'ai fait des pieds et des mains pour le séduire. [...] Je

1. Entretien de Geoffroy Didier avec l'auteur, 6 mai 2021.

2. Cité par Amaury de Rochegonde et Richard Senejoux, *Médias, les nouveaux empires*, *op. cit.*

voulais mettre Bolloré dans le système[1]. » Signe que le milliardaire breton entretient une forme d'allégeance à l'égard du locataire de l'Élysée, il serait venu en personne à l'Élysée, avant même que l'opération de rachat de ses chaînes ne soit annoncée par Canal Plus, pour dévoiler ses véritables intentions au conseiller média du président: « Vincent Bolloré et Jean-René Fourtou étaient venus m'expliquer la stratégie secrète qu'ils avaient mise en place, pour que je fasse une note au président. Cela ne devait pas se savoir. Le fait que Bolloré prenait 1,7 % de Vivendi allait être révélé, mais pas le reste ! Le vrai projet était qu'à terme, Bolloré prenne le contrôle du capital de Vivendi en montant à 14 %, comme il l'avait fait avec Havas. Et qu'il remplace Fourtou.

– L'enjeu était-il le contrôle éditorial de Canal Plus ?

– Je n'en ai pas le souvenir. (Il se tortille sur sa chaise.) Mais je n'exclus pas qu'ils aient pu parler à Nicolas Sarkozy directement. [...] Le téléphone, cela existe[2] ! »

Selon le journaliste Marc Endeweld, qui avait alors « débriefé » Camille Pascal, Vincent Bolloré se serait montré nettement plus explicite: « Son message, c'était: "J'achète, je prends le contrôle de Canal Plus, je vais supprimer *Les Guignols*, mon cher Nicolas, et mettre au pas cette rédaction de gauchistes"[3] ! » Avant même la présidentielle de 2012, Nicolas Sarkozy aurait donc reçu de son ami Vincent Bolloré l'assurance qu'il préparait secrètement un coup actionnarial de nature à mettre un terme à vingt ans d'impertinence antisarkozyste de la chaîne cryptée.

Publiquement, bien sûr, ce n'est pas cette version que Fourtou et Bolloré vont mettre en avant. La chaîne gratuite du milliardaire, Direct 8, intéressant Canal Plus (elle est déficitaire, mais présente sur la télécommande des Français), Jean-René Fourtou propose à Vincent Bolloré de l'échanger contre une part du capital de Vivendi. En position de force, ce dernier parvient à fourguer en prime Direct Star, son autre chaîne à l'audience défaillante et tout aussi déficitaire que sa grande sœur. Mieux: alors que

1. Cité par Nicolas Vescovacci et Jean-Pierre Canet, *Vincent tout-puissant*, J.-C. Lattès, Paris, 2018.

2. Entretien de Camille Pascal avec l'auteur, 2 décembre 2019.

3. Témoignage de Marc Endeweld au colloque « Médias et transparence de la vie publique », Sciences-Po Paris, 13 juin 2019.

Vincent Bolloré n'a investi qu'environ 200 millions d'euros dans les deux chaînes, Jean-René Fourtou accepte de les lui racheter contre 1,7 % du capital de Vivendi, soit près de… 463 millions d'euros ! Une culbute de 230 % d'autant plus choquante qu'à l'origine, Vincent Bolloré s'était vu attribuer gratuitement par l'État la fréquence de Direct 8. À l'été 2011, l'affaire est entendue. Elle sera annoncée le 8 septembre : « Aujourd'hui, j'ai l'impression de marier mes deux filles », exulte Yannick Bolloré, le fils de Vincent, alors patron de Bolloré Médias[1]. Ce que la presse croit comprendre à l'époque, c'est que Vincent Bolloré se désengage de la télévision. Bien peu perçoivent l'enjeu politique de son entrée au capital de Vivendi, qui contrôle Canal Plus. Fin septembre, dans *Challenges*, le milliardaire laisse pourtant filtrer ses véritables intentions : « La télévision, ce sont des programmes, et nous étions, dans ce domaine, tout petit face à Canal Plus. C'est une chance de pouvoir monter sur la banquette arrière des meilleurs.

– Et vous entrez au capital de Vivendi pour y faire quoi ?

– Avec 2 % de Vivendi, nous pourrions devenir l'un des cinq principaux actionnaires[2]. »

Grâce à la main tendue par Jean-René Fourtou, Vincent Bolloré annonce entre les lignes sa montée au capital de la maison-mère de Canal Plus. Pour prendre le contrôle de l'impertinente chaîne cryptée qui handicape depuis vingt ans la carrière de son ami Nicolas Sarkozy ? Ce serait aussi une magnifique revanche, après son échec à mettre la main sur TF1 en 1997… En pleine campagne en 2012, interrogé sur ce qu'il pense du président de la République, Vincent Bolloré répond : « Accueillir Nicolas Sarkozy au lendemain de son élection fut pour moi un honneur. Je trouve que c'est un très bon président et je serai à ses côtés aussi longtemps qu'il le faudra[3]. » On ne saurait être plus clair… Et pourtant, quelques semaines plus tard, alors qu'il est plombé par les affaires, Nicolas Sarkozy va trébucher face à François Hollande.

1. *Le Figaro*, 9 septembre 2011.

2. « Vincent Bolloré : Autolib est une folie », *Challenges*, 30 septembre 2011.

3. « Les chances et le bilan de Sarkozy vu par les patrons », *Challenges*, 27 janvier 2012.

II

Hollande, vrai-faux ami de l'information

7
« Draguer » les oligarques

Le 2 mai 2012, lors de l'ultime débat entre les deux tours, Nicolas Sarkozy tempête, puis se décompose. Pour une fois, il ne prend pas l'ascendant sur son rival. À une question de Laurence Ferrari sur la présidence qu'il entend incarner, François Hollande dénonce l'« omniprésidence » de son adversaire : « Moi, président de la République, je ne serai pas le chef de la majorité, je ne recevrai pas les parlementaires à l'Élysée. [...] Je ne traiterai pas mon Premier ministre de "collaborateur", je ne participerai pas à des collectes de fonds pour mon propre parti dans un grand hôtel parisien. [...] Je ferai fonctionner la justice de manière indépendante. [...] Je n'aurai pas la prétention de nommer les directeurs des chaînes de télévision publiques. » En réécoutant cette tirade dans un style IIIe République du candidat socialiste, qui aurait pu imaginer que François Hollande en viendrait à défendre les intérêts de Martin Bouygues, le propriétaire de TF1 ? À fermer les yeux sur l'optimisation fiscale pratiquée par Patrick Drahi, actionnaire de BFMTV, première chaîne d'info de France[1] ? À décerner la Légion d'honneur à des lieutenants d'Arnaud Lagardère ? Ou à dérouler le tapis rouge à Vincent Bolloré, l'homme qui prêtait yacht et jet privé à Nicolas Sarkozy ?

En réalité, dans l'espoir de booster sa carrière, François Hollande négociait avec la plupart des industriels contrôlant les médias dès la fin

1. Yanis Mhamdi, « BFMTV, championne de l'évasion fiscale, l'État complice », *Le Média*, 8 juillet 2019.

des années 2000. Au fil des années, impressionné par le soutien qu'ils apportent à Nicolas Sarkozy, poussé par sa compagne journaliste Valérie Trierweiler à leur montrer patte blanche – elle-même est salariée à la fois par Arnaud Lagardère à *Paris Match* et par Vincent Bolloré sur Direct 8 –, le candidat socialiste à l'Élysée va oublier ses promesses de campagne d'empêcher une trop grande concentration dans les médias. En 2009, François Hollande, Manuel Valls, Jean-Marc Ayrault et Aurélie Filippetti avaient déposé une proposition de loi visant à interdire la possession de chaînes de radio ou de télévision par un groupe « dont l'activité est significativement assurée par des marchés publics ». Le 16 février 2012, lors d'un débat organisé par *Mediapart*, le député socialiste Patrick Bloche, alors chargé de l'audiovisuel auprès de François Hollande, promettait une loi « anti-concentration » majeure pour « couper enfin ce lien coupable qui unit les médias à ces grands groupes industriels et financiers ». Mais au cours de son quinquennat, en échange de quelques miettes de complaisance médiatique, dans la lignée de François Mitterrand, François Hollande va laisser les puissants propriétaires de presse instrumentaliser un peu plus encore les médias d'information. Peu importe si c'est au risque d'abîmer toujours plus la démocratie.

Séduire TF1

Hollande va d'abord entreprendre de séduire le bastion sarkozyste qu'est TF1. Dès 2008, des signes de crispation entre le groupe Bouygues et Nicolas Sarkozy étaient apparus. Création d'une taxe sur les opérateurs de téléphonie pour financer la télé publique, ouverture du marché de la téléphonie mobile à Free, non-privatisation du géant du nucléaire Areva, ces décisions avaient déçu Martin Bouygues. En janvier 2010, le parrain du fils du président lâche : « Cette relation avec Nicolas Sarkozy est plus un handicap qu'un avantage[1]. »

D'autant qu'elle atteint aussi l'image de « Télé Bouygues ». Si Canal Plus est un sésame pour filmer en banlieue, TF1 est alors perçue comme « Télé Sarko ». Dans les cités, les collègues de la Une arrivent la plupart du temps « *embedded* » avec la police. Quand ce n'est pas le cas, ils doivent raser les

1. Cité par Marc Endeweld, « Des médias sous influence », *Marianne*, 22 avril 2016.

murs, se déplacer dans des voitures banalisées. En 2010, dans un échange « off » avec le documentariste Pierre Carles, le député socialiste Arnaud Montebourg, furieux d'être boudé par TF1 depuis qu'il s'était opposé, en 1996, au renouvellement automatique de la concession de la première chaîne au groupe Bouygues, laisse éclater sa rancœur : « C'est le moment de taper sur TF1 ! Il faut leur mettre la tête sous l'eau ! TF1, c'est la télévision de la droite, c'est tout. C'est la télévision des idées qui détruisent la France, la télévision de l'individualisme, la télévision du fric, la télévision du matraquage sur l'insécurité[1]. » Quand Pierre Carles fait buzzer ces phrases en septembre 2010 pour promouvoir son documentaire *Fin de concession*[2], Nonce Paolini, PDG de la première chaîne, exige des excuses d'Arnaud Montebourg. Ce dernier indique que ses propos étaient « off », mais persiste sur son blog : « Les rapports de proximité politique entre les orientations éditoriales de TF1 et le pouvoir actuel posent dans une démocratie comme la nôtre le problème du pluralisme et de la séparation des intérêts publics et privés, et les échanges de services et de bons procédés entre eux[3]. » Ravageuses, ces diatribes d'Arnaud Montebourg n'arrangent pas le moral des journalistes de TF1. « L'amitié entre Martin Bouygues et Nicolas Sarkozy faisait porter une ombre désagréable sur la chaîne », reconnaîtra Nonce Paolini en 2015[4].

C'est dans ce contexte qu'à la fin du quinquennat Sarkozy, des crispations vont apparaître entre des journalistes de la Une et le clan présidentiel. « On n'en pouvait plus de Nicolas Sarkozy, nous a confié une ancienne de la SDJ (société des journalistes) de TF1. Il fallait toujours qu'on parle de lui. Et quand il ne parvenait pas à nous envoyer "une carte postale par jour", il sortait un propos provocateur pour faire la une du JT ! C'était très pesant. » Las que leur chaîne soit qualifiée de « Télé Sarko », certains reporters de la Une vont initier des reportages critiques envers l'Élysée. Comme un numéro d'*Enquêtes et révélations* qui montre que la politique migratoire

---

1. Cité par Aude Dassonville et Jamal Henni, *TF1. Coulisses, secrets, guerres internes*, *op. cit.*

2. Pierre Carles, *Fin de concession*, C-P production, 27 octobre 2010.

3. Cité par Amaury de Rochegonde et Richard Senejoux, *Médias, les nouveaux empires*, *op. cit.*

4. Aude Dassonville et Jamal Henni, *TF1. Coulisses, secrets, guerres internes*, *op. cit.*

de Brice Hortefeux, consistant notamment à reconduire des sans-papiers depuis l'aéroport de Montpellier vers Bucarest, fonctionne mal. L'enquête ayant déplu au ministre de l'Intérieur, son conseiller politique Geoffroy Didier appelle TF1 : « Il faudrait savoir dans quel camp vous vous situez[1] ! » Pour calmer les sarkozystes, Télé Bouygues invite Hortefeux à réagir depuis la place Beauvau. « J'avais demandé qu'il puisse s'exprimer pour répondre aux critiques », nous confirmera Geoffroy Didier[2]. Quelques mois plus tard, c'est le financement douteux de la campagne Balladur de 1995 qui est évoqué par TF1...

Ce mercredi 21 septembre 2011, dans une salle de montage de la tour TF1 à Boulogne-Billancourt, Tristan Waleckx est soulagé. Une enquête réalisée avec sa consœur Laure Debreuil et dont la diffusion était incertaine est enfin programmée dans le 20 heures. Elle se penche sur le financement de la campagne présidentielle d'Édouard Balladur en 1995, dont Nicolas Sarkozy était le porte-parole. Le reportage de Waleckx et Debreuil est embarrassant : manifestement irréguliers – la justice a mis en évidence des dépôts bancaires de 20 millions de francs en liquide, soit près de 4 millions d'euros –, les comptes de campagne avaient été épinglés par les rapporteurs du Conseil constitutionnel, mais finalement validés en 1995 sous la pression de Roland Dumas, alors président de l'institution. Vingt ans plus tard, l'ancien ministre des Affaires étrangères de François Mitterrand reconnaîtra pourtant qu'ils étaient bien « irréguliers »[3] ! En cette année 2011, prenant la suite de révélations du *Monde*[4], Tristan Waleckx et Laure Debreuil réussissent à convaincre Alexandre Galdin, « porteur de valises » de l'association de financement de la campagne d'Édouard Balladur, d'évoquer l'affaire. Ils interviewent également des membres du Conseil constitutionnel qui expliquent pourquoi ils avaient proposé de rejeter les comptes de campagne. Un bon scoop.

1. Cité par Amaury de Rochegonde et Richard Senejoux, *Médias, les nouveaux empires*, *op. cit.*

2. Entretien de Geoffroy Didier avec l'auteur, 6 mai 2021.

3. Yves Threard, « Roland Dumas : j'ai sauvé la République en 1995 », *Le Figaro*, 27 janvier 2015.

4. Voir notamment Raphaëlle Bacque et Pascale Robert-Diard, « Petits comptes entre sages », *Le Monde*, 25 novembre 2010.

Mais pour TF1, le sujet est délicat. Tout au long des années 1990, le groupe Bouygues et plusieurs figures de la chaîne avaient soutenu Édouard Balladur dans sa tentative de remplacer Jacques Chirac à la tête de la droite[1]. Après son échec en 1995, Patrick Le Lay et Étienne Mougeotte avaient misé sur son ancien porte-parole, Nicolas Sarkozy.

Début 2011, Waleckx présente son sujet à Laurence Ferrari, à la tête du 20 heures de la Une : « Elle m'a dit : "Bingo ! S'il y a une actu, je te le prendrai"[2]. » Mais quand l'été arrive, le sujet est toujours sur les étagères. Ses collègues de la SDJ s'alarment : « Ils ne vont jamais le diffuser. » Waleckx tente alors de proposer son enquête aux éditions du week-end, présentées par Claire Chazal. Son rédacteur en chef, Germain Dagognet, réputé proche du PS, lui laisse peu d'espoir : Renaud Donnedieu de Vabres, l'un des meilleurs amis de Chazal, parrain du fils qu'elle a eu avec Patrick Poivre d'Arvor, est impliqué dans le volet financier de l'affaire de Karachi (des commissions suspectes avaient été détectées en marge d'un contrat de vente de sous-marins français au Pakistan[3]). Quant à Nicolas Bazire, également mis en cause en tant qu'ancien directeur de campagne de Balladur, il est proche de Martin Bouygues et aurait aidé la présentatrice à approcher le candidat pour la biographie qu'elle lui avait consacrée en 1993.

Mais en septembre 2011, coup de théâtre : Thierry Gaubert, ancien conseiller de Nicolas Sarkozy, et Nicolas Bazire sont mis en examen dans l'affaire de Karachi, respectivement pour « recel » et « complicité d'abus de bien sociaux ». Auditionnée par les services de police, l'ex-épouse de Thierry Gaubert avait expliqué que son mari s'était rendu en Suisse en 1994-1995 en compagnie de l'intermédiaire Ziad Takieddine pour récupérer des valises « volumineuses de billets » qui auraient été remises à Paris à Nicolas Bazire[4].

---

1. Voir notamment Claire Chazal, *Balladur*, *op. cit.*

2. Entretien de Tristan Waleckx avec l'auteur, avril 2016.

3. En 1994, ce contrat aurait donné lieu au versement de 33 millions d'euros de commissions occultes à des dirigeants pakistanais et peut être à des rétrocommissions vers des partis politiques français.

4. « Campagne d'Edouard Balladur : Nicolas Bazire mis en examen », *Le Monde*, 22 septembre 2011.

À TF1, l'enquête de Waleckx et Debreuil, vue par Laurence Ferrari et validée par la rédaction en chef, est programmée dans le 20 heures du 21 septembre. Mais au dernier moment, François Bachy, alors directeur adjoint de l'information et chef du service politique, débarque dans la salle de montage: «Il visionne, se souvient Waleckx, puis passe une porte vitrée et se met à téléphoner avec de grands gestes. J'avais l'image, pas le son. Il revient et me dit: "Le sujet ne passera pas!" Je n'en revenais pas. Je lui dis: "Cela va être compliqué d'enlever cinq minutes au milieu du journal".» Malgré ce début de fronde, le sujet est bel et bien «trappé». Mais en cours de journal, alertés par une source interne à TF1, le Jdd.fr et *Arrêt sur images* révèlent que la Une déprogramme un sujet sur Karachi. Au débriefing du 20 heures, les dix responsables habituels sont rejoints par soixante-dix confrères en colère. Quand François Bachy tente de se justifier en affirmant que le reportage a été «trappé» parce qu'il était «mauvais», Michèle Fines, la cheffe du service enquête qui l'avait validé, lui demande dans un sourire: «Tu es sûr que c'est pour cela, François? Il n'y a pas une autre raison?» Coupant court, Ferrari promet que le sujet passera le lendemain. Puis elle s'éclipse dans son bureau, destabilisée: «Tout le monde va dire que j'ai censuré ce sujet en raison de liens avec Sarko[1]!» Le lendemain soir, l'enquête est programmée en une du 20 heures qui fait un carton d'audience: «Tout le monde attendait le sujet censuré sur Karachi», se souvient Waleckx.

Dans les jours qui suivent, un responsable hiérarchique de Michèle Fines la convoque: «Tu n'aurais pas dû mettre en cause la décision de Bachy devant tout le monde.» Bientôt, sa cellule «enquête» sera réorientée vers des sujets «consommation». Estimant qu'on ne peut pas faire d'investigation dans une chaîne privée, Michèle Fines négociera son départ de TF1. Neuf ans plus tard, la justice condamnera pourtant plusieurs acteurs clé de l'affaire de Karachi, dont Renaud Donnedieu de Vabres et Nicolas Bazire, à des peines de prison ferme[2].

---

1. Contactée dans le cadre de cet ouvrage, Laurence Ferrari n'a pas souhaité s'exprimer.
2. En juin 2020, confirmant qu'Édouard Balladur avait fait financer sa campagne de 1995 par des rétrocommissions illégales versées par deux sociétés d'État dans le cadre de contrats d'armement, le tribunal correctionnel de Paris condamnera Thiery Gaubert, un proche de Nicolas Sarkozy et de Brice Hortefeux qui avait joué les porteurs de valises, à

Martin Bouygues, Hollando-compatible ?

Alors que la sarkophilie de TF1 passe de moins en moins auprès des troupes et que la douzaine de procédures judiciaires qui collent aux basques du président risquent de lui exploser à la figure[1], Martin Bouygues change prudemment son fusil d'épaule. Conscient que François Hollande sera peut-être élu en 2012, il entre en pourparlers avec le candidat socialiste. Longtemps, ce dernier avait « cru que ses liens directs avec les journalistes suffisaient à le protéger, au point de sous-estimer le poids des directions et des propriétaires, confiait récemment un proche. Mais dans la perspective de 2012, il a fait un vrai travail avec les médias. Valérie Trierweiler a joué un rôle fondamental, elle lui a expliqué quel était son intérêt d'aller voir les patrons de médias. Dès 2009, il a fait la tournée des popotes[2] ».

Le 14 décembre 2011, Martin Bouygues et Nonce Paolini invitent secrètement François Hollande à déjeuner au siège parisien du groupe de BTP, avenue Hoche. Ils lui promettent que TF1 couvrira les débats de la campagne « en totale impartialité[3] ». Mi-janvier 2012, Nonce Paolini et Catherine Nayl invitent Aurélie Filippetti, alors chargée de la culture et de la communication dans l'équipe du candidat socialiste, pour un petit-déjeuner à la tour TF1 : « C'était un repas de courtoisie, ils voulaient manifestement enterrer la hache de guerre », nous a confié l'ancienne ministre[4]. « Ils avaient compris que le vent tournait », traduit une ancienne de la SDJ de TF1. Dans la foulée, Paolini indique à la rédaction de TF1 qu'il ne veut pas que sa chaîne soit exposée à un « quelconque soupçon de favoritisme ». En clair, la patronne de l'info, Catherine Nayl, a carte blanche pour résister aux pressions du clan Sarkozy. Le samedi 12 mai, alors que François

---

quatre ans de prison (dont deux avec sursis). Nicolas Bazire, ancien directeur de cabinet d'Édouard Balladur devenu numéro deux de LVMH, écopera pour sa part de cinq ans de prison (dont deux avec sursis). À son propos, la justice évoquera une « atteinte d'une gravité exceptionnelle [...] à la confiance dans le fonctionnement de la vie publique » ; Gaubert et Bazire feront appel (Fabrice Arfi et Karl Laske, « Affaire Karachi : le tribunal condamne le clan Balladur à de la prison ferme », *Mediapart*, 15 juin 2020).

1. Gérard Davet et Fabrice Lhomme, *Sarko s'est tuer*, Stock, Paris, 2014.

2. Cité par Marc Endeweld, « Des médias sous influence », *op. cit.*

3. « Hollande et Bouygues en campagne pour 2012 », *Le Canard enchaîné*, 21 décembre 2011.

4. Entretien de Aurélie Filippetti avec l'auteur, 8 juillet 2021.

Hollande vient d'être élu, son fils Thomas fait réaliser par Pierre Lescure, ancien patron de Canal Plus et conseiller culture du candidat socialiste, une interview du nouveau président feuilletant son album de campagne. « Au départ, on a fait cette interview pour l'équipe de campagne, pas pour qu'elle soit diffusée ailleurs », expliquera Pierre Lescure. Mais dans la foulée, Laurence Ferrari reçoit un coup de fil de sa hiérarchie qui lui annonce que la séquence sera à diffuser dans le « 20 heures » du lundi 14 mai, veille de la passation de pouvoir. Elle s'étrangle. Au dernier moment, c'est une reporter maison, Valérie Nataf, qui est missionnée pour réaliser une vraie interview du nouveau président. Finalement, seules quelques images tournées par l'équipe de campagne seront diffusées dans le JT de la Une[1], mais l'anecdote en dit long sur la souplesse de Martin Bouygues quand il s'agit de donner des gages à l'Élysée.

Quelques semaines après cet incident, après quatre années de baisse continue de l'audience de son JT[2], Laurence Ferrari décide de quitter TF1. « La rédaction était vent debout contre elle, nous a confié une ancienne de la SDJ. Confrontée aux baisses d'audience, elle prônait toujours moins d'info, privilégiant la vie quotidienne et les micros-trottoirs. Mais cela ne marchait pas. » En juin 2012, elle est remplacée par son « joker » Gilles Bouleau, un ancien correspondant à Washington reconnu pour son professionnalisme et son apparente neutralité. Quant à Martin Bouygues, il remplace discrètement sa lobbyiste en chef Marie-Charlotte Guichet, une ancienne attachée de presse de Charles Pasqua, par Paul Boury… un ami de longue date de François Hollande[3].

Soutenu par TF1 depuis les années 1990, Nicolas Sarkozy vit ce revirement de Martin Bouygues comme une trahison. Un peu comme en 2007 quand son « frère » Arnaud Lagardère avait choisi comme porte-parole un ancien communicant de DSK, Ramzi Khiroun. À l'automne 2012, lors d'une remise de Légion d'honneur à la mairie du 15e arrondissement en

1. Aude Dassonville et Jamal Henni, *TF1. coulisses, secrets, guerres internes*, *op. cit.* ; et « Canard plus », *Le Canard enchaîné*, 23 mai 2012.

2. De 35 % de parts d'audience en 2008 lors du départ de PPDA, le JT de TF1 était tombé en 2012 à 24,5 %.

3. Jamal Henni, « Comment TF1 et les socialistes sont passés de la haine à l'amour », *BFM business*, 22 novembre 2013.

présence de quelques responsables de médias, l'ancien président s'approche d'Olivier Royant, qu'Arnaud Lagardère avait nommé à *Paris Match* en remplacement d'Alain Genestar, et d'un responsable de TF1 : « Je l'ai vu les yeux pleins de haine, confiait récemment ce dernier. Il nous a dit qu'on était des traîtres, qu'on ne l'avait pas aidé, qu'il n'avait pas pu compter sur nous. Pour lui, il y avait deux responsables de la défaite, c'était TF1 et le groupe Lagardère[1]. »

Martin Bouygues, lui, continue à se rapprocher des socialistes. En février 2013, à l'occasion d'un café-croissants, il signe même un armistice avec Arnaud Montebourg, le trublion du PS qui avait violemment taclé TF1 en 2010 avant d'être nommé ministre du Redressement productif: « On s'est expliqués, personne n'a fait de *mea culpa*. Il veut redresser la France, j'ai besoin qu'on me redresse », lâche, sibyllin, le propriétaire du groupe TF1[2]. Qu'ont promis François Hollande et Arnaud Montebourg à Martin Bouygues pour obtenir que TF1 devienne « Hollando-compatible » ? Mystère. Ce qui est établi, c'est qu'en 2013, inquiet du succès de BFMTV, l'État Hollande modifie la loi pour autoriser le CSA à attribuer de façon discrétionnaire une fréquence TNT gratuite à une chaîne « originellement payante ». Cousu main pour LCI, la chaîne d'info à péage du groupe TF1, cet amendement lui permet de basculer sur la TNT gratuite fin 2015, ce qui la sauve d'une faillite annoncée. L'amendement officiellement déposé par le député Patrick Bloche était en fait téléguidé par François Hollande en personne : « J'ai fait en sorte qu'il puisse y avoir cette introduction d'une disposition législative pour permettre au CSA d'ouvrir LCI à l'ensemble des téléspectateurs », indique le président socialiste avec une pointe de démagogie aux salariés de la chaîne fin 2014[3].

Enfin, en 2014, Arnaud Montebourg soutient une autre demande insistante de Martin Bouygues : racheter SFR à Vivendi. Acculé par la concurrence de Free, Bouygues Télécom ne gagnait plus assez d'argent, d'où l'idée d'absorber un concurrent. Montebourg « pensait qu'il s'assurait quinze

1. Cité par Amaury de Rochegonde et Richard Senejoux, *Médias, les nouveaux empires*, *op. cit.*

2. Cité par Aude Dassonville et Jamal Henni, *TF1. Coulisses, secrets, guerres internes*, *op. cit.*

3. *Ibid.*

ans de présence au 20 heures de la Une», grince un de ses collaborateurs[1]. Mais les propriétaires de Vivendi, Jean-René Fourtou et surtout Vincent Bolloré, préféreront vendre SFR au groupe Altice du milliardaire franco-israélien Patrick Drahi, lui ouvrant la voie à des investissements massifs dans les médias français.

En novembre 2014, à l'incitation d'Emmanuel Macron, alors ministre de l'Économie, le gouvernement Valls aurait envisagé un dernier «cadeau» aux industriels ayant mis la main sur des médias : faire sauter la règle qui leur interdit de posséder plus de 49 % d'une chaîne hertzienne, et surtout de posséder à la fois des chaînes de télé, des radios et des quotidiens. En clair, dynamiter les timides lois anticoncentration subsistant en France. Valls et Macron auraient finalement renoncé «par peur d'être rembarrés par les parlementaires socialistes», révèle un conseiller ministériel[2]. Malgré ces limites de l'axe Hollande-Bouygues, la première chaîne continuera à se montrer bienveillante envers le président socialiste : «Il n'y a plus de problème TF1», confiait en 2016 un proche de François Hollande[3]…

Drahi, un nouveau loup dans la bergerie

Pour Hollande, un rapprochement politique avec le milliardaire Patrick Drahi, connu pour loger ses *holdings* dans des paradis fiscaux, était tout aussi improbable. Quand il avait défié la Hollandie pour rafler SFR à la barbe du groupe Bouygues, le patron d'Altice s'était attiré les foudres d'Arnaud Montebourg. Désormais engagé dans la défense des intérêts de son nouvel ami Martin Bouygues, le ministre du Redressement productif avait vilipendé sur Europe 1 les arrangements fiscaux de Drahi : «Sa participation personnelle est à Guernesey, dans un paradis fiscal de Sa Majesté la reine d'Angleterre, et lui-même est résident suisse ! Il va falloir que M. Drahi rapatrie l'ensemble de ses possessions et biens à Paris, en France. Nous avons des questions fiscales à lui poser[4] !»

Mais en coulisses, Emmanuel Macron, alors secrétaire général adjoint de l'Élysée, aurait promis au patron d'Altice et à son ami Bernard Mourad

1. *Ibid.*
2. *Ibid.*
3. Marc Endeweld, «Des médias sous influence», *op. cit.*
4. Europe 1, 14 mars 2014.

une « neutralité bienveillante »[1]. En cette année 2014, à force de couacs gouvernementaux, de communication hasardeuse et de complaisance à l'égard des puissants, la cote de popularité de François Hollande s'est effondrée. Il a besoin de nouveaux propriétaires de presse pour le soutenir. *Libération,* historiquement proche de la « gauche de gouvernement », est alors proche de la faillite : les pertes de *Libé* atteignent près d'un million d'euros. Dès le début de son quinquennat, François Hollande demande à Emmanuel Macron de réfléchir à un repreneur susceptible de remettre à flot le quotidien de gauche longtemps dirigé par son ami Laurent Joffrin.

Début 2014, quand l'actionnaire de référence Bruno Ledoux, qui possède l'immeuble du journal via une filiale au Panama, envisage de transformer *Libé* en un vague « réseau social créateur de contenus », les salariés protestent en une sous le titre : « Nous sommes un journal[2] ! » Face à cette crise, François Hollande aurait « par l'intermédiaire d'un de ses amis, poussé le nouveau propriétaire de SFR, Patrick Drahi, à investir dans *Libération* [...] et à racheter au Belge Roularta le groupe *L'Express* », écrira *Le Canard enchaîné* en 2015[3]. « [Drahi] est éloigné de la vie politique française, mais quand Hollande lui a demandé de racheter *Libération*, il l'a fait, confirmait récemment un initié. Cela lui permettait de faire la paix avec le pouvoir et de montrer qu'il est un bon citoyen, alors que son modèle basé sur la défiscalisation était critiqué[4]. » En juin 2014, alors qu'Emmanuel Macron et Jean-Pierre Jouyet reçoivent Patrick Drahi à l'Élysée pour évoquer l'avenir de SFR, Hollande passe le remercier d'avoir racheté *Libération*. Dans cet échange d'intérêts bien compris, l'exécutif se serait montré peu regardant sur les stratégies de réduction drastique des coûts mises en œuvre par Drahi. « [Il] a apprécié qu'on lui laisse les coudées franches sur SFR, les possibles enquêtes fiscales ne devenant alors qu'un lointain souvenir », croient savoir les auteurs d'un livre sur les coulisses des médias[5]. Mieux : à

1. Sophie des Déserts, « Bernard Mourad, le banquier qui n'épargne rien à Emmanuel Macron », *Vanity Fair*, 22 novembre 2018.

2. « Nous sommes un journal ! », *Libération*, 8 février 2014.

3. Jérôme Canard, « La presse sous la pression des milliardaires », *Le Canard enchaîné*, 3 juin 2015.

4. Marc Endeweld, « Des médias sous influence », *op. cit.*

5. Amaury de Rochegonde et Richard Senejoux, *Médias, les nouveaux empires*, *op. cit.*

partir de 2016, le gouvernement Valls laisse Martin Bouygues et Patrick Drahi pratiquer une discutable optimisation fiscale sur la TVA sous prétexte que les forfaits téléphoniques de Bouygues Télécom et de SFR (en principe taxés à 20 %) donnent accès à des titres de presse (taxés, eux, à 2,1 %)[1].

En retour, Drahi ne se sera pas montré très mordant avec le quinquennat Hollande. Dès juin 2014, c'est Laurent Joffrin, un ami du président socialiste, qui est sollicité par les actionnaires pour reprendre la tête de *Libération*. Sous sa direction, le quotidien de gauche soutient le virage libéral de la Hollandie. Joffrin aurait même été jusqu'à aider le locataire de l'Élysée dans sa communication, en réécrivant en partie ses ouvrages, comme *Les Leçons du pouvoir*, sorti chez Stock en 2018[2].

Tapis rouge pour Vincent Bolloré

Si Drahi et Hollande copinent, c'est surtout Bolloré que le président a le plus aidé à étendre son influence dans la presse. Sous le gouvernement précédent, Hollande feignait de s'indigner de la proximité de son prédecesseur avec l'oligarque. Quand Nicolas Sarkozy part quelques jours en vacances en mai 2007 sur le yacht du milliardaire à Malte, Hollande prend un air courroucé sur le plateau du *Grand Journal* de Canal Plus : « Ce qui pose un problème, c'est le style de ces vacances, le fait qu'il soit sur le bateau d'un riche homme d'affaires et qu'on ne sache pas aujourd'hui si c'est la République qui assure le défraiement de ce déplacement[3]. » Pourtant, quelques semaines avant cette déclaration grandiloquente, le premier secrétaire du Parti socialiste s'était lui aussi laissé embarquer, bien que plus discrètement, par le milliardaire breton ! Alors que sa compagne officielle, Ségolène Royal, affronte Nicolas Sarkozy à la présidentielle, il savoure le 8 mars 2007 un petit-déjeuner en tête-à-tête avec Vincent

1. Hervé Martin, « Une astuce fiscale un peu téléphonée », *Le Canard enchaîné*, 14 juin 2017 ; et Odile Benyahia-Kouider, « Des combines fiscales dans les combinés », *Le Canard enchaîné*, 13 septembre 2017.

2. Le pot aux roses est raconté par Cyril Graziani dans « Un e-mail de Laurent Joffrin envoyé par erreur cet été a prévenu Emmanuel Macron que François Hollande écrivait un livre », France info, 12 avril 2018.

3. *Le Grand Journal*, Canal Plus, 8 mai 2007.

Bolloré dans sa tour de Puteaux. La rencontre a été organisée par le député et maire socialiste de Quimper, Bernard Poignant, grand ami du milliardaire. Puis François Hollande visite les locaux de Direct 8, où est alors employée Valérie Trierweiler, avec qui il entretient une liaison depuis 2005. « Après coup, j'ai pensé qu'il avait voulu voir où travaillait Valérie », confie Bernard Poignant, ancien maire de Quimper et fidèle de Vincent Bolloré, que Hollande nommera conseiller spécial une fois arrivé à l'Élysée. Rien n'est moins sûr, car une fois président, ce dernier va multiplier les coups de pouce à Vincent Bolloré. Au point qu'il est peut-être celui qui a le plus aidé l'industriel à prendre le contrôle de Vivendi.

À l'été 2013, craignant que Jean-René Fourtou ne choisisse l'Allemand Thomas Rabe, PDG de Bertelsmann, pour le remplacer à la tête du directoire de Vivendi, Vincent Bolloré alerte Bernard Poignant. Reçu au château par François Hollande et Emmanuel Macron lors d'un déjeuner non inscrit à l'agenda, il parvient à les convaincre de bloquer l'arrivée de Rabe à la tête de Vivendi. Trois semaines plus tard, il obtient que Jean-René Fourtou le nomme vice-président du conseil de surveillance du groupe. Au cours de ce même repas, Vincent Bolloré invite également François Hollande sur ses terres, à Ergué-Gabéric, pour inaugurer une usine de batteries. Lorsqu'il s'y rend le 20 septembre 2013, le président socialiste se répand en louanges : « J'attendais depuis longtemps ce moment. Bernard Poignant me parlait depuis tant d'années de ce que vous faisiez ici. De la qualité, de l'innovation dont vous étiez capable et de vous, Vincent Bolloré. » Dans son élan, François Hollande s'emporte un peu : « L'avenir de la voiture électrique est ici ! » Puis, à propos d'Autolib, le projet d'autopartage de véhicules électriques à Paris qui se terminera en 2018 en déconfiture avec à la clé une ardoise de 250 millions d'euros pour les Parisiens, il lance un bon mot qui fait pouffer Bolloré : « Vous ne saviez pas que vous étiez en train de faire le socialisme[1] ? »

Quelques mois plus tard, Hollande va joindre les actes à la parole pour soutenir Bolloré. Dans sa montée au capital de Vivendi, et donc de Canal Plus, l'homme d'affaires butte sur le Qatar. Quand l'émirat avait racheté le PSG, en 2011, et acquis la majorité des droits audiovisuels de la ligue des

1. Cité par Nicolas Vescovacci et Jean-Pierre Canet, *Vincent tout-puissant*, *op. cit.*

champions de football pour la période 2012-2015, Bertrand Méheut avait dénoncé un concurrent « économiquement irrationnel ». En avril 2014, avec sa nouvelle chaîne BeIN Sports, c'est l'intégralité des droits de la Ligue 1 que le Qatar s'apprête à rafler pour la période 2105-2019 ! Si Canal Plus perd le foot, elle est en danger. Sollicité par ses dirigeants début 2014, François Hollande aurait accepté d'interférer dans la procédure d'appel d'offres : « J'ai reçu discrètement [Rodolphe] Belmer et [Bertrand] Méheut [alors patrons de la chaîne cryptée]. J'ai appelé l'émir du Qatar et lui ai dit : "Vous allez venir en France en juin, on vous a défendus par rapport aux Saoudiens, on est à vos côtés, mais là, qu'allez-vous faire sur les Rafale ? Il y a aussi l'histoire du foot... Je souhaite qu'il y ait un partage"[1]. » Le 4 avril 2014, contre toute attente, Canal Plus remporte l'essentiel des droits de diffusion de la Ligue 1. Et pour cause : BeIN n'a quasiment pas surenchéri. « On a sauvé Canal Plus », se vante François Hollande devant les journalistes du *Monde* Gérard Davet et Fabrice Lhomme. « Vous nous devez une fière chandelle », confirme un proche du président à Michaël Darmon, alors journaliste politique à I-Télé[2]. Les patrons du foot, eux, sont furieux : pour le président de la ligue de Football professionnel Frédéric Thiriez, le football français a été « spolié ». Pour le géant du monde sportif Jean-Michel Aulas[3], l'intervention de François Hollande aurait fait perdre aux clubs de football professionnels près de « 1,5 milliard d'euros » : « C'est une affaire d'État, dénoncera-t-il dans la foulée. Il faut absolument que la justice, que le Conseil de la concurrence s'auto-saisisse de cet ignoble arrangement sur le dos des clubs qui investissent, mais aussi sur le dos des supporters et des actionnaires[4]. »

Suite à cette interférence présidentielle en faveur de Canal Plus, Vincent Bolloré grimpe encore d'un échelon : il devient président du conseil de

1. Cité par Gérard Davet et Fabrice Lhomme, *Un président ne devrait pas dire ça*, Stock, Paris, 2016.

2. Cité par Amaury de Rochegonde et Richard Senejoux, *Médias, les nouveaux empires*, *op. cit.*

3. En 2021, il a été jugé « meilleur président de l'histoire du foot français » par le magazine *France Football* (*France Football*, « OL : Jean-Michel Aulas élu meilleur président de l'histoire du foot français » sur LyonMag, 30 mars 2021).

4. « Droit TV de la L1, un "ignoble arrangement" pour Aulas », *Le Figaro*, 3 novembre 2016.

surveillance de Vivendi. En clair, Jean-René Fourtou lui confie les clés du groupe. Et grâce à son ami Bernard Poignant, qui conseille le président socialiste depuis un petit bureau situé sous les toits de l'Élysée, l'industriel va réussir un nouveau coup de maître : verrouiller le capital de Vivendi. Quand il apprend, courant 2014, que le troisième actionnaire du groupe, la Caisse des dépôts et consignations (CDC), s'apprête à vendre ses parts, il s'inquiète. Si cet acteur public, qui l'a toujours soutenu, se retire, sa position risque de s'en retrouver fragilisée. Bernard Poignant contacte Jean-Pierre Jouyet, le secrétaire général de l'Élysée (et ancien patron de la Caisse des dépôts), et Bercy : « Je me suis rapproché du ministre de l'Économie de l'époque, Emmanuel Macron, pour que la Caisse des dépôts reste partie prenante et apporte son soutien à une société française, qui plus est originaire de Bretagne, ma région », nous a confié Bernard Poignant[1]. Quelques semaines plus tard, miracle ! La Caisse des dépôts décide finalement de conserver ses parts dans Vivendi. Fin 2014, puis début 2015, Vincent Bolloré déjeune à l'Élysée avec Jean-Pierre Jouyet et Bernard Poignant et les félicite pour la « loi Florange ». Votée en mars 2014, elle confère un droit de vote double aux actionnaires présents au capital d'une entreprise depuis plus de deux ans. Au printemps, pour en profiter au maximum, Bolloré rachète massivement des actions de Vivendi, jusqu'à détenir 14 % du capital. Pour parachever sa prise de contrôle du géant des médias, il lui reste à faire voter par les actionnaires le principe du droit de vote double, lors d'une assemblée générale prévue pour le 17 avril. Dans les semaines qui précèdent, il travaille à obtenir un soutien sans faille de l'exécutif. Le 9 avril, Emmanuel Macron déclare sur RTL : « L'État français croit à l'actionnariat de long terme. Bolloré, dans sa bataille pour Vivendi, va dans la même direction et a tout mon soutien[2]. » Et Bolloré obtient gain de cause à l'AG de Vivendi. Avec 14 % du capital, il a désormais la garantie d'obtenir, à terme, 20 % des droits de vote.

C'est fort de ce nouveau pouvoir actionnarial qu'il prend pleinement possession de la ligne éditoriale de Canal Plus. Depuis le début du quinquennat, *Les Guignols de l'info* dépeignaient François Hollande en socialiste

---

1. Mail de Bernard Poignant à l'auteur, 17 juillet 2021.
2. RTL, 9 avril 2015.

mou incapable de faire vivre l'idéal de la gauche, voire en benêt polygame dominé par ses femmes (Ségolène Royal, Valérie Trierweiler, puis Julie Gayet). Dès juillet, Vincent Bolloré entame un bras de fer avec les célèbres marionnettes, obtient l'éviction de leurs auteurs, puis les neutralise éditorialement, ce qui aboutira à leur suppression en juin 2018 au prétexte d'une audience déclinante.

Reste la presse people, souvent instrumentalisée en sous-main par Michèle Marchand, reine des paparazzis et grande donatrice de l'UMP, dont nous avons déjà évoqué le pouvoir et les méthodes. Pour avoir sous-estimé l'influence de cette proche du couple Nicolas Sarkozy-Carla Bruni sur *Paris Match*, *Closer*, *France dimanche* ou *Oops*, François Hollande va se trouver exposé, humilié, laminé par des paparazzis réputés pour leur proximité avec son prédécesseur ou avec Bestimage, l'agence photo de Mimi. Il faut dire qu'il avait donné quelques verges pour se faire battre.

Hollande pris au piège des « paparazzis » : histoire secrète d'un « scoop »

Arrivé à l'Élysée au bras de Valérie Trierweiler, François Hollande aurait en réalité pris ses distances avec elle dès le début de l'année 2012. Le soir du 6 mai, alors qu'il fête son élection à la Bastille devant des dizaines de caméras et qu'il ose une bise à Ségolène Royal, la mère de ses enfants, il faudra que Trierweiler lui intime l'ordre de l'embrasser « sur la bouche » pour que François Hollande s'exécute. Dès leur arrivée à l'Élysée, les rapports entre le président socialiste et son ombrageuse compagne de *Paris Match* s'enveniment quand dans un tweet, elle humilie Ségolène Royal en révélant lui préférer Olivier Falorni, son rival socialiste de La Rochelle. Jusqu'à une énorme déflagration médiatique deux ans plus tard, unique dans l'histoire de la Ve République.

En ce 10 janvier 2014, la une de *Closer* fait mal. Sous une accroche choc, « Exclusif: François Hollande et Julie Gayet », l'hebdo titre: « L'amour secret du Président. Il passe ses nuits avec elle à deux pas de l'Élysée[1]. » En sept pages et trois photos, la double vie du président de la République s'étale au grand jour. Valérie Trierweiler est effondrée. Quant au chef de

1. « L'amour secret du Président », *Closer*, 10 janvier 2014.

l'État, alors caricaturé par *Les Guignols de l'info* en président incapable de gérer « ses » femmes, il sort de l'épisode intimement discrédité. Quelques jours plus tard, il se voit contraint d'annoncer la « fin de sa vie commune » avec la journaliste de *Paris Match*. Officiellement, Michèle Marchand, la communicante des Sarkozy, n'a rien à voir avec cette « paparazzade » dévastatrice ayant profondément entaché l'image privée de François Hollande à mi-quinquennat. Mais à l'invitation de Marc-Olivier Fogiel, le paparazzi auteur du scoop se dévoile : il s'agit de Sébastien Valiela. Célèbre pour avoir photographié François Mitterrand et sa fille Mazarine Pingeot place des Invalides fin 1994 pour le compte de l'agence Sphynx de Pascal Rostain, c'est le meilleur « sniper » de Bestimage. Mimi, qui le surnomme tendrement « Ratatouille », est son « témoin de mariage, l'employeur de sa femme, presque une mère », révélera *Vanity Fair* en 2017[1]. « C'est quelqu'un avec qui [Michèle Marchand] parle depuis vingt-cinq ans deux fois par jour », dira quelques mois plus tard l'avocate Caroline Toby[2]. Et selon la journaliste Sophie des Déserts, Mimi était bien « aux manettes », de cet énorme « scud » politique, « activant ses indicateurs à l'Élysée », en « liaison constante » avec Laurence Pieau, directrice de *Closer*.

Au cours de notre enquête, nous avons tenté de reconstituer l'histoire de ce scoop. « À l'origine, c'est le père de la comédienne Julie Gayet, chirurgien, qui en avait parlé avec des collègues », croit savoir Jean-Michel Décugis, co-auteur du remarquable livre enquête déjà cité sur Michèle Marchand. L'anecdote serait parvenue aux oreilles de responsables du *Point* chapeautant chaque année « Le palmarès des hôpitaux ». Début 2013, un autre indice apparaît. À l'issue d'un tournage de deux mois avec Julie Gayet pour le film *Les Âmes de papier*, Stéphane Guillon balance un tweet intriguant : « Je viens de tourner deux mois avec Gayet. Hollande est un type discret et gentil avec l'équipe, normal, quoi ! » Suite à ce tweet, un reporter du *Point* pigeant parfois pour *Closer* propose à Laurence Pieau de vérifier pourquoi François Hollande fréquente les tournages de la jolie actrice : « Si quelqu'un arrive à photographier François Hollande et Julie

1. Sophie des Déserts, « Mimi Marchand, la reine des peoples au chevet des Macron », *op. cit.*

2. « Affaire libyenne : Mimi Marchand conteste une détention provisoire disproportionnée », AFP, 21 juin 2021.

Gayet ensemble, ce sera un coup énorme, glisse début 2013 Sébastien Valiela à un confrère du *Monde* avec qui il boit un café. Mais qui osera le publier[1] ? » Au printemps 2013, Valiela furète au 54 rue du Faubourg Saint Honoré, à deux pas de l'Élysée, et acquiert la conviction que le chef de l'État y a fréquenté l'actrice. Fin mars, apprenant que Julie Gayet a porté plainte contre cette rumeur de liaison avec le président tout en programmant la petite amie de Thomas Hollande, Joyce Jonathan, à une soirée qu'elle organise dans une discothèque parisienne, Valiela s'y rend avec un confrère. Mais Gayet évite toute photo avec la chanteuse : « Est-ce à cause de la plainte que vous refusez toute photo avec Joyce Jonathan ce soir ? la "titille" Valiela. Vous savez, la rumeur avec le président ?[2] ». Gayet se fige, mais ne dément pas. « On a travaillé, mais cela n'a rien donné, expliquera pour sa part Laurence Pieau, la patronne de Closer. Alors on s'est dit que c'était encore une rumeur parisienne[3]. » Mais quelques semaines plus tard, à une soirée de parents d'élèves, un ami lui confie que François Hollande a été croisé dans un immeuble fréquenté par Julie Gayet… rue du Faubourg Saint Honoré. Fin juillet, informé que Gayet boit un verre au Flore, dans le quartier Saint Germain à Paris, Valiela se précipite. Quand il la voit monter dans une Renault Scénic officielle avec le garde du corps de François Hollande, il la suit en scooter. Quand elle se fait déposer rue du Cirque, à deux pas de l'Élysée, le paparazzi sent qu'il a trouvé *la* garçonnière qu'il cherchait depuis des mois. À l'automne, la « rumeur » parvient aux oreilles du couple Sarkozy, resté proche de Mimi. Le monde est petit. En novembre 2013, s'étonnant que ce croustillant scandale de nature à affaiblir son successeur n'ait pas encore éclaté, l'ex-président « engueule » Gérard Davet et Fabrice Lhomme, deux journalistes du *Monde* réputés proches de François Hollande : « Cela n'intéresse personne, le président de la République qui prend son scooter pour aller voir sa bonne amie[4] ? »

Des paparazzis commencent alors à planquer dans le quartier de l'Élysée pour le compte de *VSD*, sans succès. Mais le 16 décembre, coup de

1. Cité par Michel Guerrin, « Sébastien Valiela, paparazzi de Mitterrand à Hollande », *Le Monde*, 15 janvier 2014.

2. Sébastien Valiela, *Paparazzo, du scoop au secret d'État*, Michalon, Paris, 2014.

3. Cité par Philippe Vandel, *Culture médias*, Europe 1, 7 octobre 2019.

4. Jules Giraudat et Éric Mandonnet, « Hollande-Sarkozy, guerres secrètes », *Spécial investigation*, Canal Plus, octobre 2015.

tonnerre : invité sur Canal Plus avec Julie Gayet pour la promotion de leur film, Stéphane Guillon rebalance une allusion à François Hollande : « Il venait sur le tournage, il aime beaucoup le film. Sa femme, beaucoup moins[1]. » Pris d'un fou rire devant Michel Denisot, Guillon provoque également l'hilarité de Julie Gayet. À *Closer*, Laurence Pieau appelle immédiatement Valiela :

– Seb, tu as vu le Grand journal ?

– Évidemment, et justement, je me disais…

– Je te coupe, t'es en commande, dès maintenant, pour moi.

Le 27 décembre, en repérage rue du Cirque avec deux confrères, Valiela repère une première fois le président qui entre casqué dans l'immeuble. Le 31 décembre 2013, après quelques jours de planque, ils photographieront enfin l'actrice, puis le président socialiste la rejoignant casqué dans l'immeuble, pour ne pas être reconnu. Dans les jours qui suivent, une rumeur évoquant des photos prises rue du Cirque circule. Inquiet, le photographe Stéphane Ruet, alors en poste à l'Élysée, sonde Pieau par texto. Elle dément. Le jeudi 9 janvier au soir, au lieu d'annoncer son sommaire vers 21h sur le site de Closer, comme d'habitude, Laurence Pieau attend 23h : « Du coup, la pression monte, car les confrères se doutent qu'on a du lourd. » À 22 h 55, elle envoie un texto à Ruet sur le thème : « Désolée, Stéphane, je vous ai menti, on sort demain un sujet sur François Hollande ».

Le conseiller la rappelle d'une voix blanche :

– Sept pages ? et des photos ?

– Oui

– Prises rue du Cirque ?

– Oui. On est sûrs de nous.

– Merci de m'avoir prévenu.

À 23 h 05, RTL et Europe 1 appellent Laurence Pieau pour la « caler » le lendemain matin en interview. Mais pas BFMTV, la chaîne de Patrick Drahi, qui ne la recevra qu'à 18h. Le lendemain matin, quand François Hollande publie un communiqué disant en substance : « Je condamne cette intrusion dans ma vie privée et me réserve le droit de poursuivre en justice… », toute la presse comprend que l'histoire est vraie.

1. *Le Grand Journal*, Canal Plus, 16 décembre 2013.

Gayet a-t-elle été photographiée contre son gré, ou aurait-elle aidé Valiela dans sa traque, pour contraindre François Hollande à assumer leur liaison ? La semaine suivante, après que *Closer* a publié une nouvelle photo d'elle en voiture dans Paris, elle portera plainte contre le paparazzi en affirmant aux policiers « ne pas le connaître ». Mais comme il fournira à la justice un « selfie » de lui avec Julie Gayet pris au Bus Paladium le 28 mars 2013 prouvant qu'en réalité, ils se fréquentaient, Valiela sera relaxé[1]. Le lundi 13 janvier, agacé par les rumeurs fantaisistes qui courent sur son « exploit », Valiela décide de révéler à Marc-Olivier Fogiel qu'il est l'auteur de la photo. Dans la foulée, il reçoit 285 demandes d'interview du monde entier…

Quelques mois plus tard, *Closer* et la presse people perdront une grande partie de leurs aides postales, des subventions publiques importantes pour leur équilibre économique. La ministre de la Culture, Fleur Pellerin, annonce qu'elles seront désormais réservées à la « presse d'information politique et générale » et pas à la « presse de divertissement ». Mais Laurence Pieau s'interroge sur le critère : « Pourquoi des magazines comme *Elle* ou *The Good Life* ont-ils continué à toucher ces aides, alors qu'*Autoplus*, qui fait des enquêtes d'intérêt général, a été classé dans la presse de divertissement[2] ? » Pour la patronne de *Closer*, la majorité socialiste a utilisé l'aide postale comme une « mesure de rétorsion » contre *Closer* suite à son « scoop » de la rue du Cirque. Au risque de pénaliser du même coups de nombreux titres populaires, et donc les lecteurs les plus défavorisés ? « Dans certains foyers, l'hebdo télé, c'est le seul journal qui trône sur la table[3] », rappelle Laurence Pieau. Après cette douloureuse affaire, ayant manifestement pris conscience de la capacité de nuisance de Michèle Marchand, dont l'influence sur la presse people en général et sur *Paris Match* en particulier est considérable, François Hollande va prudemment entreprendre de retisser des liens plus étroits avec les médias du groupe Lagardère.

1. Denis Demonpion, « Julie Gayet disait ne pas connaître ce paparazzi, c'était faux », *L'Obs*, 21 octobre 2014.
2. Cité par Alexis Levrier, *Jupiter et Mercure*, *op. cit.*
3. Entretien de Laurence Pieau avec l'auteur, 30 octobre 2021.

Légion d'honneur pour les « Lagardère boys »

En ce 19 novembre 2015, Paris pleure ses morts après les plus graves attentats terroristes jamais commis dans la capitale. Mais dans la cour de l'Élysée, l'excitation des grands jours règne. Autour de Cyril Hanouna, animateur vedette de Vincent Bolloré qui tourbillonne sur le perron, se presse un grand nombre de politiques (Manuel Valls, Michel Sapin, Bernard Cazeneuve, Ségolène Royal, Emmanuel Macron, Jean-Yves Le Drian, mais aussi Nicolas Sarkozy, François Fillon, Alain Juppé, Jean-Pierre Raffarin, Lionel Jospin, mais pas Jean-Marc Ayrault) et de patrons (Vincent Bolloré, François Pinault, Bernard Arnault). Comme trois cents invités, ils sont conviés dans la salle des fêtes du château à une cérémonie à peine croyable : François Hollande s'apprête à décerner la Légion d'honneur à Ramzi Khiroun et à élever au grade de commandeur Jean-Pierre Elkabbach, les influents « snipers » d'Arnaud Lagardère. Journaliste conspué par la foule en 1981 pour son soutien à Valéry Giscard d'Estaing, Elkabbach s'est mué en très sarkozyste intervieweur en chef d'Europe 1. Né à Sarcelles, Khiroun est devenu l'homme à tout faire de DSK, avant d'être recruté au service « Gestion de crise » d'Euro-RSCG (filiale de Havas). Puis il est devenu porte-voix d'Arnaud Lagardère. Autant dire que leur adoubement par la Hollandie n'était pas acquis.

Pour les « Lagardère boys », l'Élysée, c'est important. « La proximité de Jean-Pierre avec le gouvernement en place est comme une seconde peau, moquait récemment Alain Duhamel, vieux rival d'Elkabbach à RTL. Il n'est pas seulement journaliste, il aime être au cœur du pouvoir[1]. » C'est notamment pour cela que Jean-Luc Lagardère, fondateur de l'empire, l'appréciait : « Quand je veux voir le président de la République pour lui parler de Matra[2], j'attends des mois. Pour Hachette, des semaines. Mais quand Jean-Pierre Elkabbach l'invite à Europe 1, je le vois le matin », lâcha-t-il un jour à une journaliste de *Libé*[3].

1. Cité par Sophie des Déserts, « J.-P. Elkabach, R. Khiroun, un duo uni par le pouvoir », *Vanity Fair*, août 2016.

2. Une ancienne entreprise d'automobile et d'aéronautique.

3. Alexandra Schwartzbrod, « L'art de la gagne et le culte du drapeau d'un entrepreneur d'État », *Libération*, 15 mars 2003.

Si Elkabbach s'était rangé du côté de Sarkozy, ce n'est pas pour autant que Hollande le boudait. Dans les années 1990, quand Jean-Pierre Elkabbach perd la présidence de France Télévisions suite au scandale des « voleurs de patates »[1], François Hollande le courtise déjà : « Les attaques contre vous ont été injustes. » Une fois élu à l'Élysée, alors qu'Elkabbach est fragilisé à Europe 1, Hollande contribue à le remettre en selle en lui accordant sa première interview radio, lors d'un voyage officiel à Alger.

Avec Ramzi Khiroun, devenu inséparable de Jean-Pierre Elkabbach au point qu'on les surnomme au siège de Lagardère les « Elkhiroun », François Hollande a plus de mal. Comme tous les *spin doctors*, Khiroun se donne pour objectif d'influencer l'opinion. En 2005, le journaliste Christophe Deloire enquête sur les scandales sexuels du monde politique français dont certains concernent DSK, alors candidat à la primaire de la gauche. Khiroun le rencontre pour lui déconseiller d'aller trop loin : « Une conversation tendue, ferme, sans qu'à aucun moment il ne se montre menaçant avec nous », confiera Deloire. Quand une jeune économiste du fonds monétaire international (FMI), Piroska Nagy, accuse DSK de l'avoir harcelée, Ramzi Khiroun appelle tous les médias s'intéressant à l'affaire, y compris des titres du groupe Lagardère comme *Paris Match* et *Le JDD*, pour leur conseiller de retarder la publication de leurs articles : « Gilles Finchelstein et Anne Homel ont appelé avec moi, précise-t-il aujourd'hui. On leur a demandé de patienter jusqu'à la publication du rapport d'enquête du FMI[2]. » Et lorsque la journaliste Tristane Banon avait évoqué dans le manuscrit de son ouvrage *Erreurs avouées… au masculin*[3] le comportement déplacé de DSK lors d'un rendez-vous en 2003, Khiroun avait incité son éditeur à supprimer ce chapitre de l'ouvrage[4].

J'ai personnellement eu à subir la « méthode Khiroun ». En mai 2006, alors présentateur de *Faites passer l'info*, une émission d'enquête sur la société de consommation produite par CAPA et diffusée sur Canal Plus,

1. Expression des *Guignols de l'info* pour qualifier les animateurs ayant fait fortune dans le service public, comme Jean-Luc Delarue.

2. Mail de Ramzi Khiroun à l'auteur, 22 juillet 2021.

3. Tristane Banon, *Erreurs avouées… au masculin*, Anne Carrière, Paris, 2003.

4. Laurence de Charette, « Les dessous du rendez-vous entre l'éditeur de Banon et Khiroun », *Le Figaro*, 22 septembre 2011.

j'aide mon confrère Frédéric Boisset à boucler une enquête sur l'Agréal. Fabriqué par Sanofi, ce médicament censé calmer les douleurs des femmes ménopausées entraînerait une dépendance dont les symptômes s'apparentent à des « crises de manque » : tremblements, violents maux de tête, douleurs aiguës, voire envies suicidaires. Un jour, intrigué qu'un collègue de CAPA tente de lui tirer les vers du nez sur cette enquête, Boisset découvre qu'il cherche à en savoir plus pour le compte d'un certain… Ramzi Khiroun. Quelques jours plus tard, ce dernier appelle notre bureau parisien de la rue Mademoiselle, dans le 15e, et débarque avec deux *men in black* au siège de CAPA. Après nous avoir indiqué que le département « Gestion de crise » de l'agence Euro-RSCG, filiale de Havas leur a confié la défense des intérêts de Sanofi, ils se font menaçants : notre reportage qui montre que des milliers de femmes se mobilisent partout en Europe contre l'Agréal inquiète Sanofi, car « aucun effet secondaire ne serait prouvé ». En réalité, le boss de Sanofi Espagne a reconnu devant la caméra de Boisset les effets secondaires du médicament. Mais Khiroun, son collègue d'Euro-RSCG et le représentant de Sanofi qui les accompagne nous mettent la pression : ils nous expliquent que si nous diffusons notre reportage, Sanofi nous « poursuivra en justice » pour que « CAPA lui rembourse des millions d'euros de manque à gagner ». Choqué par ce « secret des affaires avant l'heure » que Sanofi tente de nous imposer via Euro-RSCG, mon confrère Jean-Paul Billault, producteur exécutif de l'émission, indique à nos interlocuteurs que leurs méthodes d'intimidation sont inacceptables et il les raccompagne à la porte de CAPA. Au final, pour nous protéger malgré tout, nous raccourcirons légèrement les témoignages de victimes, incorporerons au reportage une brève déclaration « langue de bois » d'un porte-parole de Sanofi et le diffuserons tout de même[1]. Quelques semaines après cet échange musclé avec Ramzi Khiroun, les graves effets secondaires provoqués par l'Agréal entraînent son retrait du marché européen, puis en octobre 2007 du marché français.

En avril 2011, Khiroun commet une bourde : il se laisse photographier place des Vosges en train d'embarquer DSK et Anne Sinclair dans une Porsche Panamera, un bolide à 100 000 euros. Pour être parvenu à éteindre

1. Frédéric Boisset, « Agréal », *Faites passer l'info*, Canal Plus, 26 juin 2007.

le scandale Richard Gasquet, un joueur de tennis de l'écurie Lagardère accusé d'avoir consommé de la cocaïne à Miami, comme l'affirmera la presse? « C'est inexact, j'ai reçu ce véhicule de fonction après avoir déjoué l'attaque de l'activiste raider Guy Wiser-Pratte », nous a précisé Khiroun. Toujours est-il qu'avec le candidat socialiste dans une luxueuse berline allemande, symbole de l'arrogance des puissants, le cliché de l'AFP fait le tour du monde. Quelques semaines plus tard, DSK est arrêté à New York.

Malgré ces scandales, Elkabbach s'est pris d'affection pour Khiroun, qu'il traite un peu comme un fils adoptif. Régulièrement, le journaliste et le communicant échangent des infos sur les coulisses du pouvoir, sur qui ils pourraient inviter à Europe 1... Au point qu'un jour, Elkabbach obtient d'Hollande qu'il remette la Légion d'honneur à Ramzi[1].

Non sans avoir fait promettre aux journalistes invités de rester discrets sur la cérémonie, Khiroun arrive fièrement à l'Élysée pour recevoir la prestigieuse breloque des mains du président. Après avoir taquiné Elkabbach sur ses « disgrâces » et ses « pinacles », Hollande cherche ses mots avec l'ancien communicant de DSK : « Vous avez connu une ascension que l'on dit rapide. Vous êtes un homme qui intrigue et il est facile de dire que vous pouvez être un intrigant. Vous êtes un professionnel de la communication, mais vous ne communiquez jamais... Vous préférez avancer, tout simplement parce que vous voulez aussi laisser une leçon : c'est que l'on peut réussir et que rien n'est interdit à un jeune de Sarcelles, même de recevoir la Légion d'honneur. » En flattant ainsi les « Elkhiroun » devant les grands patrons des médias, François Hollande rétablit habilement les ponts avec le groupe Lagardère. Une stratégie qui va très rapidement se révéler payante.

1. Sophie des Déserts, « J.-P. Elkabach, R. Khiroun, un duo uni par le pouvoir », *loc. cit.*

8

Pressions sur les journaux

Qui aurait cru que le président socialiste parviendrait à affaiblir le conservateur Jérôme Bellay, cofondateur de France info et de LCI, qui avait fait du *Journal du dimanche*, hebdo politique du groupe Lagardère, un instrument de déstabilisation de son quinquennat ? Depuis mai 2012, à part sa stupéfiante complaisance à l'égard de Jérôme Cahuzac[1], le « journal de la droite », comme dit Hollande, n'a eu de cesse de l'humilier, notamment en promouvant sans relâche son très sécuritaire ministre de l'Intérieur, Manuel Valls[2]. Connu pour son côté « réac », Jérôme Bellay, qu'Arnaud Lagardère avait bombardé à la tête du *JDD* sous Nicolas Sarkozy et que Vincent Bolloré renommera à la tête du célèbre hebdo fin 2021, s'est fait remarquer en publiant un extrait de l'agenda présidentiel montrant que Hollande recevait fréquemment à l'Élysée Gérard Davet et Fabrice Lhomme, deux confrères du *Monde* connus pour leurs enquêtes sur les dérives de la Sarkozie[3]. En novembre 2014, nouvelle pique : Bellay évoque en une du *JDD* les « femmes du Président »[4].

1. Laurent Valdiguie, « Les Suisses blanchissent Cahuzac », *Le JDD*, 9 février 2013.

2. Voir notamment « L'un chute, l'autre monte » (23 septembre 2012), « Manuels Valls : la relève, un Français sur deux le voit à Matignon » (28 juillet 2013), « Rien ne me détournera de mon cap » (19 octobre 2013), « Hollande condamné au changement » (3 novembre 2013).

3. Bruno Jeudy et Laurent Valdiguie, « Le Président, les écoutes et les visiteurs du soir », *Le JDD*, 16 mars 2014.

4. Dominique de Montvallon, « Trierweiler, Gayet, les femmes du Président », *Le JDD*, 23 novembre 2014.

Jérôme Bellay débarqué

En décorant Jean-Pierre Elkabbach et Ramzi Khiroun dans un coup de billard à deux bandes dont il a le secret, le locataire de l'Élysée va parvenir à inverser le rapport de force qui l'oppose depuis 2012 au directeur de la rédaction du *JDD*. Après avoir reçu la Légion d'honneur des mains du président socialiste, Khiroun engage en effet un bras de fer mémorable avec Jérôme Bellay. Également impliqué dans la branche audiovisuelle de Lagardère, ce dernier va se retrouver pris en tenaille entre François Hollande, Arnaud Lagardère et même Delphine Ernotte, la patronne de France Télévisions. Un peu trop sûr de lui, il va commettre quelques faux pas qui facilitent sa mise à l'écart. À l'automne 2015, alors qu'il dirige Maximal Production (une filiale Lagardère produisant pour France 5 *C Politique* et *C dans l'air*, émission présentée par son ami Yves Calvi), Jérôme Bellay met les projecteurs sur le Front national. Le jour même où *C Politique* invite Marine Le Pen, il l'affiche en une du *JDD* sous ce titre : « Marine : un Français sur trois prêt à voter pour elle[1]. » Jugée complaisante, cette Une aurait contrarié l'Élysée, mais aussi Arnaud Lagardère[2]. Au *JDD*, les collègues de Bellay le soupçonnent d'instrumentaliser l'hebdo pour faire prospérer son émission : parler du FN, cela crée toujours du buzz. « Ça faisait petite entreprise », grince un de ses confrères[3]. Quelques jours plus tard, dans un contexte de recul de la diffusion payée du *JDD* de 60 000 lecteurs en cinq ans, 80 % des journalistes de l'hebdo votent une motion de défiance contre leur direction, dénonçant ses « errements managériaux », une « absence de vision et de stratégie » et une « direction qui assume sa présence à mi-temps ». Assassine, la formule vise clairement Bellay.

François Hollande appuie là où ça fait mal. Recevant un haut cadre du groupe Lagardère venu négocier une interview présidentielle peu après un renouvellement de la direction d'Europe 1, le président lui aurait lancé : « C'est bien, ce que vous avez fait avec Europe 1 ! Vous devriez faire la même chose au *JDD* ! » « François Hollande était de gauche, soi-disant favorable

1. « Marine : un Français sur trois prêt à voter pour elle », *Le JDD*, 11 octobre 2015.
2. Emmanuel Beretta, « L'avertissement de Lagardère au *JDD* après sa une sur Marine Le Pen », *Le Point*, 14 octobre 2015.
3. Alexis Delcambre, « *Le JDD* change de patron avant l'élection présidentielle », *Le Monde*, 30 mai 2016.

à la liberté de la presse, mais en fait très interventionniste ! Discrètement, mais activement ! » se souvient un ancien journaliste de France 2 ayant travaillé avec Jérôme Bellay[1]. Quand Ramzi Khiroun annonce des réductions de postes au *JDD* et un rapprochement avec Europe 1, Jérôme Bellay se sent poussé vers la sortie. Selon Khiroun, rien de politique là-dedans : « Au regard de la faiblesse des résultats économiques du *JDD* et de sa diffusion, Arnaud Lagardère a souhaité changer sa direction[2]. »

Écarté du *JDD*, Bellay pense néanmoins garder la tête de Maximal production. Mais après François Hollande et Ramzi Khiroun, c'est Delphine Ernotte qui lui aurait mis la pression : « Elle avait dans son cahier des charges élyséen de virer le tandem Bellay-Calvi de *C dans l'air* sur France 5 », estime un producteur bien introduit à France Télévisions. L'émission réalisant de bonnes audiences, Jérôme Bellay traîne des pieds. Delphine Ernotte aurait alors proposé que *C dans l'air* soit coproduit par Renaud Le Van Kim, l'ancien producteur du *Grand Journal* qui conseilla François Hollande en 2012. « Elle est allée jusqu'à parler directement à Arnaud Lagardère en laissant entendre qu'elle pourrait supprimer toutes ses productions (60 millions d'euros par an) si Bellay restait à la tête de Maximal », affirme notre producteur. Yves Calvi, présentateur de *C dans l'air* depuis la création de l'émission en 2001, se serait montré solidaire : « Ils forment un couple indissociable depuis vingt ans. Bellay est tout le temps dans l'oreillette de Calvi. Il a dit : “Si Bellay s'en va, moi aussi”. », assure notre source. En mai 2016, Yves Calvi craque et part pour LCI. Dans la foulée, malgré le soutien de Nicolas Sarkozy et de Denis Olivennes, président de Lagardère Active, Jérôme Bellay quitte la direction du *JDD* et de Maximal. À douze mois de la présidentielle, son départ est un soulagement pour François Hollande.

À *L'Obs*, le caviar sans la gauche…

C'est paradoxalement dans des médias classés à gauche que le président socialiste va contribuer à provoquer, toujours sans avoir l'air d'y toucher, les plus gros dégâts. Quand elle découvre, le 14 mai 2016, le texto que

1. Entretien avec l'auteur, 18 décembre 2019.
2. Mail de Ramzi Khiroun à l'auteur, 22 juillet 2021.

lui adresse Claude Perdriel, 90 ans, patron historique de *L'Obs*, la journaliste et directrice adjointe de la rédaction de l'hebdomadaire Aude Lancelin en reste estomaquée: « Chère Aude, vous avez toute ma sympathie mais la décision du dernier conseil est évidemment irrévocable. Votre talent est indiscutable, vous êtes jeune vous n'aurez pas de problème pour trouver du travail. [...] Je respecte vos opinions, mais je pense qu'elles ont influencé votre travail. Cela n'empêche pas le talent. Amicalement, Claude. » Pour comprendre de quelles « opinions » la directrice adjointe de la rédaction de *L'Obs* s'est rendue coupable aux yeux de Perdriel, il faut revenir un peu en arrière.

Dès le début de son quinquennat, préoccupé par la mauvaise santé du *Nouvel Observateur*, François Hollande aurait émis le souhait que Xavier Niel « s'associe » avec le milliardaire de gauche Pierre Bergé pour reprendre le titre[1]. Courant 2013, Claude Perdriel, fondateur des sanibroyeurs SFA et actionnaire historique de l'hebdo, approche le fondateur de Free: « Je veux que *Le Nouvel Obs* continue, et il n'y a que vous pour le reprendre. » En décembre, le deal est conclu. Quatre ans après avoir mis la main sur *Le Monde*, Xavier Niel, Pierre Bergé et Mathieu Pigasse deviennent les actionnaires majoritaires de l'hebdo de la « gauche caviar » et de son appendice *Rue89* pour une bouchée de pain: 4,1 millions d'euros. Claude Perdriel conserve 34 % des parts. « Pour vous protéger », dit-il aux salariés. « Pour garantir la ligne social-démocrate du journal », traduit un ancien journaliste.

Niel, Bergé et Pigasse missionnent Louis Dreyfus, déjà président du directoire du groupe *Le Monde*, pour refonder *Le Nouvel Observateur*. Matthieu Croissandeau, journaliste politique chargé de suivre le PS, est bombardé à la tête de la rédaction. Selon plusieurs anciens du journal, il se comporte en fidèle exécutant des actionnaires. En témoigne par exemple sa proposition en 2014 d'un poste de « numéro deux » à Aude Lancelin. Ancienne du service Culture, cette agrégée de philosophie était partie à *Marianne* après qu'un de ses articles moquant une énorme bourde de BHL ait déclenché une hilarité mondiale, mais embarrassé Claude Perdriel,

1 Jérôme Canard, « La presse sous pression des milliardaires », *Le Canard enchaîné*, 3 juin 2015.

réputé proche de BHL[1]. Quand un collègue vient féliciter Croissandeau d'avoir promu cette consœur réputée pour son intégrité, il aurait grimacé: «On est quand même très différents, c'est Dreyfus qui l'a voulue.» «Les actionnaires voulaient un duo type "Ken et Barbie" pour moderniser l'image du journal», décrypte un ancien.

Dans la nouvelle formule du journal, les rubriques (politique, économie, international...) disparaissent au profit de «quatre D» (décrypter, débattre, découvrir, divertir). Pour le moins fumeux, ce concept marketing déstabilise les rédacteurs en chef des services traditionnels de l'hebdo et renforce le pouvoir du directeur de la rédaction et des actionnaires qui l'ont nommé.

En octobre 2014, le premier numéro de la nouvelle formule, rebaptisée *L'Obs*, met en une le très sécuritaire et très libéral Manuel Valls, nouveau Premier ministre, avec une interview musclée titrée: «Il faut en finir avec la gauche passéiste[2].» Mais au fil des mois, le virage «autoritaro-libéral» de François Hollande déçoit la gauche. À droite, on préfère l'original à la copie. La ligne «Hollando-vallsiste» de *L'Obs* peine à convaincre. Les ventes s'effondrent inexorablement (– 13 % en 2015). Effarée par ce naufrage, Lancelin, qui défend une ligne plus critique à l'égard de l'exécutif, réussit des sursauts mémorables. Suite aux attentats contre *Charlie Hebdo* et l'Hyper Casher de Vincennes, quand les principaux médias oligarchiques soutiennent sans faille le président et son Premier ministre, elle commet un crime de lèse-Hollandie. En avril 2015, elle publie une longue interview d'Emmanuel Todd, qui avait analysé dès 1995 le malaise politique français dans une note qui inspirera à Jacques Chirac l'expression «fracture sociale»[3]. Après les tueries de janvier, Todd publie un ouvrage questionnant le «consensus national» de la manifestation du 11 janvier qui avait réuni près de 1,5 million de personnes à Paris suite aux attentats[4]. Dans l'introduction de l'interview, Lancelin porte elle aussi un regard sceptique

1. Aude Lencelin, «BHL en flagrant délire: l'affaire Botul», *Le Nouvel Observateur*, 8 février 2010.

2. «Il faut en finir avec la gauche passéiste», *L'Obs*, 22 octobre 2014.

3. Emmanuel Todd, *Aux origines du malaise politique français*, Fondation Saint-Simon, 1995.

4. Emmanuel Todd, *Qui est Charlie?*, Seuil, Paris, 2015.

sur ce « consensus » : « Sous les bons sentiments brandis, écrit-elle, Todd fait parler les cartes et les statistiques pour comprendre la signification profonde de ce qui restera comme le plus important rassemblement de l'histoire moderne du pays. Et ce qu'il voit n'est pas destiné à plaire. Ce qu'il voit c'est un épisode de "fausse conscience" (Marx) d'une ampleur inouïe. Ce qu'il voit ce sont des millions de somnambules se précipiter derrière un président escorté par tous les représentants de l'oligarchie mondiale, pour la défense du droit inconditionnel à piétiner Mahomet, "personnage central d'un groupe faible et discriminé". Ce qu'il voit c'est un mensonge d'unanimisme aussi, car ce jour-là, les milieux populaires n'étaient pas Charlie, les jeunes de banlieue, qu'ils fussent musulmans ou non, n'étaient pas Charlie, les ouvriers de province n'étaient pas Charlie[1]. »

Les propos d'Emmanuel Todd recueillis par Aude Lancelin questionnent en profondeur les contradictions de la France de François Hollande, et le numéro de *L'Obs* qui les publie cartonne. Deux mois plus tard, Mathieu Pigasse co-signe dans *Le JDD* avec Arnaud Montebourg une tribune qui fait le lien entre la montée du Front national et les promesses non tenues de François Hollande[2]. Cette semaine-là, sous le titre « Le PS est-il de droite ? », *L'Obs* affiche en une un photomontage du président socialiste arborant les Ray-Ban de Nicolas Sarkozy[3]. Selon Lancelin, cette une aurait « exaspéré la petite caste socialiste ». Comme beaucoup d'autres : interview de Julien Coupat, activiste du « groupe de Tarnac » jeté en prison sous Sarkozy et persécuté sous Hollande, une sur Pablo Iglesias, jeune universitaire madrilène de gauche bousculant la politique espagnole avec son mouvement Podemos, tous ces articles de *L'Obs* pouvaient facilement effrayer l'Élysée. « Dans cette période, François Hollande était obsédé par les députés frondeurs du PS, les critiques de François Ruffin, la montée des discours anti-flics, se souvient le journaliste Marc Endeweld. Il ne supportait pas, par exemple, que *Le Monde* critique le virage autoritaire pris par son quinquennat, les "nasses" mises en place par la police pour piéger les

1. Aude Lancelin, « Le 11 janvier a été une imposture », *L'Obs*, 28 avril 2015.
2. Arnaud Montebourg et Mathieu Pigasse, « Hébétés, nous marchons vers le désastre », *Le JDD*, 7 juin 2015.
3. « Le PS est-il de droite ? », *L'Obs*, 4 juin 2015.

manifestants[1], il éructait même devant les "unes gauchistes" de *L'Obs*... Tout comme les lecteurs conservateurs du journal, ou l'environnement de Claude Perdriel, d'ailleurs[2]. » « L'actionnaire historique ne supportait plus le journalisme façon Aude Lancelin », nous confirme une ancienne du journal.

« Faire virer les islamo-gauchistes de *L'Obs* »

Pour Claude Perdriel, Aude Lancelin entre en contradiction avec la charte du journal, qui entend défendre la « social-démocratie ». « J'étais contre la présentation des écrits de Todd, confirmait-il récemment. Je déteste qu'on fasse la couverture sur un livre qui est une thèse[3]. » « *Bullshit*, tacle un ancien de l'hebdo, *L'Obs* n'est pas un journal, mais un club social-démocrate. Il ne faut jamais critiquer les membres du club, ou donner la parole à ceux qui n'en font pas partie. » Claude Perdriel et les éditorialistes vedettes qu'il emploie dans son autre hebdo *Challenges* défendent une ligne hollando-vallsiste. Pour Maurice Szafran, Nicolas Domenach et Bruno-Roger Petit, journalistes à *Challenges*, l'islam est un danger majeur, parfois une phobie. Courant 2015, convaincu que *L'Obs* entame une « dérive gauchiste », Perdriel demande à Szafran et Roger-Petit de lui fournir une note sur les invités des pages « Débat » gérées par Aude Lancelin. « On va pousser pour faire virer les islamo-gauchistes de *L'Obs* », traduit l'un d'eux à un confrère. À la fin de l'année, cette joyeuse petite bande aurait été invitée à dîner à l'Élysée par François Hollande. Pour Bruno Roger-Petit, un ancien d'Antenne 2 qui rêve d'une carrière politique, c'est une consécration. En 2011, il avait failli devenir le « Monsieur numérique » de DSK. Et en cette fin 2015, il rêve d'écrire un livre avec le chef de l'État. Avec ses collègues, il aurait profité de ce dîner au château pour parler de la « dérive gauchiste de *L'Obs* ». Début décembre, quand le Front national fait un nouveau carton électoral, talonnant la gauche lors des élections régionales, la Hollandie est tétanisée[4].

---

1. Et jugée illégale dans son emploi actuel par le Conseil d'État en 2021 (« "Nasses" : le Conseil d'État juge illégale cette technique policière », *Le Point*, 10 juin 2021).

2. Entretien de Marc Endeweld avec l'auteur, octobre 2020.

3. Cité par Amaury de Rochegonde et Richard Senejoux, *Médias, les nouveaux empires*, *op. cit.*

4. Au second tour des élections régionales, le 13 décembre 2015, le Front national rassemble 27 % des voix. La gauche, 32 %.

À *L'Obs*, les actionnaires s'inquiètent de l'effondrement des ventes et des pertes financières qu'elles entraînent. Perdriel, Niel, Bergé et Pigasse mettent une grosse pression sur Matthieu Croissandeau. Lors d'un conseil de surveillance en décembre 2015, alors qu'il venait de titrer en une « #Toutchanger », Mathieu Pigasse lui aurait jeté le journal à la figure en lâchant : « C'est toi qui devrais changer ! » Matthieu Croissandeau sort traumatisé : « Il m'inspira une réelle pitié, écrira Lancelin. Gris de peur, des larmes embuant presque continuellement ses yeux, il semblait comme ralenti dans ses pensées. [...] Le plus frappant, c'était toutefois qu'au milieu même de cet océan de détresse, quelque chose en lui renonçait à se révolter contre la loi du propriétaire qui venait de lui être rappelée. "Les actionnaires sont dans leur rôle", trouva-t-il la force de conclure[1]. » Stressé, angoissé, Croissandeau annonce la suppression du supplément Télé, et d'une dizaine d'emplois à *Rue89*.

À l'Élysée, où la montée du FN a créé une certaine panique, les alertes du clan Perdriel ne tombent pas dans l'oreille d'un sourd. Début 2016, quelques semaines après avoir invité Perdriel et ses lieutenants à dîner, François Hollande aurait reçu Xavier Niel pour s'inquiéter de la ligne un peu trop « frondeuse » du service société du *Monde* et de *L'Obs* : « C'est à partir de là que les ennuis de Lancelin ont commencé », juge un confrère d'un hebdo concurrent. Dans la foulée, l'un des éditorialistes de *Challenges* qui avait dîné à l'Élysée surenchérit sur la ligne « islamo-gauchiste » de la directrice adjointe de *L'Obs*. « Il savait qu'elle partageait alors sa vie avec Frédéric Lordon, un économiste marqué à gauche », nous confie un journaliste d'investigation ami de Lancelin. En février 2016, sentant sa consœur en danger, il tente de la prévenir : « Je lui ai laissé un message en disant que c'était important, mais elle n'a pas eu le temps de me rappeler », se désole-t-il aujourd'hui.

La pression sur *L'Obs* s'accentue quand François Hollande veut faire passer sa « loi travail » contre l'avis des syndicats et d'une partie de la gauche. Choqués par la libéralisation du marché de l'emploi qu'elle organise, des milliers de salariés manifestent tout au long du mois de mars. Dans les cortèges, François Ruffin et Frédéric Lordon prennent l'habitude, après les

1. Aude Lancelin, *Le Monde libre*, Les Liens qui libèrent, Uzès, 2016.

marches, de passer des soirées place de la République pour discuter. Sous des banderoles « Nuit debout », on y débat, on s'y remonte le moral, on y assiste à la projection de *Merci Patron !*, le documentaire hilarant de Ruffin sur Bernard Arnault, le patron de LVMH. Chaque soir, la police reçoit l'ordre de déloger les manifestants. Chaque matin, ils remontent leurs tentes. François Hollande et Manuel Valls s'inquiètent de ce « kyste » gauchiste qui s'incruste place de la République.

Aude Lancelin a un pied dans chacun de ces mondes. D'un côté elle assiste au « test lecteur » organisé par une direction de *L'Obs* qui cherche la martingale pour enrayer la chute du journal[1]. D'un autre, elle file place de la République à la fin de ses journées pour se plonger avec Frédéric Lordon dans l'ambiance de révolte qui y règne. À partir de mars, des rumeurs insistantes circulent dans Paris : la « ligne Lancelin » inquiéterait l'Élysée. Le 18 avril, une journaliste connaissant bien François Hollande déjeune avec un confrère alors rédacteur en chef du magazine *La Chronique*, Jean Stern : « Elle me confirme l'hostilité du président à l'égard d'Aude Lancelin, m'affirme qu'il en a parlé à Xavier Niel au cours d'un entretien informel à l'Élysée courant mars et que le président aurait même alors appris à Xavier Niel les liens affectifs entre Aude Lancelin et Frédéric Lordon[2]. » Dans l'entourage de Xavier Niel, on confirme qu'il rencontrait alors François Hollande « une ou deux fois par an », mais on indique ne pas se souvenir de l'épisode. Puis des journalistes de *L'Obs* chargées de suivre « Nuit debout » demandent que Lancelin ne puisse plus lire leurs papiers avant publication, « puisqu'elle est en couple avec l'un des organisateurs du mouvement ». Début avril, la directrice adjointe de la rédaction s'en plaint à Matthieu Croissandeau. Mais dans les semaines qui suivent, elle a le sentiment de disparaître des boucles de mails adressés à la direction du journal. Et le lundi 9 mai 2016, Matthieu Croissandeau la convoque

1. On notera par exemple cette lectrice confrontée à une « une » montrant Hollande et Valls sous le titre : « Qui va tuer l'autre ? » (Renaud Dely et Serge Raffy, « Hollande-Valls, qui va tuer l'autre ? », *L'Obs*, 15 mars 2016), qui s'emporta : « On s'en fout, parce qu'ils sont tous les deux cramés. » « C'est vrai qu'on s'en était pris plein la figure, lors de ce "test-lecteur" », reconnaît aujourd'hui Croissandeau dans un entretien avec l'auteur en juillet 2021.

2. Attestation en justice de Jean Stern devant le tribunal des prudhommes de Paris, septembre 2017.

pour lui annoncer une « réorganisation de la direction » qui mènera à son licenciement. Officiellement, pour des raisons « managériales ». Mais ses confrères soupçonnent des raisons plus politiques puisque « la direction n'avançait aucun motif clair » à ce sujet. Contacté fin mai par *Le Figaro*, l'Élysée nie, prétendant que les informations prêtant au limogeage d'Aude Lancelin une dimension politique sont « absolument fausses, absurdes et diffamatoires[1] ». Le mercredi 11 mai, en conseil de surveillance, Claude Perdriel justifie l'éviction de Lancelin par un motif idéologique. Violant tout principe d'indépendance de la rédaction, qui veut que les actionnaires ne se mêlent pas du contenu éditorial, il déclare : « Aude Lancelin a beaucoup de talent. [...] Mais là, elle est en faute avec la charte qu'elle a signée en arrivant à *L'Obs*. Notre journal est d'inspiration social-démocrate. Or, elle publie des articles antidémocratiques dans ses pages. » Rappelant que les pages « Débats » gérées par Lancelin sont plébiscitées par les lecteurs, la présidente de la Société des rédacteurs, Elsa Vigoureux, proteste : « Nous considérons que se séparer d'elle est non seulement un risque pour le journal, mais surtout que ce geste apparaît incohérent et illogique en termes de stratégie. » Quand elle annonce qu'une motion de défiance est en préparation contre Croissandeau (elle sera votée le lendemain par 80 % des journalistes), Pierre Bergé lui répond : « Sachez-le, cela ne nous fera rien, mais rien, ces motions de défiance. Faites-en autant que vous voulez, cela glissera ! » Alors que Jean Daniel, fondateur de *L'Obs* et ami de Perdriel, prend prudemment ses distances, Xavier Niel réaffirme la confiance des actionnaires en Matthieu Croissandeau, façon d'avaliser le limogeage de Lancelin. Mais Perdriel ruine la version officielle d'un limogeage « managérial » en adressant à la directrice adjointe de la rédaction son fameux texto lui reprochant ses « opinions ». Et quand la Société des rédacteurs de *L'Obs*, inquiète de ce dangereux précédent, évoque dans *Libération* le « soupçon grave et inacceptable d'une intervention politique[2] », Perdriel réplique dans le *Figaro* : « Quand on respecte son lecteur, on ne lui impose pas d'idées. Aude Lancelin donne la parole à Nuit debout ! Cela la regarde, mais ce n'est pas la ligne du journal. »

---

1. Anne Jouan, « Limogeage à *L'Obs*, le SMS qui relance la piste politique », *Le Figaro*, 1er juin 2016.
2. « Nous, journalistes de *L'Obs* », *Libération*, 20 mai 2016.

Pour un ancien de *L'Obs*, l'éviction de Lancelin s'inscrivait probablement aussi dans un « deal » entre les actionnaires qui se disputaient le contrôle de l'hebdo. De fait, un mois après la brutale éviction de la journaliste, le trio Bergé-Niel-Pigasse annonçait un plan social. Et quelques mois plus tard, on apprenait que Claude Perdriel avait enfin consenti à leur céder les 34 % de parts qui lui restaient. Au final, la justice condamnera la direction de *L'Obs* à verser à Aude Lancelin près de 90 000 euros d'indemnités pour licenciement abusif « sans cause réelle et sérieuse ». Une condamnation confirmée en appel en mai 2021. « Elle n'a pas été licenciée dans les formes et pour un motif juste », reconnaît-on aujourd'hui dans l'entourage de Xavier Niel.

Reste l'aspect politique : gageons que François Hollande n'aura pas été trop dérangé que Matthieu Croissandeau, qui se vantait d'échanger régulièrement avec lui par texto, ait contribué à évincer de *L'Obs* une journaliste qui entretenait une distance jugée trop critique à l'égard de son quinquennat ; et que Xavier Niel, avec qui il communiquait durant toute cette période par messagerie sécurisée, ne se soit pas opposé à cette éviction. Matthieu Croissandeau sera le dindon de la farce : après avoir appelé à voter Macron en 2017[1], il sera à son tour brutalement débarqué de *L'Obs* par les actionnaires début 2018. En cause : des résultats décevants depuis sa nomination en 2014 (« dégringolade de 80,4 à 57,5 millions d'euros du chiffre d'affaires, chute d'un tiers de la vente au numéro, écroulement de 38 % des recettes de pub et disparition d'un quart du chiffre d'affaires issu des abonnements »). Mais peut-être aussi un dossier de janvier 2018 critiquant la politique migratoire d'Emmanuel Macron. En une de *L'Obs*, le visage du chef de l'État apparaissait entouré de barbelés[2]. Dans la foulée de sa publication, qui avait ulcéré l'Élysée, Sibeth Ndiaye avait annulé des rendez-vous de journalistes de l'hebdo et Alexis Kohler les avait placés « tout en bas de la pile[3] ». Selon nos informations, le secrétaire général de l'Élysée aurait même appelé Xavier Niel pour se plaindre. Croissandeau connaissait pourtant la musique… Et sous

1. Matthieu Croissandeau, « Pourquoi Macron », *L'Obs*, 19 avril 2017.
2. « Migrants : bienvenue au pays des droits de l'homme », *L'Obs*, 11 janvier 2018.
3. Charlotte Chaffanjon, « Emmanuel Macron et la presse, histoire d'un mépris », *Vanity Fair*, 24 août 2018.

François Hollande, *L'Obs* ne fut pas le seul journal à subir des pressions éditoriales.

LIBÉRATION, UN CAFÉ COLLABORATIF ?

En mars 2014, quand Bruno Ledoux propulse le journaliste Pierre Fraidenraich à la tête de *Libération*, les portables des journalistes du titre se mettent à vibrer sous les textos de confrères ayant eu affaire à lui : « Il n'a rien à voir avec le journalisme », « Oh mes pauvres... », « C'est la fin pour vous », « Il n'a pas laissé de bons souvenirs », « autoritaire[1] »... Entrant au capital du quotidien quelques mois plus tard, Patrick Drahi le maintient à la tête de *Libération*. Joseph Tual, journaliste respecté de France Télévisions, garde un souvenir amer de ce confrère ayant commencé sa carrière sur la 5 de Robert Hersant, avant de présenter le « 12/13 » de France 3 : « En 1997, Fraidenraich avait quitté France Télévisions après l'affaire des faux JT, des émissions de complaisance grassement rémunérées par des laboratoires pharmaceutiques, comme l'américain Pfizer, qui utilisaient le plateau du "19/20" de France 3, ainsi que la présentatrice Laurence Piquet, pour leur propagande[2]. » Contacté, Fraidenraich conteste pour sa part avoir été associé à cette affaire[3].

En 1998, il crée la chaîne Infosport. Quelques années plus tard, il raconte sa politique de recrutement (« plutôt de très jolies filles ») et de fonctionnement (« une seule personne pour dérusher, monter, écrire, commenter et même tourner des images, habiller et diffuser, là où ailleurs il en fallait quatre ou cinq ! »)[4]. Fasciné par sa propension à fabriquer de l'information *low cost*, I-Télé le recrute en 2008 pour tenter de rattraper BFMTV, qui vient de dépasser la chaîne info du groupe Canal Plus. Avec ses programmes « *cheap* » présentés par des journalistes aux décolletés plongeants, Fraidenraich ne fait pas de miracles. En cas de forte actualité, comme lors de l'arrestation de DSK à New York, le 14 mai 2011, des dizaines de milliers de téléspectateurs zappent

1. « Qui est donc Pierre Fraidenraich ? », *Libération*, 1er avril 2014 (article supprimé des archives de *Libération*).
2. Entretien de Joseph Tual avec l'auteur, 12 février 2020.
3. Mail de Pierre Fraidenraich à l'auteur, 17 septembre 2021.
4. « Qui est donc Pierre Fraidenraich ? », *op. cit.*

sur BFMTV, nettement plus « pro » qu'I-Télé. Début 2012, BFMTV caracole à 1,5 % de part d'audience ; bien que légèrement bénéficiaire depuis 2011, I-Télé plafonne pour sa part à 0,8 %. Dépitée, la direction de Canal Plus remercie Fraidenraich. Mais le garde dans le groupe, en lui confiant la direction des acquisitions du pôle sports. En raison d'appuis politiques ?

Selon Joseph Tual, Pierre Fraidenraich était alors proche de Nicolas Sarkozy : « En 2010, alors qu'il dirigeait I-Télé, le président avait pensé à lui pour la direction de l'information de France Télévisions, même si c'est finalement Thierry Thuillier, que Fraidenraich avait fait entrer à I-Télé et qu'il avait présenté à Nicolas Sarkozy, qui avait été choisi. » S'il conteste avoir été « envisagé pour la direction de l'information de France Télés », Pierre Fraidenraich ne dément pas en revanche sa proximité avec Nicolas Sarkozy. « Les deux sont proches, se voient régulièrement, boivent des cafés », pouvait-on lire dans *Libération* en 2014.

À la tête de *Libé*, l'ancien de la 5 ne va pas faire plus d'étincelles qu'à I-Télé. Quelques mois après son arrivée, Laurent Joffrin annonce un plan de suppression de 93 emplois. Plus problématique : Fraidenraich et Joffrin embarquent *Libération* dans une douteuse opération de communication en faveur du potentat Ali Bongo, qui a succédé à son père, Omar, à la tête du Gabon. Depuis des années, *Libération* pointait pourtant régulièrement du doigt la tendance du clan Bongo à piller cet État pétrolier considéré comme le « coffre-fort de la Françafrique ».

En janvier 2015, la société familiale de Pierre Fraidenraich, Dinojo, présidée par son épouse, investit dans une chaîne de divertissement gabonaise appartenant à Evelyne Diatta Accrombessi, l'épouse de Maixent Accrombessi, directeur de cabinet du président gabonais. Au même moment, Pierre Fraidenraich aurait proposé à Ali Bongo, régulièrement pointé du doigt par Amnesty International pour la répression de ses opposants, que *Libération* organise à Libreville un « forum citoyen ». Inquiets d'être instrumentalisés par le régime gabonais, les salariés de *Libération* s'opposent à l'organisation d'un tel forum « dans un pays non démocratique » et à son financement par un « régime autoritaire et opaque ». Ils obtiennent que des ONG soient associées au forum, et la promesse que *Libération* n'en tire aucun bénéfice.

Quatre ans plus tard, ils découvrent avec stupeur dans la *Lettre A* que Laurent Joffrin et Pierre Fraidenraich, devenu entre-temps directeur général de BFM business, ont été entendus à l'occasion d'une enquête préliminaire ouverte par le Parquet national financier[1]. La justice a découvert que le « forum citoyen » gabonais aurait donné lieu au versement de 450 000 euros de commissions à la sœur d'Evelyne Diatta Accrombessi, l'épouse du directeur de cabinet d'Ali Bongo en affaires avec la société familiale de Pierre Fraidenraich. Laurent Joffrin, de son côté, aurait avalisé un versement de 450 000 euros pour *Libération*. Et plus de 3 millions d'euros seraient tombés dans l'escarcelle de Presse Médias Participations, la société mère du quotidien, pour « combler le déficit du journal ». En clair, trois mois après sa prise de contrôle de *Libération*, Patrick Drahi aurait laissé Fraidenraich et Joffrin instrumentaliser l'image du quotidien fondé par Serge July, sa crédibilité, en échange de millions d'euros versés par un régime notoirement connu pour corrompre la classe politique française depuis les années 1960. Le tout à l'insu de la rédaction[2]. Contacté pour cet ouvrage, Pierre Fraidenraich n'a pas souhaité s'exprimer sur ce dossier, évoquant « une enquête en cours ».

Dans les autres médias dont Patrick Drahi a pris le contrôle, son obsession de réduire les coûts a affaibli les rédactions. À *L'Express*, racheté en janvier 2015, 125 postes ont été supprimés, laissant une rédaction exsangue. Fin 2018, François Busnel, ancien de l'hebdo devenu présentateur de *La Grande Librairie* sur France 5, évoque le tsunami éditorial qui avait suivi l'arrivée de ce nouvel actionnaire soutenu par François Hollande : « J'ai quitté *L'Express* le jour où les équipes de Patrick Drahi, qui venaient de reprendre le titre, m'ont expliqué ce qu'elles attendaient des pages Livres : virer mon adjoint et quelques journalistes, publier moins d'articles, oublier les reportages et les enquêtes, pour faire le buzz, fouiller la vie privée des écrivains, sachant qu'à terme, le journal devrait basculer sur le Web et n'aurait plus pour fonction que de renforcer l'offre pour s'abonner à SFR[3]. » Et durant

1. « Enquête préliminaire sur un forum organisé par *Libération* au Gabon », *La Lettre A*, 27 mars 2019.

2. François Bougon, Alexandre Piquart, Joan Tilouine, « Le quotidien *Libération* dans une mauvaise affaire gabonaise », *Le Monde*, 29 mars 2019.

3. « Canard plus », *Le Canard enchaîné*, 26 septembre 2018.

le quinquennat Hollande, un autre oligarque va exercer de fortes pressions sur l'information. Il n'en était pas à son coup d'essai en la matière.

Havas contre *Le Monde*

Début 2014, Maureen Grisot, la pigiste basée à Abidjan qui avait eu du mal à évoquer sur Radio France l'emprise de Vincent Bolloré sur les ports africains, contacte *Le Monde*. Elle a obtenu de nouveaux documents. Ils montrent que suite à une plainte déposée par un concurrent, le gendarme ouest-africain de la concurrence a estimé dans un rapport consultatif préliminaire que la concentration des deux terminaux à conteneurs du port d'Abidjan entre les mains du groupe Bolloré était « assimilable à un abus de position dominante ». Comme d'habitude, les documents récupérés par Grisot exaspèrent Michel Calzaroni, le communicant de Vincent Bolloré : « Il me faisait la gueule grave », se souvient la journaliste avec son franc-parler habituel. À l'été 2014, Grisot propose son article à Serge Michel, chef de rubrique Afrique au *Monde*.

Pour un grand journal, mettre en cause Vincent Bolloré présente des risques, car il contrôle l'agence Havas, qui conseille les annonceurs pour leurs investissements dans la presse. « Un jour, alors qu'on publiait dans *Le Nouvel Observateur* un papier égratignant Bolloré, un collègue était venu vérifier qu'on ne publiait pas une mauvaise photo de lui, car son influence auprès des annonceurs faisait peur », m'a confié mon confrère Jean-Baptiste Naudet. À l'époque, ce dernier a vent de pratiques contestables du groupe Bolloré en Côte d'Ivoire : « Je suis directement allé voir Denis Olivennes [alors directeur général du *Nouvel Obs*], je lui ai dit que j'avais une bonne histoire sur le groupe Bolloré au port d'Abidjan, mais que Bolloré, c'était Havas, que Havas, c'était de l'achat d'espace, et que si je faisais le papier, il ne faudrait pas se plaindre en cas de rétorsion publicitaire. Je proposais de le publier ailleurs. Olivennes ne s'y est pas opposé[1]. » Quelques mois plus tard, Naudet publiera son enquête dans la revue *XXI*[2].

En 2014, la direction du *Monde* se montre plus audacieuse : après avoir retoqué à plusieurs reprises le papier de Grisot sur les méthodes de

1. Entretien de Jean-Baptiste Naudet avec l'auteur, novembre 2016.
2. Voir *Revue XXI*, n° 9, hiver 2010.

Bolloré au port d'Abidjan, Serge Michel finit par le publier début septembre[1]. « Sur le moment, il ne se passe rien, nous raconte Grisot. Mais en novembre, à Paris, je revois Serge Michel. Il devait lancer en janvier 2015 *Le Monde Afrique*, un site en ligne financé notamment par des fonds publics de l'Agence française de développement, mais aussi par l'Open Society Foundation de Georges Soros. Des pigistes, des diplomates, des blogueurs devaient y écrire. D'un coup, il me sort : "Tu ne te sens pas trop mal, d'avoir fait perdre 16 millions d'euros au *Monde*?" J'étais sur le cul[2]. » Ses enquêtes sur l'omniprésence du groupe Bolloré à Abidjan auraient-elles vraiment contribué à faire perdre des millions d'euros au prestigieux quotidien ? « J'appelle mes copains du service international, ils me rassurent : "Tu n'as rien fait de mal, on ne devrait pas te prendre la tête avec cela"... »

En avril 2015, *Le Canard enchaîné* publie le fac-similé d'un document interne de la régie publicitaire du *Monde*. Présenté en conseil de surveillance, il indique noir sur blanc qu'un boycott de Havas aurait fait perdre plus de 7 millions d'euros de recettes publicitaires au journal sur la saison 2014-2015. « Nous avions remarqué que Havas nous excluait systématiquement de certains plans médias dans lesquels nous aurions dû être inclus », nous a affirmé un responsable de la régie publicitaire du *Monde*. Une affirmation confirmée en 2016 par Paul Benkimoun, alors directeur de la société des rédacteurs du quotidien[3].

Pourquoi un tel boycott ? À cette époque, un contentieux portant sur la valeur de la part de *Matin plus* détenue par *Le Monde* aurait contribué à détériorer les rapports entre les deux groupes[4]. À la régie pub du *Monde*, on apprend par ailleurs qu'un portrait critique de Vincent Bolloré publié par *M Le Monde*[5] et l'enquête de Maureen Grisot sur le port d'Abidjan

1. Maureen Grisot, « Le monopole de Bolloré sur le port d'Abidjan est de plus en plus contesté », *Le Monde*, 6 septembre 2014.

2. Entretien de Maureen Grisot avec l'auteur, septembre 2019.

3. Voir aussi Chloé Fiancette, Juliette Jabkhiro, Maria Gerth-Nikulescu, « Bolloré utilise-t-il les poursuites judiciaires pour faire taire les journalistes ? », *Les Inrocks*, 31 juillet 2016.

4. Jamal Henni, « Quand le divorce entre *Le Monde* et Bolloré tourne au vinaigre », *BFM business*, 12 août 2018.

5. Cédric Pietralunga, « Vincent Bolloré, un prédateur si bien élevé », *M Le Monde*, 18 octobre 2013.

auraient fortement déplu à l'industriel breton. « Je crois que la photo de Vincent Bolloré choisie pour illustrer son portrait l'avait ulcéré, car il était ridé », nous confiait Paul Benkimoun en 2016[1]. « Si vous continuez à taper comme cela, il ne faut pas vous étonner », aurait d'ailleurs lâché en « off » à la régie pub du *Monde* un représentant de l'agence d'achat d'espace de Vincent Bolloré. « Havas est un formidable moyen d'influence, décryptait en 2016 un de ses anciens directeurs financiers, car vous avez le nerf de la guerre qu'est l'argent qui va dans les médias[2]. » « Je n'avais pas été impressionnée par les poursuites en diffamation du groupe Bolloré, alors on est passé à mes chefs », analysera pour sa part Grisot dans *Les Inrocks*[3].

La régie pub du *Monde* s'efforce de résister : « Grâce à nos contacts privilégiés avec les annonceurs, nous sommes parvenus à en convaincre certains d'exiger que Havas nous réintègre dans ses plans médias », nous a confié un responsable. Ce lent travail de reconquête expliquerait qu'au final, le manque à gagner pour *Le Monde* n'ait pas été de « 16 millions d'euros », comme avait cru le comprendre Serge Michel, mais de 7,3 millions. À l'été 2015, pénalisé par ce « boycott » persistant de l'agence dirigée par Yannick Bolloré, le quotidien contrôlé par le trio Niel-Bergé-Pigasse consacre six longs articles à des projets ferroviaires du milliardaire breton en Afrique, avec à la clé une interview de Vincent Bolloré qu'on ne pourrait pas vraiment qualifier de mordante[4]. Façon de calmer sa vindicte et de faire cesser le boycott de Havas ?

Quand Grisot avait appris que Serge Michel voulait lancer cette série d'enquêtes sur le rail en Afrique, en février 2015, elle l'avait contacté : « J'avais des super infos sur des problèmes de sécurité, d'accidents... Je lui ai proposé des articles. Il ne m'a jamais répondu. Il ne me demandait plus que des papiers banals sur Boko Haram. » Elle s'indigne de découvrir en août 2015 les papiers vantant les projets ferroviaires du groupe Bolloré en

1. Entretien de Paul Benkimoun avec l'auteur, novembre 2016.
2. Tristan Waleckx, « Vincent Bolloré, un ami qui vous veut du bien », *Complément d'enquête*, France 2, 7 avril 2016.
3. « Bolloré utilise-t-il les poursuites judiciaires pour faire taire les journalistes ? », *loc. cit.*
4. Serge Michel, Jean-Philippe Rémy, Joan Tilouine, « Notre méthode, c'est plutôt du commando que de l'armée régulière », *Le Monde*, 11 août 2015.

Afrique : « Cette série était scandaleuse, estime-t-elle aujourd'hui. Six longs papiers sur un train qui n'existe pas ? Avec une interview de Bolloré du genre : "Pas trop dur, d'investir autant dans un tel secteur ?" Une consœur m'a confié que Serge Michel avait fait cela pour faire cesser le boycott du *Monde* par Havas et que cela avait marché ! »

« Vous trouvez la question absurde ? », demande Daniel Schneidermann à Serge Michel, invité à ce sujet par *Arrêt sur images*. « Presque insultante », répond le confrère du *Monde* dans une dénégation embarrassée[1]... Il aurait néanmoins reconnu à l'époque que cette série ferroviaire visait effectivement à recoller les morceaux avec l'empire Bolloré. « J'avais voulu qu'on aille au contact, car son projet ferroviaire était intéressant. Ce n'était pas une série complaisante », justifie aujourd'hui Serge Michel, qui a depuis quitté *Le Monde*[2]. Quelques mois après sa publication, le boycott de Havas aurait d'ailleurs pris fin. Un hasard, peut-être ?

1. « Sur place, l'action de Bolloré en Afrique ne me paraît pas terrifiante », *Arrêt sur images*, 21 août 2015.

2. Entretien de Serge Michel avec l'auteur, 18 août 2021.

9
Le « printemps de l'investigation »

Sous François Hollande, certains oligarques auraient profité de la passivité du président socialiste pour mener en coulisses de violentes campagnes de déstabilisation contre France Télévisions, coupable d'avoir initié un salutaire « printemps de l'investigation ». C'est dès 2011, à la fin du quinquennat de Nicolas Sarkozy, que démarre cette période bénie pour le service public, notamment avec le lancement de *Cash investigation*. Conçue par Laurent Richard, Élise Lucet et Jean-Pierre Canet sous l'autorité de Thierry Thuillier, alors directeur de l'information, l'émission est produite par Paul Moreira et Luc Hermann, les anciens présentateurs de *90 minutes* (Canal Plus). Avec les plus gros moyens jamais consacrés par la télévision publique à des enquêtes de fond sur les multinationales, *Cash investigation* gagne rapidement ses galons auprès du public. Alors rédacteur en chef adjoint de *Spécial investigation*, je me demandais si France 2 parviendrait à lever des coins de voile sur les entreprises les plus puissantes du monde. « Ces programmes provoquent des crispations des entreprises ou des politiques, explique en 2015 Thierry Thuillier, alors directeur de l'information de France Télévisions. Dans le périmètre de l'information, il faut sentir une confiance à 100 %. J'ai eu ce lien indispensable avec Rémy Pflimlin, [qui] a compris que cette indépendance était une singularité du service public[1]. »

1. Julien Belver, « Je laisse les programmes de France 2 dans un bon état », *Ozap*, 12 juin 2015.

Meurtri de devoir sa nomination à Nicolas Sarkozy, qui avait passé son quinquennat à tenter de museler les médias, Rémy Pfimlin laisse une grande liberté éditoriale à Thierry Thuillier.

Sous sa direction, les équipes d'Élise Lucet vont réussir au-delà de toutes les espérances. Quand François Hollande succède à Nicolas Sarkozy, en mai 2012, il hérite d'un service public audacieux (*Cash investigation*, *Complément d'enquête*, *Pièces à conviction*...) et d'un Canal Plus encore impertinent (*Les Guignols de l'info*, *Le Petit Journal*, *Le Zapping*...). Depuis nos bureaux de *Spécial investigation*, qui dominent la Seine à Boulogne-Billancourt, dans une saine émulation avec nos confrères du service public, nous allons explorer des terrains peu évoqués jusqu'alors à la télévision et révéler nombre de scandales (évasion fiscale, *greenwashing*, pollution au diesel, corruption de la presse par la publicité, travail des enfants...). Au fil des mois, les différents programmes vont dévoiler des pans entiers de l'État profond, celui dans lequel la connivence entre puissants (politiques, industriels, dictateurs...) est la règle. Après le « printemps arabe », nous eûmes le privilège de vivre un véritable « Printemps de l'investigation ».

Évasion fiscale généralisée ?

En explorant dès 2012 les « petits secrets des grandes entreprises » pour loger leurs bénéfices dans des « paradis fiscaux »[1], *Cash investigation* découvre par exemple que des pratiques en cours sous Nicolas Sarkozy perdurent sous François Hollande. Un an plus tard, l'émission d'Élise Lucet raconte par le menu – et en *prime time* – l'histoire d'Hervé Falciani, un banquier français en poste à HSBC Genève[2]. Choqué que sa banque incite en toute impunité de riches Français à s'exiler fiscalement en Suisse, il se réfugie en France fin 2008 en emportant une liste confidentielle d'environ 6000 comptes suisses ouverts par des Français. Parmi ces contribuables indélicats, Patrice de Maistre. On l'a vu, l'ex-gestionnaire de fortune de Liliane Bettencourt est lié à Éric Woerth, le trésorier de l'UMP.

1. Édouard Perrin, « Paradis fiscaux, les petits secrets des grandes entreprises », *Cash investigation*, France 2, 11 mai 2012.
2. Valentine Oberti, Wandrille Lanos, Édouard Perrin, « Sur la piste des milliards qui nous manquent », *Cash investigation*, France 2, 11 juin 2013.

En 2010, sentant les sarkozystes gênés aux entournures par ses révélations, Falciani se tourne vers Arnaud Montebourg, qui alerte Jérôme Cahuzac, alors président de la commission des finances de l'Assemblée : « Je lui ai dit "l'affaire HSBC est si grave qu'il faut faire une enquête administrative en France". » Selon Montebourg, Cahuzac ne lui a jamais répondu : « Je n'ai pas eu de suite. Pas de réponse tout court. » Le 1er juillet 2012, déçu que François Hollande ne profite pas de ces informations pour initier une réforme profonde du système financier, Hervé Falciani pose ses valises à Madrid, où il pense trouver une justice plus attentive. Toujours dans ce remarquable *Cash* dévoilant les méthodes d'évasion fiscale toujours en cours un an après l'arrivée de François Hollande à l'Élysée, Élise Lucet tourne une séquence « collector » dans un restaurant situé derrière l'Assemblée nationale. Ce jour-là, British American Tobacco (BAT) régale d'un repas à 10 000 euros une vingtaine de parlementaires du « club des amateurs de havane ». Problème : le cigarettier anglo-saxon se moquerait du fisc : pour un chiffre d'affaires en France d'environ 280 millions d'euros, il ne déclarerait que 6,5 millions d'euros de résultat d'exploitation et ne payerait donc que… 2 millions d'euros d'impôts ! Or selon un document interne récupéré par France 2, le résultat d'exploitation de BAT dans l'Hexagone atteindrait en réalité… 109 millions d'euros, ce qui devrait donner lieu à un impôt d'environ 50 millions d'euros ! Interrogés sur ces incohérences fiscales, les ministres et parlementaires régalés par BAT, comme les UMP André Santini, Patrick Balkany et Dominique Bussereau ou le centriste François Sauvadet, bottent en touche. Mais devant la multiplication des scandales, l'évasion fiscale s'invite au conseil européen de mai 2013 à Bruxelles.

Sur place, Élise Lucet parvient à interpeller brièvement François Hollande : « Le problème de l'évasion fiscale des multinationales sera-t-il abordé, M. le Président ?

– Oui, sera abordé l'ensemble de la question de la fraude fiscale et de l'évasion fiscale, aussi bien celle des particuliers que celle des entreprises. Nous avons à cœur de lutter contre les paradis fiscaux. »

Questionné sur le fait qu'Amazon a reçu plus de 1 million d'euros d'aide publique alors que Bercy réclame au géant américain de la distribution numérique 198 millions d'euros d'arriérés d'impôts, François

Hollande répond du tac à tac: « On peut accueillir une entreprise qui crée des emplois et, en même temps, aller chercher le moyen de faire payer l'impôt à cette entreprise. »

Mais au fil des mois, les équipes de *Cash investigation* mettent en lumière la complaisance de sa politique à l'égard des lobbies industriels et financiers qui dominent la République. Prenons l'exemple des particules fines, ces polluants dangereux émis en grande quantité par les véhicules diesel tant vantés par les constructeurs français. Début 2021, une étude coordonnée par l'université de Harvard et publiée dans *Environmental Research* estimait que la combustion des énergies fossiles serait à l'origine de 97 000 décès anticipés par an en France[1]. Sous Nicolas Sarkozy, ou les études scientifiques évoquaient déja 48 000 décès par an, le diesel fut fiscalement si favorisé qu'il représenta jusqu'à 80 % des immatriculations de voitures neuves. Un record mondial. Après une enquête accablante que nous avions consacrée à ce grave problème de santé publique sur Canal Plus en 2007[2], François Hollande a-t-il pris la mesure du problème ? Quand *Cash* demande à interviewer un responsable du gouvernement Ayrault sur les ravages du diesel, Delphine Batho, la ministre de l'Écologie, vient d'être remerciée sur ordre de François Hollande. Elle avait osé critiquer la faiblesse de son budget. Son remplaçant, Philippe Martin, un proche du président, refuse toute interview. Un grand classique sous François Hollande. À Canal Plus, nous avions connu le même *black-out* avec Marisol Touraine, qui refusa à plusieurs reprises toute interview sur des problèmes graves de santé publique. Le journaliste Édouard Perrin en est réduit à poursuivre le ministre de l'Écologie pour l'interviewer entre deux portes à l'université d'été du PS à la Rochelle : « On vous avait demandé une interview sur le diesel ?

– Cela reste un sujet de discussion et de débat. [...] On ne peut pas prendre des décisions pour se faire plaisir, mais qui auraient des conséquences négatives pour l'argent des gens. »

1. Stéphane Mandard, « Un décès sur cinq dans le monde serait lié à la pollution de l'air », *Le Monde*, 9 février 2021.

2. Cyrille Devaud et Linda Bendall, « Microparticules... », *Faites passer l'info*, Canal Plus, 2007.

Statu quo sur le diesel, donc. Et tant pis pour les décès causés par une fiscalité dangereuse pour la santé publique, mais reconduite d'année en année à la grande satisfaction de constructeurs comme PSA, Renault ou Volkswagen. Au moment même où mon confrère Édouard Perrin réalise cette enquête, je propose à Maxime Saada, notre responsable à Canal Plus, de lancer un cinquante-deux minutes consacré au retard des constructeurs automobiles français sur les voitures propres. Il tergiverse autour de l'argument à peine voilé : « Je n'aime pas qu'on critique de grandes entreprises françaises[1]. »

LVMH, EMPIRE DU LUXE… OPAQUE ?

Fin 2013, *Complément d'enquête* décide de s'intéresser à l'homme le plus riche de France : Bernard Arnault. Propriétaire de LVMH, des *Échos* et du *Parisien*, il a bâti un empire mondial du luxe de 120 milliards d'euros de chiffre d'affaires autour de marques réputées dans le monde entier (Dior, Vuitton, Guerlain, Moët & Chandon, mais aussi Séphora ou Carrefour, pour n'en citer que quelques-unes). Dans le top 5 des annonceurs français avec ses multiples marques, LVMH maintient la presse française sous perfusion… et sous pression ! Comme en 2000, quand mécontent d'un article du *Nouvel Observateur*, Bernard Arnault avait privé l'hebdo de publicité. « La perte fut supérieure à un million d'euros », révèle quelques années plus tard Jean Stern, ancien journaliste de *Libération*[2]. En juin 2007, juste après que Nicolas Sarkozy s'est installé à l'Élysée, Bernard Arnault annonce vouloir prendre le contrôle des *Échos*, premier quotidien économique français. Patron d'un empire industriel, il devient aussi celui qui va payer les journalistes chargés d'éclairer les coulisses de cet empire ! Cette situation de conflit d'intérêts déclenche une fronde inédite des journalistes des *Échos*. En quelques semaines, une pétition hostile à l'empereur du luxe recueille près de mille signatures. « Déjà, quand Bernard Arnault avait pris le contrôle de *La Tribune*, en 1993, on avait pitié de la journaliste en charge de la rubrique luxe », se souvient un ancien du journal. Face au mutisme

1. Contacté pour cet ouvrage, Maxime Saada n'a pas souhaité s'exprimer.
2. Jean Stern et Olivier Tosas-Giro, *Les Patrons de la presse nationale, tous mauvais*, La Fabrique, Paris, 2012.

de Bernard Arnault, les journalistes des *Échos* se mettent en grève. Puis leur Société des journalistes l'interpelle dans *Le Monde*: « Comment pourrions-nous enquêter et écrire sur vos multiples activités, sur celles de vos concurrents aussi ? À partir du moment où la suspicion naît sur une rubrique, elle se diffuse sur l'ensemble du journal. La dépendance conduit [...] à l'autocensure, à la provocation et à bien d'autres dérives encore. Dans aucun grand pays capitaliste au monde, le principal quotidien économique n'est possédé par la première fortune locale, par un groupe gérant des dizaines de marques et l'un des plus importants annonceurs de la place[1]. »

En septembre 2011, la puissance publicitaire de Bernard Arnault provoque l'enterrement d'un dossier de *Géo Histoire* sur « La France sous l'Occupation ». Il évoque les liens étroits entre Henry Vuitton (le « V » de LVMH), les autorités de Vichy et l'occupant nazi. Durant la guerre, le père de la filiale « bagages de luxe » de l'empire Arnault avait été décoré de la francisque pour avoir réalisé 2500 bustes du maréchal Pétain. Il avait également reçu une médaille des mains des SS. Mais LVMH étant un gros annonceur réputé chatouilleux, le dossier est censuré sur pressions de la régie publicitaire de Prisma Presse (*Gala*, *Femme actuelle*, *Voici*...)[2]. Alors rédacteur en chef adjoint de *Spécial investigation*, je propose à Canal Plus que nous prenions le relais de *Géo* en enquêtant sur ces grandes entreprises françaises ayant collaboré avec l'occupant nazi. Renault et la SNCF, bien sûr, mais aussi le franco-allemand Francolor, fournisseur de gaz Zyklon B pour les chambres à gaz, Vuitton, la Société Générale, qui proposa aux nazis une monnaie unique, Coco Chanel, qui entretint une relation avec un officier allemand et dont la célèbre griffe surveille encore aujourd'hui de près tout scénario de film souhaitant aborder son sulfureux passé...

Mais Ara Aprikian, alors directeur des programmes de Canal Plus, retoque le sujet. Les seules collaborations économiques que nous pourrons aborder, c'est celles de Louis Renault – dont les héritiers mènent alors un combat public pour réhabiliter leur grand-père – et de la SNCF, dont chacun sait qu'elle a affrété des trains vers les camps de la mort. Après le foot

1. Vincent de Feligonde, « La presse est un métier, Monsieur Arnault ! », *Le Monde*, 27 juillet 2007.

2. Vincent Truffy, « *Géo histoire* accusé de censure pour complaire à des annonceurs », *Mediapart*, 13 septembre 2011.

et le cinéma, deux tabous à Canal Plus, il serait donc impossible d'enquêter sur la collaboration économique, même soixante-dix ans après la fin de la guerre...

En cette rentrée 2011, Canal Plus vient de racheter Direct 8 et Direct Star, les chaînes gratuites de Vincent Bolloré, et la régie pub fait désormais la « danse du ventre » pour convaincre les annonceurs de les inclure dans leurs « plans médias ». La mort dans l'âme, nous rappelons notre producteur Denis Boutelier pour lui demander de n'évoquer dans son documentaire que Renault et la SNCF[1]. Une autocensure, car il est peu probable que Bernard Arnault soit intervenu. C'est la force des puissants : obtenir le silence, sans même avoir à le demander.

Bernard Arnault, qui contrôle désormais le premier quotidien économique avec *Les Échos* et le premier quotidien populaire avec *Le Parisien-Aujourd'hui en France* s'est toujours méfié de la gauche. Contrôlant 47 % de son groupe, il a accumulé une fortune personnelle estimée en 2021 à 140 milliards d'euros. Après l'élection de François Mitterrand, en 1981, il s'était exilé trois ans aux États-Unis. Proche de Nicolas Sarkozy, on l'a vu, il a aussi été décoré de la Légion d'honneur par Jacques Chirac. En 1999, il recrute Nicolas Bazire, ancien directeur de campagne d'Édouard Balladur et conseiller de Nicolas Sarkozy – alors à la banque Rothschild – comme directeur général de LVMH. En 2008, Bazire est l'un des deux témoins du mariage du président avec Carla Bruni. En 2012, quand Nicolas Sarkozy perd la présidentielle, Bernard Arnault tend la main à son fidèle espion, Bernard Squarcini, pour lui confier la sécurité de LVMH. Dans son conseil d'administration en 2014, on retrouve Bernadette Chirac, mais aussi Renaud Donnedieu de Vabres, ancien ministre balladurien mis en examen dans l'affaire de Karachi.

L'empereur du luxe apprécie aussi le couple Macron. En 2008, au lycée privé Franklin, à Paris, Brigitte Macron est la professeure de Frédéric et Jean, les deux fils issus de son second mariage. Depuis, les couples Arnault et Macron se fréquentent et s'apprécient. À partir de 2014, Delphine Arnault, fille de Bernard, épouse de Xavier Niel et directrice générale adjointe de Louis Vuitton, habille gratuitement Brigitte Macron. Et en

1. *Spécial investigation*, Canal Plus, 27 mars 2013.

2019, l'empire Arnault accepte de financer un Institut des vocations pour l'emploi que Brigitte Macron veut présider à Clichy-sous-Bois et où elle entend intervenir comme professeure occasionnelle. Dans les mois qui suivent, LVMH finance pour l'association de l'épouse du président de la République un second institut du même type à Valence, puis un troisième à Roubaix, ou Bernard Arnault a inauguré en juillet 2021 un campus en mémoire de son père.

Intime des puissants, le Français le plus riche du monde s'est longtemps cru à l'abri de toute critique. Au point d'être tenté par un exil fiscal ? En 2012, il demande discrètement la nationalité belge, celle d'un pays où la fiscalité est moins forte. Mais après l'élection de François Hollande, *Libération* présente sa démarche comme le symbole de l'égoïsme des plus fortunés, titrant en une : « Casse-toi, riche con[1] ! » Furieux, Bernard Arnault dégaine son arme favorite : la plainte, cette fois pour « injure ». Puis il se désiste.

« MERCI PATRON ! »

Au moment où *Complément d'enquête* (France 2) commence à s'intéresser aux coulisses de LVMH, François Ruffin, fondateur du journal *Fakir*, initie un documentaire qui va devenir le cauchemar de Bernard Arnault. Pendant des mois, ce redoutable opposant de gauche au libéralisme façon François Hollande accompagne un couple d'ouvriers qui ont perdu leur emploi chez un sous-traitant de LVMH ayant fermé ses portes. Au chômage, criblés de dettes, les Klur vivent dans la terreur qu'un huissier ne saisisse leur maison. François Ruffin se lance à la poursuite de Bernard Arnault. Pour dénoncer ses délocalisations, il s'invite à l'assemblée générale de LVMH avec une dizaine de complices arborant des tee-shirts « *I love* Bernard ». Puis il encourage les Klur à demander un dédommagement au milliardaire sous peine d'alerter la presse, ce qui incite ce dernier à leur proposer en catimini une transaction secrète : 40 000 euros et un CDI chez Carrefour. Un « deal » que les Klur feront mine d'accepter… devant la caméra cachée de François Ruffin !

1. « Casse-toi, riche con ! », *Libération*, 10 septembre 2012.

Malgré un refus de financement du Centre national du cinéma, *Merci patron!* sort en salles en février 2016. La presse est dithyrambique... sauf *Les Échos* et *Le Parisien*, qui s'abstiennent de parler du film. *Merci patron!* fait un carton et réjouit près de 500 000 spectateurs en quatre mois. Le film est projeté dans les bus des manifestants contre la loi travail. Lors de la cérémonie des Césars 2017, le film de Ruffin est sacré « meilleur documentaire ». Devant les caméras de Canal Plus, qui tentent désespérément de sortir du cadre son tee-shirt « *I Love* Vincent », clin d'œil à la mainmise éditoriale de Vincent Bolloré sur la chaîne cryptée, l'impertinent documentariste dénonce les ravages de trente ans de délocalisations industrielles : « Imaginons qu'on dise, demain, il faut délocaliser l'Élysée à Varsovie ? Pour les ouvriers, cela fait trente à quarante ans que cela dure ! ». Puis, dans un tacle à François Hollande qui, en privé, traite les pauvres de « sans-dents »[1], Ruffin dénonce : « Il y a peut-être des "sans dents" dans ce pays, mais ce sont surtout des dirigeants sans cran ! »

Pour Bernard Arnault, François Ruffin a enfanté d'un monstre : un documentaire qui fait marrer des centaines de milliers de spectateurs à ses dépens. Mais le film pointe aussi l'impuissance de la gauche à réguler les travers de la mondialisation. Dans les semaines qui suivent sa sortie, l'empereur du luxe fait mine de prendre avec philosophie les moqueries de *Merci patron!* contre son groupe : « Depuis de nombreuses années, [...] on est l'objet de critiques de la part de groupes d'extrême gauche. On est habitués à ce genre de critiques. Le groupe LVMH est l'illustration, l'incarnation de ce que, pour ces observateurs d'extrême gauche, l'économie libérale produit de pire. » Mais c'est pour la galerie. Sous le quinquennat de François Hollande, l'homme le plus riche de France fait exercer sur François Ruffin, mais aussi sur France Télévisions, d'invraisemblables pressions.

1. Valérie Trierweiler, *Merci pour ce moment*, Les Arènes, Paris, 2014.

10

L'empereur du luxe a peur de l'info

À la sortie de *Merci patron!*, l'intersyndicale du *Parisien* révèle que la direction du quotidien de LVMH, a «ordonné aux confrères du service culture-spectacles qui l'avaient visionné de ne pas le chroniquer, fût-ce en dix lignes[1]». Jusque-là, on est dans la posture hélas classique d'un directeur de la rédaction, Stéphane Albouy, qui protège son puissant actionnaire[2]. En novembre 2016, nouvelle crispation de l'empire Arnault contre François Ruffin: une publicité pour le DVD *Merci patron!* est refusée par *Le Parisien.* Mais en coulisses, l'empire LVMH aurait lancé une offensive beaucoup plus perverse contre François Ruffin et *Fakir*, le journal indépendant qu'il a créé à Amiens. En 2012, quand Nicolas Sarkozy perd l'élection présidentielle, Bernard Arnault missionne Bernard Squarcini pour gérer la sécurité de son groupe. Corse, ancien des RG, puis patron de la DCRI, celui qu'on surnomme «Le Squale» est un des hommes les mieux informés et les plus puissants de France. Il est connu pour avoir servi Nicolas Sarkozy avec un dévouement donnant parfois l'impression qu'il travaillait au service exclusif du président, plus qu'à celui de la France. Quitte à franchir parfois la ligne jaune, par exemple en espionnant des journalistes du *Monde* pour identifier leurs sources confidentielles, délit pour lequel il sera condamné, on l'a vu[3]. À partir de 2013, en apportant près d'un million

1. «Le film *Merci patron!* censuré au *Parisien*», *Acrimed*, 10 mars 2016.
2. Contacté pour cet ouvrage, Stéphane Albouy n'a pas souhaité réagir.
3. «Fadettes du *Monde*, Squarcini condamné à 8000 euros d'amende», *Le Monde*, 8 avril 2014.

d'euros de chiffre d'affaires annuel à Kyrnos, la société privée de Bernard Squarcini, LVMH devient son principal client[1]. En conséquence, « Le Squale » sous-loue des bureaux au sein même de LVMH. Il se voit même attribuer une adresse électronique maison[2].

Espionner Ruffin

En ce début d'été 2021, la confidence nous est faite d'un ton bonhomme par un Bernard Squarcini sirotant tranquillement son café à la terrasse d'une prestigieuse brasserie des Champs-Élysées. Début 2013, Hervé Séveno, un ancien policier de la brigade financière et de l'antiterrorisme collaborant parfois avec Jean-Charles Brisard, un consultant sécurité à BFMTV, lui aurait glissé cette confidence : « Vous allez être emmerdé par *Fakir*, on a une taupe au sein du journal, on bosse pour Casino, ils vont vous faire chier[3]. » Comprenant que François Ruffin, le fondateur du journal *Fakir* envisage, après avoir acquis quelques actions de LVMH, d'intervenir à une assemblée générale de LVMH, prévue le 18 avril au Carrousel du Louvre, Bernard Squarcini en informe Bernard Arnault. En 2020, *Mediapart* avait publié une série d'enquêtes révélant la teneur de ces conversations basées sur des interceptions judiciaires ayant visé l'ancien chef des services secrets intérieurs[4]. En ce printemps 2013, le patron de LVMH demande à sa secrétaire de rappeler Bernard Squarcini. Le squale s'efforce de la rassurer : « On va faire la liaison avec les RGPP [Renseignements généraux de la préfecture de police de Paris] pour qu'ils assurent le service », susurre Squarcini, comme s'il était encore à la tête de la DCRI. Le lendemain, il assure à Pierre Godé, vice-président de LVMH (décédé en février 2018) avoir « saisi l'ancien service [la DCRI], la préfecture de police de Paris, et la direction de la sécurité publique ». Mais pour le bras droit de Bernard Arnault, la mobilisation des services de l'État ne paraît pas suffisante pour contrer *Fakir* : « Cela pourrait être intéressant, puisqu'ils font du racolage, de les infiltrer, non ?, ose Godé.

1. « Le squale, ami du luxe », *Le Canard enchaîné*, 21 juin 2017.
2. Entretien de Bernard Squarcini avec l'auteur, 7 juillet 2021.
3. *Ibid.*
4. Fabrice Arfi et Pascale Pascariello, « *Fakir* et Ruffin : opération infiltration », *Mediapart*, 12 juillet 2020.

Les Services de l'Etat aux ordres de LVMH.

– Je vais regarder avec les gens concernés, répond Squarcini. On est chez des babas cool, mais c'est vrai que cela attire du monde.

– Cela attire du monde, oui, c'est cela, et puis il y a de la presse, quoi. »

Le lendemain, Squarcini contacte « Mélisande », une policière de la DCRI, à qui il demande des éléments sur *Fakir*. Elle n'a rien. Mais le 11 mars, Godé rappelle Squarcini. Il a eu un nouveau problème avec Ruffin : « Une troupe de joyeux énergumènes s'est présentée à nos bureaux de Bruxelles. Ils arboraient des tee-shirts "*I love* Bernard". Il y avait Ruffin, avec quelques journalistes français, dont on ne connaît pas la provenance. » Anticipant que l'équipe du journaliste reviendra le lendemain, Godé demande à Squarcini s'il est possible d'« obtenir le concours des services de police belges ». Et il insiste à nouveau pour infiltrer *Fakir* : « Peut-on introduire quelqu'un ? » Squarcini va alors demander à une ancienne collègue de la DCRI en poste au ministère de l'Intérieur de voir si elle peut mobiliser un service de police étranger pour aider LVMH. Et le plus incroyable, c'est qu'elle accepte…

Rendant compte à Godé, Squarcini résume : « On est chez des situationnistes trotskystes, enfin tous les gens qui nous emmerdent, avec l'outil de communication qui va bien…

– Internet, hein ? », répond Godé comme s'il venait d'évoquer le diable.

Dans les jours qui suivent, effrayé à l'idée que Ruffin ne perturbe l'assemblée générale de LVMH, Squarcini interroge plusieurs services officiels sur *Fakir*. Mais rien à faire : le groupe de Ruffin n'est pas connu pour des « débordements ». Il fait juste du « festif » et du « symbolique ». Seulement voilà : l'AG de LVMH est imminente et Bernard Arnault est « très stressé avec ça », explique par téléphone sa secrétaire à Bernard Squarcini. « J'ai trouvé la boîte qui a infiltré l'organisation, on va faire un service personnalisé, pour suivre les gens qui seront à l'extérieur et marquer ceux qui seront à l'intérieur », la rassure l'ancien patron de la DCRI.

Le 12 avril, à six jours de l'AG, Squarcini est content. Grâce à la taupe qu'Hervé Séveno a recrutée au sein de *Fakir*, « Le Squale » a pu transmettre à Bernard Arnault des infos clés sur ce que prévoient Ruffin et sa bande. La secrétaire du milliardaire l'appelle pour le féliciter : « C'est vraiment super, ce que vous lui avez fait, c'est génial ! » « On a infiltré », rétorque Squarcini, flatté que l'empereur du luxe soit satisfait de son travail.

« Bouton de panique »

Mais à 48 heures de l'AG, la secrétaire de Bernard Arnault se décompose : Ruffin et une petite bande de militants sont parvenus à pénétrer au siège de LVMH, avenue Montaigne et, pas de chance, l'empereur du luxe se trouvait dans le hall ! « Monsieur a eu peur, confie la secrétaire de Bernard Arnault. En plus, il était avec David de Rothschild, hein !

– Oh, putain ! lâche Squarcini…

– Là, Monsieur Arnault, il était fou, hein. […] Il y a quelque chose, Bernard, pouvez-vous nous faire monter un petit bouton de panique ?

– Un bouton de panique ?, tente de comprendre Squarcini.

– Ben j'en sais rien, ou antipanique, je sais pas ?

– Ouais, un petit bouton d'alarme, OK », lâche l'ancien patron de la DCRI, manifestement prêt à exaucer le moindre désir de l'homme le plus riche de France.

Bernard Squarcini pilote en direct les opérations « anti-Ruffin » le 18 avril, jour de l'AG. Le documentariste s'est pointé avec quelques salariés de la Samaritaine, fermée par LVMH en 2005. Par téléphone, Bernard Arnault suit l'opération en direct et donne même des consignes : « Il faudrait que Ruffin et les autres gars, là, s'ils entrent, ils soient mis dans la salle Soufflot », demande-t-il, craignant que son AG soit perturbée. Au final, les « privés » missionnés par Squarcini parviennent à éviter que Bernard Arnault ne soit dérangé durant son assemblée générale. Satisfait, il fait féliciter l'ancien patron de la DCRI via sa secrétaire. « S'il est content, je suis content », savoure « Le Squale ».

Depuis l'Élysée, où il officie comme numéro deux du Conseil national du renseignement auprès de François Hollande, le préfet Pierre Lieutaud, qui avait conseillé à la secrétaire de Bernard Arnault de recruter Squarcini, l'appelle pour le féliciter : « K. [la secrétaire de Bernard Arnault] était ravie. Je lui ai dit : "Tu vois, cela change des pieds nickelés que vous aviez, hein, ce sont des professionnels !"

– Oui, se rengorge Squarcini. J'avais pris un petit cabinet privé qui a infiltré, on avait tout en temps réel !

– En plus, tu as vu BA [Bernard Arnault], elle m'a dit ?

– Oui, il a voulu me voir en me disant : "Je voulais vous remercier pour tout ce que vous avez fait, c'est super, je n'ai entendu aucun bruit" ! »

Entre début 2015 et février 2016, l'officine d'Hervé Séveno missionnée par Bernard Squarcini aurait été encore plus loin, livrant à LVMH des rapports allant jusqu'à évoquer la vie privée du futur député de la France insoumise. Parmi les enquêteurs, Jean-Charles Brisard, l'expert du terrorisme habitué des plateaux de BFMTV. Il affirmera ne pas avoir travaillé sur la vie privée de Ruffin.

En publiant, mi-2020, ces interceptions opérées sur le téléphone de Bernard Squarcini quelques années auparavant, *Mediapart* indique en avoir « exclu tout élément susceptible d'attenter à la vie privée de quiconque ». Le site a également tenté de recueillir les points de vue de toutes les personnes citées. LVMH n'a pas répondu, Squarcini a indiqué « réserver ses explications à la justice ». Comme le rappelle le site, « tous les protagonistes cités sont présumés innocents ». Ces écoutes, longtemps restées dans les cartons de la police, puis finalement jointes en 2016 à une instruction en cours sur Bernard Squarcini, ont néanmoins débouché sur plusieurs mises en examen. Il est notamment reproché à l'ancien patron de la DCRI d'avoir « usé et abusé de ses anciens réseaux au cœur de la police et des services de renseignement afin d'obtenir illégalement, pour le compte de ses puissants clients, dont LVMH, des informations confidentielles sur d'innombrables sujets ». L'instruction est en cours. Sans préjuger de la culpabilité de quiconque, les écoutes montrent que c'est bien la direction de LVMH qui a incité à plusieurs reprises Bernard Squarcini à « infiltrer » le journal *Fakir*, au mépris de tout principe démocratique[1]. Rencontré à la Belle Ferronnière, derrière les Champs-Élysées, quelques mois après la révélation de ces écoutes, Squarcini est manifestement embarrassé, mais il relativise : « Un ami m'a dit : "C'est du Audiard ! En tout cas, mieux vaut t'avoir avec soi que contre soi !" », nous confie-t-il en souriant[2].

Tout puissant, Bernard Arnault ? En tout cas, ses riches amis propriétaires de médias le protègent. En février 2016, quand Frédéric Taddeï propose à François Ruffin de venir évoquer *Merci patron !* au micro d'Europe 1, la direction de la radio Lagardère fait décommander le documentariste. Le

1. Contacté pour cet ouvrage, le groupe LVMH n'a pas souhaité s'exprimer.
2. Entretien de Bernard Squarcini avec l'auteur, 7 juillet 2021.

sujet de son film « poserait problème ». Et la force de frappe publicitaire de LVMH tétaniserait aussi bon nombre de maisons d'édition. « Personne ne peut écrire un livre citant nommément Bernard Arnault », lâchait récemment un responsable de Grasset à une consœur. Détail : à l'époque, Grasset est une maison appartenant, comme Europe 1, au groupe d'Arnaud Lagardère, dont Bernard Arnault siégea longtemps au conseil de surveillance, avant d'y être remplacé en 2012 par son fils, Antoine. Le « capitalisme de connivence », comme dit Laurent Mauduit, co-fondateur de *Mediapart*, est un petit monde[1]... À croire qu'en dehors de Ruffin, seules des rédactions de service public sont en mesure d'explorer les coulisses de l'empire français du luxe ? Ces dernières années en tout cas, c'est sur des journalistes de médias publics que Bernard Arnault a fait exercer les plus fortes pressions.

« Vous me livrerez le nom de votre source ? »

En 1988, au plus fort de sa guerre pour le contrôle du bagagiste Louis Vuitton, Bernard Arnault n'apprécie pas certaines dépêches de l'Agence France Presse. « Nous avions pourtant des contacts des deux bords [...] et nos informations étaient équilibrées », estime Guy Bernière, alors chef des reportages économiques à l'AFP[2]. Avec Sylvie Maligorne, l'auteure des dépêches en cause, il est convoqué par Bernard Arnault et un de ses bras droits au siège de Dior, avenue Montaigne. Ils acceptent de rencontrer les deux hommes, mais se promettent qu'ils ne lâcheront rien sur leurs sources. « Tous les deux nous ont engueulés comme des chiffonniers, avec une batterie de termes orduriers, inadmissibles. Quelle grossièreté dans la bouche du patron d'un énorme groupe de luxe ! », se souvient l'ancien rédacteur en chef de l'AFP, qui conclut : « Cet incident me restera à jamais en travers de la gorge. » Trente-deux ans après, sa consœur n'a pas digéré, elle non plus : « Ils passaient en revue chaque dépêche, critiquaient chaque mot. C'était insupportable, quoi, un tribunal. C'était très, très désagréable, de l'intimidation[3]. » Très respectée

1. Laurent Mauduit, *Main basse sur l'information*, Don Quichotte, Paris, 2016.
2. Sauf mention contraire, les citations de ce passage émanent de Jacques Thomet, *AFP, les soldats de l'information*, Hugo doc, Paris, 2007.
3. Entretien de Sylvie Maligorne avec l'auteur, 30 avril 2020.

à l'AFP pour sa droiture et son honnêteté, Sylvie Maligorne renchérit: «Bernard Arnault, c'est quelque chose de terrifiant, on ne peut imaginer combien il est redoutable. C'est moins un capitaine d'industrie qu'un grand financier.»

Malgré ces pressions, l'agencière du service économique continue à faire son travail. Quelques mois plus tard, fin 1989, elle apprend par un commissaire aux comptes que la financière Agache, maison-mère du groupe Arnault, a un problème de certification de ses comptes. Quand elle l'évoque dans une dépêche, Bernard Arnault entre dans une colère noire. Sous prétexte que son papier aurait provoqué une baisse du cours de l'action Agache de 0,2 % à la Bourse de Lille, il annonce des poursuites, pour avoir «semé sciemment dans le public un fait faux ou calomnieux». Mais pas contre l'AFP. Contre X. Une façon de cibler Maligorne. «Ce qu'il voulait, c'était faire pression sur elle», estime son ancien rédacteur en chef. «Au début, il voulait porter plainte pour quelque chose comme "propagation de fausses rumeurs", mais cela n'existe pas», se souvient la reporter de l'AFP[1]. Bernard Arnault porte alors plainte pour «manipulation de cours». Un juge d'instruction est nommé. La police convoque plusieurs journalistes économiques en charge du dossier LVMH. «C'est Maligorne qui a rédigé la dépêche», balancent-ils. L'agencière de l'AFP est convoquée par la brigade financière, rue du Château-des-Rentiers, à Paris. «J'ai été interrogée de 10 heures à 16 heures, le policier voulait à tout prix connaître ma source.» Comme elle refuse de la révéler, l'officier tente de savoir si cela commence par un B, un C, ou un D? «C'était la lutte du pot de terre contre le pot de fer, se souvient Maligorne. Selon Bernard Arnault, j'avais persécuté un commissaire aux comptes jusqu'à son domicile pour avoir des informations. En fait, je l'avais simplement appelé à son bureau! Je me retrouvais en position d'accusée!» Dans le cadre de son interrogatoire, Sylvie Maligorne a eu le sentiment que les enquêteurs lui mettaient une pression particulière pour obtenir le nom de sa source. Après cet épisode, LVMH aurait tenté de l'amadouer. Un matin, Françoise Monard, l'attachée de presse de Bernard Arnault, l'appelle:

1. *Ibid.*

« Elle m'invite pour un petit déjeuner au Royal Monceau. Et là, elle me fait comprendre que la plainte pourrait être retirée. C'était dingue ! [1] »

En décembre 1990, après plus d'un an de pressions judiciaires, la journaliste de l'AFP apprend que la justice a prononcé un non-lieu. Pour le juge d'instruction, « il y a tout lieu de penser que la plainte déposée contre la dépêche litigieuse trouve plus sa raison d'être dans la médiatisation du conflit relatif à la prise de contrôle du groupe LVMH que dans le souci d'étayer une action frauduleuse sur le cours des actions des sociétés du groupe Arnault ». En clair, la plainte était bidon. Mais durant la douloureuse année qu'elle a traversée, Maligorne ne s'est pas vraiment sentie soutenue par sa hiérarchie : « L'agence n'a rien fait au niveau de la direction, regrette-t-elle. Aucune protestation n'a été publiée. On n'est pas convoqué tous les jours à la section financière de la police ! On pourrait être aidé ! » Triste contradiction des patrons de presse, qui s'engagent sur le terrain de l'information, mais laissent parfois leurs reporters affronter seuls pressions et harcèlements. La courageuse journaliste de l'AFP conclut par un coup de griffe à ses confrères masculins : « Je trouve que c'est beaucoup les hommes qui sont lâches dans notre profession. Peut-être car ce sont eux qui ont les responsabilités, mais je suis frappée, même des gens qui ont un certain âge, ils rampent ! Alors qu'on peut résister, on a des armes ! »

BERNARD ARNAULT, LE « LUXE FRANÇAIS » DÉLOCALISÉ

Près de vingt ans plus tard, après avoir pris le contrôle des *Échos* et du *Parisien*, Bernard Arnault va faire exercer contre une émission de France 2 ayant l'audace d'explorer les coulisses de son empire des pressions encore plus fortes. Formé au 20 heures de TF1, comme son patron Benoît Duquesne, à l'époque simple reporter de *Complément d'enquête*, Tristan Waleckx est un jeune homme bien élevé. A priori, pas de quoi inquiéter les barons du CAC 40. Mais depuis qu'il a rejoint l'émission de France 2 en 2012 – il en prendra les rênes en 2021 –, ce redoutable enquêteur a les moyens de creuser les informations dont il dispose. En cette fin 2013, le parcours de Bernard Arnault le passionne. En quelques semaines, il exhume la façon dont, dans les années 1980, il a démantelé l'empire textile

1. *Ibid.*

Boussac, pour n'en conserver que les pépites, Dior et Le Bon Marché. Puis, l'enquêteur de France 2 découvre que pour rafler le maroquinier Louis Vuitton à Henri Racamier, Arnault aurait eu recours à des méthodes barbouzardes : « Une nouvelle façon de faire des affaires, avec débauche de moyens et de cabinets d'intelligence économique », se souvient un ex-expert en sécurité chez Vuitton, qui évoque « des écoutes, des surveillances, des filatures, des recherches d'informations au plans judiciaire, fiscal, des opérations de désinformation…

– C'était une bataille ?, lui demande Waleckx

– Une guerre !, répond l'ex-responsable de Vuitton. Nous trouvions des micros sous les tables, à l'intérieur des prises électriques… […] À mesure que le conflit se durcissait, on en trouvait tous les quinze jours[1] ! »

Après avoir mis la main sur le prestigieux maroquinier, Bernard Arnault prend l'habitude de racheter deux ou trois marques de luxe par an. Avec Givenchy, Céline, Chaumet, Bulgari, Kenzo et d'autres, l'empire LVMH grossit à vue d'œil. Mais en coulisses, Bernard Arnault délocalise discrètement une partie de la production de ces marques de luxe. Près de Valenciennes, l'équipe de *Complément d'enquête* retrouve une ancienne couturière. Pour le compte d'un sous-traitant de LVMH qui la payait au SMIC, elle a fabriqué pendant vingt ans des costumes Kenzo vendus 850 euros pièce. Remerciée, elle découvre que l'empereur du luxe fait désormais fabriquer ses costumes par des ouvrières polonaises payées… 250 euros par mois. Sur France 2, elle balance : « Bernard Arnault a deux visages. Il se dit qu'il est l'ambassadeur du luxe de fabrication française, alors que c'est archifaux. Son deuxième visage, c'est la délocalisation. Il ment aux gens, cet homme-là ! » Questionné par Waleckx dans l'atelier historique d'Asnières où Vuitton aime convier les caméras, Michael Burke, patron du bagagiste de luxe, reconnaît du bout des lèvres que certains accessoires sont désormais fabriqués… en Roumanie ! Parfois, seul l'assemblage est réalisé dans l'Hexagone. Pour décrocher un peu hypocritement le label *Made in France* ? Un sésame « très difficile à obtenir », s'agace Bernard Arnault devant la caméra de France 2.

1. Sauf mention contraire, les citations de cette partie sont extraites de Tristan Waleckx, « Bernard Arnault, l'homme qui valait 30 milliards », *Complément d'enquête*, France 2, 24 avril 2014.

En fin de reportage, France 2 explore aussi la fiscalité de Bernard Arnault. Selon *Challenges*, il gagne à l'époque 613 millions d'euros par an, soit environ 2 millions par jour. Alors en septembre 2012, après que François Hollande a annoncé vouloir taxer les très hauts revenus à 75 %, la presse belge révèle que le patron de LVMH s'est discrètement fait domicilier à Bruxelles, allant jusqu'à demander la nationalité belge. Bernard Arnault affirme immédiatement qu'il « est et reste résident fiscal français ». Mais le président fraîchement élu ne laisse pas passer : « Je pense qu'il aurait dû bien mesurer ce que signifiait demander une autre nationalité, parce que nous sommes fiers d'être Français[1]. » Dans la foulée, patatras ! Gérard Depardieu, notre « Obélix » national, révèle à son tour qu'il s'est fait domicilier en Belgique, où les impôts sont moins élevés ! « Minable », lâchera le Premier ministre Jean-Marc Ayrault.

Suite à cette polémique, Waleckx met la main sur une déclaration fiscale que Bernard Arnault avait adressée aux autorités belges le 28 juin 2012, juste après l'élection de François Hollande. La preuve qu'il a bien commencé à payer une partie de ses impôts en Belgique, contrairement à ce qu'il a toujours affirmé. Poussé dans ses retranchements, le milliardaire rend sèchement son micro au journaliste de France 2 : « Je n'ai jamais payé d'impôts en Belgique, arrêtez avec cela. [...] Vous ne faites que chercher des choses qui sont inexactes ! Vous avez peut-être un papier, c'est faux ! [...] Appelez Bercy, j'ai toujours payé 100 % de mes impôts en France ! » Un coup de bluff ? Après l'interview de France 2, l'entourage de Bernard Arnault reconnaît finalement auprès de la chaîne publique que le milliardaire a bien payé des impôts en Belgique, environ 13 000 euros. Waleckx découvre aussi qu'en 2013, suite à la tentative d'Arnault de se domicilier à Bruxelles, la justice belge avait ouvert une enquête pénale contre lui... pour « fraude à la domiciliation » ! Manifestement embarrassé d'être pris pour un mauvais citoyen, Bernard Arnault retire finalement sa demande de nationalité belge[2].

Lors du retour plateau, Benoît Duquesne se contente de questionner le patron de LVMH sur ses délocalisations en Roumanie : « Quand on

1. « Journal de 20 heures », France 2, 9 septembre 2012.
2. « Bernard Arnault : "Je retire ma demande de nationalité belge" », *Le Monde*, 10 avril 2013.

s'appelle Vuitton, qu'on vend des sacs à 2000 ou 3000 euros pièce, a-t-on besoin d'aller grappiller encore sur la main-d'œuvre ?

– On fabrique l'essentiel en France, on vend en Chine », grince Bernard Arnault, qui évoque une « mondialisation dans le bon sens ». Mais le mal est fait. En révélant que LVMH fait fabriquer bon nombre de ses pièces par de petites mains sous-payées en Roumanie, France 2 a fissuré le mythe du luxe à la française. Ce qui est moins connu, c'est que cette enquête a été réalisée au prix… de mois de harcèlement.

Bernard Arnault, un « rouleau compresseur »

« Bernard Arnault, je n'ai jamais vu un tel rouleau compresseur », confie Tristan Waleckx, l'auteur du reportage. Dès le début de son enquête, c'est en parcourant un article a priori anodin du *Canard enchaîné* qu'il va déclencher, sans le savoir, un mouvement de panique au sommet de LVMH. Le papier évoque une sombre histoire d'espionnage téléphonique remontant aux années 1990. Un peu par hasard, un détective privé du nom de Philippe Mourleau avait été arrêté sur le palier de deux journalistes de *Libération*. Il était venu récupérer les cassettes d'un magnétophone dissimulé dans une armoire téléphonique. En perquisitionnant son domicile, la police découvre plus d'une centaine de cassettes identiques et surtout… un carnet avec les noms des commanditaires de ces écoutes illégales ! Parmi eux, la moitié des sociétés du CAC 40, dont… une filliale de LVMH ! Durant l'instruction, Philippe Mourleau se mure dans le silence. Le jour de son procès, il a disparu. Condamné par contumace, il est arrêté par hasard à Monaco, incarcéré, mais depuis sa prison, il continue à protéger ses commanditaires.

Intrigué par l'affaire, Waleckx le relocalise quelques années plus tard à Villeneuve-sur-Lot, près d'Agen. Il l'appelle le 9 janvier 2014, pour le convaincre de raconter enfin si LVMH faisait bien partie de ses commanditaires. Mourleau tergiverse. Le 20 janvier, Waleckx le rappelle. Mais dans les jours qui suivent, Benoît Duquesne contacte son reporter par texto. Il est sous pression : « Il m'a dit qu'il fallait absolument qu'on se parle dans le week-end, car il avait eu Olivier Labesse [un conseiller en communication de Bernard Arnault] au téléphone ainsi que Nicolas Bazire, le directeur général de LVMH. » Mourleau a-t-il informé la direction de LVMH que Waleckx s'apprêtait à exhumer l'affaire des espionnages téléphoniques ordonnés dans les années 1990 ? À compter de cette date, en tout cas, Duquesne demande instamment à son jeune reporter de ne pas rappeler Mourleau.

Début mars, préoccupé, il passe le voir dans sa salle de montage. Mystérieux, il demande à la monteuse de sortir pour parler à Waleckx en tête-à-tête : « Que faisais-tu à Bordeaux le 29 janvier dernier ? Je viens d'avoir Arnault et Bazire qui disent que ce jour-là, tu aurais "fait dans la barbouzerie" avec un détective privé et qu'ils ont des preuves.

– Je n'ai pas mis les pieds à Bordeaux depuis des années ! », s'étonne Waleckx. Par acquit de conscience, il vérifie : son agenda mentionne ce jour-là un tournage à Paris avec un ex-salarié d'une filiale de LVMH. « Tu promets que tu n'étais pas à Bordeaux ?, insiste Duquesne, inquiet.

– Oui !, répond le jeune reporter.

– OK[1]. »

Si le présentateur de *Complément d'enquête* est préoccupé, c'est parce qu'il a cru comprendre que LVMH avait porté plainte contre X pour « chantage » et « tentative d'extorsion de fonds ». C'est probablement du bluff, car Waleckx n'a pas été en Aquitaine. Début janvier, il s'était contenté d'appeler Mourleau pour une interview que celui-ci avait déclinée. Sans révéler à son reporter l'existence de la plainte, Duquesne lui demande néanmoins « d'attendre le dernier moment pour poser des questions qui fâchent à Bernard Arnault ».

« Je ne vous lâcherai plus ! »

Le samedi 15 mars 2014, alors que son montage prend forme, Waleckx filme le milliardaire inspectant la boutique Guerlain des Champs-Élysées. Il en profite pour lui poser – très poliment – une question qui fâche : s'est-il domicilié fiscalement en Belgique en 2012 ? Dans un premier temps, Bernard Arnault nie. Puis, quand Waleckx lui présente le document fiscal belge prouvant qu'il avait bien commencé à payer des impôts en Belgique, le patron de LVMH arrache son micro et entraîne le reporter de France 2 hors champ pour lui « passer un savon ».

1. Entretien de Tristan Waleckx avec l'auteur, 20 mars 2020.

Ignorant que la caméra continue à tourner, il répète à Waleckx que s'il a bien un « pied-à-terre » à Bruxelles, il a « toujours payé ses impôts en France ». Puis, quand le jeune reporter de France 2 lui rappelle la déclaration fiscale prouvant qu'il figurait bien, en juin 2012, sur le registre des résidents permanents en Belgique, Bernard Arnault se fait menaçant : « Soyez prudent, moi, on m'a dit partout que vous cherchiez la petite bête. [...] Si vous mentez, vous m'aurez sur le dos, et ça, je peux vous dire que je ne vous lâcherai plus !

– On ne va pas mentir, ce sera un portrait parfaitement objectif...

– Si vous commencez à dire dans votre truc que vous avez des soupçons que je paye des impôts en Belgique, là, franchement, vous vous ridiculisez ! Allez à Bercy. Et en plus, je paye une fortune, c'est quand même incroyable... Si c'est cela, votre émission, c'est nul !

– Il n'y a pas de procès d'intention. »

À court d'arguments, Bernard Arnault va alors faire allusion à la mystérieuse « rumeur de Bordeaux ». Cherchant manifestement à déstabiliser Waleckx, il l'interpelle désormais sur un ton sec et glacial : « Cette histoire d'écoute téléphonique, aussi, hein, bon... L'opération que vous avez montée, là...

– Vous savez que c'est complètement faux !

– Écoutez, vous feriez mieux de vérifier, parce qu'on a des preuves... Vous feriez mieux de faire attention, parce que là...

– J'aimerais bien savoir... dans le Sud-Ouest, là ?

– Oui, oui, on m'a dit...

– Que j'étais là-bas, sur place ?

– Pas vous, non, non ! Des gens envoyés par vous !

– Non, mais pas du tout !

– Et que le gars a même dit que vous lui aviez demandé, que vous vouliez le rétribuer, etc. Méfiez-vous parce qu'on a des...

– C'est complètement faux, cette histoire !

– D'accord, ben j'espère pour vous ! J'espère vraiment pour vous...

– Vous imaginez vraiment qu'on aurait monté un truc pareil... ?

– Je n'imagine pas, mais vous devriez vous méfier, parce qu'on a des éléments. Je ne vous dis rien de plus, d'ailleurs, je m'en vais, j'en ai marre ! » Bernard Arnault plante alors le reporter de France 2 dans la boutique

Guerlain avec son chargé de communication, Olivier Labesse, pour lui faire la morale.

Au lendemain de cet échange tendu, le dimanche 16 mars, Waleckx décolle pour la Roumanie. Direction la Somarest, filiale locale de LVMH, dont le groupe de luxe refuse de lui ouvrir les portes : « Sur place, nous sommes bloqués à 300 mètres de l'usine. Soudain, un type s'approche à 30 cm de notre pare-brise et nous prend en photo, avant de s'éclipser. Une ouvrière glisse alors discrètement son numéro à notre traducteur roumain. » Filmée le visage masqué à son domicile, elle révèle à France 2 que c'est en Roumanie que sont fabriquées l'essentiel des bottes Louis Vuitton. Une délocalisation difficile à assumer pour LVMH ? Dès le mardi 18 mars, Nicolas Bazire tente à nouveau de discréditer Tristan Waleckx auprès de Benoît Duquesne : « En gros, il lui disait : "Je suis très étonné que votre journaliste soit en train de distribuer des liasses de billets pour acheter des témoignages, on a toutes les photos" », nous a confié le reporter de France 2. Pour Waleckx, le fait que le directeur général de LVMH l'accuse de « distribuer des liasses de billets » ne manque pas de sel : en 1995, Nicolas Bazire s'était lui-même compromis dans le financement illégal de la campagne d'Édouard Balladur, avec à la clé de gros versements en liquide sur le compte de campagne du candidat… « Tu crois que c'est vrai ? Ils me photographient ? », écrit-il à Duquesne depuis la Roumanie. « Dans le doute, tu souris ! », répond par texto le patron de *Complément d'enquête*. Acheter des témoignages est tellement étranger à l'éthique de son émission que Duquesne comprend que son journaliste est l'objet d'une nouvelle déstabilisation. Un « chantier », comme on dit dans le métier.

Et pourtant, à l'époque, il aurait répercuté les pressions de LVMH sur son reporter : « Duquesne était de sensibilité conservatrice et libérale et il dirigeait une rédaction de gauche, il était assez ambivalent, analyse aujourd'hui François Ducroux, un transfuge de M6 alors rédacteur en chef de *Complément d'enquête*. Après le départ de Waleckx en Roumanie, il nous avait dit que ce n'étaient "pas des méthodes", qu'il n'avait "pas été mis au courant de ce tournage", que "tout le monde savait déjà que Vuitton fabriquait des pièces à l'étranger". En fait, il était de mauvaise foi car il avait été parfaitement informé du tournage en

Roumanie[1]. » Le vendredi 21 mars en début d'après-midi, Benoît Duquesne fait suivre à son reporter la « dernière livraison de Nicolas Bazire », un long mail dans lequel le directeur général de LVMH écrit notamment : « Nous avons appris que vos équipes s'étaient rendues à proximité de l'atelier de la Somarest, filiale de Louis Vuitton. [...] Nous sommes déçus que vous sembliez vouloir trouver des critiques à tout prix, alors que le groupe LVMH et Vuitton en particulier sont exemplaires de ce qui est porteur pour redresser l'économie française. [...] C'est hélas une caractéristique du monde médiatique franco-français de préférer se livrer à une autoflagellation stérile, plutôt que de mettre en avant les aspects positifs de notre pays et ce qui peut aider à son redressement. J'espère que vous ne tomberez pas, vous aussi, dans ce travers. » Dans son mail, Bazire tente à nouveau de discréditer Waleckx auprès de son patron : « Nous sommes choqués par la méthode utilisée consistant à proposer de l'argent à l'un de nos employés (environ 1 000 euros) pour que celui-ci filme l'intérieur de l'atelier en caméra cachée. » « Nous n'avons jamais fait cela, nous a assuré Waleckx. C'était, là encore, de la pure déstabilisation. »

Mais sur la fiscalité de Bernard Arnault, Nicolas Bazire amorce en revanche un revirement : tout en réaffirmant qu'il est « résident fiscal français », le directeur général de LVMH reconnaît finalement que son patron a bien un « foyer d'habitation » dans « deux pays de l'UE », qu'il a fait une « demande de double nationalité » pour devenir belge et qu'il a payé « 13 000 euros d'impôts en Belgique » pour l'année 2011. Le contraire de ce que le milliardaire a toujours affirmé ! Dans la foulée de cet aveu, Bazire, qui tutoie Duquesne, se fait menaçant : « Je ne vois d'ailleurs pas en quoi le fait que M. Arnault ait payé des sommes très modestes d'impôts en Belgique comme dans d'autres pays peut intéresser les téléspectateurs de France 2, sauf à insinuer que cela lui aurait donné un avantage sur ses impôts dus en France, ce qui est totalement faux. Une telle insinuation entrerait dans le domaine de la calomnie et j'espère que tu sauras résister à cette tentation malsaine dans le *Complément d'enquête* à venir[2]. »

1. Entretien de François Ducroux avec l'auteur, 8 août 2021.
2. Mail de Nicolas Bazire à Benoît Duquesne, 21 mars 2014.

Dans cette situation tendue, Guerlain aurait menacé de supprimer des campagnes publicitaires: «Une collègue proche de la régie pub m'a révélé que les responsables de Guerlain avaient mis une grosse pression. [...] C'est la première fois que cela me remontait aussi nettement!», se souvient Waleckx[1]. France Télévisions étant capable de survivre à l'annulation d'une campagne Guerlain, Benoît Duquesne aurait fait l'objet de tentatives de déstabilisation plus personnelles. Après l'interview tendue de Bernard Arnault dans la boutique Guerlain, Bernard Squarcini serait entré en scène. La journaliste Michèle Fines, une ancienne de TF1 connue pour entretenir de bons contacts avec «Le Squale» depuis les années 1990, me le raconte.

La saison précédente, elle avait passé quelques mois à la rédaction en chef de *Complément d'enquête*. Mais après s'être fait copieusement – et publiquement – engueuler par Benoît Duquesne à plusieurs reprises, elle avait claqué la porte en juin 2013. En mars 2014, juste après le clash de Tristan Waleckx avec Bernard Arnault dans la boutique Guerlain et à son départ pour la Roumanie, Michèle Fines est contactée par Bernard Squarcini: «Il voulait me voir très vite. D'habitude, c'était plutôt moi qui le sollicitais. Il m'invite à la Villa Corse de l'avenue Malakoff, près de la porte Maillot.» La suite, c'est Bernard Squarcini qui la raconte: «Nicolas Bazire était emmerdé par le portrait préparé par Duquesne, il disait: "Duquesne nous scotche." Il m'avait demandé comment réagir, j'ai invité Michèle Fines à déjeuner.» À table, Michèle Fines se souvient d'avoir été «cuisinée» par l'ancien patron de la DCRI sur la personnalité de Duquesne: «Il me dit: "On regrette d'avoir accepté que France 2 tourne ce portrait de Bernard Arnault, c'est Bazire qui nous l'a proposé", se souvient la journaliste. Puis il me fait parler de moi: tu es partie de *Complément d'enquête*? Comment cela s'est passé? On a Duquesne sur le dos. Je cherche des trucs sur Duquesne, tu as des infos sur lui? Je lui raconte qu'il est dur avec ses troupes[2].» «Elle m'a dit qu'il était dur», nous a confirmé Bernard Squarcini. Ce ressenti de Michèle Fines est partagé par plusieurs anciens de *Complément d'enquête*, comme cette reporter ayant souhaité rester anonyme: «Il m'a harcelée

1. Entretien de Tristan Waleckx avec l'auteur, 20 mars 2020.
2. Entretien de Michèle Fines avec l'auteur, 13 octobre 2020.

moralement, il m'humiliait en public, c'était très dur, j'étais malade physiquement. J'avais été le voir pour lui dire que je ne supportais plus la façon dont il me traitait. Il m'avait répondu : "Tu ne resteras pas." Et en même temps, avec lui, il y avait plus d'humanité qu'à France Télévisions. On était une rédaction, plus qu'une équipe. »

Lors de son déjeuner avec Michèle Fines, Bernard Squarcini s'est-il contenté d'évoquer la dureté professionnelle de Duquesne ? Quand elle avait révélé l'épisode à Tristan Waleckx, en mai 2014, elle lui avait confié que Squarcini avait évoqué certains éléments de sa vie privée. Recontactée en 2021, Michèle Fines nous a confirmé que Squarcini cherchait des « histoires de femmes ». Ce que l'ancien patron de la DCRI conteste : « Je n'ai pas enquêté sur les histoires de cul de Duquesne. Je voulais juste savoir s'il avait quelque chose contre LVMH. » Pourtant, il nous glisse : « Sa situation était troublée, je crois qu'il voulait divorcer. » Pour Michelle Fines, « Le Squale » a bien cherché à déstabiliser le patron de *Complément d'enquête* : « C'est sûr qu'ils lui ont monté un "chantier". Ils ne se sont pas arrêtés là, c'est sûr ! »

« C'est dégueulasse… », réagit Éric Colomer, reporter historique de *Complément d'enquête*, quand on lui rapporte l'épisode : « Duquesne était un guerrier », nous confie-t-il. Les premières années de *Complément*, il se souvient d'« engueulades homériques », de « bras de fer » où Duquesne avait « protégé la rédaction », « tout pris sur ses épaules », « caché des émissions durant des semaines pour parvenir à les mettre à l'antenne au dernier moment malgré les pressions ». En témoigne cette anecdote : « Un jour, alors qu'un grand industriel faisait pression sur nous pour torpiller une enquête juste avant diffusion, Arlette Chabot, directrice de l'information de France Télévisions, déboule dans notre rédaction : "Cette émission ne sera pas à l'antenne !

– Tu as le pouvoir du robinet, lui répond Duquesne. Mais si tu fais cela, on ne fabriquera pas autre chose, il y aura un noir à l'antenne et on dira à la presse ce qui s'est passé. Tu es directrice de l'info, pas de la censure. Tu peux voir les sujets, si tu repères des erreurs, on en discute, mais nous ne ferons pas une autre émission !" Benoît était intransigeant vis-à-vis de la direction », conclut Colomer[1].

1. Entretien d'Éric Colomer avec l'auteur, 22 mars 2020.

Mais depuis son bras de fer avec LVMH, Duquesne n'est plus le même homme. « Mes collègues m'ont dit : "On ne l'a jamais vu comme cela !" », se souvient Waleckx. A-t-il eu vent du fait que Bernard Squarcini enquêtait sur sa personnalité, voire sur sa vie privée ? « Benoît n'était pas bien, ce printemps-là », confirme un rédacteur en chef. « Il était déstabilisé, renchérit une ex-collaboratrice. Il était en surpoids, très malade. Il parlait de lui, de sa façon de se comporter avec les gens, il se remettait en cause. » Inhabituellement déstabilisé, Duquesne va répercuter les pressions de LVMH auprès de Tristan Waleckx tout au long du montage : « Je ne le reconnaissais plus, nous a confié ce dernier. Lui d'habitude si courageux et indépendant, il m'a pris la tête grave. Il voulait qu'on atténue deux trucs : la délocalisation de Vuitton en Roumanie (*via* sa filiale locale) et les questions à Bernard Arnault sur sa fiscalité en Belgique. » Dans sa salle de montage, le journaliste s'efforce de résister aux pressions de son patron : « J'ai refusé toute modification non justifiée. »

« Benoît, enlevez la Roumanie et la Belgique ! »

La veille de la diffusion, comme à l'accoutumée, Duquesne accepte de faire visionner le sujet à l'état-major de LVMH réuni au siège de Dior avenue Montaigne, au cœur du Triangle d'or parisien. Un nouveau bras de fer s'instaure : « On leur a montré un DVD, se souvient Waleckx. Étaient présents Duquesne, moi, Olivier Labesse, du cabinet de lobbying DGM conseil, Nicolas Bazire, Bernard Arnault et sa secrétaire. Il avait confirmé par mail sa venue en plateau le lendemain, jour de la diffusion. » Mais en fin de visionnage, la situation se tend : « Benoît, enlevez la Roumanie et la Belgique !, réinsiste Olivier Labesse.

– On ne s'est pas compris : on vous montre, mais vous ne modifiez pas », réplique courageusement le patron de *Complément d'enquête.* »

Bernard Arnault serait alors intervenu pour critiquer le reportage. « Il a dit : "Je viendrai demain, mais on voit bien que les journalistes, vous avez un esprit étriqué" », se souvient Waleckx. En cause : le recrutement du sulfureux Bernard Squarcini, qui vient d'être condamné à 8 000 euros d'amende pour s'être procuré illégalement les « fadettes » d'un journaliste du *Monde* alors qu'il dirigeait la DCRI (il ne fera pas appel). Bernard Arnault regrette-t-il certaines méthodes de son groupe ? « Vous expliquez que j'ai recruté Bernard Squarcini comme agent de renseignements. Or, je l'ai recruté car il était l'un des meilleurs spécialistes de la contrefaçon ! », tente de justifier le patron de LVMH. Le lendemain, dans les célèbres fauteuils rouges de *Complément d'enquête*, Benoît Duquesne titille l'homme le plus riche de France sur ses délocalisations en Roumanie. Bernard Arnault s'agace, mais après la diffusion, il se gardera bien d'attaquer en justice la moindre virgule du reportage.

Benoît Duquesne, lui, va de plus en plus mal. À la période où Bernard Squarcini cherche auprès de Michèle Fines des « trucs » sur le célèbre présentateur, deux « tsunamis émotionnels » successifs vont bouleverser sa vie privée. « Il avait l'air complètement détruit, confirme un ex-adjoint. Il avait même envisagé d'abandonner le boulot, alors qu'il était habité par ce métier ! » Fin juin 2014, lors du traditionnel séminaire annuel que Duquesne organise avec son équipe dans sa maison de Bessèges, dans les Cévennes, il apparaît malheureux, négligé, solitaire : « Ma vie est en vrac », lâche-t-il à l'un de ses adjoints. Ses collègues notent aussi que de façon totalement inhabituelle, il a amené un animal de compagnie : "Il était venu au séminaire avec son chien, cela n'arrivait jamais ! On se couchait à 6 heures du matin, mais à 9 h 30, on bossait. Son chien, il était de trop ! », nous a confié une collaboratrice. Lors de ce séminaire de travail, le fondateur de *Complément d'enquête* fait amende honorable auprès de Waleckx. Il aurait regretté d'avoir trop répercuté les pressions du groupe LVMH sur ses troupes. Il s'en serait montré désolé : « Je me suis comporté de manière minable. Je n'avais jamais vécu de telles pressions, je pensais que le plus dur, c'était les sujets politiques. Or, en fait, tu peux enquêter sur Jérôme Cahuzac ou Nicolas Sarkozy. Mais LVMH, c'est horrible. Car ils ont d'énormes moyens. J'ai mesuré la puissance de l'argent. Cela a été affreux. »

Le jeune reporter voit bien que son boss va mal. Du coup, il tente d'évoquer devant lui les tentatives de déstabilisation dont il aurait fait l'objet de la part de Bernard Squarcini : « Une collègue de TF1 m'a dit que, quand j'étais en tournage en Roumanie, Bernard Squarcini cherchait des "casseroles" sur toi, professionnelles ou liées à ta vie privée.

– Ah, bon ?

– C'est à cela que tu fais allusion quand tu évoques la puissance de l'argent ? » Mais au lieu de chercher à en savoir plus sur cette troublante révélation, Duquesne aurait bizarrement éludé: «Je ne vois pas.» Puis il aurait brutalement changé de sujet.

Une semaine après cet échange, le vendredi 4 juillet 2014 au matin, le présentateur de *Complément d'enquête* ne se présente pas à un rendez-vous qu'il avait calé à 9 h 30. Constatant qu'il ne répond plus à ses textos, Joël Bruandet, alors rédacteur en chef de l'émission, fonce vers l'île Saint-Denis, où la péniche de Duquesne est amarrée: «Quand j'ai vu sa voiture garée sur le quai, j'ai compris qu'un truc anormal s'était passé, raconte Bruandet. Son chien aboyait, comme s'il n'avait pas été sorti. J'ai escaladé un arbre pour accéder au ponton, dont la porte était fermée. J'ai appelé le Samu en direct. Puis, j'ai aperçu Benoît, allongé sur le dos, dans sa cuisine. Son corps était rigide. Sur la table, il y avait une bière décapsulée et un melon. J'ai compris. J'ai dit au Samu: "Laissez tomber, c'est trop tard"[1].» Après autopsie, l'enquête conclura à une crise cardiaque.

La «rumeur de Bordeaux»

Suite à ce décès tragique, Tristan Waleckx comprend que les pressions subies tout au long du printemps par son patron, qui restera dans les annales comme l'un des plus talentueux journalistes de télévision français, ont pu se conjuguer avec des événements ne relevant que de sa vie privée pour le fragiliser. Car c'est désormais sur lui-même que le harcèlement judiciaire de l'empire du luxe va s'exercer, avec à la clé une nouvelle descente aux enfers digne de Frantz Kafka.

Quelques mois à peine après le décès de Benoit Duquesne, Waleckx reçoit un coup de fil de la police l'informant officiellement que plusieurs mois auparavant, LVMH a déposé une plainte contre X pour «chantage» et «tentative d'extorsion de fonds», qu'une information judiciaire a été ouverte, il qu'il est «prié de se mettre en relation avec le tribunal d'Agen». Début 2015, le reporter de France 2 est convoqué à Paris par la Brigade de répression de la délinquance contre la personne: «La policière me dit: "Que faisiez-vous le 29 janvier 2014? On a des infos disant que vous étiez à Bordeaux"...» Intrigué par ce retour de la «rumeur

1. Entretien de Joel Bruandet avec l'auteur, 17 juin 2021.

de Bordeaux », que l'état-major de LVMH avait déjà propagée auprès de Benoît Duquesne, Waleckx fait à la policière la même réponse qu'il avait faite à son patron : « J'explique que j'étais à Paris. » Pour démontrer qu'il n'a jamais tenté d'« extorquer des fonds à LVMH » via le détective Philippe Mourleau, dont la ville de résidence, Villeneuve-sur-Lot, est assez proche de Bordeaux, Waleckx va jusqu'à transmettre à la police ses fadettes téléphoniques, qui prouvent qu'il n'a eu que deux contacts téléphoniques avec Mourleau, le 9 janvier 2014 durant 1 h 10, puis le 20 janvier durant une vingtaine de minutes. Mais quelques semaines plus tard, la même policière le reconvoque : « Vous nous avez menti : on a la preuve que vous étiez à Bordeaux ! » Les policiers expliquent alors à Waleckx que les services de sécurité de LVMH leur ont remis des photos accréditant la tentative d'extorsion de fonds dont il est soupçonné. Elles montrent notamment une équipe de télévision en tournage dans la capitale girondine.

« Ce n'est pas moi, réplique Waleckx. C'est une équipe de quatre personnes, se déplaçant en combi Volkswagen, on n'a pas cela à France Télévisions. » Mais la policière lui démontre que la plaque d'immatriculation du véhicule photographié à Bordeaux le rattache bien à l'esplanade Henri-de-France, adresse officielle de France Télévisions. « J'ai fait ma petite enquête en interne, et fini par découvrir que le véhicule appartenait à France 3 Bordeaux, nous a expliqué Waleckx. Il avait été utilisé par une équipe de *Télématin* venue faire un reportage sur les “étoiles du cirque de Pékin”. Mes collègues avaient été suivis par une équipe avec filatures, photos... »

Le 18 février 2015, Waleckx écrit donc à la policière pour lui faire part de cette information, en précisant que l'équipe de France 3 filochée par LVMH ne participait « ni à de l'espionnage industriel ni à un quelconque coup tordu avec une barbouze ». En guise de preuve, il lui transmet le lien vers le reportage de France 3 en ligne. En conclusion de son mail, Waleckx écrit : « Je m'étonne simplement que les fins limiers de LVMH, suffisamment habiles pour organiser une filature, planquer et photographier en douce une équipe de journalistes, aient pu confondre le tournage d'un banal reportage sur le cirque de Pékin et un dangereux complot visant l'extorsion de fonds de la première fortune de France organisée avec la complicité d'une télévision publique[1].» Pour tenter d'évaluer la responsabilité de Bernard Arnault dans cette mystérieuse plainte de LVMH, Waleckx contacte le tribunal d'Agen. Mais n'étant pas partie civile, il ne parvient pas à en savoir plus. Après lui avoir pourri la vie durant deux ans, la plainte est finalement retirée, et la justice classe l'affaire.

Questionné sur cet épisode, Bernard Squarcini glisse : « Un contact entre le maître chanteur et LVMH s'était instauré à Bordeaux, une équipe de télé filmait, une confusion a dû s'instaurer avec Tristan Waleckx. » Un peu léger… « Le Squale » finit par renvoyer la balle à Laurent Marcadier, un conseiller à la cour d'appel de Paris que LVMH venait de recruter comme juriste interne et qui aurait été à l'origine de la plainte visant France Télévisions[2].

« Le Squale » et les « nains jaunes »

Reste une question : comment croire qu'en France, en 2014, un groupe industriel, aussi puissant soit-il, ait pu monter de tels « chantiers » contre des journalistes de l'audiovisuel public, les harcelant durant des mois, en toute impunité ? La hiérarchie de Duquesne et Waleckx n'aurait-elle pas pu les protéger ? La tutelle de France Télévisions n'aurait-elle pas pu réagir ? À l'automne 2014, François Hollande a manifestement autre chose à faire que de se soucier du harcèlement de journalistes du service public par un puissant groupe privé. LVMH achève au Bois de Boulogne sa « Fondation Vuitton pour l'art contemporain », musée à la gloire de sa marque phare. Convié à l'inauguration le 20 octobre 2014, le président socialiste prononce un discours dithyrambique pour Bernard Arnault : « Ce qui se passe ici, c'est plus qu'un fantastique musée. C'est un morceau d'humanité qui montre à tous que le rêve peut, à force de génie et de volonté, devenir réalité. » Les bisbilles de 2012 sur la demande de nationalité belge de l'empereur du luxe sont oubliées. Manifestement en verve, François Hollande conclut devant un Bernard Arnault aux anges : « C'est vous, oui, c'est vous qui nous offrez cette cathédrale. » Pourtant, ce sont les contribuables, grâce à des niches fiscales hautement contestables, qui ont financé près de 30 %

1. Mails de Tristan Waleckx à Fabienne Sintz, 18 février 2015.
2. Contacté via LVMH, Laurent Marcadier n'a pas donné suite.

de la Fondation Vuitton à hauteur de 480 millions d'euros. Le président était-il inconscient du cadeau fiscal ? En mars 2017, célébrant en compagnie d'Anne Hidalgo le succès de la Fondation Vuitton, il pouffe avec Bernard Arnault en faisant allusion à cette niche fiscale dont le milliardaire a bénéficié grâce à la bienveillance de l'État : « C'est un succès aussi dans la fréquentation, sans que cela ne vous fasse payer plus d'impôts, ce qui est tout de même appréciable, dans la période où nous sommes... », sourit François Hollande[1]. À ses côtés, Bernard Arnault ne peut réprimer un fou rire.

Sept ans après la mort de Benoît Duquesne, apprenant que la juge Aude Buresi enquête sur la façon dont Bernard Squarcini a fait espionner François Ruffin, y compris dans sa vie privée, Tristan Waleckx lui révèle sur procès-verbal que l'ancien patron de la DCRI aurait également enquêté sur la vie privée de Benoît Duquesne. Contrarié par cette déposition du nouveau patron de *Complément d'enquête*, « Le Squale » se moque de lui lors de notre rendez-vous : « Il est pas un peu fatigué de la tête, Waleckx ? Il voit des nains jaunes partout, non ? » Puis, comme s'il regrettait qu'en 2014, Duquesne ne soit pas parvenu à calmer les ardeurs de son jeune reporter, il conclut à l'endroit de Waleckx : « Il est bon, mais un bon chien de chasse doit toujours rapporter le gibier à son maître ! Moi, je ne le prendrais pas dans le renseignement[2] ! » Pour « Le Squale », un journaliste qui ramène le « gibier » au public, et pas à son « maître », c'est manifestement un concept un peu abstrait...

1. Stenka Quillet, « Bernard Arnault, l'art de payer moins d'impôts », *Pièces à conviction*, France 3, 29 mars 2018.

2. Entretien de Bernard Squarcini avec l'auteur, 7 juillet 2021.

11

L'« esprit Canal Plus » saboté

Toutes choses considérées, le média le plus impacté par les compromissions de François Hollande, est très certainement Canal Plus. En appuyant sans réserve la montée de Vincent Bolloré au capital de Vivendi, puis en détournant le regard quand ce dernier menaçait l'indépendance éditoriale de la chaîne cryptée, le président socialiste aura laissé opérer l'un des plus spectaculaires saccages éditoriaux de l'histoire des médias français.

Enquête censurée sur le Crédit Mutuel

Dès mai 2015, nous apprenons que la direction a fait déprogrammer dans notre dos un de nos documentaires sur le Crédit Mutuel. Produit par KM Production et *Mediapart*, il évoquait l'enquête judiciaire ouverte à Paris pour « démarchage illicite » et « blanchiment de fraude fiscale aggravé » contre la banque Pasche, une ancienne filiale du Crédit Mutuel. Présidée par Michel Lucas, un ami de Vincent Bolloré, la banque était soupçonnée d'avoir, à l'instar d'UBS ou HSBC, encouragé de riches clients français à placer leur argent offshore via des filiales à Genève et Monaco[1]. Cinquième banque française, propriétaire de la plupart des quotidiens de l'est de la France, le Crédit Mutuel n'avait pas apprécié l'enquête de Canal Plus. Mais au lieu de répondre aux questions de Nicolas Vescovacci et Geoffrey Livolsi qui la menaient, Michel Lucas s'était plaint à Vincent Bolloré, qui aurait

1. Fabrice Arfi, « Crédit Mutuel : le documentaire censuré décortique l'évasion fiscale », *Mediapart*, 6 octobre 2015.

exigé de Rodolphe Belmer… qu'il déprogramme notre film ! Interrogé par notre équipe à ce sujet, notre responsable Maxime Saada nous répond sur un ton glacial : « Je n'apprécie pas la mise en cause à peine masquée de l'intégrité de la maison en matière de lancement d'investigations. […] Je ne suis en rien intervenu dans la non-diffusion de ce programme et je ne peux que regretter ce qui s'est passé[1]. » Je le rencontre avec deux collègues de *Spécial investigation* pour évoquer le problème, mais manifestement, c'est au dessus de sa tête que la censure a été décidée.

En septembre, alors qu'il a été nommé directeur général de Canal Plus en remplacement de Rodolphe Belmer, Maxime Saada ordonne une seconde déprogrammation : « Hollande-Sarkozy, la guerre secrète ». Dans les couloirs, il se murmure que Vincent Bolloré, inquiet du thème de cette enquête évoquant les « coups bas » que s'échangent en coulisses les deux présidentiables, aurait exigé sa déprogrammation. Alors que nous l'avions validée avec le service juridique, nous apprenons qu'un haut cadre de Canal Plus aurait été missionné pour vérifier dans notre dos qu'elle ne contient pas de révélations trop gênantes pour le PS ou Les Républicains. Grâce à d'opportunes fuites dans *Le Monde*[2], nous obtenons que notre documentaire soit reprogrammé. C'est à la suite de cet épisode que Maxime Saada nous ordonne de dissimuler aux auteurs des documentaires les dates où leurs films seront programmés. Un préalable indispensable pour pouvoir, le cas échéant, les censurer à l'insu de l'opinion publique ? C'est en tout cas la conclusion que nous en tirons. Signe que la direction ne plaisante pas, le service de presse de Canal Plus reçoit pour consigne de ne plus envoyer certaines de nos enquêtes… à la presse. « C'est ridicule », lâchent nos collègues de la communication, écœurées.

Début octobre, quelques heures après que j'ai informé ma hiérarchie que le syndicat SNJ-CGT m'a désigné pour le représenter au sein de Canal Plus afin de pouvoir interroger la direction sur le sort réservé à *Spécial investigation* et à mes collègues et sur ses méthodes de management et sa conception du journalisme en général, Maxime Saada me fait adresser une « lettre de convocation en vue d'un éventuel licenciement ». Quand

1. Mail de Maxime Saada, 7 juin 2015.
2. Daniel Psenny, « Canal Plus : un documentaire sur la guerre Hollande-Sarkozy déprogrammé », *Le Monde*, 13 septembre 2015.

Daniel Psenny – un confrère du *Monde* qui sera blessé par balles quelques semaines plus tard lors des attentats du 13 novembre – s'en étonne auprès de la direction de Canal Plus, elle commence par nier, puis reconnaît qu'une procédure de licenciement à mon encontre a bien été « envisagée », puis « abandonnée »[1].

Quelques jours plus tard, les élus du comité d'entreprise de Canal Plus voient débarquer en grande pompe plusieurs lieutenants de Vincent Bolloré : Jean-Christophe Thiery de Bercegol du Moulin, ancien patron de Bolloré Médias placé à la tête du groupe Canal Plus, Maxime Saada, directeur général de la chaîne, Stéphane Roussel, membre du directoire de Vivendi. Sans barguigner, ce dernier confirme devant la trentaine d'élus du comité d'entreprise que la déprogrammation de l'enquête « Crédit Mutuel » a été initiée par Vincent Bolloré en personne. En langue de bois Vivendi, cela donne : Bolloré « déteste qu'une investigation soit uniquement à charge. En l'occurrence, le patron du Crédit Mutuel l'a appelé pour lui dire qu'il n'avait pas pu se défendre, et Vincent [Bolloré] ne l'accepte pas[2] ». Problème : c'est totalement inexact. Vescovacci et Livolsi ont proposé à plusieurs reprises à Michel Lucas de s'exprimer. Face à son absence de réponse, ils sont même parvenus à interviewer brièvement Alain Fradin, le directeur général de la banque.

Nerveusement épuisé par ces quelques semaines qui ont vu se succéder un violent bras de fer avec la direction suite à la censure de l'enquête « Crédit Mutuel », ma « convocation en vue d'un éventuel licenciement » après que je sois devenu représentant du SNJ-CGT, ce très tendu comité d'entreprise du mois d'octobre et pour finir une convocation par le directeur des ressources humaines, je m'endors au volant, le samedi 24 octobre, sur une petite départementale des Yvelines. Quand je reprends conscience, notre petite Twingo glisse sur le toit tel un cercueil impossible à arrêter, défonçant des barrières qui bordent la route, puis se précipite dans un fossé. À l'arrière, mon fils de trois ans hurle de terreur. On a frôlé la mort.

---

1. Daniel Psenny, « Nouveau coup de pression sur l'investigation à Canal Plus », *Le Monde*, 18 octobre 2015.
2. Comité d'entreprise de Canal Plus, 22 octobre 2015.

La Hollandie fait dodo

Censure de l'investigation pour protéger les intérêts de l'actionnaire, éviction des auteurs des *Guignols de l'info*, arrêt du *Zapping*, départ de Yann Barthès, guerre déontologique à I-Télé, entre juillet 2015 et novembre 2016, François Hollande n'aura pas levé le petit doigt pour défendre la légendaire indépendance éditoriale de la chaîne cryptée. En pleine polémique sur la suppression des *Guignols de l'info*, alors en visite sur les terres africaines de Vincent Bolloré, le président socialiste se serait contenté de déclarer (en privé!): « L'humour et la dérision d'émissions comme *Les Guignols de l'info* font partie du patrimoine de la télévision. Ce sont des émissions qui, quoi qu'on en pense, appartiennent à l'histoire de la télévision[1]. » Un enterrement de première classe!

À la rentrée 2015, même la visite de Vincent Bolloré à Olivier Schrameck, un ancien hiérarque socialiste devenu président du CSA, se révèle une vaste fumisterie. Le 3 septembre 2015, Vincent Bolloré avait pourtant assumé en personne la déprogrammation de l'enquête sur le Crédit Mutuel devant les élus du comité d'entreprise de Canal Plus dans les termes suivants: « S'il y a dans la maison des gens qui n'arrêtent pas de taper sur ses clients ou ses partenaires, elle n'en aura bientôt plus du tout. [...] Il faut donner aux clients des sujets qui les intéressent. Censurer, c'est empêcher quelqu'un de dire des choses vraies, mais attaquer la BNP, LCL, ou le propriétaire de l'immeuble serait une bêtise. » Deux semaines après, sa direction avait confirmé par écrit aux délégués du personnel qu'il était désormais « préférable d'éviter certaines attaques frontales ou polémiques contre les partenaires actuels ou futurs du groupe[2] ».

Mais le 24 septembre, devant Olivier Schrameck et ses conseillers, magie: Vincent Bolloré prétend exactement le contraire! Un document retraçant cette audition donne une idée des méthodes du milliardaire et de la désolante candeur des « sages » de l'audiovisuel, pourtant préalablement alertés par une tribune dans *Le Monde* de quatre censures ou

1. François-Xavier Bourmaud, « Pour Hollande, *Les Guignols* appartiennent au patrimoine de la télévision », *Le Figaro*, 3 juillet 2015.

2. Réunion avec les délégués du personnel, 16 septembre 2015.

déprogrammations en cours à Canal Plus[1]. Interrogé sur le documentaire « Hollande-Sarkozy, la guerre secrète » déprogrammé début septembre sur ordre de la direction qu'il a nommée[2], Vincent Bolloré parle d'« affabulation ». Concernant la censure du reportage sur l'évasion fiscale pratiquée par une filiale du Crédit Mutuel[3], il indique que « ce n'était pas lui qui avait pris la décision de censurer ce reportage ». Une façon de jouer sur les mots, puisque selon des informations non démenties de *Mediapart*, Vincent Bolloré en avait délégué le soin à Rodolphe Belmer, directeur général de Canal Plus, en lui expliquant qu'il fallait savoir « renvoyer l'ascenseur » au Crédit Mutuel (qui aidait à l'époque Vivendi et donc Vincent Bolloré à prendre le contrôle total de Canal Plus)[4].

En fin d'audition, au cas où l'un des membres du CSA n'aurait pas encore compris qu'il agissait avec le feu vert de l'exécutif, Bolloré aurait affirmé avoir « vu Hollande et Valls avant de monter au capital de Vivendi », et précisé que le président de la République et son Premier ministre lui avaient dit : « Allez-y[5]. » Après cette audition surréaliste, j'accompagne au CSA une délégation de confrères venus y déposer les preuves des censures évoquées. Reporters sans frontières demande au gendarme de l'audiovisuel d'ouvrir une « instruction préalable face aux violations répétées des principes d'indépendance et d'honnêteté de l'information par M. Vincent Bolloré au sein du groupe Canal Plus ». Mais Olivier Schrameck ne lève pas le petit doigt.

Sollicité par mon confrère Laurent Richard, du collectif « Informer n'est pas un délit », Gaspard Gantzer, alors conseiller en communication de François Hollande, ne donne pas suite. Quant à la ministre de la Culture et de la Communication, Fleur Pellerin, elle fait l'autruche,

---

1. « Bolloré devant le CSA, les questions qui dérangent », *Le Monde*, 22 septembre 2015.

2. « Canal Plus : un documentaire sur la guerre Hollande-Sarkozy déprogrammé », *loc. cit.*

3. Nicolas Vescovacci, Geoffrey Livolsi, Jean-Pierre Canet, « Évasion fiscale, une affaire française », *Spécial investigation*, Canal Plus, 2015, non diffusé.

4. Fabrice Arfi, « À Canal Plus, Vincent Bolloré censure un documentaire sur le Crédit Mutuel », *Mediapart*, 29 juillet 2015.

5. Note interne d'un membre du CSA lors de l'audition de Vincent Bolloré, 24 septembre 2015.

déclarant sur France Inter : « Pour le moment, aucune enquête n'a révélé s'il y avait eu une intervention directe… S'il s'avérait qu'il y avait eu des interventions directes d'annonceurs, de l'actionnaire, sur une chaîne pour déprogrammer des programmes qui dérangent, j'en serais extrêmement contrariée. Il faudrait sans doute que j'évoque le sujet avec le CSA[1]. » Malgré les preuves accumulées de censure et déprogramation, elle n'en fera rien.

Même à l'été 2016, au plus fort du bras de fer entre Serge Nedjar et les journalistes de I-Télé, la Hollandie ne lève pas le petit doigt pour défendre l'indépendance de la deuxième chaîne info de France. Pourtant l'affaire est sérieuse ; elle oppose le très autoritaire patron de *Direct Matin* que Vincent Bolloré vient de nommer à la tête de I-Télé et les journalistes de la chaîne. Ces derniers se sont retrouvés réduits à devoir mendier la mise en place d'une charte éditoriale et le retrait de l'antenne de Jean-Marc Morandini, alors mis en examen pour corruption de mineurs aggravée. Hollande s'inscrit sans fards dans la lignée de Nicolas Sarkozy qui considère lors de ce conflit que les propriétaires de médias ont « tous les droits »[2]. À cette période, dans une spectaculaire contradiction familiale, le fils du président socialiste, l'avocat Thomas Hollande (dont le cabinet conseille le comité d'entreprise de Canal Plus), viendra au contraire inciter les salariés d'I-Télé à se mettre en grève, convaincu que Vincent Bolloré serait alors contraint de céder en quelques jours. En réalité, on l'a vu, une grève de trente et un jours ne fera pas bouger d'un iota le milliardaire breton. Protégé par François Hollande et Nicolas Sarkozy, Vincent Bolloré pousse plus loin encore sa croisade contre l'information. Dès juin 2016, la direction qu'il a nommée à Canal Plus avait annoncé la suppression des courts journaux télévisés que la chaîne diffusait quotidiennement en clair depuis sa création. Et surtout, la suppression de l'émission d'enquêtes *Spécial investigation*, après un an de lutte.

---

1. France Inter, 28 septembre 2015.

2. Interrogé par Patrick Cohen en plein conflit à I-Télé pour savoir si les propriétaires de médias avaient « tous les droits », Nicolas Sarkozy répondra : « Oui, dans la mesure ou l'industrie de la communication est une industrie comme une autre » (France Inter, 18 octobre 2016).

L'ÉTOUFFEMENT DE *SPÉCIAL INVESTIGATION*

Le 13 janvier 2016, la CGT de Canal Plus s'étonne auprès de la direction que Nathalie Moutoz, la cheffe d'édition de *Spécial investigation*, démissionnaire, ne soit pas remplacée : « Pourquoi générer autant de désordre dans cette équipe, en déstabilisant encore plus les salariés ? La direction a-t-elle prévu de supprimer à terme cette case qui semble déranger dans son essence la bonne marche des affaires de notre actionnaire majoritaire[1] ? » La direction élude, mais le poste de chef d'édition ne sera pas pourvu… En février 2016, dans ce contexte tendu, notre présentateur Stéphane Haumant parvient à convaincre Maxime Saada de reprogrammer un comité d'investigation. Depuis la censure du sujet sur le Crédit Mutuel, celui-ci rechignait à organiser ces réunions que la direction nous imposait depuis la suppression de *90 Minutes* pour valider la moindre enquête. Nous lui présentons onze très bons projets. Habituellement, près de 90 % de nos propositions sont acceptées. Mais ce jour-là, quand Stéphane sort du comité, il a sa tête des mauvais jours et – fait exceptionnel – il se mure dans le silence.

Intrigués, nous mettons trois jours à comprendre la gifle éditoriale qu'il vient d'endurer : sept des onze projets que nous avons proposés ont été refusés par la direction nommée par Vincent Bolloré ! Parmi eux, au moins quatre s'intéressaient à des graves failles du quinquennat Hollande : « Les placards dorés de la République » (sur les emplois fictifs dans la haute fonction publique), « La répression *made in France* » (sur la façon dont la France exporte ses méthodes de répression, matraques électriques, etc., à des régimes peu recommandables), « François *Homeland* » (sur les coulisses des guerres voulues par le président de la République et leurs effets pervers) et surtout « Attentats : les dysfonctionnements des services de renseignement » (sur l'échec à déjouer les attaques de *Charlie Hebdo*, de l'Hyper Casher, l'attentat du Thalys et les tueries du 13 novembre 2015). Si nous avions pu les lancer, ces enquêtes auraient été diffusées dans *Spécial investigation* fin 2016 ou début 2017, et auraient apporté un éclairage aux électeurs en vue de la présidentielle. À ce niveau de censure, c'est forcément politique, me dis-je.

1. Réunion des délégués du personnel, 13 janvier 2016.

Je reçois alors un coup de fil de Daniel Schneidermann, fondateur du site *Arrêt sur images*. Il me propose de participer à un débat avec l'économiste des médias Julia Cagé et le député PS Patrick Bloche, chargé par François Hollande de préparer une « proposition de loi sur l'indépendance des médias ». Cela tombe bien, j'ai des choses à dire. Par précaution, pour ne pas que l'on m'accuse de révéler des informations confidentielles, je m'assure par mail auprès de Stéphane Haumant qu'il a bien informé nos partenaires producteurs des refus de la direction. Suite à sa confirmation, je saute sur mon scooter, direction porte de Vanves, à dix minutes de Canal Plus, où est enregistré le débat d'*Arrêt sur images*.

Sur le plateau de Schneidermann, Patrick Bloche défend comme il le peut son timide projet, que tout Paris surnomme la « proposition de loi anti-Bolloré ». Il souhaite que la loi rende obligatoire la création de « comités d'éthique » et annonce qu'il souhaiterait s'assurer que ces comités soient « indépendants des actionnaires ». Mais dans le même temps, il prévoit que leurs membres soient nommés par… ces mêmes actionnaires ou les dirigeants qu'ils ont désignés ! Bloche évoque quelques autres pistes à l'évidence impropres à entraver la violente reprise en main des médias par les oligarques. Pour s'assurer que l'indépendance sera respectée, il dit vouloir s'appuyer sur le CSA, instance dont le président est nommé par… le président de la République ! « Le CSA comme garant de l'indépendance, de l'honnêteté et du pluralisme de l'information, c'est un véritable cauchemar », avait pourtant estimé quelques jours plus tôt le Syndicat national des journalistes, le plus représentatif de la profession.

J'explique alors en plateau qu'en plus de nous interdire de disséquer le quinquennat Hollande, la direction nommée par Vincent Bolloré nous a également interdit de lancer « Volkswagen, l'entreprise de tous les scandales » (sur le trucage de logiciels antipollution, mais aussi sur le passé nazi du constructeur allemand), « Le monde selon YouTube » (sur les pratiques antidémocratiques du site de partage de vidéos) et « Nutella, les tartines de la discorde » (sur les questions environnementales soulevées par l'utilisation massive d'huile de palme dans la fabrication de la pâte chocolatée). Je lance : « Si ça continue comme ça, on va faire des sujets sur les trésors sous les mers ou les ours polaires ! » Je suis d'autant plus remonté qu'avec ces censures, la direction de Canal Plus ruine notre crédibilité journalistique… La double peine !

Julia Cagé semble sidérée, Patrick Bloche blêmit. Alors que François Hollande l'a missionné pour défendre la liberté de l'information, l'inanité de sa proposition de loi éclate au grand jour. Poussé dans ses retranchements, le député PS se lamente qu'elle soit « mal vécue par tous les possesseurs de médias, que ce soit la presse écrite ou la presse audiovisuelle. Pendant les auditions, j'en ai pris plein la gueule ». En creux, Bloche reconnaît qu'il n'a aucune marge de manœuvre, voire aucune crédibilité auprès des riches oligarques. Ont-ils compris que sa tentative de protéger l'« indépendance des médias » n'était qu'un écran de fumée voulu par François Hollande ? Quand Julia Cagé lui rappelle qu'en 2011, alors secrétaire du PS aux médias, il avait promis dans le programme présidentiel socialiste de lutter contre la concentration dans les médias, il louvoie : « Cela n'a pas été arbitré, car François Hollande a fait un autre choix. » Écœuré par l'hypocrisie du locataire de l'Élysée, je réponds que « ce que je finis par penser, c'est que Vincent Bolloré et François Hollande ont un intérêt conjoint à étouffer l'investigation. C'est leur intérêt mutuel[1]. »

Bien que réservé aux abonnés, ce débat d'*Arrêt sur images* fait immédiatement le buzz. À l'exception des *Échos*, le quotidien de Bernard Arnault, qui publie quelques jours plus tard un papier dithyrambique sur Vincent Bolloré[2], la plupart des médias s'alarment des censures en cours à Canal Plus[3]. Au moins, nous ne les aurons pas laissées s'opérer dans le secret des couloirs feutrés de la chaîne, à l'insu des abonnés, nous n'avons pas été complices de cet attentat démocratique. Quelques mois plus tard, après avoir supprimé *Spécial investigation*, la direction choisie par Vincent Bolloré va compromettre Canal Plus dans une lamentable opération de « communication » en faveur du président togolais Faure Gnassingbé, un

1. « Canal Plus, 2016, comment Bolloré a tué l'investigation », *Arrêt sur images*, 12 février 2016.

2. Anaëlle Grondin, « Comment Vincent Bolloré a secoué Canal Plus », *Les Échos*, 18 février 2016.

3. Voir Nicolas Rinaldi, « L'investigation sur Canal Plus censurée par Vincent Bolloré ? », *Marianne*, 15 février 2016 ; « Canal Plus : inventaire des sujets interdits sous Vincent Bolloré », *Le Monde*, 15 février 2016 ; « Ces enquêtes que Vincent Bolloré ne veut plus voir sur Canal Plus », *Mediapart*, 17 février 2016.

brutal potentat africain avec lequel le groupe Bolloré est en affaires et espère signer de nouveaux contrats.

Publireportage togolais

En ce 23 novembre 2017, au siège de Canal Plus, à Issy-les-Moulineaux, Françoise Feuillye, une élue du comité d'entreprise dénonce de nouvelles « censures » en cours sur Planète, la chaîne documentaire du groupe éponyme : « Un sujet sur la mère d'Ali Bongo [...] a été récemment déprogrammé et n'est toujours pas reprogrammé. Un autre sujet sur Sylvio Berlusconi est passé sur Planète mais il a été programmé [...] entre minuit et l'ouverture de la chaîne parce qu'il était un peu délicat de parler de Berlusconi à une période où Vivendi est négociation avec Mediaset. » Surtout, elle révèle qu'un reportage de l'émission *L'Effet papillon* évoquant la répression au Togo[1], régime dont Vincent Bolloré est soupçonné d'avoir corrompu le chef de l'État, a été déprogrammé : « Il rendait compte des manifestations d'opposants mais certaines multidiffusions ont été déprogrammées et le sujet a été retiré du service à la demande, ce qui constitue une censure. [...] S'il faut rayer l'Afrique des contenus éditoriaux, voire l'Asie si l'actionnaire y a des affaires, [...] il y a un vrai sujet[2]. » En réponse, Franck Cadoret, nouveau directeur général de Canal Plus, assume avoir censuré le reportage de *L'Effet papillon* sur les manifestations au Togo : « Il n'a peut-être pas plu au président du Togo et je ne sais pas s'il impacte Bolloré. En revanche, il impacte Canal Plus, qui est présent au Togo, et il impacte aussi Jacques du Puy [président de de Canal Plus international]. De mon point de vue, aller faire un reportage dans un pays où la Pay TV est très régulée, et attaquer le président de la République n'est pas très adroit tant pour le business que pour les salariés Canal. »

Cette réponse de la direction conduit évidemment les journalistes du groupe à ne pas respecter leur charte éthique professionnelle, qui considère la censure et l'autocensure comme les « pires dérives professionnelles ». Elle piétine également la timide loi Bloche sur l'indépendance des médias. Promulguée en novembre 2016, elle prévoit en effet que

1. Marc Garmirian, « Lâche ton trône », *L'Effet papillon*, Canal Plus, 15 octobre 2017.
2. Comité d'entreprise de Canal Plus, 23 novembre 2017.

« le Conseil supérieur de l'audiovisuel [garantit] l'honnêteté, l'indépendance et le pluralisme de l'information. [...] Il s'assure que les intérêts économiques des actionnaires des éditeurs de services de communication audiovisuelle et de leurs annonceurs ne portent aucune atteinte à ces principes. » La direction de Canal Plus de Vincent Bolloré s'en moque. Juste après une rediffusion par erreur du reportage sur le Togo quelques semaines après son retrait du replay, François Deplanck, le responsable de Canal Plus Afrique et une programmatrice sont licenciés. Le 22 décembre 2017, comme si Vincent Bolloré cherchait à ce que le chef d'État togolais, avec qui il espère signer de nouveaux contrats, lui pardonne cette bévue, Canal Plus ira jusqu'à diffuser un publireportage clandestin à sa gloire. Révélée par le site Lesjours.fr[1], cette diffusion contraint le CSA à ouvrir une procédure de sanction. Après de longs mois, il condamnera finalement la chaîne cryptée à faire lire à l'antenne un communiqué en forme de *mea culpa*[2]. En cet automne 2017, cette lamentable opération de propagande en faveur d'un potentat africain tirant sur son peuple dévaste une nouvelle fois l'image de Canal Plus, déjà écornée depuis 2015.

En parallèle de ces violations de la charte de diffusion qui lie Canal Plus au CSA, Vincent Bolloré « droitise » la ligne éditoriale d'I-Télé, la chaîne info du groupe Canal Plus. Dès septembre 2015, il nomme à la tête de sa rédaction un certain Guillaume Zeller. Catholique traditionaliste, il est le petit-fils du général André Zeller, qui avait participé à un putsch contre le général de Gaulle en avril 1961 pour défendre l'Algérie française. Rebaptisée CNews, I-Télé accueillera quelques mois plus tard une nouvelle

1. Isabelle Roberts et Raphaëlle Garrigos, « Le Togo en autopromo chez Bollo », *Les Jours*, 15 janvier 2018.

2. Le 24 octobre 2018, le CSA contraignait Canal Plus à lire à l'antenne le communiqué suivant : « Le CSA "déplore" que Canal Plus ait diffusé "un programme qui présente de manière positive des projets de développement économique et fait un éloge appuyé de la politique économique menée par le gouvernement d'un État africain, en mentionnant sa stabilité politique". Ce programme comportait plusieurs images issues de la communication institutionnelle de cet État. » Et le CSA d'insister, dans cette sanction publique, sur « l'exigence d'honnêteté qui s'applique à l'ensemble de ses programmes [qui] implique que la chaîne éclaire suffisamment le téléspectateur sur la nature et l'objet des programmes diffusés ».

« tête de gondole » très droitière : le polémiste Éric Zemmour, condamné à plusieurs reprises pour « incitation à la haine raciale ». Interrogé en 2016 sur ce virage réactionnaire de la chaîne cryptée, François Hollande semblera enfin prendre la mesure du problème : « Je pense qu'il faut se méfier de Bolloré. Mais pas simplement politiquement.(…) C'est un pirate. Quand Bolloré est venu me voir, il m'a dit : "On va reprendre *Le Grand Journal*, *Les Guignols* ça deviendra une émission internationale." Puis, il me dit qu'il va faire venir une nouvelle génération de comiques : Dany Boon et Arthur ! Comme il a un physique plutôt moderne, Bolloré, plutôt beau garçon, on ne le voit pas venir mais c'est un catho intégriste en réalité ! On pourrait penser qu'il a nommé Guillaume Zeller sans faire attention, mais non ! Bolloré est sur la ligne de Zeller ! C'est un catho intégriste, qui reproche à Canal non pas d'être à gauche, mais de ne pas être sur ses valeurs à lui. Il reproche à Canal d'attaquer le pape, la religion[1]… » Bernard Poignant, lui, continuera à défendre bec et ongle son ami milliardaire breton qu'il a promu auprès de François Hollande depuis 2012 : « [Zemmour] est éditorialiste au *Figaro* et exprime par écrit la même pensée, tentait-il de justifier en 2021. Mais Dassault [propriétaire du *Figaro*] est épargné, sans doute parce que c'est un vendeur d'armes, si utiles au commerce extérieur de la France. Vincent Bolloré a comme tout le monde des défauts, mais ce n'est pas un vendeur d'armes ! Cherchez l'erreur[2]… »

Après l'étouffement de *Spécial investigation* en 2015, le dernier bastion qui promeut des enquêtes audiovisuelles est désormais France Télévisions. À mi-quinquennat, alors que sa politique commence à être sérieusement épinglée par *Cash investigation* ou *Cellule de crise*, François Hollande est confronté à un enjeu crucial : le remplacement de Rémy Pfimlin à la tête du groupe public. À deux ans de la présidentielle de 2017, le choix du patron de France Télés est évidemment stratégique. Face à Nicolas Sarkozy, François Hollande avait promis aux Français qu'il « n'aurait pas la prétention de nommer les directeurs des chaînes de télévision publiques ». En réalité, le président socialiste va tout faire pour que France Télévisions soit confiée à une personnalité qui ne lui est pas hostile.

---

1. Cité par Antonin André et Karim Rissouli, *Conversations privées avec le Président*, Albin Michel, Paris, 2016.

2. Mail de Bernard Poignant à l'auteur, 17 juillet 2021.

12

La « main de fer » des réseaux socialistes

À 43 ans, elle est belle, froide et inconnue du grand public. En cet automne 2010, Delphine Ernotte est en poste au sommet de France Télécom. Fleuron de l'économie française, l'opérateur est alors plongé depuis quatre ans dans une tourmente provoquée par une politique sociale cynique et brutale. Directrice exécutive d'Orange France, Ernotte a été missionnée par le nouveau PDG Stéphane Richard pour répondre à Bernard Nicolas, un journaliste d'*Envoyé spécial.* Depuis six mois, il enquête sur l'immense souffrance de milliers de salariés harcelés, brisés, poussés au suicide depuis que l'État actionnaire a décidé de transformer à marche forcée France Télécom, mastodonte public de 120 000 salariés, en entreprise capitaliste. Fin 2006, après s'être engagé devant les milieux financiers à faire « baisser la masse salariale » de France Télécom de 22 000 salariés pour « dégager 7 milliards de *cash flow* » en trois ans, le PDG, Didier Lombard, déclare aux cadres dirigeants de l'entreprise : « En 2007, je ferai les départs d'une façon ou d'une autre, par la porte ou par la fenêtre[1]. » « On ne va pas faire dans la dentelle », renchérit Olivier Barberot, le DRH, sous le regard approbateur de Louis-Pierre Wenès, directeur des opérations France et supérieur hiérarchique de Delphine Ernotte. C'est le plan « Next ».

1. Discours de Didier Lombard devant l'Association des cadres supérieurs et dirigeants de France Télécom, 20 octobre 2006.

France Télécom : « Certains ont perdu leurs dents, leurs cheveux »

Se met alors en place un système rodé de harcèlement moral : 10 000 agents publics a priori « invirables » sont contraints de changer de poste, 22 000 autres vont être évincés. Pour *Envoyé spécial*, Bernard Nicolas a débriefé une dizaine de victimes de ce « management par la terreur ». Comme Stéphanie, une « démonstratrice multimédia » déléguée du personnel à Montpellier et harcelée durant des mois par la direction. Quand elle prend son poste, pendant un an, elle accumule de la documentation pour « mieux renseigner les clients, les collègues ». Un jour, son responsable jette tout à la poubelle. « J'ai eu envie de descendre à Montpellier avec le fusil, je ne pouvais pas comprendre, témoigne son père. Qu'un chefaillon qui se donne le pouvoir de jouer avec la santé, la vie d'un subordonné puisse agir comme cela, c'est pas croyable[1]. » Quelque temps plus tard, le casier personnel de la déléguée du personnel est fracturé. Quand elle prend la défense de quatre collègues s'estimant victimes de harcèlement moral, elle devient une cible pour sa hiérarchie. Pour qu'elle craque, on lui reproche son activité syndicale et on la laisse pendant des mois errer devant son ordinateur dans une boutique, sans rien lui dire.

Confronté à des milliers de dépressions et des dizaines de suicides par an à partir de 2008, puis à une plainte du syndicat Sud, Didier Lombard déplorera maladroitement devant la presse en 2009 une « mode du suicide ». Entre 2006 et 2010, période durant laquelle Delphine Ernotte progresse dans la hiérarchie, passant de directrice régionale du Centre-Val de Loire à numéro deux de France Télécom, 65 salariés se suicident. En décembre 2019, lors du procès des dirigeants de l'entreprise, *Le Monde* égrène une longue liste de victimes dont la détresse n'avait pas été prise en compte par la direction : « André Amelot, 54 ans, s'est pendu. Camille Bodivit, 48 ans, s'est jeté d'un pont. Anne-Sophie Cassou, 42 ans, a absorbé un cocktail de médicaments et d'alcool. Corinne Cleuziou, 45 ans, s'est pendue. Michel Deparis, 50 ans, a laissé une lettre : "Je me suicide

1. Sauf mention contraire, les citations à venir sont extraites de Bernard Nicolas et Jacques Massard, « Que s'est-il passé à France Télécom », *Envoyé spécial*, France 2, octobre 2010.

à cause de mon travail chez France Télécom." Stéphane Dessoly, 32 ans, s'est pendu : "Je pars à cause de mon travail chez France Télécom et rien d'autre." Nicolas Grenoville, 28 ans, s'est pendu : "Je ne supporte pas ce job et France Télécom s'en fout." Brice Hodde, 54 ans, s'est pendu. Jean-Michel Laurent, 53 ans, s'est jeté sous un train. [...] Rémy Louvradoux, 56 ans, s'est immolé par le feu devant un site de l'entreprise. Didier Martin, 48 ans, s'est pendu : "Le déclenchement de tout cela vient de mon travail." Dominique Mennechez, 53 ans, s'est pendu. Stéphanie Moison, 32 ans, s'est défenestrée sur son lieu de travail. Annie Noret, 53 ans, s'est pendue. Robert Perrin, 51 ans, a retourné contre lui son arme à feu. Bernard Pillou, 51 ans, s'est jeté d'un viaduc. Jean-Marc Regnier, 48 ans, s'est tué par balle. Patrick Rolland, 43 ans, s'est pendu. Jean-Paul Rouannet, 51 ans, s'est jeté d'un pont d'autoroute[1]. »

Avant de rencontrer Delphine Ernotte, membre du comité de direction quand France Télécom organisait ce terrible harcèlement institutionnel, le journaliste d'*Envoyé spécial* a interrogé une psy ayant aidé des salariés harcelés : « Certains ont perdu leurs dents, d'autres, leurs cheveux. [...] L'autre jour, un m'a dit : "Vous savez, docteur, j'ai ce qu'il faut, je fais de l'alpinisme, j'ai des cordes, elles sont toujours dans la voiture. Et je saurais les utiliser". » « Toutes les semaines, en comité de direction, on comptait les départs, on bâtonnait sans considération pour les compétences professionnelles ou la situation sociale du salarié », reconnaîtra une responsable devant la justice, en 2019[2].

Le journaliste d'*Envoyé spécial* a aussi débriefé un haut cadre, anonymement. Comme Delphine Ernotte, il était directeur régional de France Télécom au lancement du plan Next, fin 2005. Quand il a rechigné à harceler ses subordonnés, sa hiérarchie lui est tombée dessus : « On m'a dit : je te préviens, je suis mandaté au plus haut niveau pour te dire que tu n'as plus rien à attendre de l'entreprise. Elle te détruira. Ici, il n'y a pas de micros, pas de caméras, on fera tout pour te détruire, il faut que tu partes. » Quelques mois plus tard, la direction des ressources humaines le convoque, le menace de faute lourde et l'oblige à signer son départ

1. Pascale Robert-Diard, « Procès France Télécom, radiographie d'un système de harcèlement moral », *Le Monde*, 5 mai 2019.
2. *Ibid.*

immédiat. « Je leur ai dit : "Vous êtes des salauds, je ne veux plus entendre parler de vous, je ne pouvais pas imaginer un instant que vous pourriez faire cela." Quand j'ai signé, j'étais mort, épuisé, liquéfié, en sanglots. Tué complètement ».

Des dépressions « programmées » ?

Directrice de la région Centre-Val de Loire (3 800 salariés) au lancement du plan Next, Ernotte reconnaît devant la caméra d'*Envoyé spécial* qu'à l'instar des autres directeurs régionaux, elle avait un « enjeu » sur ces départs : plus elle poussait de salariés à partir, plus elle obtenait des primes. Tout au long de la mise en œuvre de ce plan de « harcèlement institutionnel », elle est considérée comme un bon élément. En juillet 2006, elle est nommée directrice de la communication d'Orange France et fait son entrée au comité de direction. En mai 2008, elle devient directrice commerciale France. À cette époque, le journaliste Ivan du Roy rencontre quelques-uns de ses subordonnés dans le cadre d'un livre enquête sur France Télécom[1] : « Ils m'ont fait comprendre qu'elle appliquait, sans sourciller, les consignes managériales venues d'en haut. Chez les cadres, et encore plus les hauts cadres, la ligne à suivre pour protéger sa carrière était alors de "ne pas faire de vagues" : mettre en œuvre le "management par le stress" et atteindre les objectifs de départ – par des démissions, des mises à la retraite, des dépressions ou n'importe quel autre moyen – sans se poser de questions[2]. »

En avril 2010, Delphine Ernotte grimpe encore dans la hiérarchie en étant nommée directrice générale adjointe des opérations d'Orange France. Elle raconte à *Envoyé spécial* : « Évidemment, on a demandé des choses très difficiles aux salariés. [...] Ils me disaient : "On entre pour une carrière technique et on vous demande de travailler dans un centre d'appel, c'est très dur, voire insupportable." » Mais la future patronne de France Télévisions assure ne pas s'être rendu compte de la violence exercée sur ses subordonnés : « Avait-on compris à quel point pour certaines personnes, cela pouvait représenter un drame ? Non. Non. »

---

1. Ivan du Roy, *Orange stressé. Le management par le stress à France Télécom*, La Découverte, Paris, 2009.
2. Mail d'Ivan du Roy à l'auteur, 23 septembre 2021.

Bernard Nicolas présente alors à Delphine Ernotte un document confidentiel que la direction de France Télécom avait distribué à ses cadres en 2006, année où elle devient directrice de la communication France. Il prévoit noir sur blanc les « phases du deuil » par lesquelles passera un salarié confronté au plan Next. L'« annonce » (du changement de poste ou de la nécessité de partir) sera suivie, écrit France Télécom, d'un « refus de comprendre » (incompréhension, négation, rejet total), puis d'une « résistance » (inertie, argumentation, révolte, sabotage), d'une « décompression » (tristesse, absence de ressort, désespoir, dépression), d'une « résignation » (absence d'enthousiasme et de convictions, attitude dubitative, nostalgie du passé) et enfin d'une « intégration » (changement accepté, pas de nostalgie...). La direction de France Télécom était donc consciente que ses méthodes de management provoqueraient du « désespoir » et des « dépressions » : « C'est parce qu'on savait qu'on demandait beaucoup aux salariés qu'on a souhaité former les cadres, maladroitement, à [les] accompagner dans le changement, tente de justifier Ernotte. De là à se dire que certains allaient craquer, non. »

Le 20 décembre 2019, le tribunal correctionnel de Paris condamne Didier Lombard, Louis-Pierre Wenès, Olivier Barberot et quatre autres dirigeants de France Télécom à de légères peines de prison pour « harcèlement moral institutionnel au travail[1] ». Mais pas Delphine Ernotte. Interviewée dans *L'Obs* en 2010, elle avait justifié la violence exercée contre les salariés par ces termes : « La logique de la confrontation systématique entre syndicats et managers » avait « masqué les messages d'alerte ». Dès cette époque, la future patronne de France Télévisions avait néanmoins reconnu avoir traversé la crise de France Télécom « avec un mélange de profonde culpabilité et de déni[2] ».

Mais revenons à 2013, où un événement inattendu va changer le destin d'Ernotte. Son patron, Stéphane Richard, est rattrapé par son passé : il est

1. Didier Lombard, l'ancien PDG, Louis-Pierre Wenes, ex-directeur des opérations France, et Olivier Barberot, ex-directeur des ressources humaines, écoperont d'un an d'emprisonnement et 15 000 euros d'amende. Quatre autres cadres seront condamnés pour « complicité ».

2. Dominique Nora, « Delphine Ernotte, la dé-stresseuse d'Orange », *Le Nouvel Observateur*, 4 mai 2011.

mis en examen pour «escroquerie en bande organisée» pour son rôle dans un arbitrage favorable à Bernard Tapie survenu en 2008, quand il dirigeait le cabinet de Christine Lagarde, la ministre de l'Économie de Nicolas Sarkozy. Même s'il reste PDG de France Télécom, rebaptisée Orange, l'affaire jette un froid entre lui et Delphine Ernotte, sa numéro deux. «Elle avait une vraie ambition de décrocher une présidence», se souvient un membre du comité exécutif d'Orange. En clair, elle cherche une porte de sortie. Le mandat de Rémy Pfimlin à la tête de France Télévisions est sur le point de s'achever. Prévue pour avril 2015, la nomination de son successeur par le CSA est surveillée de près par l'Élysée. À deux ans de la présidentielle, François Hollande aimerait rééquilibrer la puissance de BFMTV en favorisant la création d'une chaîne d'info publique. Il aimerait aussi que le prochain patron de France Télés ne lui soit pas trop défavorable.

La Hollandie au chevet d'Ernotte

Robert Zarader, «ami de vingt ans» et conseiller en communication du président socialiste – ainsi que du patron de France Télécom –, suggère alors à Delphine Ernotte de briguer la succession de Rémy Pfimlin. Problème: depuis que François Hollande a officiellement renoncé à nommer les patrons de Radio France et de France Télévisions comme le faisait Nicolas Sarkozy, le CSA est censé les désigner «sur des critères de compétence et d'expérience». Ernotte a une sœur adjointe d'Anne Hidalgo et elle copine volontiers avec certaines ministres socialistes, notamment Fleur Pellerin et Najat Vallaud-Belkacem[1]. Mais elle n'a aucune expérience télévisuelle.

Pour crédibiliser sa candidature, Robert Zarader, qui tient François Hollande informé du «rôle discret» qu'il joue dans l'opération, mobilise un vaste réseau socialiste. Il sollicite Denis Pingaud, un ancien du service de presse de Laurent Fabius passé par Euro-RSCG (qui deviendra Havas worldwide), qui lui dégote chez les écologistes un futur directeur de cabinet, Stéphane Sitbon-Gomez. Fin 2014, le conseiller média de François Hollande, David Kessler, quitte l'Élysée pour travailler avec Delphine

1. Véronique Groussard, «Delphine Ernotte, une novice à la tête de France Télévisions», *L'Obs*, 23 avril 2015.

Ernotte. Recruté à la tête d'Orange Studio, il lui prodigue « quelques conseils » sur la façon de convaincre Olivier Schrameck et son CSA de la nommer à la présidence de France Télévisions. Pour David Kessler, le patron du CSA n'est pas un inconnu. Quand il dirigeait le cabinet de Lionel Jospin, à Matignon, il avait travaillé sous son autorité. Fin 2012, c'est même lui qui avait suggéré à François Hollande de le nommer à la tête du CSA.

Le 12 janvier 2015, alors que des noms de « cadors » des médias, comme Marie-Christine Saragosse, Emmanuel Hoog, Denis Olivennes ou Christopher Baldelli, commençaient à circuler dans les dîners parisiens pour la présidence de France Télévisions, François Hollande aurait exercé de discrètes pressions sur le CSA. Selon *Marianne*, le chef de l'État aurait rencontré Olivier Schrameck en présence de Fleur Pellerin, la ministre de la Culture. Mais au moment de parler de la fameuse nomination, ils auraient prié la ministre de s'éclipser. Et après une « revue des potentiels candidats », François Hollande aurait « fait passer un message clair au président du CSA : la copie est à revoir[1] ». La présélection des candidats à la présidence de France Télévisions se serait-elle opérée en petit comité, dans le secret des palais de la République et dans le dos des membres du Conseil supérieur de l'audiovisuel ?

Entendu par l'Office central de lutte contre la corruption et les infractions financières et fiscales (OCLCIFF) en 2018 suite à une plainte de syndicats de France Télés, l'un des conseillers du CSA, l'ex-sénateur UDF Nicolas About, évoquera devant les policiers « des pressions exercées et un manichéisme exacerbé » de la part d'Olivier Schrameck. Pour lui, « dès février 2015, il y a manifestement eu un accord entre plusieurs membres du CSA. On a eu le sentiment qu'on n'avait pas entendu les gens, que c'était déjà joué, [...] ce qui ne me paraît pas être dans l'esprit d'une institution indépendante[2] ».

En avril, le CSA doit choisir sept ou huit finalistes parmi les 33 candidats. Si des pointures comme Marie-Christine Saragosse, la patronne de l'audiovisuel extérieur de la France, ou Emmanuel Hoog, le patron de

1. Marc Endeweld, « Le naufrage de France Télévisions », *Marianne*, 13 février 2015.
2. Cité par Christophe Nobili, « La main de Hollande dans la nomination de la patronne de France Télés », *Le Canard enchaîné*, 9 octobre 2019.

l'AFP, sont retenues, il y a des chances qu'ils fassent du « petit bois » de la candidature de l'inexpérimentée Ernotte. Mais François Hollande va apporter un second coup de main, toujours aussi discret, mais déterminant, à la candidate des réseaux socialistes. Olivier Schrameck en personne vend la mèche devant des policiers anticorruption en septembre 2018 : « J'ai reçu un coup de téléphone de François Hollande, qui m'a demandé d'éviter de nommer Marie-Christine Saragosse ou Emmanuel Hoog. » « Pour une raison simple, affirme benoîtement l'ancien président socialiste aux policiers venus l'entendre dans ses bureaux de la rue de Rivoli en 2019. C'est qu'ils étaient déjà présidents de sociétés publiques[1]. » Olivier Schrameck reçoit le message cinq sur cinq. Le 15 avril, jour où le CSA doit départager les candidats, il fait une déclaration liminaire dans laquelle il explique que retenir Saragosse ou Hoog pour France Télés reviendrait à « déstabiliser leurs entreprises publiques[2] ». Pour qu'un candidat soit admissible à l'oral, Schrameck fixe une règle bien précise : qu'au moins cinq conseillers sur huit le souhaitent. Un chiffre qui lui permet, avec des personnalités qui lui sont proches comme Nathalie Sonnac, Nicolas Curien et Sylvie Pierre-Brossolette, de bloquer toute audition non désirée. Résultat, dès ce 15 avril, Emmanuel Hoog et Marie-Christine Saragosse sont éliminés sans même passer l'oral. Delphine Ernotte, en revanche, est présélectionnée, à la grande surprise de certains : « [Elle] ne connaissait même pas la différence entre un journaliste reporter d'images et un journaliste qui écrit », taclera en 2019 l'ex-conseillère Memona Hintermann[3]...

Les journalistes de France Télévisions s'inquiètent de l'opacité de la procédure de recrutement conduite par Olivier Schrameck et poussent un coup de gueule dans une tribune du *Monde* : « Le CSA nomme à l'abri des regards et dans la plus grande opacité, notre nouveau président. Citoyens et salariés sont donc tenus à l'écart des débats autour de l'avenir de la télévision publique. [...] Pour les journalistes du service public, il s'agit d'une procédure antidémocratique. [...] Que sait-on du projet éditorial qui sera retenu ? [...] Quel engagement pour que l'indépendance

---

1. *Ibid.*
2. Laurent Mauduit, « France Télévisions : la nomination de la PDG entachée d'irrégularités », *Mediapart*, 16 mai 2015.
3. « La main de Hollande dans la nomination de la patronne de France Télés », *loc. cit.*

et le pluralisme restent la priorité de nos rédactions ? [...] La présidence de France Télévisions est un poste suffisamment sensible pour qu'on y attache un souci absolu de transparence[1]. » Pourtant, une semaine plus tard, c'est dans le plus grand secret que les sept candidats présélectionnés sont auditionnés par le CSA. Dans la foulée, un vote intervient. Sans surprise, Olivier Schrameck et Sylvie Pierre-Brossolette, mais aussi deux nouveaux entrants, Nicolas Curien et Nathalie Sonnac, apportent leur voix à Delphine Ernotte. Mais Pascal Josèphe obtient trois voix et Rémy Pfimlin une voix. Le CSA n'arrivant pas à trancher, un second vote est organisé le lendemain. Cette fois, Delphine Ernotte obtient quatre voix à égalité avec Pascal Josèphe ! Après l'« amical » coup de fil d'un responsable du Conseil d'État, son corps d'origine, l'une des sages ayant voté pour Pascal Josèphe se laisse convaincre de voter Ernotte, qui l'emporte finalement avec cinq voix contre trois[2].

Dès la rentrée, François Hollande s'invite à l'avant-première d'un documentaire sur Franklin Roosevelt et en profite pour monter au huitième étage de France Télévisions, pour un long aparté confidentiel avec Delphine Ernotte[3]. À compter de cette date, la nouvelle présidente de France Télévisions va mettre sous pression plusieurs figures du groupe ayant manifesté du recul critique vis-à-vis de François Hollande.

1. « France Télévisions, le règne de l'opacité », *Le Monde*, 21 avril 2015.

2. Cyril Lacarière, « Tensions, pressions, mensonges et élections », *L'Opinion*, 16 juillet 2015.

3. Alexandre Picquart et Alexis Delcambre, « Ernotte, la fausse candide », *Le Monde*, 28 janvier 2016.

13
L'information déstabilisée

Delphine Ernotte s'illustre d'abord par quelques engagements remarqués. Elle diffuse dans *Pièces à conviction* sur France 3 l'enquête de Canal Plus sur le Crédit Mutuel censurée par Vincent Bolloré. Les salariés du groupe public sont majoritairement masculins et âgés ? « On a une télévision d'hommes blancs de plus de cinquante ans. Et cela, il va falloir que cela change ! », martèle-t-elle chez Jean-Pierre Elkabbach[1]. Mais derrière ces postures politiquement correctes, Delphine Ernotte engage en coulisses une reprise en main de l'information au profit de François Hollande. Elle cible d'abord Thierry Thuillier, nommé en 2010 sous Nicolas Sarkozy. Dès la rédaction de son projet, elle avait reproché à ce grand professionnel d'être à la fois directeur de l'information de France Télés et directeur des programmes de France 2.

Guerre contre l'équipe Thuillier

Issu de TF1, arrivé à France 2 en 1994, Thuillier y était rapidement devenu chef du service international, puis responsable des « enquêtes et reportages ». En 2002, il crée avec Patrick Boitet l'émission géopolitique *Un œil sur la planète*. En 2007, il prend la rédaction en chef du 20 heures de David Pujadas. En 2008, il part diriger I-Télé. En 2010, Rémy Pfimlin, que Nicolas Sarkozy vient de nommer à la tête de France Télés, le rappelle

1. Europe 1, 23 septembre 2015.

pour remplacer Arlette Chabot à la direction de l'information. Passionné d'info, Thuillier convainc Pfimlin d'innover avec « L'œil du 20 heures », une pastille d'enquête au cœur de la grand-messe télévisée du soir. « Chaque matin, on écoutait les membres du gouvernement Ayrault à la radio, et on "fact-checkait" leurs affirmations », se souvient une ancienne de l'équipe. Incohérences, promesses non tenues, tout est pointé par « L'œil du 20 heures ». En 2011, Thuillier permet la création de *Cash investigation*, la novatrice émission d'enquête imaginée par Élise Lucet, Laurent Richard et Jean-Pierre Canet. En 2013, il avalise son passage en *prime time*. Cette année-là, Thuillier prend en plus la direction des programmes de France 2. En interne, il est perçu comme un grand « pro » : « Il n'y a pas trente-six personnalités sur la place de Paris qui sont à la fois dynamiques, ambitieuses, qui ont du pif et qui aiment profondément l'info », déclare par exemple son confrère et ami David Pujadas en mars 2015[1].

Quand avant même d'être nommée, Delphine Ernotte critique Thierry Thuillier dans son projet, ils se rencontrent, sans parvenir à s'entendre. Sollicité pour diriger le service des sports de Canal Plus, le directeur de l'info de France Télés remet sa démission à Rémy Pfimlin. Respectueux de l'argent public, il refuse toute indemnité.

Début septembre, Rodolphe Belmer, ancien directeur général de Canal Plus accepte, à la demande de François Hollande, de devenir le conseiller stratégique (amical et bénévole, selon lui) de Delphine Ernotte. Mais alors qu'il lui organise une réunion avec une trentaine de personnalités du monde de l'audiovisuel, elle lui annonce par texto quelques minutes avant le début de la réunion qu'elle ne « viendra pas ». Quand elle sèche une deuxième réunion du même type quelques semaines plus tard, Belmer reste néanmoins en poste, tout en ayant le net sentiment que ses conseils sont « assez inutiles » à la présidente. Personnage complexe, ambivalent, Delphine Ernotte cherchait-elle à se détacher de ce dirigeant compétent, mais qui avait le tort de lui avoir été adressé par le Président de la République[2] ?

1. *Pure médias*, 12 mars 2015.
2. Contactée pour cet ouvrage, Delphine Ernotte n'a pas souhaité s'exprimer.

Début octobre, ses équipes commencent à s'en prendre à des journalistes ayant fait preuve de distance à l'égard de la Hollandie. Premier visé ? Philippe Verdier. À deux mois de la COP21, une conférence de l'ONU sur le climat qui doit se tenir à Paris, le chef du service météo de France Télés critique dans un ouvrage un peu confus les grands barnums sur le climat[1]. Il épingle notamment la façon dont Laurent Fabius, pressenti pour animer l'événement, a tenté d'enrôler les présentateurs météo du service public dans ce qu'il perçoit comme une opération de communication. Le 1er octobre, il publie même dans *Le Point* une lettre ouverte à François Hollande : « Monsieur le Président de la République, je peine à percevoir dans vos paroles la sincérité, l'intention d'agir pleinement pour l'environnement de manière posée et constructive. Entre vos mains, le climat n'est qu'une fiche parmi toutes les autres. » Verdier reproche au président socialiste de « feindre un sauvetage de la planète ». Le soir même de la publication de sa lettre ouverte, Pascal Golomer, qu'Ernotte a nommé en août à la direction de l'info, le contacte. Embarrassé, il lui reproche non pas d'avoir publié un livre, mais de « s'exprimer en tant que journaliste de France Télévisions » : « Il me demande de retirer de mon compte Twitter le fait que je travaille à France Télévisions », se souvient Verdier. Quelques jours plus tard, il reçoit un mail l'informant d'une « mise à pied immédiate ». En clair, il est privé d'antenne. Et le 23 octobre, il est convoqué pour un entretien préalable, puis licencié. Dans les motifs du licenciement, France Télévisions reconnaît à son chef du service météo le droit de faire un livre, mais elle lui reproche de s'être « prévalu de sa fonction ». Pour Verdier, l'argument est hypocrite : « Tous les journalistes de France Télévisions, quand ils sortent un livre, sont évidemment identifiés comme travaillant à la télé, expliquait-il en 2016. [...] J'ai été présenté comme chef du service météo de France 2 par mon éditeur, ce qui est son droit. L'éditeur n'a jamais reçu aucun coup de fil ni aucun courrier de France Télévisions. Pour la lettre ouverte à François Hollande, il m'a aussi été reproché non pas de m'adresser au chef de l'État, mais de mentionner mon appartenance à France Télévisions[2]. »

1. Philippe Verdier, *Climat investigation*, Ring, Paris, 2015.

2. Thomas Malher, « Philippe Verdier : en France, un journaliste peut être licencié pour un livre », *Le Point*, 2 novembre 2016.

Sous Delphine Ernotte, le fait d'être employé comme journaliste par le service public interdirait-il de porter un regard critique sur le locataire de l'Élysée ? Tout porte à le croire…

Début décembre, alors que la rédaction a fort à faire entre la couverture des suites des terribles attentats du 13 novembre (plus de 130 morts et 410 blessés) et celle des élections régionales à venir, la patronne de France Télés provoque un nouveau coup de tonnerre en écartant Pascal Golomer, un pilier de l'équipe Thuillier, qu'elle venait pourtant de nommer à la direction de l'information. Alors qu'elle venait d'affirmer dans un mail collectif qu'il avait « toute sa confiance et tout son soutien », elle annonce quelques jours plus tard qu'elle l'écarte pour nommer à sa place Michel Field, à qui elle vient pourtant de confier la direction de France 5. Stupéfaite, la SDJ de France 2 dénonce dans un communiqué la « déstabilisation qu'une telle décision entraîne sur l'ensemble des journalistes de France 2[1] ». Selon *Le Canard enchaîné*, Golomer aurait notamment payé le fait de vouloir repousser le lancement de la chaîne info publique à début 2017, alors que l'équipe Ernotte voulait qu'elle soit fin prête dès septembre 2016 pour couvrir la présidentielle[2].

Beaucoup doutent que Field soit l'homme idoine pour diriger l'information de France Télévisions[3]. Ancien gauchiste, il s'est notabilisé dans les années 1990 en devenant chroniqueur chez Christophe Dechavanne sur TF1, puis animateur du *Cercle de minuit* sur France 2. En violation de la charte de déontologie des journalistes, qui interdit de confondre information et communication, il a longtemps fait des « ménages », notamment pour le groupe Casino en 2008, Réseaux ferrés de France en 2012 ou Pfizer en 2013[4]. En 2005, alors qu'il travaille pour Europe 1, il anime pour l'UMP de Nicolas Sarkozy un meeting en faveur du « oui » au traité constitutionnel européen. Sur scène, comble du mélange des genres, il accueille triomphalement… Arnaud Lagardère, son patron ! Dans la

1. *Ozap*, 7 décembre 2015.

2. Christophe Nobili, « Le président Hollande ne tient plus qu'à un Field », *Le Canard enchaîné*, 13 avril 2016.

3. Contacté pour cet ouvrage, Michel Field n'a pas souhaité s'exprimer.

4. Anne-Sophie Mercier, « Michel Field, Ernotte d'intention », *Le Canard enchaîné*, 16 décembre 2015.

foulée, il devint membre du club de l'élite des affaires et des médias Le Siècle, puis rejoint le groupe TF1, sur LCI[1].

Fin 2015, c'est cet ex-soixante-huitard devenu l'une des meilleures têtes de gondole de Martin Bouygues qu'Ernotte débauche pour France 5, puis pour devenir son deuxième directeur de l'information de France Télévisions en quelques mois. Très vite, ce « faux impertinent », comme le présentaient en 2012 Gilles Balbastre et Yannick Kergoat[2], va se faire remarquer pour sa désinvolture à l'égard des journalistes de l'audiovisuel public. Durant dix-huit mois, il mène une guerre contre les anciens collègues de Thierry Thuillier et tous ceux qui, à l'instar de David Pujadas, revendiquent un minimum d'indépendance éditoriale à l'égard de la Hollandie.

Entre Pujadas, cet ancien du Centre de formation des journalistes qui présente le « 20 heures » de France 2 depuis 2001 et le président socialiste, tout avait pourtant bien commencé. Dans les années 2000, les deux hommes se tutoient et déjeunent souvent ensemble. Quand durant la campagne de 2012, Pujadas se montre mordant avec Sarkozy en l'interrogeant sur l'épisode du Fouquet's[3], Hollande croit avoir trouvé un allié. Puis le président socialiste découvre que l'équipe du 20 heures de la chaîne publique fait juste son boulot : « Le quinquennat Hollande démarrait cahin-caha, il avait pris trois semaines de vacances le premier été, l'affaire Léonarda n'avait pas été brillante, on l'avait dit ! », se souvient un cadre de France 2[4]. Une liberté de ton qui n'aurait pas été du goût de l'Élysée. Dès 2013, des proches de François Hollande multiplient les manœuvres de déstabilisation de l'équipe Thuillier : « Un jour, après un passage de Julien Dray à RTL, un journaliste de la station appelle un cadre du 20 heures : "[Dray] dit que Pujadas et Thuillier sont sarkozystes, qu'ils dînent chez Guéant" ! ». « À cette époque, nous a confirmé une rédactrice en chef de France 2, des

1. Gilles Balastre et Yannick Kergoat, « Les nouveaux chiens de garde », JEM productions, 2012 (d'après Serge Halimi, *Les Nouveaux Chiens de garde*, Liber-raison d'agir, Paris, 1997).

2. Cité dans François Maliet, « À la niche, les journalistes », *CQFD*, 14 janvier 2012.

3. Voir « Des paroles et des actes », France 2, 7 mars 2012.

4. Entretien avec l'auteur, 18 décembre 2019. Le 19 octobre 2013, François Hollande avait pris la parole à la télévision pour proposer à Léonarda Dibrani, une collégienne Rom expulsée quelques jours plus tôt avec sa famille, de revenir en France. Celle-ci avait alors expliqué sur BFMTV qu'elle refusait.

conseillers de l'Élysée étaient persuadés que Thierry Thuillier avait dans son bureau de France Télévisions une photo de lui posant avec Nicolas Sarkozy. J'avais beau leur dire que je fréquentais ce bureau quotidiennement et que c'était n'importe quoi, ils ne voulaient pas en démordre[1] ! »

Quand Delphine Ernotte se sépare de Thierry Thuillier dès sa nomination en avril 2015, David Pujadas croit pouvoir continuer à la tête du 20 heures. À la demande du producteur Brainworks, il accepte même de présenter *Cellule de crise*, une nouvelle émission visant à décrypter le fonctionnement de l'État. Après les attentats contre *Charlie Hebdo* et l'Hyper Cacher de Vincennes, plusieurs journalistes missionnés par David Pujadas et Brainworks enquêtent sur la façon dont l'État Hollande a géré la menace djihadiste. Depuis les attaques de Mohamed Merah à Toulouse et l'incendie criminel des locaux de *Charlie* en novembre 2011, cette menace est avérée, au point que sous Nicolas Sarkozy, plusieurs dirigeants de *Charlie* avaient été placés sous protection policière. Au printemps 2013, le magazine d'Al-Qaida avait publié une liste de onze personnalités à abattre dans le monde. Un Français y figurait : Stéphane Charbonnier, dit « Charb », le directeur de la publication de *Charlie Hebdo*.

Charlie Hebdo mal protégé ?

Suite à l'attentat contre *Charlie Hebdo*, les enquêteurs de *Cellule de crise* découvrent que l'État Hollande n'avait pas pris la mesure du danger : quand le matin du 7 janvier 2015, les frères Kouachi abattent un agent de sécurité devant le 10 de la rue Nicolas-Appert, au pied de l'immeuble abritant *Charlie* dans le 11e arrondissement de Paris, la police est alertée, mais ni le 17 (Police secours) ni la salle de commandement de la Préfecture de police de Paris ne savent qu'il s'agit du siège de l'hebdo satirique[2] ! Aussi l'opérateur de police secours croit-il à une « attaque de banque ». La patrouille de la BAC envoyée sur place n'imagine pas non plus qu'il s'agit d'une attaque terroriste. À 11 h 28, alors que les frères Kouachi arpentent les couloirs de l'immeuble à la recherche des locaux de *Charlie*, un policier lance à la

1. Entretien avec l'auteur, 26 août 2021.

2. Mickaël Guedj, Claire Tesson, Christophe Widemann, sous la direction de Jean-Pierre Canet, « Attentats, dans les coulisses des cellules de crise », France 2, 3 janvier 2016.

radio : « Je ne sais pas ce que c'est comme locaux, des gens pensent que c'est les locaux de *Charlie Hebdo*, trois personnes sont entrées avec des armes lourdes, déjà un blessé et des coups de feu tirés. Donc il nous faudrait pas mal de monde, on se tient au courant. » À 11 h 32, quand les frères Kouachi franchissent enfin la porte de la rédaction, de violentes détonations retentissent. Mais à la Préfecture de police, la salle de commandement ne mesure toujours pas la gravité de l'événement : trois fonctionnaires à vélo envoyés rue Nicolas-Appert se font tirer dessus. Par radio, un des policiers de la BAC présent sur place tente alors de donner la plaque d'immatriculation des terroristes et de dire à ses collègues de ne pas s'engager ! Mais son appel n'est pas entendu : « Sur les ondes, plein de messages viennent de la salle de commandement, raconte un policier à France 2. Le responsable de cette salle pose des questions pour savoir ce qui se passe, et c'est prioritaire, cela recouvre les messages du flic de terrain. » Du coup, quand deux autres policiers inconscients du danger se dirigent à leur tour en voiture vers la rue Nicolas-Appert, ils tombent face au véhicule des frères Kouachi : « Ils pensent que ce sont des collègues, raconte un policier, ils font des appels de phare, pour que les « collègues » se poussent, puis ils comprennent. Ils se font tirer dessus. » En panique, les fonctionnaires reculent vers le boulevard Richard-Lenoir sans être atteints par les balles. Un miracle. Mais là, de nouveaux policiers déboulent, toujours pas informés du danger. L'un d'eux, Ahmed Merabet, est abattu au sol à la Kalachnikov. À 11 h 37, les frères Kouachi prennent la fuite. Mais les 1 200 caméras de surveillance de la Ville de Paris perdent la trace de leur voiture noire.

L'épouse du policier chargé d'assurer la sécurité de Charb, le directeur de la publication de l'hebdo, apprend l'attentat par la radio. Quand elle appelle le ministère de l'Intérieur, on lui dit que son mari, Franck, est mort. « Une heure avant, je l'avais eu au téléphone, il buvait un café en bas de *Charlie*, témoigne Ingrid Brinsolaro sur France 2. Frankie a été sacrifié. Il n'avait aucune chance de s'en sortir. Je pense que n'importe quel professionnel le savait. » Âgé de 48 ans, ce policier d'élite du Service de la protection (SDLP) avait travaillé en Afghanistan, escorté des ambassadeurs. Mais selon son épouse, il se sentait en danger : « Il me parlait des difficultés, des dysfonctionnements de son service, il trouvait le dispositif très léger. Il savait que les types seraient lourdement armés et qu'il n'aurait aucune chance. » Suite à l'attentat, une voiture du ministère de l'Intérieur vient la chercher à son domicile. Au siège du SDLP, des collègues de son mari tentent de la réconforter. Devant la caméra de France 2, elle interpelle Bernard Cazeneuve : « Comment, alors que la menace est connue, réelle, est-il possible que cette attaque arrive, que deux hommes armés entrent dans la rédaction de *Charlie* et tuent dix personnes et mon mari ? » Bernard Cazeneuve lui promettra des explications. Elle les attend toujours.

Animé par David Pujadas, cette remarquable enquête menée par Claire Tesson et Mickaël Guedj sous la direction de Jean-Pierre Canet, un des fondateurs de *Cash investigation*, contrarie le gouvernement Hollande. Au départ, le ministère de l'Intérieur hésite à prendre la parole. Les producteurs insistent alors sur les ravages du complotisme, qui gangrène déjà les réseaux sociaux avec des affirmations comme « les juifs avaient quitté le bâtiment », « les journalistes avaient des gilets pare-balles », « pourquoi une carte d'identité avait-elle été oubliée dans la voiture ? », etc. « Pujadas s'est battu avec nous, les portes se sont ouvertes », raconte un responsable. Au risque de tétaniser les collaborateurs de Bernard Cazeneuve ? Parmi les « couacs » évoqués par France 2, on compte le fait que la Préfecture de police de Paris avait mis Saïd Kouachi sous surveillance dès février 2014, en raison de ses liens avec des islamistes radicaux et d'un voyage au Yémen. Mais quand ces éléments sont transmis à la DGSI, il ne se passe rien. Autre question : pourquoi les locaux de *Charlie* étaient-ils si mal protégés ? Sous François Hollande, les trois policiers affectés en 2011 à la protection de Charb avaient été réduits à deux, puis un seul. À l'été 2014, le véhicule de police surveillant les locaux du journal avait été supprimé par les responsables de la Préfecture de police de Paris.

« Canet et son enquêtrice les questionnaient sans relâche sur les failles de la protection de *Charlie Hebdo* », se souvient un responsable de l'émission. Devant la caméra de France 2, Laurent Nunez, alors directeur de cabinet du préfet de police de Paris, « sort les rames », expliquant qu'une « protection statique » n'était « pas idéale », car « trop visible », et que fut préférée une « protection dynamique » permettant de « surprendre » les terroristes, avec des fréquences de passage « toutes les trente ou quarante minutes ». À l'antenne, Pujadas ne dissimule pas les difficultés rencontrées par son équipe : « À partir du moment où on a commencé à poser des questions sur la protection, les portes se sont fermées. Tous nos tournages ont été annulés et le ministre lui-même, Bernard Cazeneuve, a refusé de nous répondre. » Dans la foulée, la ministre de la Justice Christine Taubira décommande sa venue en plateau. De hauts responsables policiers, comme Frédéric Auréal, patron du Service de la protection des hautes personnalités, ou Mireille Ballestrazzi, directrice centrale de la police judiciaire, annulent des interviews programmées. « Cela explique que la fin du film, qui évoque les "couacs" de l'assaut de Dammartin-en-Goële[1], soit plus neutre, plus officiel, nous a confié un ancien de *Cellule de crise*. On n'avait plus d'accès. » À l'évidence, l'État Hollande avait sous-estimé la menace terroriste contre *Charlie Hebdo* et était embarrassé que cela se voie un peu trop sur France 2.

« On arrête tout ! »

À l'automne 2015, en plein montage de ce formidable premier numéro de *Cellule de crise*, surviennent les terribles attentats du 13 novembre. À quelques semaines de la diffusion prévue pour janvier, les équipes de Delphine Ernotte se mettent en tête qu'il faut actualiser le sujet : « France Télés dit "on arrête tout" et on a dû suspendre le montage, confie un des journalistes. Il a fallu argumenter pour qu'ils le reprogramment. On leur a dit qu'on avait tous les acteurs ayant eu à gérer le 13 novembre, que c'était passionnant, on leur a montré des "*teasers*" ». L'équipe obtient finalement gain de cause. Après huit mois de travail acharné, leur film racontant minute par minute le déroulé de l'attentat contre *Charlie Hebdo* et les failles sécuritaires qu'il a révélées est diffusé le 3 janvier 2016 sur France 2. « Tout le monde nous dit "Bravo !" Vous ne nous avez pas épargnés, mais c'est *fair*, révèle un responsable de l'émission. Même Pierre-Henry Brandet [porte-parole du ministère de l'Intérieur] nous félicite. Mais on comprend vite que cela tangue au sommet de la police. Le bouleversant témoignage d'Ingrid Brinsolaro a eu un effet dévastateur. La Préfecture de police de Paris est furieuse. » Dans les semaines qui suivent, quand les équipes de David Pujadas entreprennent de se plonger cette fois dans les attentats du 13 novembre 2015, dont le bilan est encore plus accablant, la place

1. Nicolas Chapuis, « Une série de ratés sème le doute au sein du GIGN », *Le Monde*, 23 février 2019.

Beauvau se braque : « La conseillère spéciale de Bernard Cazeneuve, Marie-Emmanuelle Assidon, nous a opposé une fin de non-recevoir », se souvient un responsable de l'émission. Prétexte avancé par Beauvau : « Personne ne veut participer. » « C'était faux, estime un journaliste. On le savait car les grands flics qu'on avait recontactés étaient très majoritairement d'accord pour parler, d'autant qu'ils avaient vu notre première émission sur *Charlie* et nous avaient félicités par texto. *Cellule de crise* est d'ailleurs utilisé depuis en "retour d'expérience" par la police, des administrations... Mais là, il y avait manifestement des consignes au sommet pour bloquer notre projet. » Une journaliste de l'émission tente alors de faire intervenir le cabinet de Manuel Valls, à Matignon : « Vous nous emmerdez ! », s'entend-elle répondre...

Un mois à peine après la diffusion de cet accablant numéro de *Cellule de crise*, David Pujadas fait l'objet de nouvelles manœuvres de déstabilisation de la part de l'équipe Ernotte. En février 2016, alors que son journal de 20 heures cartonne au point de talonner celui de TF1, des rumeurs annoncent qu'il pourrait en être écarté en semaine au profit de Laurent Delahousse[1]. Puis Pujadas tombe de sa chaise quand il entend Michel Field déclarer sur Europe 1 que *Des paroles et des actes*, l'émission politique phare qu'il présente sur France 2, va s'arrêter... à quelques mois de la présidentielle ! « C'est une émission qui commence à dater, [...] qui, à mon avis, a donné tout son jus », lâche Michel Field[2]. Dans la foulée, il explique à Pujadas que s'il continue à présenter une émission politique, ce sera « avec Léa Salamé ». Dans les semaines qui suivent, Field traite Gilles Bornstein, le patron de *Des paroles et des actes*, « d'incompétent, de nul, d'amateur »[3]. Et cette hargne de l'équipe Ernotte vise aussi les collègues de Pujadas au 20 heures. En mars, sous prétexte qu'Agnès Vahramian, la directrice adjointe de la rédaction, a invité Manuel Valls au journal de 20h sans l'en informer personnellement, Michel Field l'engueule copieusement : « Tu ne me refais jamais cela !

– Ta gueule ! J'ai prévenu mon supérieur !, réplique Vahramian.

1. Sarah Lecœuvre, « David Pujadas écarté du 20 heures ? France 2 dément », *Le Figaro*, 28 février 2016.

2. *Le grand direct des médias*, Europe 1, 14 mars 2016.

3. « Noms d'oiseaux à la chaîne », *Le Canard enchaîné*, 13 avril 2016.

– On ne parle pas comme cela au directeur de l'info ! », lui hurle alors l'assistante de Field[1]. « Je pense que notre "20 heures" était devenu une citadelle inexpugnable, reconnaît aujourd'hui un ex-rédacteur en chef de France 2. Un refuge pour la rédaction. Vahramian avait fait beaucoup pour le 20 heures dans les trois dernières années. En image, sur le fond, on était difficiles à influencer, on avait une légitimité, le public suivait. On talonnait TF1[2]. » Malgré les bonnes audiences du 20 heures, Field souhaite l'amputer de 20 minutes tous les jeudis pour faire place à une émission politique confiée à Karim Rissouli, un transfuge de Canal Plus.

Et comme s'il entendait reprendre en main l'ensemble de l'information de France 2 à l'approche de la présidentielle, le directeur de l'information nommé par Delphine Ernotte lance en outre une vaste déstructuration des magazines. *Ce soir (ou jamais!)*, l'émission de débat sans tabous de Frédéric Taddeï, est arrêtée. « Delphine Ernotte ne connaît rien à la télé et est en train de casser France Télévisions », s'écœure l'animateur[3]. « Il est certain que, dans la maison bien-pensante à tous points de vue qu'est France Télévisions, l'anar' de droite qu'est Taddeï fait tache », reconnaîtra en 2018 un proche d'Ernotte. Mais l'agitation de Field pour « tout changer » ne frappe pas que l'éclectique programme de Taddeï. *Médias le Mag*, l'émission de décryptage des médias créée en 2008 pour succéder à *Arrêt sur images?* Supprimée. *Envoyé spécial*, l'émission qui avait mis Delphine Ernotte sur le grill en 2009 à propos du harcèlement à France Télécom ? Ses rédactrices en chef Guilaine Chenu et Françoise Joly depuis seize ans vont se retrouver humiliées. Le premier week-end d'avril, alors qu'elles travaillaient depuis quelques mois avec le patron de France 2, Vincent Meslet, pour faire évoluer l'émission (quitte à passer la main), elles apprennent qu'Élise Lucet pourrait les remplacer. Elles sollicitent Michel Field. Quand il les reçoit le mardi suivant, il leur reproche de « croire les rumeurs ». Rassurées, elles suggèrent alors un nom pour les remplacer : Mélissa Theuriau. « Super idée !, leur lance Field, vous avez son numéro ? »

---

1. *Ibid.*
2. Entretien avec l'auteur, 18 décembre 2019.
3. Alain Constant, « Fréderic Taddéï : France Télévisions, c'est un gâchis », *Le Monde*, 4 novembre 2017.

Elles partent alors déjeuner. Mais entre la poire et le fromage, la secrétaire de Field les rappelle, tétanisée : Renaud Revel vient de confirmer dans *L'Express* qu'elles étaient bien remplacées par Élise Lucet ! Estomaquées, Chenu et Joly reviennent dans le bureau du directeur de l'information : « Mais Michel, on ne comprend pas ?

– J'ai changé d'avis. »

En larmes, une attachée de presse qui les appréciait leur tend un communiqué déjà écrit pour annoncer leur départ de France Télévisions. Sidérées, elles obtiennent qu'il précise qu'elles finiront la saison et qu'elles travaillent sur d'autres projets de « *prime* » dans le groupe public. Delphine Ernotte leur affirme que leur expérience est « précieuse à l'antenne » et qu'elle « compte sur elles ». Mais fin juin, Chenu et Joly se voient privées de bureau, de téléphone, d'ordinateur. Même le courrier qu'elles reçoivent ne leur parvient plus. En septembre, elles retrouvent temporairement un petit bureau au service des sports. Mais quand Caroline Got les reçoit, en décembre, après qu'elle a remplacé Vincent Meslet, elles comprennent qu'il faut partir. Pendant des mois, leur avocat adresse des courriers à France Télévisions. Pendant des mois, le groupe public ne répond pas. Ce n'est qu'après l'élection d'Emmanuel Macron que les équipes d'Ernotte daigneront enfin proposer à Guilaine Chenu et François Joly une rupture transactionnelle. Alors qu'elles auraient pu rester à France Télés, elles partiront finalement avec une indemnité de départ à la hauteur des humiliations subies. Tout cela avec de l'argent public...

Traditionnellement diffusée tous les jeudis soirs en *prime time*, *Envoyé spécial* le sera désormais « en alternance avec une émission politique ». *Complément d'enquête*, l'émission créée par Benoît Duquesne et désormais présentée par Nicolas Poincaré qui vient de diffuser un excellent « Hors série » sur Vincent Bolloré[1] ? Menacée elle aussi. Quant à Élise Lucet, en sus de *Cash investigation*, elle obtient de superviser aussi *Envoyé spécial*, qu'elle devra en outre présenter. Au risque d'être surchargée de travail ? « Une hebdo avec *Cash* en plus, c'est beaucoup trop », confie aujourd'hui un ancien de *Complément d'enquête*. Ultime facteur de déstabilisation des

1. Vincent Bolloré, un ami qui vous veut du bien », *Complément d'enquête*, France 2, 7 avril 2016.

journalistes : Delphine Ernotte veut achever une douloureuse fusion des rédactions de France 2 et France 3.

Servir la soupe au président socialiste

Le 10 avril 2016, alors que les rédactions sont déstabilisées, Michel Field est invité par Ali Badou sur Canal Plus. Interrogé sur sa volonté d'amputer le 20 heures de Pujadas le jeudi, il lâche : « Qu'il en soit ravi, je ne crois pas, mais David joue absolument collectif. » L'ambiance frondeuse et un mouvement de grève qui s'annonce ? « Ça m'en touche une sans faire bouger l'autre. » Nicolas Poincaré, le présentateur de *Complément d'enquête* qui craint d'être écarté ? Le directeur de l'information rigole maladroitement : « Nicolas, si tu nous écoutes, ne te suicides pas tout de suite[1]. » Dès le lendemain, France Télés entre en ébullition. Les journalistes sont d'autant plus furieux que Field négocie personnellement depuis plusieurs semaines une nouvelle émission politique avec l'équipe de François Hollande. Baptisée *Dialogues citoyens*, elle entend confronter le président de la République à une quinzaine de Français. Mais au fil des négociations avec les conseillers de l'Élysée, le panel citoyen est réduit à six, puis quatre personnes. L'agriculteur Nicolas le Borgne et la syndicaliste Nadine Hourmant, qui avaient été invités à Paris le 7 avril et dont un portrait avait été tourné, sont décommandés au dernier moment par Field suite à des échanges avec la présidence. « L'Élysée a une trouille bleue de l'émission. Il a voulu limiter les risques de gros clash en direct », décrypte un cadre de France Télés[2]. Pour interviewer François Hollande aux côtés de David Pujadas et de Karim Rissouli, Field écarte Nathalie Saint-Cricq, la cheffe du service politique de France 2, au profit de Léa Salamé, qu'il juge plus « virevoltante et sexy »[3]. Au final, le concept élaboré par le bras droit de Delphine Ernotte et les conseillers de François Hollande vise surtout à servir la soupe au président socialiste, en mauvaise passe dans les sondages depuis qu'il a échoué à « inverser la courbe du chômage » et qu'il s'échine à faire voter une « loi travail » dévastatrice pour les droits des salariés.

1. « Le supplément », Canal Plus, 10 avril 2016.
2. « Le président Hollande ne tient plus qu'à un Field », *Le Canard enchaîné*, 13 avril 2016.
3. *Ibid.*

La veille de cette émission qui s'est préparée sans eux, les journalistes de France 2 annoncent une motion de défiance contre « le mépris, la désinvolture et parfois la grossièreté » de Michel Field. Fragilisée, Ernotte est contrainte de descendre dans les rédactions pour tenter de calmer les troupes. « La défiance ne venait pas seulement de la base, mais des chefs, des cadres, se souvient un cadre du 20 heures. Des gens comme Étienne Leenhardt ou Agnès Vahramian ouvraient leur bouche en assemblée générale, critiquaient Field. » Votée par 65 % des journalistes, la motion de défiance glisse sur le directeur de l'information : contrairement à tous ses prédécesseurs, qui avaient démissionné après un tel affront, Field reste à son poste.

Malgré cette ambiance tendue, Pujadas et ses enquêteurs de *Cellule de crise* poursuivent leur enquête sur les attentats du 13 novembre 2015. Place Beauvau, les collaborateurs de Bernard Cazeneuve donnent des instructions pour interdire aux forces de l'ordre de leur parler : « Maintenant, il n'y aura plus de faiblesse, lâchent en substance ses conseillers. Nous parlerons d'une seule voix, celle du ministre. » Problème : Cazeneuve refuse obstinément de s'exprimer ! Du coup, la plupart des responsables policiers et antiterroristes qui parlent à France 2 sont contraints de le faire en « off ». Quelques semaines avant la diffusion, David Pujadas tente une dernière fois de convaincre Bernard Cazeneuve de réagir aux témoignages de grands flics évoquant des erreurs dans la gestion des attentats, mais le ministre refuse. Dans un café près de la place Beauvau, son porte-parole, Pierre-Henry Brandet, tente de savoir de quels « biscuits » disposent les enquêteurs de Pujadas : « L'émission sera positive ? », lance-t-il. « Pas vraiment, répond l'un des producteurs. Beaucoup de responsables policiers ou de l'antiterrorisme critiquent votre gestion de la crise et vous refusez de répondre ! »

Le 8 novembre 2016, France 2 diffuse ce numéro de *Cellule de crise* qui révèle des dysfonctionnements graves lors des attentats des terrasses et du Bataclan[1]. Lors du mitraillage des terrasses, avec seulement quatre standardistes pour 3 000 coups de fil dans la nuit, Police secours a laissé 90 % des appels sonner dans le vide… Quand à 21 h 47, les terroristes commencent

1. Mickaël Guedj, Caroline Benarrosh, sous la direction de Frédéric Boisset, « Quand la France vacille », *Cellule de crise*, France 2, 8 novembre 2016.

à mitrailler les 1 500 spectateurs du Bataclan, la police n'a plus de véhicules pour se rendre sur place. Le Samu est quasiment injoignable, faute de personnel présent dans la salle de crise. Quand un policier supplie une patrouille militaire Sentinelle présente à quarante mètres des terroristes d'intervenir, les soldats refusent. Et la Préfecture de police leur donne raison : « Elle dit que les militaires ne sont là qu'en assistance, pour sécuriser » (*sic* !) : « La hiérarchie ne les autorisait à ouvrir le feu que si un terroriste sortait de la salle », révèle sur France 2 un policier accablé. Ce soir-là, les « super flics » de la Brigade de recherche et d'intervention (BRI) arrivent au Bataclan sans plan des lieux. Quand le RAID les rejoint, les deux unités ne s'entendent pas et ne parviennent pas à travailler ensemble. Quand Salah Abdesslam, l'un des membres du commando, est récupéré à 5 heures du matin par un complice chargé de l'exfiltrer vers la Belgique, ils passent ensuite la frontière sans problème. Les gendarmes français le contrôlent, mais ils ne savent rien de lui. Dans le véhicule qu'il avait abandonné près du Bataclan, deux brigadiers de la police criminelle avaient pourtant fait les premières constatations dès 2 heures du matin. Ils étaient même tombés sur un contrat de location à son nom. Mais ils n'avaient pas pris le temps de le lire. Après une fouille de plus d'une heure, la voiture avait fait l'objet d'un relevé d'empreintes. Ce n'est que le lendemain après-midi que le contrat avait été lu. Abdeslam avait passé la frontière six heures plus tôt. Il faudra quatre mois pour le retrouver.

L'éviction de David Pujadas

Provocatrice, l'équipe de David Pujadas ? *Cellule de crise* se serait plutôt attachée à protéger l'exécutif : « Sur la polémique de l'assaut de Saint-Denis, raconte un des journalistes, le patron du RAID avait dit à Cazeneuve : "On a tiré des milliers de munitions car on a fait face à un feu nourri." Puis, en 2016, *Envoyé spécial* avait démontré que les terroristes étaient peu armés, que cette théorie du "feu nourri" était ridicule, que les flics avaient même tué leur chien eux-mêmes lors d'un *friendly fire* (tir ami). Dans *Cellule de crise*, on avait pourtant laissé le RAID expliquer que les terroristes voulaient "mourir en tuant un maximum de flics et donc que "oui", ils avaient fait un "mur de balles" pour ne pas en avoir un qui se "jette sur nous avec des explosifs" ! » François Hollande lui-même aurait été relativement épargné par les enquêteurs de Pujadas: «Après le 13 novembre, il avait communiqué en disant qu'il frappait Daech [en Syrie], se souvient un journaliste. Mais en enquêtant, on s'est aperçu qu'il était très difficile de vérifier les lieux qui avaient été bombardés. En fait, les Français apparaissaient totalement perdus! Ils avaient dû supplier les Américains de leur communiquer des cibles à viser! On leur avait donné un pauvre terrain de sport et un gymnase, c'était bidon, juste pour dire: "On bombarde!" Mais dans l'émission, on n'en a pas parlé faute de pouvoir tout vérifier.» Malgré cette prudence, la place Beauvau aurait lancé un «oukase» contre Brainworks, la société produisant *Cellule de crise*: «En avril 2017, raconte un journaliste, les frères Naudet [qui avaient déjà réalisé un formidable documentaire sur les pompiers de New York le 11 septembre 2001] nous contactent. Ils veulent faire un doc sur le 13 novembre et Netflix leur a suggéré que nous soyons producteurs exécutifs pour la France. Problème: par la suite, le ministère de l'Intérieur leur a fait comprendre que s'ils bossaient avec Brainworks, c'était mort.»

«Tricard» en tant que présentateur de *Cellule de crise*, alors que l'émission est saluée par l'ensemble de la presse, David Pujadas va payer cher son entêtement à confronter les responsables politiques à leurs manquements. Lors de la campagne présidentielle de 2017, il donne du fil à retordre aux candidats. Après quinze ans à la tête du 20 heures, entouré d'une équipe solide et déterminée, il «fait le job». Le 17 novembre 2016, lors du troisième débat de la primaire de la droite pour l'élection présidentielle de 2017, il pose à Nicolas Sarkozy *la* question qui fâche: «Avez-vous oui ou non reçu de l'argent liquide de Libye pour financer votre campagne de 2007 comme l'a affirmé l'intermédiaire Ziad Takieddine, pas seulement dans les médias, mais à la justice française hier aussi?»

Adversaires de l'ancien président, Alain Juppé et François Fillon ne peuvent s'empêcher de tourner leur regard vers lui. Nicolas Sarkozy est blême de rage: «Quelle indignité… Nous sommes sur le service public.

– Vous en avez parlé hier…

– Vous n'avez pas honte de donner écho à un homme qui a fait de la prison, qui a été condamné à d'innombrables reprises pour diffamation, qui est un menteur ? Ce n'est pas l'idée que je me fais, voyez-vous, du service public. C'est une honte[1]. »

Dans les jours qui suivent, un projet bancal de Michel Field consistant à faire débattre les onze candidats à trois jours du premier tour capote. Le dimanche 23 avril, au soir du premier tour, France 2 réitère l'exploit de 2012 en caracolant devant TF1. Pour le débat de l'entre-deux tours, les directions de l'info de TF1 et France 2 laissent Emmanuel Macron et Marine Le Pen choisir les journalistes qui auront l'honneur de les interviewer. Sous prétexte de parité, Sylvain Fort, conseiller d'Emmanuel Macron, obtient que David Pujadas et Gilles Bouleau soient écartés au profit de Christophe Jakubyszyn et Nathalie Saint-Cricq. Pour l'annonce des résultats au soir du second tour, Field humilie à nouveau Pujadas en lui préférant Laurent Delahousse. Visiteur du soir d'Emmanuel Macron quand il était ministre de l'Économie, originaire d'Amiens comme lui, le présentateur des journaux du week-end aura l'honneur d'annoncer le nom du nouveau président.

Après l'élection d'Emmanuel Macron, le souhait de Delphine Ernotte de reprendre le contrôle du 20 heures et de *L'émission politique* se précise. Mais la popularité de David Pujadas lui vaut un petit sursis : le 11 mai 2017, son 20 heures dépasse pour la première fois celui de TF1. Est-on en train d'assister à un « scénario France Inter », qui a vu la radio publique devancer ses concurrentes privées ? « Pujadas et son équipe ont remonté le JT de France 2, alors que les audiences des grandes chaînes baissaient structurellement », confie à *Libération* un dirigeant de France Télévisions[2]. Face à ce succès salué par la presse, Michel Field se voit contraint de sabrer le champagne avec les équipes de Pujadas. Mais le lundi 16 mai, c'est le coup de grâce : le directeur de l'info nommé par Delphine Ernotte publie dans *Libération* une tribune critiquant ses propres journalistes. Il y évoque les « millions de Français qui ont le sentiment que les journaux télévisés ou les magazines ne parlent jamais des problèmes auxquels ils sont confrontés ou, quand ils le font, de le faire

1. Troisième débat de la primaire de la droite, *France 2*, 17 novembre 2016.
2. Jérôme Lefilliâtre, « Pujadas écarté du journal, colère à la rédaction de France 2 », *Libération*, 17 mai 2017.

de manière partielle et partiale[1] ». « Cette tribune a été vécue comme une humiliation, s'indigne un journaliste de France 2. Le mec est absent, n'est jamais là aux conférences de rédaction, mais critique notre boulot dans *Libé*. Cela nous rend fous[2]. »

Le lendemain matin, alors qu'Édouard Philippe s'apprête à rendre publique la composition de son gouvernement, Delphine Ernotte convoque David Pujadas pour lui annoncer qu'il est évincé. À 10h30, la mine grave, celui qui présentait le « 20 heures » depuis 2001 en informe ses collègues en précisant que ce n'est « pas sa décision ». Sous le choc, la rédaction ne se sent pas la force de préparer le « 13 heures ». Menaçant de faire grève, les journalistes obtiennent qu'Alexandre Kara, numéro trois de l'info à France Télés, aille chercher Michel Field et Delphine Ernotte. Dans la rédaction, certains s'interrogent sur le choix de nommer Anne-Sophie Lapix à la tête du « 20 heures ». L'été, avec son mari Arthur Sadoun, président de l'agence Publicis, elle passe parfois ses vacances au Pays basque, à quelques encablures de la résidence secondaire de Delphine Ernotte. Serait-elle plus « Macron-compatible » que David Pujadas ? En mars 2016, *Cash investigation* avait révélé qu'une filiale de Publicis avait pris l'initiative de proposer à ses clients (Renault, Audi, Heineken, Procter and Gamble, Orange, C & A, SFR, LVMH, le MEDEF…) un guide pour riposter aux questions et aux accusations d'Élise Lucet, la patronne de *Cash investigation* qui donne des boutons à Emmanuel Macron et à une bonne partie du CAC 40[3] ! Bien sûr, Lapix est journaliste. Elle ne fait pas, comme son mari, de l'« accompagnement de dirigeants », de la « communication de crise », de la « relation presse » pour « inscrire de nouveaux sujets à l'agenda médiatique », comme l'explique le site de Publicis. Mais à la rentrée 2017, pour son arrivée à la tête du « 20 heures », elle évoque sans ambages la complicité qui l'unit néanmoins à son mari, dont l'agence mondialisée réalise 50 % de son chiffre d'affaires aux États-Unis et dont la filiale « consultants » se définit comme une « agence intégrée de conseil en influence » : « Nous

1. Michel Field, « Médias et politique : une urgence démocratique », *Libération*, 16 mai 2017.

2. « Pujadas écarté du journal, colère à la rédaction de France 2 », *loc. cit.*

3. Sophie Le Gall, « Salariés à prix cassés, le grand scandale », *Cash investigation*, *France 2*, 22 mars 2016.

avons tous deux les mêmes priorités. Et il est un soutien essentiel. Il me dit des choses intéressantes auxquelles je ne pense pas. C'est très précieux, car nos cerveaux ne fonctionnent pas de la même manière ! Il m'ouvre d'autres perspectives, et réciproquement. Nos discussions portent sur nos choix professionnels et sur nos relations de travail. Il ne connaît pas la misogynie et est très respectueux de mon autonomie[1]. »

En ce mois de mai 2017, la nomination de Lapix au 20 heures de France 2 au moment même où Emmanuel Macron accède à l'Élysée suscite donc des questions[2]. Lors d'une assemblée générale houleuse, des journalistes de la 2 reprochent à Delphine Ernotte le *timing* de l'éviction de Pujadas (qui laisse penser à des pressions politiques) et la « faute professionnelle » que fut sa bise à Brigitte Macron lors du débat de l'entre-deux tours du 3 mai (perçue comme un symbole de complaisance à l'égard de l'exécutif, cette gaffe avait été largement relayée sur les réseaux sociaux). En réponse, la présidente de France Télévisions affirme que son choix de remplacer David Pujadas par Anne-Sophie Lapix n'est « pas lié au nouveau président de la République ». Et de fait, sa volonté d'écarter l'emblématique présentateur du 20 heures remontait vraisemblablement à 2015 : « Elle a toujours eu une dent contre [Pujadas] et son équipe, issue de l'époque Thuillier », explique un cadre de France Télés à *Libération*. « C'est sans doute le point final d'une volonté cachée depuis deux ans, confirme au *Figaro* un bon connaisseur de l'audiovisuel. La présidente avait une conviction personnelle et le renouvellement politique actuel a facilité la prise de décision[3]. » Conviction personnelle ou pression politique ? Selon un candidat à la présidence de France Télévisions en 2015, la « liste de courses » qui leur avait été transmise était de faire tomber deux têtes : celles de Thuillier et de Pujadas.

Après avoir annoncé l'éviction brutale du célèbre présentateur et d'une partie de son équipe, menacée par une nouvelle motion de défiance des journalistes, Delphine Ernotte doit annuler sa présence à l'ouverture du

1. « Sereine et puissante, Anne-Sophie Lapix, nouvelle star du 20 heures », *Elle*, 1er septembre 2017.
2. Contactée pour cet ouvrage, Anne-Sophie Lapix n'a pas souhaité s'exprimer.
3. Caroline Salle, « David Pujadas, le pilier du 20 heures de France 2, sera remplacé par Anne-Sophie Lapix », *Le Figaro*, 17 mai 2017.

Festival de Cannes 2017. Le lundi 22 mai, pour éteindre le feu qui menace son bureau, Michel Field doit abandonner son poste de directeur de l'information. En dix-huit mois, il s'était mis à dos non seulement une partie de l'équipe du 20 heures, dont la nouvelle présentatrice, Anne-Sophie Lapix, ne parviendra plus jamais à talonner TF1, mais aussi celles des magazines d'investigation. À *Complément d'enquête* ou *Envoyé spécial*, on ne s'était pas sentis très soutenus par le directeur de l'information face aux coups de boutoir de politiques nostalgiques de l'ORTF. On avait aussi été déçus que Michel Field laisse Vincent Bolloré déstabiliser Tristan Waleckx sans réagir. Au risque de le laisser imposer à France Télévisions la même omerta journalistique qu'à Canal Plus ?

14
Bolloré contre France Télévisions

À Canal Plus, nous sommes quelques-uns à la rentrée 2015 à être informés de la revanche que nos confrères Nicolas Vescovacci, Jean-Pierre Canet et Geoffrey Livolsi s'apprêtent à prendre sur Vincent Bolloré qui a fait censurer leur enquête sur les évasions fiscales présumées de la banque de son ami Michel Lucas. Quand leur producteur Renaud Le Van Kim les avait informés que Rodolphe Belmer, alors directeur général de Canal Plus, subissait de fortes pressions pour déprogrammer leur film, les trois journalistes n'avaient pas poussé de hauts cris. Belmer acceptant de libérer les droits du documentaire, ils avaient discrètement approché la rédactrice en chef de *Pièces à conviction* sur France 3. Marie de la Chaume trouvant l'enquête « top », elle avait accepté de la diffuser moyennant quelques aménagements. Soucieux de libérer le film, Renaud Le Van Kim lui avait alors garanti qu'il en détenait les droits et qu'il les cédait à France Télévisions. Jean-Pierre Canet est soulagé, mais il craint pour la confidentialité du « coup de poker » qu'il organise. Il reçoit dans cette période un appel de Franck Annese, patron du magazine *Society*, qui a eu vent de l'affaire. Canet lui demande de temporiser.

Mais fin juillet, patatras ! Dans un article sur Vincent Bolloré, *Society* évoque la censure survenue sur Canal Plus et la programmation prévue dans *Pièces à conviction*[1]. « Ces quelques lignes risquaient d'inquiéter la

1. Victor Le Grand et Alexandre Pedro, « Bolloré : que va-t-il faire de Canal Plus ? », *Society*, juillet-août 2015.

direction de France Télévisions », s'étranglent encore aujourd'hui Canet et Vescovacci. D'autant que le 31 juillet, Fabrice Arfi prend le relais dans *Mediapart*, révélant les coulisses de la censure en cours à Canal Plus. Dans le landernau médiatique parisien, son article fait l'effet d'une bombe. À Canal Plus, le rédac'chef de *Spécial investigation* Stéphane Haumant nous donne des consignes de silence : « Si des journalistes appellent, renvoyez-les vers le service de presse. » Une option dévastatrice pour l'image de notre émission qui se vantait quelques semaines plus tôt auprès de la presse qu'elle allait faire « trembler le monde de la banque[1] ».

Canal Plus perd une manche dans l'affaire Crédit Mutuel

Quand Canet et Vescovacci rentrent de vacances, l'ambiance à KM Production est sinistre. Dans l'immeuble du 15e arrondissement de Paris où se fabrique d'habitude *Le Grand Journal* dans une atmosphère survoltée, les téléphones restent muets, il n'y a pas âme qui vive. Renaud Le Van Kim, le patron de la boîte, vient de perdre plusieurs arbitrages avec Vincent Bolloré. Producteur de l'enquête Crédit Mutuel, ce proche de Rodolphe Belmer avait refusé en juin de continuer à produire *Le Grand Journal* sans *Les Guignols de l'info*. Circonstance aggravante : après avoir aidé Nicolas Sarkozy à réaliser ses meetings en 2004, Le Van Kim avait discrètement conseillé François Hollande en 2012[2]. Du coup, en cette rentrée 2015, il a dû abandonner la direction de sa propre société pour espérer sauver quelques contrats avec le nouveau Canal Plus de Vincent Bolloré[3].

Canet et Vescovacci, eux, n'ont qu'une obsession : achever leur documentaire pour le livrer à France 3. Mais durant l'été, de nouveaux nuages se sont amoncelés au-dessus de leurs têtes. Le groupe Zodiak, maison mère de KM, a annoncé son désir de fusionner avec Banijay. Premier producteur privé français, cette société dirigée par Stéphane Courbit détient notamment H2O, la société de Cyril Hanouna et de Yannick Bolloré. Objectif affiché du nouvel ensemble ? Devenir un géant européen de la production

1. Communiqué de presse de Canal Plus, 27 avril 2015.
2. Michel Revol et Fabien Roland-Levy, « Peut-il sauver Hollande », *Le Point*, 27 mars 2014.
3. « Renaud Le Van Kim, producteur historique du *Grand Journal*, quitte KM prod », *Télé 2 semaines*, 23 juillet 2015.

audiovisuelle pesant un milliard d'euros. Petit détail, Stéphane Courbit, tout juste condamné pour abus de faiblesse dans l'affaire Bettencourt[1], est un proche de Nicolas Sarkozy.

Dans le courant de l'été, Vincent Bolloré lui a fait savoir qu'il souhaitait entrer au capital du nouveau groupe Banijay-Zodiak à hauteur de 26 %. En clair, devenir actionnaire de KM, qui a produit l'enquête sur le Crédit Mutuel qu'il a… censurée! C'est d'autant plus préoccupant qu'officiellement, Canal Plus n'a toujours pas libéré les droits du film.

Le 4 septembre, craignant que Gaspard de Chavagnac, le nouveau patron de KM, ne leur interdise de livrer leur enquête Crédit Mutuel à France 3, Canet et Vescovacci se dépêchent d'en faire déposer une version PAD (prête à diffuser) à leur consœur de *Pièces à conviction*. Le matin même, Delphine Ernotte a confirmé sur France Inter qu'au nom de « l'indépendance, du pluralisme et de la liberté », elle entendait bien la diffuser[2]. Mais dans l'après-midi, Canet et Vescovacci sont convoqués à Neuilly-sur-Seine dans le bureau de Gaspard de Chavagnac, en présence de son bras droit, Frédéric Lacroix. Les responsables de KM tentent de les inciter à « livrer leur film à Canal Plus », qui en a « acheté les droits ». Quand ils argumentent, de Chavagnac se fait plus explicite : « Je comprends très bien vos intérêts de journalistes d'investigation, mais ils ne sont pas tout à fait en ligne avec mes intérêts[3]. » Une guerre psychologique s'instaure. Le 8 septembre, comprenant que Canet et Vescovacci ont livré leur film à France 3 dans son dos, de Chavagnac tente de faire pression sur la direction de France Télévisions pour empêcher sa diffusion : « Comme vous le savez, écrit-il à la directrice des magazines Dominique Tierce, les droits de diffusion de ce documentaire ont initialement fait l'objet d'une cession au profit d'un diffuseur tiers. » Puis, vient un aveu : « Ce dernier nous ayant finalement informés de ce qu'il n'entendait pas renoncer à la cession intervenue, nous sommes dans l'impossibilité d'envisager une cession des droits d'exploitation de ce documentaire au bénéfice de France

1. Il fut condamné en mai 2015 par le tribunal de Bordeaux à une amende de 250 000 euros, pour « abus frauduleux de l'ignorance ou de la faiblesse d'une personne vulnérable pour la conduire à un acte ou à une abstention préjudiciable ».

2. France Inter, 4 septembre 2015.

3. Nicolas Vescovacci et Jean-Pierre Canet, *Vincent tout-puissant*, *op. cit.*

Télévisions. » Comme l'écriront Canet et Vescovacci : « Il admet implicitement que dans un premier temps, le Canal Plus de Rodolphe Belmer avait bien renoncé aux droits du film, mais qu'après l'avoir censuré, le Canal Plus de Vincent Bolloré a… décidé de le récupérer[1]. » Pour l'enterrer définitivement ?

Aussi contestable qu'il soit, ce courrier juridique produit son effet : la direction de France 3 n'ose plus diffuser le film. Il faudra toute la ténacité des auteurs accompagnés par leur confrère Fabrice Arfi pour convaincre Pascal Golomer, au comité exécutif, puis Stéphane Sitbon-Gomez, le directeur de cabinet de Delphine Ernotte, de ne pas se laisser impressionner par les arguties juridiques du clan Bolloré. Le 16 septembre, Pascal Golomer répond donc à Gaspard de Chavagnac qu'en dépit de son courrier, France Télévisions va bien diffuser l'enquête censurée par Canal Plus, comme Delphine Ernotte l'a confirmé le 4 septembre. Il évoque l'indépendance éditoriale et la livraison d'une cassette du film prête à diffuser à France Télévisions début septembre. Et pour sécuriser l'achat du programme, il adresse à KM un chèque de règlement par porteur spécial.

Dès le lendemain, de Chavagnac renvoie le chèque accompagné d'un courrier manifestement rédigé par des juristes. Sur deux pages, il réaffirme fermement que France Télévisions n'a pas les droits du documentaire et qu'elle ne peut par conséquent « maintenir la programmation annoncée ». Le patron de KM va jusqu'à menacer France Télévisions de procès en cas de diffusion.

Mais sa position est fragile : comment exiger que le film soit livré à Canal Plus, alors que le 3 septembre, répondant à une question sur la déprogrammation du sujet Crédit Mutuel devant une trentaine d'élus du comité d'entreprise, Vincent Bolloré a assumé l'avoir censuré ? Conscient de cette contradiction, de Chavagnac termine sa lettre à Pascal Golomer en « confirmant » prudemment que KM « s'inscrit totalement dans votre démarche de garantir la liberté d'expression sur vos antennes […] et ne souhaite prendre part à aucune polémique publique sur le sujet ». Exiger de récupérer un documentaire pour le torpiller, c'est évidemment difficile à assumer… Début octobre, Michel Lucas tente un ultime coup de

1. *Ibid.*

pression : comprenant que France 3 va diffuser l'enquête, l'octogénaire patron du Crédit Mutuel-CIC téléphone à Delphine Ernotte pour exiger que le film soit déprogrammé sous peine de voir la publicité du Crédit Mutuel disparaître des chaînes de France Télévisions.

Malgré ces ultimes pressions, la patronne de France Télés tient bon. Aussi, le 6 octobre, veille de la diffusion, Gaspard de Chavagnac recule, dans un ultime courrier à France Télévisions : « Nous n'entendons poursuivre aucune polémique, notre position étant déconnectée de tout débat idéologique. » « Nous lui avions expliqué que se battre pour faire censurer l'enquête Crédit Mutuel une seconde fois, c'était juste injouable », nous confie un responsable de KM.

Le 7 octobre 2015, quand un million de téléspectateurs découvrent le système d'évasion fiscale mis en place par une filiale du Crédit Mutuel, *Pièces à conviction* dépasse tous ses records d'audience depuis 2011. En plateau, Nicolas Vescovacci se paie le luxe d'expliquer tranquillement comment son enquête a été censurée à l'initiative de Vincent Bolloré. Dans *Spécial investigation,* diffusée en crypté, elle n'aurait été vue que par environ 200 000 abonnés. Au sein de l'équipe, nous appelons cela la « jurisprudence Darty », du nom d'une enquête épinglant la célèbre marque d'électroménager qui avait rencontré un écho considérable dans *Envoyé spécial* après avoir été censurée par Canal Plus[1]… Pour Vincent Bolloré et son ami Michel Lucas, l'humiliation est absolue. Mais après cette bataille perdue contre France Télévisions, le milliardaire va lancer contre ce dernier bastion de l'investigation audiovisuelle une guerre secrète dont peu d'acteurs ont conscience à l'époque.

« Plus aucun grand patron en interview »

La première icône que Vincent Bolloré va cibler à l'automne 2015, c'est Élise Lucet. Six ans après avoir osé explorer pour la première fois son arrière-cour africaine[2], elle est au faîte de sa carrière. Depuis 2012, en plus de présenter le 13 heures de France 2, elle dirige *Cash investigation*,

1. Linda Bendali, « TV, Hifi, électroménager, le grand bluff », *Envoyé spécial*, France 2, 18 février 2010.

2. Willy Gouville et Charles-Henri Carlier, « Les nouveaux barbouzes, quand les privés dérapent », *Pièces à conviction*, France 3, 13 mai 2009.

l'une des émissions les plus subversives jamais mise à l'antenne en France. Évasion fiscale des puissants, pressions des multinationales sur les États, tromperie des consommateurs, *Cash* « casse la baraque ». Produite par Paul Moreira et Luc Hermann, des anciens de *90 Minutes* remerciés par Canal Plus en 2006, elle renouvelle le genre de l'investigation par une réalisation innovante, à la portée du plus grand nombre, au point d'être désormais diffusée à 20 h 50.

Le 4 novembre 2014, le patron de Huawei France, François Quentin, manque de s'étrangler quand Élise Lucet lui met sous le nez une vidéo prouvant qu'en Chine, ses sous-traitants font fabriquer ses écrans de téléphones portables par des fillettes de treize ans. « Pouvez-vous me montrer votre pièce d'identité ? », demande le patron de la multinationale chinoise à Élise Lucet, se prenant probablement pour un gendarme. Puis, observant l'image de la petite Chinoise qui a révélé à France 2 qu'elle travaillait treize heures par jour, vingt-huit jours sur trente, il demande, goguenard : « Vous l'avez trouvée sur Internet ? » Non, répond calmement Lucet, on l'a filmée dans l'usine. S'embarquant alors dans un interminable déni, le patron de Huawei s'entête : « Je ne suis pas au courant » (alors que France 2 l'a informé par mail plusieurs semaines auparavant). Ou bien, à propos de la photo de la gamine : « Un document comme cela, je vous le fabrique en cinq minutes. » Et pour finir : « Je ne sais pas du tout qui vous êtes », alors qu'Élise Lucet s'est présentée et incarne depuis des années le 13 heures de France 2. Après la diffusion de ce *Cash investigation* accablant pour Huawei, François Quentin explique devant le Cercle de l'industrie ne « pas vouloir en rester là avec Élise Lucet » et avoir entrepris de la « blacklister » auprès des grands patrons : « J'ai activé tous mes réseaux et Mme Lucet n'aura plus aucun grand patron en interview, sauf ceux qui veulent des sensations extrêmes ou des cours de Media Training ![1] » Mais le patron de Huawei mesure mal la colère des citoyens contre les pratiques discutables des multinationales. Sa posture guerrière suscite une avalanche de critiques sur les réseaux sociaux ! Dans les jours qui suivent, un message d'apaisement apparaîtra sur son compte Twitter : « J'ai été

1. Benjamin Ferran, « Cash investigation, le patron de Huawei France menace Élise Lucet de représailles », *Le Figaro*, 6 novembre 2014.

déstabilisé par l'approche de *Cash investigation*. Je respecte le travail de cette équipe. »

Et en cette année 2015, Élise Lucet commence aussi à sérieusement déranger les politiques. En septembre, elle pique au vif Brice Hortefeux en révélant son piètre bilan en matière de vidéosurveillance quand il était ministre de l'Intérieur. Dans une enquête sur les coulisses des voyages présidentiels, elle révèle que le Parlement européen a ouvert une enquête sur Rachida Dati, soupçonnée de conflits d'intérêts en raison de ses liens avec Gérard Mestrallet, PDG de GDF Suez. Furieuse, l'ancienne garde des Sceaux de Nicolas Sarkozy s'en prendra vertement à Élise Lucet lors d'une séquence mémorable tournée dans les couloirs du Parlement européen. Dans cette même enquête, *Cash* montre comment François Hollande et Nicolas Sarkozy utilisent parfois leurs fonctions officielles pour protéger des dictateurs, voire faire du business avec des régimes peu recommandables. Quand Lucet souhaite savoir si Nicolas Sarkozy est intervenu durant son quinquennat en faveur d'un ami du président kazakh en échange d'un gros contrat, l'ancien président refuse obstinément de répondre. François Hollande, lui, est épinglé pour avoir donné de contestables gages de respectabilité au tyran azerbaïdjanais Iliam Alyev, lors d'une visite à Bakou en mai 2014. Quelques mois plus tard, Patrick Balkany refusera, malgré une mise en examen pour « blanchiment de fraude fiscale » et « corruption », d'évoquer devant les caméras de *Cash investigation* l'étendue de son patrimoine immobilier[1].

Parfois réalisées avec le Consortium international des journalistes d'investigation (ICIJ), ces enquêtes de *Cash* dévoilant les pratiques inavouables de la Ve République rencontrent un succès majeur : « On a réussi à prouver qu'entre nous et les téléspectateurs, il y avait un vrai lien, une volonté de savoir, analyse Lucet en 2016. Quand le sujet sur les *Panama papers* [une enquête sur le fonctionnement des paradis fiscaux fondée sur des millions de documents publiée en 2016 par *Le Monde* et l'ICIJ] font 3,5 millions de téléspectateurs [17 % de parts de marché, énorme pour un magazine

1. Jean-Pierre Canet, « Le business de la peur », *Cash investigation*, France 2, 21 septembre 2015 ; Laurent Richard, « Mon président est en voyage d'affaires », *Cash investigation*, France 2, 7 septembre 2015 ; et Benoît Bringer et Edouard Perrin, « Paradis fiscaux, le casse du siècle », *Cash investigation*, France 2, 5 avril 2016.

d'information] et qu'en face, sur TF1, il y a une émission consacrée aux *Visiteurs* et qu'on les "plie", c'est une satisfaction, pas seulement personnelle. Cela dit quelque chose de la société d'aujourd'hui et de la volonté de savoir, et de savoir ce qu'on cache. [...] Il faut arrêter de prendre les gens pour des imbéciles[1]. » À cette période, les réseaux les plus remontés contre Lucet et le journalisme d'enquête qu'elle incarne sont probablement ceux de Nicolas Sarkozy.

Élise Lucet « guignolisée »

Dès sa prise de contrôle de Canal Plus, Vincent Bolloré va tenter d'instrumentaliser la crédibilité des *Guignols de l'info*. À la rentrée 2015, après en avoir fait évincer les auteurs, il valide la fabrication d'une nouvelle marionnette à l'effigie de la patronne de *Cash investigation*. Dans les nouveaux *Guignols* façon Bolloré, l'emblématique journaliste du service public devient une odieuse emmerdeuse à lunettes qui passe son temps à tyranniser d'innocents chefs d'entreprise en les mettant à genoux, en les séquestrant et en leur broyant la main. Un point de vue de patron du CAC 40, en somme...

Figure publique, Lucet n'a évidemment pas de raison d'être épargnée plus que tel ou tel homme ou femme politique par *Les Guignols de l'info*. Mais les auteurs historiques n'avaient pas jugé prioritaire de se « fumer » la patronne de *Cash investigation*. Ceux embauchés par Bolloré, si. Désormais diffusés en crypté, *Les Guignols* n'ont plus grand-chose à dire. Il n'y a plus de plateau de PPD, remplacé par une *news room* à l'américaine, où ce sont des journalistes qui tiennent désormais le rôle de *Guignols*. Comme Anne-Claire Coudray, nouveau « joker » du 20 heures de TF1 ou Élise Lucet, qui a droit à un traitement de faveur, avec des sketches spécialement consacrés à sa personne.

Fin 2015, après avoir tenté d'empêcher la diffusion de l'enquête Crédit Mutuel sur France 3, entravé la liberté éditoriale de *Spécial investigation*, torpillé *Le Grand Journal*, instrumentalisé *Les Guignols de l'info*, bref anéanti la liberté éditoriale de Canal Plus, Vincent Bolloré va se trouver confronté à celle de France 2. À *Complément d'enquête*, désormais

1. Élise Lucet, *Thinkerview*, 4 mai 2016.

présentée par Nicolas Poincaré, on décide d'enquêter sur ses méthodes. C'est Tristan Waleckx, l'enquêteur tenace qui avait déjà exploré les coulisses de l'empire LVMH, qui s'y colle. Et ce qu'il va découvrir dans l'arrière-cour du groupe Bolloré dépasse tout ce que lui et ses confrères auraient pu imaginer…

15

Emprisonner Albert Londres ?

Waleckx travaille, lit, consulte. En novembre, il filme brièvement Vincent Bolloré devant l'Olympia. Venu haranguer les salariés de Canal Plus, le milliardaire breton lui laisse croire qu'il va lui accorder une interview. Début 2016, sans nouvelles de sa part, Waleckx entreprend de s'intéresser à ses affaires africaines, comme l'avaient fait avant lui Fanny Pigeaud et Benoît Collombat. Il demande à l'ambassade du Cameroun à Paris un « visa presse ». Vingt-quatre heures plus tard, manifestement alerté par le régime de Paul Biya, Julien Varin, le directeur de la communication de Bolloré Africa Logistics, appelle Waleckx pour lui demander… s'il est « au courant que France 2 a fait une demande de visa presse[1] » !

Soucieux de protéger son tournage, Waleckx élude. Il ne recevra jamais son précieux sésame. Du coup, il pénètre sur le territoire camerounais avec un visa de touriste, un classique dans le journalisme d'investigation. Parvenu clandestinement dans les palmeraies, il parvient à filmer, à 4 heures du matin, la façon dont les sous-traitants de la Socapalm recrutent des enfants sans vérifier leur âge, notamment deux mineurs ayant accepté d'être discrètement suivis par son équipe. Une fois au travail, les deux ados (dont l'un, Guillaume Dipanda, sera présenté par un collègue comme ayant « quatorze ans ») révéleront à France 2 qu'ils gagnent à peine plus d'un euro par jours pour un travail harassant, et qu'ils n'ont

1. Entretien de Tristan Waleckx avec l'auteur, 3 novembre 2016.

pas d'équipement de protection adéquat. De retour à Yaoundé, alors qu'ils filment quelques images du siège de Camrail, la société de chemin de fer rachetée par le groupe Bolloré, Waleckx et son équipe sont appréhendés: « Des policiers camerounais nous ont emmenés dans un commissariat. Là, ils ont totalement effacé nos rushes! Heureusement, on en avait mis une copie en sécurité... » Libéré quelques heures plus tard par des policiers convaincus d'avoir torpillé son reportage (puisqu'ils ont effacé ses rushes), Waleckx sent son portable vibrer: c'est Julien Varin, le directeur de la communication de Bolloré Africa Logistics, qui le rappelle: « Alors, vous êtes allés faire les malins? Je vous avais dit que vous auriez des problèmes si vous alliez au Cameroun[1]. » De retour à Paris avec les copies secrètes de ses rushes, le reporter de France 2 entame son montage. Bien que Bolloré n'ait pas respecté sa promesse de lui accorder une interview, la matière est riche. Waleckx monte soixante-quinze minutes et le documentaire sera diffusé dans *Complément d'enquête* le 7 avril 2016.

« Vincent est tellement charmant, mais si menteur »

« On est un camp de gitans, chacun y amène ses talents... » En se remémorant cette phrase de Vincent Bolloré pour le convaincre de rejoindre son groupe, en 2013, Ange Mancini, ancien patron de la brigade de répression du grand banditisme, se marre et conclut: « Comme dans tous les camps de gitans, il y a le roi des gitans et tout le monde le connaît[2]! » « C'est un prédateur et c'est un traître, balance pour sa part Jacques Dupuydauby, en conflit judiciaire récurrent avec Bolloré. Quand il vous dit: "je vous aime beaucoup", cela devient très dangereux. » « C'est quelqu'un qui tient un double langage, qui fait faire le sale boulot par les autres... », complète Alain de Pouzillac, ancien patron de Havas évincé par Bolloré. Même Jean Bothorel, biographe attitré du milliardaire, se lâche avec gourmandise devant la caméra de France 2: « Vous savez ce que disent les gens quand ils parlent de lui, à Paris? "Vincent est tellement charmant, mais si menteur"! » Le reportage n'est pas pour autant à charge. Il rend par exemple

1. Xavier Eutrope, « Le sujet serait passé beaucoup plus inaperçu si Bolloré ne nous avait pas attaqués », La revue des Médias, 9 novembre 2021.

2. Sauf mention contraire, les citations à venir dans ce chapitre, comme celle-ci, sont issues de « Vincent Bolloré, un ami qui vous veut du bien », *op. cit.*

hommage au « petit prince du *cash flow* », surnom acquis par l'héritier breton quand il avait redressé la papeterie familiale d'Ergué-Gabéric, dans les années 1980.

Mais il décrypte sans complaisance le comportement du groupe Bolloré au Cameroun, pays d'Afrique de l'Ouest tenu d'une main de fer par Paul Biya. Sur place, Waleckx a découvert que sept ans après le reportage de Benoît Collombat, les ouvriers travaillant sur les palmeraies de la Socapalm, du groupe Socfin, dont le groupe Bolloré est actionnaire, sont toujours logés dans des cabanes en bois vétustes, sans eau courante ni électricité. « Comme des chèvres, ou des porcs ! », déplore l'un d'eux. Dans la plantation, un autre s'indigne : « J'en veux à Bolloré, car [...] il ne s'intéresse pas vraiment à ceux qui font le travail. Les équipements, les voici [il montre des gants troués]. Nous sommes des animaux de brousse ? Pas humains ? Qu'il vienne voir ce que ses partenaires nous font ! »

Pas au courant, Bolloré ? L'enquête de Waleckx rappelle que le 3 juin 2013, la branche française de l'OCDE avait déploré dans un rapport sur la Socapalm de nombreux « manquements », au point de demander officiellement au groupe Bolloré de mieux respecter les droits de l'homme en mettant en place un « système de gestion environnementale » et d'assurer « la santé et la sécurité du milieu du travail ». France 2 a aussi retrouvé les images montrant que cette année-là, une délégation africaine avait fait le voyage jusqu'à la tour Bolloré, à Puteaux, dans les Hauts de Seine, pour informer Vincent Bolloré des conditions de travail des ouvriers de la Socapalm. Devant les caméras, s'en était suivi un dialogue surréaliste où le milliardaire breton faisant mine de découvrir le problème au pieds de sa tour : « Alors racontez-moi ce que je peux faire pour vous ? Qu'est-ce que j'ai fait de mal ? » Les Africains lui remettent une lettre de doléances. Comme souvent quand il est en difficulté, le financier se montre charmant : « Je vais faire pour le mieux, on peut pas tout savoir, vous savez ! Je vous propose de vous installer tranquillement dans une petite salle, que vous ayez à boire et que vous regardiez les problèmes les uns après les autres. J'interviendrai personnellement sur tout ce que vous me racontez. Vous pouvez compter sur moi. » En réalité, il y aura peu d'évolutions dans les palmeraies de Socapalm.

À la fin de son reportage, Waleckx évoque la façon dont depuis quelques mois Bolloré torpille l'indépendance éditoriale de Canal Plus, au risque de perdre des centaines de milliers d'abonnés. Questionné sur l'affaire du Crédit Mutuel, son conseiller média Philippe Labro n'y va pas par quatre chemins: «Vincent Bolloré a souhaité que ce documentaire ne passe pas. Il a fait ce qu'il souhaitait faire. Il l'a déprogrammé, [...] que voulez-vous que je vous dise...» Interrogé sur le «rapport du milliardaire breton avec la liberté éditoriale», Alain Minc, qui fut longtemps son conseiller, sourit: «C'est très compliqué pour des gens qui ont la toute-puissance des capitalistes de découvrir des univers où vous avez en face de l'argent et du poids que cela donne des forces qui résistent, des irrédentistes...» Parmi ces «forces qui résistent», l'auteur de ces lignes. En tant que rédacteur en chef adjoint de *Spécial investigation*, j'ai vécu la censure du Crédit Mutuel aux premières loges. Interviewé par Waleckx à la sortie du show Bolloré de l'Olympia, je me montre peu optimiste sur l'avenir de l'information à Canal Plus: «Apparemment, Bolloré et le journalisme, cela fait deux! Pour le reste, il peut faire une chaîne avec de l'information manipulée ou censurée, ou ne pas en faire du tout, il aura quand même une chaîne de télé!» En théorie, les conventions signées entre le CSA et les chaînes de télévision obligent pourtant ces dernières à respecter un minimum de déontologie de l'information. En théorie...

Au cours de son enquête, Tristan Waleckx parvient à convaincre d'anciens journalistes de *Direct Matin* de raconter comment, dans les années 2000, Jean-Christophe Thiery Bercegol du Moulin (le patron de Bolloré Médias qui avait discrètement participé au «groupe Fourtou» avant d'être nommé en 2015 président du groupe Canal Plus) et Serge Nedjar (alors à la tête du gratuit du groupe et aujourd'hui patron de CNews) concevaient leur ligne éditoriale. Nedjar porta longtemps une double casquette difficilement compatible avec la charte de déontologie des journalistes. Il était à la fois directeur de *Direct Matin* et patron de Bolloré médias régie, la régie pub du groupe. Devant Waleckx, une ancienne journaliste de *Direct Matin* évoque les dizaines d'articles qu'elle et ses collègues furent contraints de consacrer à Autolib, la voiture électrique de Vincent Bolloré. L'un des journalistes ayant rédigé l'hagiographie du dictateur camerounais Paul Biya, en une de *Direct Matin* en octobre 2007, s'exprime aussi. Il affirme que, dans cet article, un petit paragraphe rappelant les atteintes aux droits de l'homme avait été censuré au dernier moment. À condition que son anonymat soit préservé, un autre ancien journaliste raconte comment Vincent Bolloré utilisait parfois les équipes de Direct 8 pour faire des interviews « bidon » de ses partenaires africains : « J'ai "fait" beaucoup de chefs d'État pour leur montrer qu'on s'intéressait à eux quand ils passaient à Paris, mais qui ne sont jamais passés à la télé, quoi. C'était pour Direct 8.

– Vous faisiez de fausses interviews ?

– Non, c'était de vraies questions, que je leur posais, mais… on ne les diffusait pas ! Le but, c'était de leur montrer qu'ils étaient importants, qu'on leur envoyait une équipe quand ils arrivaient, quand ils étaient à Paris. » Et l'ancien journaliste de D8 de conclure : « Bolloré, il ne se rêve pas en homme de presse, c'est pas une fin en soi, les médias. C'est un outil. Pour faire ses affaires. »

L'affaire rappelle furieusement un épisode tragi-comique survenu en 1996 au cœur du groupe Bouygues. Un présentateur star de TF1, Jean-Claude Narcy, avait alors dû participer en compagnie de Martin Bouygues, Patrick Le Lay, Pierre Gadonneix, patron de GDF, et Jacques-Roger Machart, directeur du développement d'EDF, à un faux journal télévisé destiné à flatter le très stalinien dictateur turkmène Sapamourad Niazov, de passage à Paris. Le groupe Bouygues venait de signer des contrats de plus d'un milliard d'euros portant sur la construction d'un palais présidentiel et de plusieurs monuments à la gloire de Niazov[1].

En instrumentalisant sa chaîne pour flatter des potentats africains, Bolloré est dans la droite ligne de Bouygues. L'épisode en dit long sur les risques qu'il y a, en France, à laisser des industriels accaparer les médias. Et dans le même genre, la fin du reportage de Waleckx est édifiante. En Guinée-Conakry, il montre comment, après avoir soutenu le candidat Alpha Condé pour la présidentielle de 2010, avec la mise à contribution de Havas pour sa campagne et la rédaction par Jean Bothorel, le biographe de Bolloré, d'un livre hagiographique, Vincent Bolloré avait obtenu du nouveau président une concession portuaire dans des conditions contestables.

1. David Garcia, *Le Pays où Bouygues est roi*, Danger public, Paris, 2006.

« Faire gagner Alpha Condé »

Rebelote cinq ans plus tard : en tournage dans la capitale, Conakry, alors couverte d'affiches de propagande d'Alpha Condé qui brigue un second mandat le 11 octobre, Waleckx découvre que Bolloré utilise des musiciens africains sous contrat avec Universal pour faciliter la communication politique du président guinéen. « C'est une idée de Vincent Bolloré, lui révèle face caméra Simon Guilham, le numéro deux de Vivendi. Il m'a dit : "Simon, pourquoi on ne ferait pas un grand concert à Conakry, c'est une grande première, ce serait vraiment extraordinaire !". » Pour la jeunesse guinéenne qui n'a jamais connu un tel concert, c'est un immense cadeau. Mais pourquoi l'organiser gratuitement aux frais de Vivendi et sous la bannière de Canal Plus ? Et surtout, pourquoi le 26 septembre 2015, quelques jours avant qu'Alpha Condé, avec qui Bolloré espère signer de nouveaux contrats, brigue un second mandat ? Officiellement, le concert « Vivendi/Canal Plus » vise à célébrer la « fin du virus Ebola », pourtant loin d'être éradiqué à l'époque.

Le « jour J », l'affluence est telle aux abords du concert que la police joue de la matraque pour disperser les spectateurs. Sous une immense affiche d'Alpha Condé qui tente de faire oublier la brutalité de son régime au moyen de slogans comme « Le président bâtisseur », ou « Le progrès est en marche », une vaste estrade bordée de tapis rouges et or a été dressée par les équipes de Vivendi. Au milieu, une sorte de trône. Tout autour, des barrières pour empêcher le petit peuple de s'approcher. On se croirait dans *Tintin au Congo* ! Vers 20 heures, les phares d'un convoi militaire percent la nuit. Alpha Condé salue la foule et prend place sur l'estrade. Devant les caméras de D17, la chaîne musicale du groupe Canal Plus, des milliers de spectateurs se trémoussent sur les airs de célèbres groupes africains. L'un d'eux s'adresse avec enthousiasme à la caméra de France 2 : « Merci, vraiment, Alpha Condé, de nous avoir organisé ce genre de concert. Vraiment, on est très contents.

– C'est lui qui organise le concert ?, demande benoîtement Waleckx.

– Ah, je pense que c'est lui qui a acheté les tickets, parce que nous, d'habitude, on n'a pas l'habitude de voir un concert gratuit comme cela ! » Raté ! Ce soir-là, le père Noël, c'est Vincent Bolloré !

Quand Alpha Condé monte sur scène, le concert prend l'allure d'un meeting électoral. Hors caméra, Waleckx demande à Simon Guilham si Vincent Bolloré s'est impliqué dans l'organisation de l'événement. Le numéro deux de Vivendi lui montre alors un échange de textos avec le milliardaire : « Guilham avait écrit à Bolloré un truc du genre "Le président [Condé] est bien arrivé !", se souvient Waleckx. Bolloré avait répondu quelque chose comme : "Formidable !". » Waleckx rappelle alors son caméraman et demande à Guilham l'autorisation de filmer le texto qui s'affiche sur son téléphone. Prudent, le numéro deux de Vivendi refuse et avoue que « Vincent Bolloré n'est pas là, mais il gère tout à distance... »

« L'objectif, c'est de faire gagner Alpha, estime un député de l'opposition devant la caméra de France 2. Une fois Alpha élu, il y a beaucoup de projets de développement dans le secteur des transports, le but est que Bolloré puisse les avoir, selon des contrats de gré à gré », système permettant d'éviter tout appel d'offres et donc toute concurrence.

Le lendemain du concert, un autre média du groupe Canal Plus, I-Télé, va être mis à contribution pour Alpha Condé. Ce jour-là, Simon Guilham et le président candidat visitent une « *blue zone* », ces quartiers où le groupe Bolloré a fait installer dans des hangars climatisés des ordinateurs et du wifi haut débit. Un luxe pour un pays dont les trois quarts des habitants n'ont pas l'électricité. « Merci, Monsieur le Président, d'être venu hier soir, glisse Simon Guilham à l'oreille d'Alpha Condé. Cela vous a plu ? » But de la visite : poser devant les caméras la première pierre d'une salle de spectacle baptisée « Canal Olympia ». Waleckx demande à une jeune camérawoman guinéenne pour qui elle travaille. Un dialogue surréaliste s'engage : « Là, je travaille pour I-Télé.

– Et I-Télé, cela les intéresse, la construction d'une nouvelle salle de concert en Guinée ?

– Oui, bien sûr, c'est une première chez nous !

– Vous savez à qui cela appartient, I-Télé ?

– Non, pas du tout !

– À Vincent Bolloré.

– Ah bon ? »

Surprise, la jeune reporter éclate de rire. Puis, Alpha Condé fait une courte déclaration : « Vincent Bolloré est un passionné, c'est un visionnaire et je sais qu'il nous aidera beaucoup à changer des choses en Afrique.

– Il vous fait un joli cadeau, aujourd'hui ?, demande Waleckx.

– C'est normal, répond Condé tout sourire. Nous sommes des amis. »

Le lendemain, dans la rédaction d'I-Télé, à Boulogne-Billancourt, Guillaume Zeller, le directeur nommé par Vincent Bolloré, provoque un petit couac méconnu. Il aborde timidement le rédacteur en chef de la tranche du matin. Il lui parle des images tournées par la camérawoman guinéenne et suggère de faire un sujet sur la pose de la première pierre de Canal Olympia, à Conakry. Dubitatif, le rédacteur en chef consulte la SDJ. Flairant l'opération de communication pour Alpha Condé et le groupe Bolloré, il refuse. Embarrassé, Zeller tente alors d'éluder, prétextant s'être trompé et que les images étaient en fait « pour Havas ». Deux semaines après le concert géant de Conakry, Alpha Condé sera triomphalement réélu à la tête de la Guinée, pour un second mandat sans partage…

Le 8 avril 2016, au lendemain de la diffusion de cet édifiant reportage de *Complément d'enquête* sur France 2, les bureaux de Vincent Bolloré, du directeur général et du directeur juridique de son groupe sont perquisitionnés par la police judiciaire dans le cadre d'une commission rogatoire délivrée par les juges d'instruction financiers Serge Tournaire et Aude Buresi. Ils soupçonnent le groupe Bolloré d'avoir, quelques années auparavant, utilisé son bras publicitaire, Havas, pour faciliter l'obtention de la gestion des ports de Conakry en Guinée et de Lomé au Togo. Mis en examen en avril 2018, notamment pour « corruption d'agents publics étrangers », Vincent Bolloré parle d'« accusations infondées », puis il reconnaîtra finalement sa culpabilité pour « corruption » et « complicité d'abus de confiance »[1].

« Payé pour dire qu'il avait quatorze ans ! »

Mais dans les semaines qui suivent, Waleckx va mesurer la fureur dans laquelle son reportage a plongé Vincent Bolloré, qui ne supporte pas qu'on montre (entre autres méfaits) que ses sous-traitants font travailler des

1. Fabrice Arfi et Yann Philippin, « Corruption : la justice refuse un plaider coupable trop clément pour Vincent Bolloré », *Mediapart*, 26 février 2021.

adolescents. Près du siège de Canal Plus, à Issy-Les-Moulineaux, je sens mon portable vibrer. C'est Tristan Waleckx : « Ces derniers jours, les syndicalistes africains qui m'avaient fait entrer à la Socapalm m'ont dit que des huissiers étaient venus, apparemment avec des journalistes blancs, interroger mes jeunes témoins sur place !

– Quels journalistes ?

– Je ne sais pas, on parle de D8 ou Canal Plus, es-tu au courant ?

– Non, et cela m'étonnerait. Mais tu devrais en avoir confirmation rapidement... »

Sur Internet, je découvre un article camerounais mentionnant cet étrange commando. Il évoque effectivement des « journalistes de Canal Plus ou Direct 8, deux chaînes de télévision françaises appartenant au groupe Bolloré ». Rumeur ? Intox ? Quelques jours plus tard, Waleckx me rappelle : « Je viens d'apprendre que Vincent Bolloré a invité à déjeuner tout le service économique d'Europe 1, avec Fabien Namias, Thomas Sotto...

– Et alors ?

– À un moment, Namias lui demande ce qu'il a pensé du *Complément d'enquête*. Bolloré aurait répondu : "Que de la mauvaise foi ! Tenez, je vais vous montrer." Il aurait sorti son téléphone portable, fouillé dedans, et finit par afficher brièvement à l'écran un constat d'huissier attestant soi-disant que l'enfant africain que j'avais filmé dans ses plantations avait fait un faux témoignage à la demande de France 2 !

– Non ! Et il l'a communiqué à Europe 1, ce constat d'huissier ?

– Non, ils ont juste eu le droit de jeter un coup d'œil à son portable, puis, il l'a rangé ! Ensuite, Namias aurait dit à Bolloré : "Alors, vous allez porter plainte contre France 2 ?" "Même pas", qu'il aurait répondu ! Mais il nous aurait accusés d'avoir payé le gamin pour mentir sur son âge ! »

J'ai vingt ans d'investigation au compteur, mais des contre-offensives aussi grossières, je n'en avais jamais vu. Cela rappelle les calomnies que Nicolas Bazire, numéro deux de LVMH, avait inventé au sujet de Benoît Duquesne pour discréditer (déjà !) une enquête de Waleckx. Je vérifie tout de même : « Mais au fait, tu lui aurais pas filé un peu de sous, à ton témoin ? Même maladroitement, comme cela, même 2 euros ?

– Tu plaisantes ? Ça aurait été irresponsable ! Jamais on n'aurait eu cette imprudence... » Waleckx sait parfaitement qu'un journaliste d'investigation, a fortiori s'il bouscule de puissants intérêts, doit respecter une stricte déontologie, sous peine d'entamer sa crédibilité.

Au lendemain de ce coup de fil, Vincent Bolloré remet le couvert, cette fois face à l'assemblée générale de son groupe. Ce matin-là, devant la tour Bolloré à Puteaux, l'ambiance est tendue : des centaines de petits actionnaires sont coincés plus de deux heures par une cinquantaine d'Africains en colère contre les méthodes de Socapalm. Fédérés par l'ONG française React, ils bloquent l'accès à l'immeuble et au parking pour protester contre l'« accaparement des terres en Afrique ». Le milliardaire est contraint de présenter ses excuses à ses actionnaires pour la perturbation.

Puis il se livre à son exercice favori : fustiger Canal Plus. Il qualifie la chaîne cryptée, qui n'intéresserait que le « Paris qui chante et qui danse », de « référence du truc chic, du truc intellectuel, qu'il faut avoir chez soi », mais qui « perd 400 millions d'euros par an ». Il attaque ensuite France Télévisions : « Je ne sais pas si vous avez vu *Complément d'enquête* ? C'est un truc... [...] Ils ont mis six mois, sur le service public ! Le moment le plus important, celui qui fait pleurer les chaumières (*sic*)... » Vincent Bolloré s'interrompt alors quelques instants pour s'adresser à un technicien : « Tiens, remettez un peu de climatisation, s'il vous plaît, parce que là, il fait chaud, rien que d'y penser... » Puis il reprend : « Il y a un type sur un tracteur, il a des gants troués, et il dit cela : "Monsieur Bolloré, il ne veut pas me donner des gants" ! »

Bolloré a pris l'accent « petit nègre ». Dans la salle, des actionnaires s'esclaffent... Il reprend : « Et après, on voit une maison, ou en effet, la moitié du mur s'en va, et ils disent : "Quand même, Monsieur Bolloré qui a tant d'argent..." [...] J'ai appelé aussitôt Hubert Fabri [co-actionnaire de Vincent Bolloré au sein de la *holding* luxembourgeoise Socfin, qui contrôle Socapalm]. J'ai dit : "Qu'est-ce que c'est ?" Et des huissiers sont aussitôt partis sur place. J'ai les exploits d'huissiers avec moi. Donc le jeune homme qui avait soi-disant 14 ans, il a en réalité 20 ans, et il a été payé pour dire qu'il avait 14 ans ! »

Sans le citer directement, Vincent Bolloré laisse à nouveau entendre, publiquement cette fois, que Waleckx a payé des témoins pour mentir sur leur âge afin de le discréditer. La pire accusation pour un journaliste. Découvrant ces propos diffamatoires quand la vidéo est mise en ligne sur le site du groupe Bolloré (elle en a été retirée depuis), mon confrère demande au service juridique de France 2 d'examiner la possibilité d'une plainte en diffamation. Quelques jours plus tard, c'est à l'antenne que *Complément d'enquête* réagit aux accusations de Vincent Bolloré : « Évidemment, nous démentons formellement avoir payé ce garçon pour tricher sur son âge, explique Nicolas Poincaré. Ce ne sont pas nos méthodes à *Complément d'enquête*. Nous n'avons jamais payé personne pour mentir. [...] De même que nous n'avons jamais payé ces autres adolescents que Tristan Waleckx avait filmés sur place. » Il montre d'autres interviews de gamins que le reporter de France 2 avait tournées, mais pas montées. L'un d'eux affirme avoir quinze ans. « Voilà ce que nous voulions répondre à Vincent Bolloré à qui on a proposé de venir s'expliquer, mais qui ne nous a pas répondu[1]. » Le même jour, la SDJ de France 2 qualifie les accusations de Vincent Bolloré de « diffamatoires », visant « à intimider les journalistes et à jeter le discrédit sur une émission phare de France 2 et sur un membre de la rédaction, Tristan Waleckx, au-dessus de tout soupçon. [...] Les journalistes de France 2 continueront à enquêter et à faire leur travail d'information en toute indépendance, même si cela déplaît à certains. »

Entre-temps, quelques indiscrétions fuitent sur les huissiers envoyés par Vincent Bolloré et Hubert Fabri au Cameroun. Début juin, *Le Canard enchaîné* entre en contact avec Emmanuel Elong, l'un des syndicalistes qui avaient aidé France 2 à pénétrer dans les plantations. Il affirme que suite au tournage, l'un des directeurs de la Socapalm a été remercié et que, mi-mai, un huissier local accompagné de cadres de la Socapalm et de deux caméramans sont venus interroger les jeunes témoins de Waleckx : « Le premier, de quatorze ans, ils l'ont habillé, ils lui ont mis des gants et ils l'ont obligé à dire qu'il avait 20 ans, raconte le syndicaliste. Le second, il devait dire qu'il avait 18 ans, mais cette fois, la famille était avertie et elle a refusé[2]. »

1. *Complément d'enquête*, France 2, 9 juin 2016.
2. Christophe Nobili, « Bolloré décroche la palme de la contre-enquête », *Le Canard enchaîné*, 8 juin 2016.

Faux témoignage ?

D'après ce syndicaliste donc, l'équipe envoyée par Vincent Bolloré et Hubert Fabri aurait incité les jeunes interviewés par France 2 à produire un faux témoignage ! « Cela me semblait hallucinant qu'on fasse pression sur des gamins pour préserver la réputation d'un milliardaire français. Je ne le croyais pas, au début », confie Tristan Waleckx[1]. Mais les jours suivants, ce témoignage est recoupé par David Bayang. Représentant de l'association catholique guinéenne Justice et Paix, il contre-enquête à son tour sur place en interrogeant les jeunes témoins de France 2, leurs parents et des habitants du village. Le 13 juin, il rend compte par mail à différents contacts : « Le jeune Guillaume Dipanda déclare qu'il a été enlevé de chez ses parents et conduit à 5 kilomètres de la maison familiale dans les plantations de la Socapalm de Kkapa (à l'abri des regards). Il a été forcé par ses bourreaux (*sic*) de déclarer devant une caméra qu'il avait 20 ans et non 14 ans. On lui a remis des bottes, des gants et des habits neufs de travail. Il les a portés sur lui pour le besoin des images. Puis ses kidnappeurs ont repris les gants, bottes, etc., en contrepartie, on lui a remis 3 000 francs CFA (4 euros). » David Bayang indique ensuite qu'il a pu identifier quatre des cinq « ravisseurs » du jeune garçon, qu'il présente comme des représentants de Socapalm, et un huissier. Il conclut en indiquant que les parents du jeune Guillaume souhaitent porter plainte pour « enlèvement et séquestration ». On se croirait en plein James Bond.

Entre-temps, en France, *Arrêt sur images* s'est procuré le fameux « constat d'huissier » que Vincent Bolloré brandit depuis des semaines devant des journalistes. Surprise : contrairement à ce que laisse entendre l'industriel, Guillaume Dipanda n'y parle pas d'argent. Il se contente d'affirmer qu'il a 20 ans. Autre bizarrerie : dans son procès-verbal, l'huissier Victor Atangana affirme s'être rendu sur place et être l'auteur du PV. C'est d'ailleurs lui qui le signe. Mais contacté par l'équipe de Schneidermann, il reconnaît qu'en réalité, ce n'est pas lui qui s'est rendu sur place, mais un « collaborateur »[2].

---

1. Chloé Fiancette, Juliette Jabkhiro, Maria Gerth-Nikulescu, « Bolloré utilise-t-il les poursuites judiciaires pour faire taire les journalistes ? », *Les Inrocks*, 31 juillet 2016.
2. Justine Brabant, « Bolloré contre France 2 : les preuves peu convaincantes de l'industriel », *Arrêt sur images*, 9 juin 2016.

Le PV signé de son nom serait-il un faux ? *Le Canard enchaîné* révèle alors que le « commando » de la Socapalm était dirigé par Nicolas Dutordoir, directeur de la plantation de Nkapa, accompagné notamment du chef de chantier de l'ado. Il présente aussi le contenu de vidéos tournées sur place par des militants associatifs. Les parents y confirment que leur fils, « mineur », a été emmené « en voiture » « aux champs » et qu'on l'a « forcé à dire qu'il n'avait pas 14 ans ». Dans ces vidéos, Guillaume Dipanda précise : « Ils m'ont demandé de mentir à propos de mon âge, j'avais peur. [...] Ils m'ont donné des vêtements de travail pour qu'on voie que je suis habillé. À la fin, ils m'ont enlevé mes habits, et ils m'ont donné 3 000 francs CFA[1]. » À Canal Plus, ces révélations font l'effet d'une bombe. En droit pénal, obtenir une déclaration mensongère en usant de promesses, offres, présents, pressions, menaces au cours d'une procédure judiciaire ou en vue d'une demande ou d'une défense – en l'espèce, on apprendra plus tard que Vincent Bolloré préparait une assignation contre France 2 – est un délit intentionnel relevant de la corruption. Il est puni de trois ans d'emprisonnement et de 45 000 euros d'amende. Mi-juin, peinant à croire que Vincent Bolloré ait pu aller jusqu'à s'associer à cette opération indigne, je contacte par mail Jean-Christophe Thiery de Bercegol du Moulin, Maxime Saada, Gerald Brice Viret, et même Olivier Baratelli, l'avocat du milliardaire : « Si ces faits sont avérés, ils portent [...] gravement atteinte à l'image de Vincent Bolloré, et donc à celle de Canal Plus et de tous ses salariés. » Fraîchement élu représentant du personnel SNJ-CGT, je précise à la direction que depuis quelques semaines, des journalistes de Canal Plus se font traiter de « Télé Bolloré » ou se voient refuser du travail ailleurs parce qu'ils viennent de « Canal Bolloré ». Et je conclus : « Dans ce contexte, merci de nous indiquer si la direction de Canal Plus a démenti l'article du *Canard enchaîné*, ou si elle a l'intention de le faire. » Malgré la gravité des faits, je ne recevrai aucune réponse. Le *Canard enchaîné* ne recevra ni droit de réponse ni démenti.

1. Christophe Nobili, « La palme d'or du bidonnage pour Bolloré », *Le Canard enchaîné*, 15 juin 2016.

Delphine Ernotte convoquée… au Cameroun !

Malgré le caractère diffamatoire des insinuations de Vincent Bolloré contre Tristan Waleckx et la gravité des témoignages recueillis par *Le Canard enchaîné*, la direction de France Télévisions ne se décide toujours pas à porter plainte. Elle n'envoie pas non plus d'équipe au Cameroun pour vérifier s'il y a bien eu « subornation de témoins ». Un peu comme cela avait été le cas avec Jean-Luc Hees, cette inertie de Michel Field va encourager le milliardaire à multiplier les procédures bâillons contre ses journalistes. Le 22 juillet 2016, après la rediffusion du *Complément d'enquête*, le groupe Bolloré révèle qu'« afin de mettre un terme à cette campagne insidieuse et de protéger tant les intérêts de ses salariés que de ses actionnaires, le groupe Bolloré a assigné France 2 afin d'obtenir réparation devant le tribunal de commerce de Paris de son préjudice évalué à 50 millions d'euros ». Dans son hallucinante assignation, l'avocat de Vincent Bolloré fait feu de tout bois. Pour discréditer les témoins mettant en cause les méthodes de son patron, il n'hésite pas à inventer des propos que Waleckx n'a jamais tenus et à produire des pièces à l'authenticité contestée. Comme le douteux constat d'huissier réalisé au Cameroun. Autre exemple : après que j'ai dénoncé sur France 2, en tant que représentant syndical, les censures survenues à Canal Plus, je me vois qualifié dans l'assignation du groupe Bolloré d'« ancien journaliste de Canal Plus […] licencié après le changement de management initié par le groupe Bolloré ». En réalité, j'y travaille alors toujours comme rédacteur en chef ! Le jour même où il reçoit cette assignation, Waleckx me demande par texto : « Rassure-moi, tu es encore salarié Canal Plus ? Dans leur plainte, ils disent que tu as été licencié ! » Bien que truffée d'erreurs factuelles, cette assignation du groupe Bolloré va tout de même produire l'effet escompté. Par prudence, la direction de France Télévisions fait retirer du replay de France Télévisions le *Complément d'enquête* consacré à Bolloré…

Et l'affaire ne s'arrête pas là. Début novembre 2016, c'est au tour de la Socapalm d'assigner France 2. Mais cette fois, devant un tribunal de Douala, au Cameroun, pays contrôlé par le dictateur Paul Biya, qui a concédé d'importants marchés au groupe Bolloré… Missionnés par la Socapalm, des huissiers se présentent à France Télévisions pour délivrer à

Tristan Waleckx, Nicolas Poincaré et Delphine Ernotte une convocation devant la justice camerounaise, pays où la diffamation est passible de six mois de prison[1].

Fin juin 2017, Tristan Waleckx et son reporter d'images Matthieu Rénier retrouvent un peu de baume au cœur : de grands professionnels de l'information comme Annick Cojean, Hervé Brusini, Lise Blanchet, Manon Loiseau ou Marie-Monique Robin ont décidé de leur attribuer le prix Albert Londres pour leur documentaire sur Vincent Bolloré. À une semaine de la cérémonie, Waleckx tente d'obtenir que les équipes d'Ernotte rendent le film à nouveau visible sur YouTube et sur le replay de France Télévisions. Sans succès. Le matin de la cérémonie, apprenant qu'il envisage d'évoquer devant ses prestigieux confrères cette censure qui ne dit pas son nom, la direction débloque le film au dernier moment. Vincent Bolloré, lui, maintient ses trois procès. Avec les méthodes de harcèlement judiciaire qu'il avait rôdées en 2009 avec son avocat Olivier Baratelli contre Élise Lucet, France Inter, *Témoignage chrétien*, Isabelle Ricq, Fanny Pigeaud, Elodie Guéguen, Benoît Collombat et tous les autres. Quelques mois plus tard, une trentaine de médias et de sociétés de journalistes publieront dans *Le Monde* une tribune dénonçant les procédures bâillons du groupe Bolloré[2]. S'il avait vécu au début du siècle, le milliardaire aurait-il tenté de faire emprisonner le grand reporter Albert Londres ? En cette rentrée 2016, dans sa tentative d'entraver la liberté éditoriale de France Télévisions, il va recevoir un soutien politique de poids. Celui d'un puissant ami qui rêve de retrouver l'Élysée en 2017 : Nicolas Sarkozy.

1. Christophe Nobili, « La plainte bouffonne de Bolloré menace France 2 de taule », *Le Canard enchaîné*, 9 novembre 2016.

2. « Face aux poursuites bâillons de Bolloré, nous ne nous tairons pas ! », *Le Monde*, 24 janvier 2018.

16
Sarkozy à la rescousse

« Ça y est, on a pris le contrôle de la chaîne ! » : c'est le cri de joie qu'aurait poussé Nicolas Sarkozy en juillet 2015 quand Vincent Bolloré décapitait *Les Guignols* de Canal Plus[1]. Avec les casseroles judiciaires que traîne alors l'ancien président (on y reviendra), les coups de griffes du *Zapping*, des *Guignols* ou du *Petit Journal*, voire de l'investigation, représentaient de gros cailloux dans sa chaussure pour la reconquête de l'Élysée. Des « cailloux » bientôt pulvérisés par Vincent Bolloré.

Reste le cas France Télévisions. On l'a vu, au printemps 2015, durant la campagne pour le remplacement de Rémy Pfimlin, Nicolas Sarkozy avait suggéré au patron du CSA Olivier Schrameck de nommer à la tête des chaînes publiques une personnalité « sarko-compatible »[2]. Quand l'ancien directeur de cabinet de Lionel Jospin avait annoncé que le choix du CSA s'était porté sur Delphine Ernotte, la candidate préférée des réseaux socialistes, les responsables de l'UMP s'étaient étranglés et avaient réclamé une « commission d'enquête parlementaire ». Fin août 2016, quelques mois après la diffusion du *Complément d'enquête* mettant en lumière les méthodes de son ami Vincent Bolloré, Nicolas Sarkozy publie un livre programme où transparaît sa hargne contre France Télévisions[3].

---

1. Marc Endeweld, « Des médias sous influences », *op. cit.*
2. *Ibid.*
3. Nicolas Sarkozy, *Tout pour la France*, Plon, Paris, 2016.

L'ancien président tombe le masque sur la hantise que lui ont toujours inspiré les esprits rebelles de Canal Plus et le journalisme d'investigation incarné par Élise Lucet: «L'ambition de donner une véritable identité à France 2, France 3 et France 5 est déjà un fameux défi. […] La dérision, la polémique, l'investigation racoleuse ont trop souvent pris le pas sur la découverte, la science, la culture», écrit-il. Après avoir remis en cause la liberté éditoriale du service public, l'ancien président prône la «constitution de grandes entreprises de communication multimédia» et une nouvelle loi afin de «permettre à nos groupes de s'imposer comme des champions européens, voire mondiaux». Au fil des pages, Sarkozy n'évoque pratiquement jamais son ami Vincent Bolloré ni Vivendi. Et pourtant, ils y transpirent à chaque phrase consacrée aux médias. La pique contre l'«information racoleuse»? Cela sent l'appel à supprimer *Cash investigation* (comme *Spécial investigation* l'avait été en 2016 par la direction nommée par Vincent Bolloré). La «dérision systématique»? Comment ne pas y voir une pique contre *Les Guignols de l'info* que Vincent Bolloré et Nicolas Sarkozy abhorrent? La «formation de grands groupes de communication»? C'est le dessein affiché par Vivendi. L'«inutilité» de la chaîne d'info publique voulue par François Hollande? C'est un coup de pouce à I-Télé, que Vincent Bolloré veut transformer en «Fox News», chaîne devenue identitaire de la droite américaine… La «disparition du CSA»? C'est la fin d'un «machin» institutionnel que Bolloré juge inutile. «Le contribuable y trouvera une source d'économie bienvenue. La démocratie y gagnera en transparence», conclut Nicolas Sarkozy, sans une once d'humour.

Étouffer l'affaire Bygmalion

Au cours de l'été 2016, dans l'espoir de remporter les primaires de la droite prévues pour novembre, Nicolas Sarkozy va faire exercer sur France Télévisions des pressions presque aussi fortes que celles de son ami Vincent Bolloré. Cette fois, c'est pour éviter que les journalistes du service public ne rendent public un témoignage embarrassant sur ses dépenses de campagne en 2012. Depuis plusieurs mois, la rédaction d'*Envoyé spécial* s'intéresse de près à Bygmalion. Montée par des proches de Jean-François Copé, cette société de communication conseilla longtemps Patrick de Carolis, l'ancien patron de France Télés, puis son successeur Rémy Pfimlin. À partir de 2010, elle s'occupe en outre de la communication de l'UMP : pour la campagne présidentielle de 2012, Event & Cie, l'une de ses filiales, est chargée d'organiser les meetings de Nicolas Sarkozy. Le président de la République réclame une cascade de meetings hollywoodiens, au point de dépenser près de 43 millions d'euros, le double du plafond autorisé. En épluchant sa comptabilité, la justice dévoilera un système de double facturation destiné à dissimuler l'ampleur des infractions commises. Mis en examen le 16 février 2016 pour « financement illégal de campagne électorale », Nicolas Sarkozy est également placé sous le statut de témoin pour « usage de faux », « escroquerie » et « abus de confiance ». Au cœur de ce scandale, Franck Attal, ancien responsable d'Event & Cie, est directement impliqué dans le système de surfacturation organisé par l'entourage de Nicolas Sarkozy. Mis en examen, il a le sentiment que les dirigeants de l'UMP n'assument pas leurs responsabilités face à la justice.

En mai, Tristan Waleckx parvient à le convaincre de raconter pour *Envoyé spécial* ce dont il a été témoin en détail et en exclusivité. Avec son rédacteur en chef, Jean-Pierre Canet, ils tiennent régulièrement Michel Field informé de l'avancement de leur enquête. Mais le 23 juin, Véronique Waché, l'attachée de presse de Nicolas Sarkozy, appelle Tristan Waleckx. À quelques mois des primaires de la droite, elle lui met la pression : « Pourquoi parler de cette affaire ? Encore un sujet malhonnête ! » Le journaliste ne se démonte pas, poursuit ses tournages et sollicite plusieurs acteurs de l'affaire Bygmalion.

Quelques jours plus tard, sentant qu'il est parvenu à recueillir des témoignages compromettants, l'attachée de presse de Nicolas Sarkozy rappelle Waleckx, folle de rage : « Vous voulez jouer au con ? Et bien vous verrez qui sera con à la fin ! Ce ne sera pas nous… » Pour l'ancien président, pas question que les propos de Franck Attal soient diffusés à la rentrée, quelques semaines avant que le « peuple de droite » choisisse son champion pour 2017. Mais le très sourcilleux Jean-Pierre Canet persiste et début juillet, il soumet à la direction des magazines la programmation des émissions de rentrée : le reportage « Bygmalion-Franck Attal » est prévu pour la première d'*Envoyé spécial*, le 29 septembre. « C'est parfait », répond Dominique Tierce, la directrice des magazines. Mais le 13 juillet, coup de théâtre : elle informe Élise Lucet et Jean-Pierre Canet qu'il y a un souci : « Michel

[Field] ne veut pas de Bygmalion avant le résultat des primaires. [...] Il deale la venue de Sarko dans l'émission politique que nous démarrons plus tôt, le 15 septembre. »

L'état-major d'*Envoyé spécial* se précipite alors dans le bureau de la directrice des magazines pour expliquer que les calendriers de l'émission politique ou des primaires de la droite, prévues pour début novembre, ne peuvent conditionner la diffusion d'un reportage d'actualité. Jean-Pierre Canet et Élise Lucet évoquent l'« exclusivité du sujet », le risque de voir Franck Attal « parler ailleurs que sur France 2 » et les « nombreuses révélations d'intérêt général susceptibles d'intéresser le grand public » : « J'ai eu l'impression d'avoir été entendu et, pour moi, la date de diffusion n'était plus un problème », nous a confié Canet.

Le 16 août, ignorant ces pressions, Tristan Waleckx appelle Véronique Waché à propos de ses demandes d'entretien avec Nicolas Sarkozy, Brice Hortefeux, Daniel Fasquelle. Cette fois, elle se montre sympathique, prend des nouvelles de ses vacances, réclame un mail reprécisant ses intentions... Mais 48 heures plus tard, Dominique Tierce envoie un message à la rédaction en chef d'*Envoyé spécial* : « Comme je vous l'avais dit, Michel [Field] souhaite que la diffusion du sujet Bygmalion soit repoussée après les primaires des Républicains. J'ai argumenté pour sauvegarder l'exclusivité durement obtenue par Tristan. Après réflexion, Michel et moi-même maintenons cette décision, car la situation est bloquée côté Sarko : 1) pour sa venue le 15/09 dans l'émission politique ; 2) plus gênant, pour la tenue sur France 2 de l'un des débats entre candidats républicains. [...] Il ne nous semble pas raisonnable de compromettre ainsi le débat démocratique sur notre antenne. Soyez en revanche assurés de notre détermination à voir le sujet diffusé. » Le lendemain, second message : « Michel [...] vous demande de stopper [Tristan] les appels chez Sarko qui, me dit-il, menacent sa venue le 15/09. [...] Merci de vous tenir à cette demande express. Le staff de Sarko doit mettre une très grosse pression. Je ne suis pas en mesure d'estimer la capacité de bluff des entourages, je n'ai assisté à aucune des négos que mène Michel. »

À la suite de ces deux mails, l'état-major d'*Envoyé spécial* demande à voir en urgence Michel Field. Le directeur de l'information botte en touche : « Si c'est pour parler de Bygmalion, la décision est prise, et non négociable.» L'injonction est claire: pas de diffusion avant les primaires! «Tu vas encore te retrouver cloué au mur!», aurait balancé Lucet à Field dans une allusion à la motion de défiance qu'il avait enduré en avril... Élise Lucet s'interroge et elle consulte Hervé Brusini, figure de l'investigation à France Télés, en présence de Jean-Pierre Canet. Ce dernier raconte: «Il m'a dit que ma démarche était pertinente, mais qu'on allait mettre le feu à France Télévisions qui ne s'en remettrait pas, nous a confié l'ancien rédacteur en chef d'*Envoyé spécial.* Je lui ai répondu que quand ils avaient diffusé la cassette Méry dans *Pièces à conviction* en 2000, cela n'avait pas fait couler France Télévisions! Le lendemain, on est repartis pour six semaines de combat[1].»

«On va se battre»

«On va se battre, mais arrête d'appeler Waché!» demandent alors les rédacteurs en chef d'*Envoyé spécial* à Tristan Waleckx. Celui-ci apprend à ce moment, en lisant entre les lignes, les pressions qu'ils subissent depuis deux mois. Élise Lucet travaille au corps Delphine Ernotte qui finit par lui accorder un rendez-vous. Persuadés que la direction va revenir à la raison, les rédacteurs en chef d'*Envoyé spécial* conviennent avec Waleckx qu'il rappelle les sarkozystes, tout en lui conseillant de rester vague sur la date de diffusion prévue. Le 29 août au soir, il recontacte donc Véronique Waché. Elle se montre très surprise: «Je ne comprends pas, vous faites le sujet?» Elle s'enquiert de la date de diffusion. Et à 19h37, un message furibard tombe de la part de la direction des magazines: «Nous vous avons demandé de cesser les coups de téléphone auprès du staff de Sarko. Il semblerait qu'ils aient repris à la grande surprise de Michel (est-ce vrai?). [...] Merci de grâce de me dire que le message est reçu 5/5, que nos consignes sont respectées et que tout cela n'est qu'un fâcheux malentendu... Ou pas?!!!... » Le 31 août, suite à ce message laissant penser que l'attachée de presse de Nicolas Sarkozy fait pression sur Michel Field pour qu'il enterre momentanément l'enquête Bygmalion, Tristan Waleckx se voit contraint d'annuler un tournage prévu à l'université d'été des Républicains à la Baule. Élise Lucet et Jean-Pierre Canet demandent alors à être reçus par Delphine Ernotte. Ils veulent savoir

1. Entretien de Jean-Pierre Canet avec l'auteur, 17 mars 2021.

où ils mettent les pieds. Alors que leur bras de fer avec Field dure depuis deux mois, la présidente de France Télévisions prétend « tomber des nues » et « ignorer toute pression politique ». Considérant qu'il est « urgent d'attendre », elle aurait réclamé « du temps pour trancher ».

Mais le 5 septembre, coup de théâtre : l'AFP révèle que le parquet de Paris préconise le renvoi en correctionnelle de Nicolas Sarkozy dans l'affaire Bygmalion pour « financement illégal de campagne électorale ». Le principal argument de Field, qui ergotait depuis des mois en pointant que Nicolas Sarkozy n'était que « mis en examen », s'effondre. « C'était surréaliste, se souvient une reporter : on était en conférence de rédaction avec Élise qui brandissait les mails de la direction prouvant que Sarko mettait la pression sur Field pour déprogrammer le sujet Bygmalion alors que la justice avait décidé qu'un procès aurait lieu ! » Coincé, le directeur de l'info cherche une sortie de crise. Vers 18 h 30, une fumée blanche sort de sa pipe. Accompagné de son adjoint, Alexandre Kara, il annonce à *Envoyé spécial* que Delphine Ernotte a tranché, souhaitant qu'un sujet de vingt-six minutes soit diffusé le jeudi suivant, « quitte à casser l'antenne avec une émission spéciale ».

Pour le directeur de l'information, ce calendrier présente l'avantage de diffuser rapidement le sujet sans que la presse ait le temps de s'en faire l'écho, tout en désamorçant les accusations de censure. Mais Tristan Waleckx sent le piège : il a trente heures de rushes, son tournage n'est pas terminé, il lui manque les points de vue des sarkozystes, Franck Attal doit encore lui transmettre des documents. Dans ces conditions, finaliser un long sujet en deux jours n'est pas jouable. Ses chefs, eux, ajoutent que la nouvelle formule d'*Envoyé spécial* consistant à présenter l'émission depuis un container n'est pas prête, les décors pas repérés, le réalisateur pas choisi. Depuis son hôtel de Marseille, Waleckx convient avec sa hiérarchie qu'il faut décliner le timing de Field : « Trop juste. » « On a expliqué à la direction qu'il n'était pas raisonnable de gâcher une enquête sensible en bâclant un vingt-six minutes en deux jours, mais qu'on était bien sûr prêts à tricoter rapidement un court sujet pour le 20 heures », nous a confié Jean-Pierre Canet. Le mardi à 5 heures du matin, Waleckx saute dans un TGV pour Paris, fonce à France Télévisions et s'installe en salle de montage pour le 20 heures du soir.

Mais entre-temps, Michel Field tente un dernier coup de pression : ce même matin, les journalistes d'*Envoyé spécial* découvrent sur le site Ozap qu'un vingt-six minutes « Bygmalion » sera « bien diffusé le 8 septembre dans une émission spéciale[1] ». Depuis son bureau, Field intime à Canet l'ordre d'obéir : « Vous le faites et c'est comme ça ! » Sous pression, Élise Lucet appelle son avocate : « Si je refuse d'obéir, c'est faute grave ? Je peux être virée ? ». Légalement, un journaliste a bien évidemment le droit de refuser d'agir contre sa conscience professionnelle. Vers 16 heures, Delphine Ernotte réunit en urgence dans son bureau Manuel Tissier, le représentant de la société des journalistes, et l'équipe d'*Envoyé spécial*. L'ambiance est glaciale. La présidente monte au front pour défendre son directeur de l'information : « Je vais vous envoyer un mail pour exiger la réalisation de ce vingt-six minutes, explique-t-elle énervée. Au moins avant, les filles d'*Envoyé spécial* étaient capables, elles, de travailler dans l'urgence ! » Élise Lucet et Jean-Pierre Canet tentent de faire valoir leur point de vue en expliquant que « Bygmalion » est un sujet particulièrement sensible. Sans succès. Michel Field, assis derrière Delphine Ernotte, fulmine. Le patron de l'information serre les dents et marmonne quelques mots dans sa pipe. « Quoi Michel ? » : « Un jour vous me le paierez ! », entend distinctement l'un des témoins de la scène.

Ce que Field ignore en sortant de cette réunion, c'est que le matin même, *Le Canard enchaîné* s'est procuré les mails de la direction des magazines prouvant que le report du sujet Bygmalion est bien consécutif à des pressions de Nicolas Sarkozy… Ignorant elle aussi que le célèbre palmipède est déjà sous presse, Delphine Ernotte adresse un mail comminatoire à l'équipe d'Élise Lucet : « En tant que PDG de France Télévisions et directrice de la publication, je vous intime l'ordre de respecter les consignes de la direction. Faites un vingt-six minutes pour jeudi. » En fin d'après-midi, des réunions se succèdent. Mais l'équipe d'*Envoyé spécial* reste déterminée. Trop de risque de tomber pour diffamation, pas assez de contradictoire. Dans la soirée, quand *Le Canard enchaîné* commence à circuler à l'étage de la présidence, l'équipe Ernotte se décompose. Épinglé par le célèbre

1. Julien Belver, « Affaire Bygmalion : un vingt-six minutes sur France 2 jeudi à 20 h 30 », *Ozap*, 6 septembre 2016.

volatile, Michel Field fait désormais mine d'être du côté de ses journalistes : « Bon les gars, n'en faites pas un fromage, trouvons un compromis ». « Ce papier a tout fait basculer », nous a confié une journaliste d'*Envoyé spécial.*

Victoire de l'information

Le mercredi 7 septembre, jour de sortie du *Canard* dans les kiosques, le téléphone de Michel Field n'arrête pas de sonner. Des journalistes veulent savoir s'il bloque l'enquête sur Bygmalion. Des politiques, aussi. Le directeur de l'information et Delphine Ernotte changent alors de ton. « Il faut qu'on se parle plus », lâchent-ils à Élise Lucet. Elle répond : « Les programmes, c'est votre affaire. Mais l'investigation, laissez-nous gérer, on vous protège ! » Ce jour-là, une « paix des braves » est signée entre Élise Lucet et sa direction : Delphine Ernotte renonce à exiger un vingt-six minutes en urgence et *Envoyé spécial* s'engage à réaliser un court sujet pour le « 20 heures » à condition que la direction s'engage par écrit à ce que le documentaire complet soit bien diffusé le 29 septembre. Furieux d'avoir échoué à faire déprogrammer l'enquête Bygmalion, Nicolas Sarkozy aurait averti qu'il s'en « souviendrait ». Quarante-huit heures plus tard, ultime rebondissement : peu avant le « 20 heures », la livraison du sujet est retardée par des problèmes… techniques ! En régie, Michel Field se liquéfie. Il craint d'être à nouveau accusé de censure ! À 20 h 23 quand le sujet est enfin diffusable, il pousse un grand « ouf » de soulagement. « Pendant qu'on attendait la diffusion, j'avais envie de vomir, j'ai cru que j'allais me ch… dessus ! », glisse-t-il à une journaliste présente…

Lourdement mis en cause par le témoignage de Franck Attal diffusé ce soir-là, Nicolas Sarkozy entourera sa venue à l'émission politique du 15 septembre d'incessantes provocations. La veille, dans un dîner de chefs d'entreprise, il raille : « Les journalistes de France 2, cela donne une idée de ce qu'était Che Guevara ! » Le soir de l'émission, dans la salle de maquillage, Nicolas Sarkozy menace Delphine Ernotte : « Je serai peut-être votre actionnaire dans six mois ! » À la fin de l'émission, Charline Vanhoenacker, l'humoriste de France Inter, se moque allègrement de l'ancien président dans un billet d'humour : « Cela s'est bien passé, non ? Vous voyez, quand ce n'est pas vous qui choisissez les journalistes, les lumières et le réalisateur, cela se passe bien quand même ? » Puis, dans une allusion au chantage de

Nicolas Sarkozy conditionnant sa venue à la déprogrammation du sujet Bygmalion : « On était très contents que vous soyez là, car on a eu chaud, on a failli ne pas vous avoir ! » Très en verve, Vanhoenacker conclut : « Ne vous inquiétez pas, je suis la dernière intervenante, Élise Lucet a été placée en confinement au sous-sol, donc elle ne vous embêtera pas. » Sarko tente de faire bonne figure : « C'est un message interne pour la direction de France Télévisions ? » Charline Vanhoenacker continue, intarissable : « Vous avez dit récemment : "Les journalistes de France 2, cela donne une idée de ce qu'était Che Guevara." Donc bienvenue dans le maquis, M. Sarkozy !

– Je ne sais pas où j'ai dit cela ?

– Vous avez dit cela devant l'Institut de l'entreprise hier, lui rappelle David Pujadas.

– Ah, oui ? C'est plutôt sympathique pour vous, finalement !

– Attendez, reprend Charline Vanhoenacker dans une ultime allusion dévastatrice à son patron, j'ai Michel Field, le directeur de l'info, dans l'oreillette. Oui, Michel, je suis gentille avec M. Sarkozy, oui, voilà… »

À la sortie du plateau, l'ancien président est cueilli par un dernier sourire de Léa Salamé : « Alors, pas trop guévariste, comme ambiance ? » « Non, je pense que vous pouvez faire pire », grince Nicolas Sarkozy. Quelques jours plus tard, lors d'un dîner de *Valeurs actuelles* au Pavillon royal du Bois de Boulogne, l'ancien président se venge en s'exclamant que pour éviter la « fuite des cerveaux à l'étranger », il va falloir des médias orientés « un peu plus comme *Valeurs actuelles* » et « un peu moins comme France Télévisions ».

Dans les médias contrôlés par son ami Vincent Bolloré, évidemment, cela se passe mieux : le 21 septembre, Cyril Hanouna fait commenter sur le plateau de *Touche pas à mon poste* la prestation de l'ancien président sur France 2 par Capucine Anav, la fiancée de Louis Sarkozy, que C8 vient de recruter comme chroniqueuse. Dans une sortie involontairement comique, elle explique avoir trouvé l'ancien président, tétanisé depuis trois mois par l'enquête Bygmalion, « très courageux ». Le lendemain, elle permet à C8 de diffuser une sympathique vidéo de son futur beau-père : « Salut Cyril, lance Nicolas Sarkozy avec un sourire forcé. Des informations très précises m'ont indiqué que c'était votre anniversaire. Ces informations ne m'ont pas dit quel âge ! Je voulais vous dire que j'aime votre énergie, j'aime votre enthousiasme, que parfois même je peux m'y reconnaître. Bon anniversaire Cyril[1] ! » Et bien sûr, ce sommet de complaisance « hanounesque » s'achève sous les applaudissements du public !

Le 29 septembre, jour de la diffusion de l'enquête Bygmalion, *Direct Matin* l'escamote carrément de sa grille TV[2]... Et alors que Nicolas Sarkozy est cerné par les affaires et renvoyé en correctionnelle, le 16 octobre, Laurence Ferrari réussit l'exploit de le recevoir dans *Punchline*, sur C8, sans lui poser la moindre question sur ses déboires judiciaires. Même son rapide « portrait de campagne » diffusé en préalable paraît bien superficiel. Pourquoi une telle complaisance ? Recontacté en 2021, Jean-Pierre Montanay, alors rédacteur en chef des reportages de l'émission, rappelle le contexte de la création de *Punchline* : « Vincent Bolloré avait voulu cette émission politique alors que D8 diffusait surtout des films sur la vie des animaux et les émissions de Hanouna. Il était très content qu'on ait Nicolas Sarkozy. C'est vrai que Laurence Ferrari avait demandé que le sujet s'en tienne à un "reportage de campagne". Il était fréquent qu'elle réserve les questions les plus sensibles pour le plateau. » Selon notre enquête, la journaliste en charge du sujet souhaitait au minimum mentionner dans son commentaire quelques-unes des affaires « plombant » alors Nicolas Sarkozy (publication d'un ouvrage embarrassant de Patrick Buisson, mauvais sondages, renvoi en correctionnelle dans l'affaire Bygmalion...). Mais échaudée par un précédent où Jean-Luc Mélenchon s'était mis en colère en plateau, Laurence Ferrari aurait demandé que le reportage ne soit pas trop « rentre dedans ». Dans un premier montage, la reporter et son rédacteur en chef, Jean-Pierre Montanay, font tout de même (un peu) allusion aux affaires. Encore trop pour Laurence Ferrari, qui aurait fait atténuer le commentaire. Au point que même D8 aurait trouvé le sujet trop « lisse » et aurait ainsi renvoyé la reporter interviewer Mathieu Goar, du *Monde*, pour évoquer (très) brièvement les « casseroles » de Nicolas Sarkozy. En plateau, face à l'ancien chef de l'État, Ferrari omettra finalement d'évoquer les affaires. Avec de

1. *Touche pas à mon poste*, C8, 22 septembre 2016.
2. Manuel Vicuna, « Pas de Bygmalion dans la grille TV du journal de Bolloré », *Arrêt sur images*, 29 septembre 2016.

tels renoncements éditoriaux, *Punchline* sera désertée par le public, puis disparaîtra mi-2017 après l'élection d'Emmanuel Macron[1].

Nicolas Vescovacci, ou le retour du « censuré »

Malgré tous ces efforts pour réhabiliter Nicolas Sarkozy, Vincent Bolloré ne parviendra pas à faire oublier ses déboires judiciaires. Le 18 octobre, patatras ! en préparant un livre sur le milliardaire[2], l'un des auteurs de l'enquête sur le Crédit Mutuel, Nicolas Vescovacci, apprend de la bouche de Ziad Takieddine que ce dernier a joué les porteurs de valises entre Tripoli et la place Beauvau pour financer la campagne de Nicolas Sarkozy en 2007[3]. Interrogé en plein débat de la primaire de la droite par David Pujadas sur le fait que Takieddine a confirmé ses accusations devant la justice, Nicolas Sarkozy tente de retourner la situation en incitant le présentateur de France 2 à avoir « honte » de sa question[4]. Mais cette ultime tentative de discréditer France Télévisions ne le sauve pas d'une déroute électorale. Avec 20,4 % des voix, il est éliminé au premier tour de la primaire de la droite, au profit de François Fillon, son ancien Premier ministre. À une reporter d'*Envoyé spécial* tentant d'approcher Sarko le soir de sa défaite, Véronique Waché lâchera : « Pour qui vous prenez-vous ? Vous l'avez flingué[5] ! » Le 30 septembre 2021, Nicolas Sarkozy sera condamné dans cette affaire à un an de prison ferme, à effectuer à domicile sous bracelet électronique.

En janvier 2017, c'est Vincent Bolloré qui est à son tour pointé du doigt, cette fois par Arnaud Montebourg. Après trente et un jours de grève à I-Télé (le plus long mouvement social dans l'audiovisuel privé depuis mai 1968) et le départ d'une centaine de journalistes sur cent vingt, l'ancien ministre du Redressement productif candidat à la présidentielle met les pieds dans le plat. Banni d'I-Télé (rebaptisée CNews) sous prétexte qu'il

1. En 2016-2017, elle ne rassemblait que 150 000 téléspectateurs en moyenne, soit 1,3 % de parts de marché.
2. Nicolas Vescovacci et Jean-Pierre Canet, *Vincent tout-puissant, op. cit.*
3. Fabrice Arfi, Karl Laske, Nicolas Vescovacci, « Takieddine : j'ai remis trois valises d'argent libyen à Guéant et Sarkozy », *Mediapart*, 15 novembre 2016.
4. Troisième débat de la primaire de la droite, *France 2*, 17 novembre 2016.
5. Entretien avec l'auteur, 19 mars 2021.

avait décommandé une interview[1], il s'en prend à Vincent Bolloré lors du second débat des primaires de la gauche : « Si je veux exercer une présidence forte, c'est parce qu'elle doit être indépendante des intérêts des puissants. Dans ce pays, il y a un mur des puissants, […] la concentration des médias entre les mains de quelques-uns pour éteindre le pluralisme… »

Glacée par la mise en cause publique de son actionnaire, Laurence Ferrari tente à plusieurs reprises d'interrompre l'ancien ministre : « Vous résistez toujours à la pression des puissants, M. Montebourg ? » « Il y a même une chaîne, votre chaîne, Mme Ferrari, le propriétaire de votre chaîne, qui est allé jusqu'à détruire son outil de travail pour empêcher le pluralisme. Une présidence forte doit pouvoir dire non, c'est ce qui a manqué ces derniers temps, on a vu un pouvoir trop faible avec les puissants et parfois trop dur avec les plus faibles[2]. » Ce président « trop faible avec les puissants », c'est bien sûr François Hollande. En ce début 2017, alors qu'il vient de renoncer à briguer un second mandat, Emmanuel Macron, son ancien conseiller issu de la banque Rothschild, s'apprête à réussir un « braquage » inédit sur la vie politique française. Comme Nicolas Sarkozy en 2007, il va bénéficier de la complicité bienveillante de la plupart des grands oligarques ayant pris le contrôle de la presse privée.

1. « Pour s'être décommandé de *Punchline*, l'émission de Laurence Ferrari sur C8, Montebourg a eu droit à une petite fatwa du groupe Canal Plus », *Le Canard enchaîné*, 21 septembre 2016.

2. Deuxième débat de la primaire de la gauche, BFMTV/I-Télé, 15 janvier 2017.

III

Macron, vers une dérive autoritaire ?

17

Un banquier d'affaires à l'Élysée ?

En novembre 2017, des fleurons de la technologie française comme Alcatel, Technip ou la branche énergie d'Alstom sont tombés entre les mains de multinationales étrangères, et cela risque d'entraîner la destruction de milliers d'emplois. Le député LR Olivier Marleix initie une commission d'enquête parlementaire sur les « décisions de l'État en matière de politique industrielle ». Avec Guillaume Kasbarian, le rapporteur LREM de la commission, ils auditionnent les dirigeants de Rothschild & Co. Présente dans une quarantaine de pays, la banque d'affaires s'était attaché les services d'Emmanuel Macron entre 2008 et 2012. Elle compte parmi les leaders mondiaux des fusions-acquisitions, encourageant des restructurations débouchant parfois sur une dilapidation du patrimoine industriel français. En 2014, par exemple, elle fait partie des banques conseil de Bouygues quand le numéro un français du BTP vend Alstom énergie aux Américains de General Electric. Cela pose plusieurs questions... Avec la bénédiction de quels responsables publics ? Au prix de quelles dépenses de lobbying ? Avec quelles conséquences sur l'emploi ?

Fin 2016, la loi Sapin 2 relative à la transparence et à la lutte contre la corruption tente d'instaurer davantage de transparence de la part des lobbyistes ou banquiers d'affaires susceptibles d'exercer une influence sur des membres du gouvernement dans le cadre d'opérations de fusions-acquisitions : elle souhaite les contraindre à indiquer clairement les intérêts qu'ils représentent. Mais juste avant que François Hollande ne quitte l'Élysée, sous la pression de Marc Guillaume et Jean-Pierre Jouyet, alors respectivement secrétaire général du gouvernement et de l'Élysée, les décrets d'application de la loi Sapin 2 exonérèrent finalement les banquiers d'affaires d'une telle obligation : finie, la transparence sur leurs activités ! Officiellement, il s'agit de ne pas « complexifier le travail de l'administration » ou soumettre les hauts fonctionnaires à une « inquisition »[1]. En mars 2018, protégé par cette reculade de l'exécutif, David de Rothschild se bat bec et ongles pour défendre l'opacité en affaires lors de son audition par la commission d'enquête parlementaire : « La transparence appliquée à un métier comme le nôtre devient très rapidement un nid à embrouilles[2]. »

Quelques semaines plus tard, la commission Marleix préconise néanmoins de contraindre à nouveau les professionnels des fusions-acquisitions à détailler leurs activités auprès de la Haute Autorité pour la transparence de la vie publique. Sans grand espoir. Et de fait, Emmanuel Macron, ancien spécialiste des fusions-acquisitions chez Rothschild et désormais président de la République, fait voter en juillet 2018 une loi protégeant encore plus strictement le « secret des affaires ». Une vieille revendication de multinationales et des banques qui lui demandaient avec insistance depuis des années d'empêcher lanceurs d'alertes et journalistes de s'intéresser de trop près à leurs dérives…

Occulter les dérives des multinationales

Dans les années 2000, lassées de voir leurs pratiques contestables dénoncées par certains de leurs cadres et parfois dévoilées par des journalistes d'investigation, des multinationales de la banque, de la finance, de l'industrie pharmaceutique, de l'agroalimentaire et de la chimie souhaitent obtenir une législation punissant pénalement ceux qui révéleraient des informations jugées confidentielles par… ces mêmes entreprises ! Dès 2012, quand il passe de Rothschild au secrétariat général de l'Élysée, Emmanuel Macron s'active en coulisses pour relayer cette revendication patronale auprès de François Hollande : « Emmanuel nous comprend, le

1. Olivier Faye et Solenn de Royer, « Marc Guillaume, la disgrâce du grand chambellan », *Le Monde*, 6 août 2020.
2. Odile Benyahia-Kouider, « Crime de lèse-Rothschild à l'Assemblée », *Le Canard enchaîné*, 2 mai 2018.

langage est commun », explique Laurence Parisot, patronne du MEDEF[1]. « Il avait transformé son bureau en antichambre du MEDEF et de l'AFEP, l'Association française des entreprises privées », a confirmé un patron proche de lui[2].

En octobre 2014, nommé ministre de l'Économie, Emmanuel Macron dépose un projet de loi sur la croissance. Un amendement prévoit de punir ceux qui dévoileraient des informations jugées secrètes par les entreprises de trois ans de prison et 375 000 euros d'amende, voire sept ans de prison et 750 000 euros en cas « d'atteinte à la sécurité ou aux intérêts économiques essentiels de la France » ! Un tel renforcement du « secret des affaires » exposerait les lanceurs d'alerte à de lourdes sanctions, et risquerait d'empêcher les journalistes d'enquêter sur les coulisses des fusions-acquisitions, de l'économie ou même de la santé publique. Très vite, le collectif « Informer n'est pas un délit » se constitue et des journalistes, dont Élise Lucet, lancent une pétition hostile à ce musellement de l'information. En quelques mois, elle recueille près de 500 000 signatures ! Jugé liberticide pour la liberté de la presse, l'amendement prévoyant de renforcer le « secret des affaires » dans la loi Macron est finalement retiré fin 2014 à la demande de François Hollande.

Quelques semaines plus tard, un duel entre Emmanuel Macron et Élise Lucet, télévisé celui-là, illustre à quel point l'intérêt général commanderait que la loi laisse les journalistes mener librement leurs enquêtes. En ce début 2015, dans son bureau qui domine la Seine, quai de Bercy, le ministre de l'Économie a accepté de répondre aux questions de la patronne de *Cash investigation*. Depuis quelques mois, l'émission de France 2 enquête sur la complaisance de l'État Hollande vis-à-vis des riches actionnaires. Une thématique périlleuse pour Emmanuel Macron, connu pour défendre le monde de la finance auprès du président. D'autant que Sanofi-Aventis, le labo pharmaceutique sur lequel *Cash* enquête, est dirigé par Serge Weinberg, ami et soutien de l'hôte de Bercy[3]...

1. Marc Endeweld, *L'Ambigu Monsieur Macron*, *op. cit.*
2. *Ibid.*
3. Voir Édouard Perrin, « Quand les actionnaires s'en prennent à vos emplois », *Cash investigation*, France 2, 3 mars 2015.

En 2007, alors jeune inspecteur des finances, Emmanuel Macron avait fait la connaissance de cet énarque très introduit au sein du CAC 40 en devenant rapporteur de la « commission Attali », un aréopage de grands patrons réunis par Nicolas Sarkozy pour libéraliser l'économie. En 2008, en le recommandant à la banque d'affaires Rothschild, dont il est l'un des administrateurs, Serge Weinberg contribue à bâtir sa fortune. En passant de jeune inspecteur des finances à associé-gérant de la célèbre banque d'affaires, Emmanuel Macron voit son revenu annuel passer d'environ 100 000 euros à près de… 2 millions d'euros, soit près de 166 000 euros par mois ! En 2010, en parallèle de ses activités de banquier d'affaires, Emmanuel Macron se met à conseiller François Hollande, candidat socialiste à la présidentielle.

Dans les dernières semaines de la campagne de 2012, toujours associé-gérant chez Rothschild, il tente un dernier coup : aider Peter Brabeck, patron du géant suisse Nestlé, avec qui il avait sympathisé à la commission Attali, à rafler la branche nutrition infantile du labo américain Pfizer au nez et à la barbe du français Danone. Un énorme *deal* à 8,9 milliards d'euros. Mais Danone met plus d'argent sur la table que Nestlé ! Quand il l'apprend, Macron confie à un ami : « J'ai le week-end pour convaincre Nestlé de remonter le prix. Si j'y arrive, je suis riche[1] ! » Il y parviendra, et gagnera entre janvier et mai 2012 près d'un million d'euros en seulement cinq mois. Durant cette période faste, Serge Weinberg continue à entretenir d'étroits contacts avec son nouveau poulain politique, qui a eu l'habileté de se rapprocher de la gauche. Pour les puissants actionnaires comme Weinberg, la formule du candidat Hollande – « Mon adversaire, c'est le monde de la finance » – prononcée en meeting au Bourget en janvier 2012 n'augurait rien de bon[2]. Mais une fois élu président, sous l'influence d'Emmanuel Macron, François Hollande n'aura de cesse de se faire pardonner cette formule. Dans la corbeille préparée par le « couple » Hollande-Macron pour les

1. Marc Endeweld, *L'Ambigu Monsieur Macron*, *op. cit.*

2. « Je vais vous dire qui est mon adversaire, mon véritable adversaire. […] Il n'a pas de nom, pas de visage, pas de parti. Il ne présentera jamais sa candidature. Il ne sera pas élu. Et pourtant, il gouverne. […] Mon adversaire, c'est le monde de la finance. » (François Hollande, meeting du Bourget, 22 janvier 2012).

patrons du CAC 40 : de généreux crédits d'impôt aux multinationales, notamment des dizaines de millions d'euros au laboratoire pharmaceutique Sanofi-Aventis, dont Serge Weinberg est devenu président du conseil d'administration.

Élise Lucet cherche à savoir si ce géant mondial méritait de recevoir autant d'argent des contribuables français. Deuxième entreprise du CAC 40, troisième labo pharmaceutique du monde, Sanofi réalise alors 6 milliards d'euros de bénéfices chaque année. Et le labo rémunère grassement ses actionnaires : il s'est engagé à reverser 50 % de son bénéfice sous forme de dividendes ! Pour y parvenir, Sanofi délocalise massivement à l'étranger et supprime 4 000 emplois en France entre 2008 et 2013. En ce début 2015, l'équipe d'Élise Lucet a récupéré un document confidentiel de Sanofi daté de mai 2014 qui montre que Weinberg veut fermer encore trois usines en France et supprimer 1 800 emplois supplémentaires. Les objectifs de ce « plan Phoenix » sont de « Réduire l'empreinte industrielle en Europe, dégager de la trésorerie, envoyer un message aux investisseurs. » Bref, délocaliser pour distribuer toujours plus de dividendes aux actionnaires, quitte à aggraver le chômage en France.

125 millions d'euros par an pour Sanofi

Ce jour-là, Élise Lucet demande donc au ministre de l'Économie, de l'Industrie et du Numérique s'il est opportun que les impôts des Français servent à verser 125 millions d'euros de « crédit impôt recherche » à Sanofi chaque année, alors que le géant pharmaceutique mondial est fortement bénéficiaire et qu'il délocalise à tout-va. Pour Emmanuel Macron, la question est délicate : comment prendre en compte l'intérêt général sans critiquer le patron de Sanofi, ce proche soutien avec qui il échange régulièrement par messagerie sécurisée[1] ?

« Si on n'avait pas ce crédit impôt recherche, cela fait plusieurs années que l'entreprise aurait mis toute sa recherche et probablement ses quartiers généraux hors de France », commence-t-il, avant de nuancer, prudent : « Le projet que nous a apporté Sanofi, nous ne le partageons pas, honnêtement, on s'est battus sur ce cas.

1. *Ibid.*

– Ne pouvez-vous pas dire : on vous donne du crédit impôt recherche, ne supprimez pas d'emplois dans la recherche ?

– C'est un peu ce qu'on a dit !, tente Macron.

– Ben oui, mais cela n'a pas marché !

– Pas totalement, reconnaît le ministre.

– Et le crédit d'impôt compétitivité emploi ? », insiste Lucet, allusion à cet autre « cadeau » aux entreprises inventé sous François Hollande.

Emmanuel Macron commence à comprendre que la journaliste de France 2 a des « biscuits », comme on dit dans le milieu de la presse, qu'elle a bossé les chiffres, bref, qu'il devient délicat de continuer à justifier devant les téléspectateurs que son gouvernement subventionne Sanofi à coups de millions d'euros alors que le labo s'apprête à supprimer 1 800 emplois. « Je suis OK avec vous, slalome l'hôte de Bercy. Quand on met ces réalités face à face, c'est intolérable pour les hommes et les femmes. [...] Je peux être démago et vous dire : "Élise Lucet, c'est vraiment des salopards, il faudrait les massacrer, c'est scandaleux de faire cela." Ce n'est pas vrai. Je me suis battu contre ce plan social, je continuerais à le faire... On a été exigeants car sur le site de Toulouse, on les a mis autour de la table. »

Élise Lucet présente alors à Emmanuel Macron le document confidentiel de Sanofi qui montre que l'objectif du plan social concocté par son ami Serge Weinberg est de rémunérer toujours plus les actionnaires. « Moi, je ne l'ai pas, bredouille le ministre, gêné.

– *Reduce manufacturing footprint in Europe*, dégager du cash, envoyer un message aux investisseurs, insiste Lucet. Plusieurs usines françaises sont concernées, quatre sont même menacées !

– Je regarde et je reviens vers vous », marmonne Emmanuel Macron, qui semble pressé d'en finir. Mais la présentatrice de *Cash investigation* ne lâche pas : « Le plan social en Europe dans les deux ans est chiffré à 80 millions d'euros. Si on additionne le crédit impôt recherche et CICE, vous leur payez deux fois le plan social ! » Pour la première fois, Emmanuel Macron marque le coup. Comment expliquer aux Français que leurs impôts contribuent à financer le plan social d'un labo pharmaceutique français pour qu'il aille délocaliser des emplois à l'étranger ? Un labo dirigé qui plus est par un puissant industriel qui soutient sa carrière ? « Je vais regarder de près, je peux vous dire que cela va alimenter nos discussions avec Sanofi », conclut Macron, blême. « Après l'interview, Emmanuel Macron aurait parlé avec Serge Weinberg, un vieil ami : le plan Phoenix ne serait plus d'actualité », conclut charitablement l'enquête de *Cash*.

Dans tous les cas, il est clair que le ministre n'a pas apprécié que les équipes de Lucet dévoilent les cadeaux fiscaux accordés aux multinationales comme Sanofi. D'autant que quelques mois auparavant, *Cash* avait déjà démonté une arnaque médiatique de Sanofi pour vendre l'une de ses pilules « anti-obésité », l'Acomplia, un médicament dangereux qui sera finalement interdit à la vente[1]. Thématique récurrente de l'émission, les immenses profits que les labos pharmaceutiques réalisent sur le dos des patients, voire des contribuables, seront à nouveau pointés du doigt quelques mois plus tard, à l'occasion d'un *Cash investigation* prémonitoire sur la grande misère de l'hôpital public[2]. Suite à l'interview d'Emmanuel Macron, ses conseillers en communication auraient en tout cas passé une partie de leur journée à pester contre l'impertinente journaliste de France 2.

Mais ce qu'Élise Lucet ignore à ce moment, c'est que depuis le ministère de l'Économie, Emmanuel Macron continue à œuvrer pour que son amendement sur le secret des affaires retoqué sous François Hollande puisse renaître à l'échelon européen. Ce sera chose faite en avril 2016, avec l'adoption par Bruxelles d'une directive « Secret des affaires » s'imposant à tous les États de l'Union.

Un « secret des affaires » très intéressé

S'il n'est pas responsable de cette victoire des lobbies contre la transparence à l'échelle européenne, Emmanuel Macron la fait transposer en France dans des termes particulièrement restrictifs pour la liberté d'informer. Avec la loi votée par les macronistes en juillet 2018, « est protégée au titre du secret des affaires » toute information qui n'est pas « connue ou aisément accessible pour les personnes familières de ce type d'information en raison de leur secteur d'activité », qui « revêt une valeur commerciale,

1. Voir Wandrille Lanos, « Vendeurs de maladies », *Cash investigation*, 27 avril 2012.
2. Voir Sylvain Louvet, « Santé, la loi du marché », *Cash investigation*, 14 septembre 2015.

effective ou potentielle, du fait de son caractère secret» et qui a fait l'objet de «mesures de protection raisonnables de la part de son détenteur pour en conserver le caractère secret». En clair, la loi érige le secret des affaires en «principe» et la révélation d'informations d'intérêt public en «exception». Une atteinte grave à la Déclaration des droits de l'homme de 1789, dont l'article 11 prévoit: «La libre communication des pensées et des opinions est un des droits les plus précieux de l'homme: tout citoyen peut donc parler, écrire, imprimer librement, sauf à répondre de l'abus de cette liberté dans les cas déterminés par la loi.»

Dès septembre 2018, alors qu'en principe, la loi «Secret des affaires» ne doit pas s'appliquer s'il s'agit d'«exercer le droit à la liberté d'expression et de communication, y compris le respect de la liberté de la presse», l'Agence nationale de sécurité du médicament et des produits de santé (ANSM) prétexte de cette loi pour empêcher la transmission à une association de malades d'informations sur le Levothyrox, utilisé pour soigner les troubles thyroïdiens. Fabriquée par le laboratoire américain Merck, la nouvelle formule de ce médicament a donné lieu à plus de 3000 plaintes en France suite à de graves effets secondaires. En novembre 2018, dans le «scandale des implants», des dispositifs médicaux mis sur le marché en France sans aucun contrôle ou presque, un autre organisme public, la Commission d'accès aux documents administratifs (CADA) s'abritera également derrière la loi «secret des affaires» pour refuser à une journaliste du *Monde* l'accès à des documents du Laboratoire national de métrologie et d'essais (LNE/G-MED), un établissement public à caractère industriel et commercial. «Nous sommes face à une autorité publique qui refuse de communiquer certaines données sans fournir de justification, alors qu'elles présentent un intérêt évident pour la santé publique», dénonce l'avocat du *Monde*. Pour le quotidien du soir, «l'invocation du secret des affaires est d'autant plus étonnante qu'il vise normalement à protéger une entreprise contre la divulgation de données confidentielles à ses concurrents, alors que LNE/G-MED se contente de certifier des dispositifs médicaux[1]».

1. Maxime Vaudano, «Implants: *Le Monde* attaque en justice le manque de transparence des autorités», *Le Monde*, 28 novembre 2018.

À l'évidence, le renforcement du « secret des affaires » est devenu une machine à entraver l'information des citoyens.

Dans sa défense du secret des affaires, Emmanuel Macron se sera donc constamment mis au service des multinationales soutenant sa carrière, quitte à vider de son sens l'article 10 de la Convention européenne des droits de l'homme, qui prévoit pour les citoyens la « liberté de recevoir ou de communiquer des informations ou des idées sans qu'il puisse y avoir ingérence d'autorités publiques et sans considération de frontière ». Mais en défendant sans relâche l'intérêt des plus favorisés, Emmanuel Macron se sera peut-être aussi mis au service de... ses propres intérêts.

Dès le début de son quinquennat, il avait annoncé la suppression hautement symbolique de l'impôt sur la fortune (ISF), puis son remplacement par un impôt sur la fortune immobilière (IFI), donnant l'impression d'épargner les plus fortunés. Dans cette affaire, Emmanuel Macron s'épargnait aussi lui-même. Car depuis qu'il a fait fortune chez Rothschild, en 2012, son imposition est devenue un enjeu personnel. Le 11 juin 2013, alors qu'il est secrétaire général adjoint de l'Élysée, France 2 diffuse une enquête choc : « Sur la piste des milliards qui nous manquent[1] ». Élise Lucet y pointe ceux qui « négocient, s'arrangent, passent des frontières et, parfois même, trichent et fraudent » le fisc[2]. Au château, Emmanuel Macron a dû faire « gloups » à l'annonce de ce sommaire. Dès 2007, alors rapporteur de la commission Attali, il s'était fait remarquer en proposant de supprimer l'ISF. Nicolas Sarkozy n'osant pas faire ce cadeau aux plus riches, Emmanuel Macron aurait eu tendance à sous-estimer son patrimoine. Après avoir gagné plusieurs millions d'euros chez Rothschild entre 2008 et 2012, lors de sa nomination comme ministre de l'Économie en 2014, il ne déclare à la Haute Autorité pour la transparence de la vie publique (HATVP) que... 196 000 euros de patrimoine net ! À l'en croire, il disposait donc d'un patrimoine moins élevé que Benoît Hamon et même que Nathalie Arthaud, la candidate de Lutte ouvrière, qui avait pour sa part déclaré à la HATVP lors de la présidentielle de 2012 un patrimoine de 264 000 euros ! Le patrimoine d'Emmanuel Macron aurait même été

1. « Sur la piste des milliards qui nous manquent », *loc. cit.*
2. *Ibid.*

inférieur… au patrimoine moyen des Français, qui selon l'INSEE atteignait alors 362 000 euros ! Pour aboutir à un tel effondrement patrimonial lui permettant opportunément d'échapper à l'impôt sur la fortune alors toujours en vigueur, des observateurs calculeront qu'il aurait fallu qu'Emmanuel Macron dépense près d'un SMIC par jour (environ 1 300 euros) durant les années où il était banquier d'affaires chez Rothschild[1] !

À moins qu'il n'ait délibérément sous-évalué la valeur de son patrimoine pour échapper à l'ISF, un grand classique. En mars 2007, même François Hollande et Ségolène Royal s'étaient fait attraper la main dans le sac. Alors qu'ils estimaient leur patrimoine à 933 000 euros et ne payaient donc que 862 euros d'ISF par an, *Le Canard enchaîné* avait calculé qu'il avoisinait en réalité 1,8 million et qu'ils auraient donc dû payer environ 6 000 euros d'ISF par an[2]. Lors de la nomination d'Emmanuel Macron à Bercy, en 2014, le fisc épluche sa déclaration de patrimoine, comme celle de tous les ministres. Et les agents de Bercy y découvrent de nombreuses invraisemblances : un appartement dans le 15e arrondissement de Paris qui aurait été revendu sept ans après son acquisition presque sans plus-value, alors que dans l'intervalle, les prix avaient bondi de près de 33 % dans son quartier, une Volkswagen décapotable « achetée d'occasion 40 000 euros en 2005 » alors que le modèle n'avait été commercialisé qu'en 2006, la maison de son épouse Brigitte au Touquet évaluée à 1,2 million d'euros alors que l'administration fiscale en rectifiera la valeur à 1,453 255 euros, etc.[3]… Interrogé en 2016 par *Le Canard enchaîné* sur sa déclaration à la HATVP, Emmanuel Macron refuse d'en dire plus. Mais il admet avoir dû « entièrement revoir sa copie » et indique « payer l'ISF » depuis 2015[4]. Suite au papier du *Canard*, Macron précisera sur Facebook avoir régularisé deux années d'ISF fin 2015, en remboursant au fisc 4 174 euros pour 2013 et 2 264 euros pour 2014. En clair, il reconnaît avoir échappé à l'ISF durant trois ans suite à une sous-estimation de son patrimoine. Personne ne s'y

1. Olivier Berruyer, « Suspicions sur les patrimoines des candidats, retour sur le cas Macron », *Les Crises*, 23 octobre 2018.
2. Hervé Martin, « Le trop bel ISF de Ségolène Royal », *Le Canard enchaîné*, 7 mars 2007.
3. « Suspicions sur les patrimoines des candidats, retour sur le cas Macron », *loc. cit.*
4. « Le fisc taille un costard à Macron », *Le Canard enchaîné*, 1er juin 2016.

trompe. Quand un expert en réseaux sociaux cherchera à identifier les éventuelles rumeurs problématiques courant sur le candidat LREM aux élections 2017, des proches comme Aurore Bergé, députée LREM, ou Pierre Le Texier, le responsable du pôle e-influence de la République en marche, répondront immédiatement sur Twitter : « Son patrimoine. »

Pacte de corruption ?

En le propulsant très rapidement associé-gérant de sa banque, David de Rothschild a-t-il investi sur Emmanuel Macron dans l'espoir d'un retour d'ascenseur ? « Quand il est apparu proche de François Hollande en campagne, il a littéralement décollé au sein de la banque ; David [de Rothschild] a toujours su placer ses pions », a persiflé un banquier parisien auprès du journaliste Marc Endeweld. Embaucher de jeunes politiques prometteurs dans l'espoir qu'ils les protègent ensuite depuis le sommet de l'État a toujours été la stratégie des Rothschild. Dans les années 1980, ils avaient recruté Jean-Charles Naouri, ancien directeur de cabinet de Pierre Bérégovoy et en 1995, Nicolas Bazire, ancien directeur de cabinet d'Édouard Balladur. Puis ils avaient confié des dossiers à Nicolas Sarkozy durant sa « traversée du désert ». Et en 2008, sur le conseil de Serge Weinberg et d'Alain Minc, ils avaient embauché Emmanuel Macron.

Lors de la campagne présidentielle de 2012, alors qu'il conseille François Hollande parallèlement à sa carrière chez Rothschild, ce jeune énarque à la carrière prometteuse assure discrètement aux riches contribuables qu'il va tout faire pour les protéger. Il se rend à Londres pour expliquer à un groupe de financiers de la City qu'il ne faut « pas s'inquiéter » de l'instauration d'un taux marginal d'imposition de 75 % pour les revenus supérieurs au million d'euros : « Il nous a cyniquement promis qu'il y aurait suffisamment de niches pour que la mesure soit indolore et qu'il savait très bien qu'elle était risquée du point de vue économique », témoigne un banquier français de Londres[1]. Il faut se rappeler qu'avec un revenu annuel de l'ordre de 2 millions d'euros en tant qu'associé-gérant chez Rothschild, le conseiller du candidat socialiste est alors personnellement concerné par ce

1. Nicolas Madelaine, « Moscovici courtise les patrons français établis à Londres », *Les Échos*, 18 septembre 2012.

taux d'imposition à 75 % ! D'où peut-être son empressement à en limiter les effets ? En renforçant le « secret des affaires » une fois parvenu à l'Élysée, Emmanuel Macron satisfait en tout cas une autre revendication de la banque ayant fait sa fortune. Durant la campagne présidentielle de 2012, il avait confié à un ami : « David [de Rothschild] est au courant de mon engagement [en faveur de François Hollande]. Je suis son *hedge*, sa couverture. Quand la gauche sera au pouvoir, je serais sa protection[1]. »

Au point peut-être de voir son ambition politique soutenue, voire financée, par les milieux d'affaires... En 2018, la commission d'enquête d'Olivier Marleix fait un surprenant constat : des avocats, banquiers et communicants qui s'étaient enrichis quand en 2014 Emmanuel Macron avait finalisé la vente d'Alstom énergie à General Electric auraient ensuite contribué à financer sa campagne présidentielle de 2017. « Je trouve extrêmement troublant qu'on puisse établir des connexions entre des gens qui ont bénéficié de cette vente grâce à la signature du ministre de l'Économie et le fait que ces personnes aient pu jouer un rôle dans le financement de sa campagne, soit en tant qu'organisateurs de dîners de levée de fonds, soit directement en tant que donateurs », nous a-t-il confié[2]. En janvier 2019, le député LR d'Eure-et-Loir frappe un grand coup en transmettant au parquet de Paris, un signalement sur cet éventuel « pacte de corruption ». Une enquête est ouverte sous la responsabilité de Rémy Heitz, le procureur de la République de Paris. Deux ans plus tard, elle aurait peu avancé : « À ma connaissance, le seul acte d'enquête a consisté à m'auditionner », regrette aujourd'hui Olivier Marleix. Selon lui, le dossier n'aurait pas été transmis au parquet national financier : « C'est surprenant s'agissant des affaires politico-financières qui, normalement, remontent systématiquement au PNF. On se souvient que dans l'affaire Fillon, il a suffi de 24 heures pour que le PNF se saisisse des faits suite à un article du *Canard enchaîné.* Là, deux ans et demi après mon signalement, le dossier semble enlisé au parquet de Paris[3]. » Rémy Heitz, le procureur de Paris, serait-il peu pressé de mettre en cause le président de la République ? Fin 2018, le Syndicat de la magistrature avait

1. Marc Endeweld, *L'Ambigu Monsieur Macron*, *op. cit.*

2. Entretien d'Olivier Marleix avec l'auteur pour la série « Emmanuel, un banquier d'affaires à l'Élysée », *Off investigation*, juin 2021.

3. *Ibid.*

accusé Nicole Belloubet, qui avait dû s'y reprendre à deux fois pour trouver un procureur acceptable par l'exécutif, d'avoir proposé sa nomination pour des raisons politiques : « Il est sidérant que ce pouvoir ne mesure pas combien la démocratie gagnerait à retirer à la garde des Sceaux le pouvoir de proposition des procureurs – et des juges – et à le confier à un CSM rénové. [...] Cette prérogative de nomination des magistrats crée les conditions du soupçon permanent sur leur indépendance réelle. Elle est ici mise en œuvre, de manière décomplexée, pour exiger une allégeance personnelle, par un exécutif qui n'ignore pas que le nouveau procureur de Paris devra suivre de nombreuses procédures sensibles impliquant des proches du pouvoir[1]. »

Les oligarques votent Macron

Vu son engagement constant à défendre le monde des affaires, comment s'étonner que nombre de puissants banquiers ou industriels se soient mis au service de la candidature d'Emmanuel Macron en 2017 ?!

Xavier Niel, l'actionnaire du *Monde*, de *Télérama*, de *L'Obs* ? C'est l'une des éminences grises du couple Macron. Comme on l'a vu, le patron de Free rencontre le banquier de Rothschild quand il cherche à prendre le contrôle du *Monde* en 2010 (voir chapitre 4). À l'été 2014, alors qu'Emmanuel et Brigitte visitent la Silicon Valley à Los Angeles pour rencontrer des patrons de start-up, Xavier Niel déjeune avec le futur ministre : « Il m'a posé de nombreuses questions sur l'économie du numérique. Il voulait aussi visiter l'école informatique que j'avais créée à Paris[2]. » Et Xavier Niel échange régulièrement avec Emmanuel Macron sur Telegram. Début 2016, après qu'il a pris le contrôle de *L'Obs* avec Pierre Bergé et Mathieu Pigasse, l'hebdo se met à promouvoir la candidature Macron. Il lui consacrera six unes en quelques mois[3]. « Cela faisait vendre, et puis les articles n'étaient pas toujours très sympas pour Macron », tempère aujourd'hui l'entourage de Xavier Niel. En janvier 2017, Pierre Bergé publie un tweet enflammé : « J'apporte mon soutien sans la moindre restriction à Emmanuel Macron

1. Communiqué du Syndicat de la magistrature, 3 octobre 2018.
2. Marc Endeweld, *L'Ambigu Monsieur Macron*, *op. cit.*
3. Voir notamment Julien Martin, « La fusée Macron, son plan secret pour 2017 », *L'Obs*, 2 mars 2016.

pour être le président qui nous conduira vers une social-démocratie.» En juin 2017, l'une des premières visites de Macron président fut pour un incubateur de start-up lancé par Xavier Niel. Depuis, le patron d'Iliad ne perd pas une occasion de rendre hommage à son «super-président», y compris au plus fort de la répression des Gilets jaunes[1]. À l'époque, l'hôte de l'Élysée fait pourtant tirer sur des manifestants souvent démunis à coups de grenades explosives et autres «lanceurs de balles de défense» (LBD), que la réglementation internationale considère comme des «armes de guerre»[2]. Après son plaidoyer pro-Macron sur Europe 1, Xavier Niel aurait d'ailleurs reçu des dizaines de menaces de mort. Au point de décider de ne «plus se mêler de la politique de son pays», selon un de ses proches.

Patrick Drahi, actionnaire de *Libération*, *L'Express* et de BFMTV, «première chaîne info de France»? Bernard Mourad, le banquier qu'il a nommé à la tête d'Altice, conseille Emmanuel Macron depuis 2011. En octobre 2016, il quitte la direction d'Altice pour aider le candidat d'En marche à financer sa campagne. Le 6 mai 2017, *Libération* appelle sans ambages à «voter Macron»[3]. Quelques semaines après son accession à l'Élysée, *L'Express*, tombé sous la coupe de Drahi en 2015, consacre dix-huit pages à promouvoir le nouveau président de la République à coups de formules comme «toujours en marche», «déteste s'asseoir», «extrêmement présidentiel et capable d'un petit geste amical», voire «est là pour dix ans»[4]. Début octobre, dans un nouvel article émerveillé, *L'Express* explique que tel un surhomme, le président ne dort pratiquement jamais[5]. BFMTV, la chaîne dont Patrick Drahi a pris le contrôle, n'est pas en reste. Son éditorialiste maison, Christophe Barbier, ne fait pas mystère de son goût pour les dogmes de la «Macron-économie». Quant à sa présentatrice vedette, Ruth Elkrief, qui s'était fait remarquer en tapant dans la main d'Emmanuel Macron après une interview du candidat à Arras en avril 2017,

1. «On a un super-président, le plaidoyer pro-Macron du patron de Free Xavier Niel», Europe 1, 6 décembre 2018.

2. «Christophe Castaner meurtri par un LBD», *Le Canard enchaîné*, 24 avril 2019.

3. «Faites ce que vous voulez, mais votez Macron», *Libération*, 6-7 mai 2017.

4. Corinne Lhaïk et Éric Mandonnet, «La vie quotidienne à l'Élysée sous l'ère Macron», *L'Express*, 12 juillet 2017.

5. Corinne Lhaïk et Éric Mandonnet, «Macron la nuit», *L'Express*, 4 octobre 2017.

elle n'en finit plus d'être moquée sur les réseaux sociaux pour sa complaisance supposée à l'égard de « Jupiter ». Au-delà de ses anciennes têtes de gondole, la « première chaîne info de France » aura passé une bonne partie de la crise des Gilets jaunes à relayer sans relâche les éléments de langage de la Macronie, notamment dans la négation des violences policières. Cette tendance de BFMTV à assurer la communication d'En marche sera renouvelée jusqu'à la nausée lors de la crise du Covid-19.

Si le cœur de Vincent Bolloré, qui contrôle Vivendi, Havas, le groupe Canal Plus et désormais *Europe 1*, *Le JDD*, *Paris-Match* et le groupe d'édition Editis penche traditionnellement en faveur de Nicolas Sarkozy, il a toujours pris soin de ménager sa gauche. Quand Emmanuel Macron était secrétaire général adjoint de la présidence, il était régulièrement conseillé par Gilles Finchelstein, le directeur des études de Havas issu de la fondation Jean-Jaurès. En janvier 2016, c'est l'agence de communication de Vincent Bolloré que Muriel Pénicaud – alors à la tête de Business France – avait choisie hors de tout appel d'offres pour assurer la communication du futur candidat d'En marche à la « French Tech » du Consumer Electronics Show de Las Vegas. Dès le début de la campagne, plusieurs cadres issus de Havas, comme Ismaël Emelien, avaient conseillé Emmanuel Macron pour l'aider à devenir président. En 2016, Yannick Bolloré, placé depuis à la tête de l'empire Vivendi (Havas, Canal Plus, Universal, Dailymotion, Editis...), a assisté à plusieurs meetings d'Emmanuel Macron. Avec son épouse, Chloé Bouygues, ils auraient même eu le privilège de dîner à deux reprises avec Emmanuel et Brigitte, dont une fois... entre les deux tours de l'élection de 2017[1]. Le 14 mai 2017, jour de l'investiture présidentielle, Yannick joue les groupies à l'Hôtel de Ville de Paris, twittant fièrement en anglais : « *Live from Mairie de Paris to welcome our new French president and first lady.* » Quant à son partenaire de tennis et associé audiovisuel, l'animateur de D8 Cyril Hanouna, il devient un relais de communication macroniste en lien avec son amie Michèle Marchand, la communicante officieuse du couple présidentiel (comme des Sarkozy, on s'en rappelle).

Bernard Arnault, le propriétaire de LVMH qui contrôle notamment *Les Échos* et *Le Parisien* ? Il avait penché en faveur d'Alain Juppé durant

1. Marc Endeweld, *L'Ambigu Monsieur Macron*, *op. cit.*

la primaire de la droite. Mais dès les années 2000, il s'était rapproché du couple Macron quand au lycée privé Franklin, à Paris, Brigitte était devenue la prof de français des enfants de son second mariage. En 2012, il confiait au socialiste Christophe Girard, un adjoint au maire de Paris qu'il avait salarié au sein de LVMH, qu'il fallait « soutenir Macron », un des rares conseillers de Hollande « venant du milieu des affaires ». Et début 2016, les couples Arnault et Macron auraient pris l'habitude de dîner ensemble presque chaque semaine[1]. Après la chute de François Fillon, on ne s'étonne donc pas que Bernard Arnault ait officiellement appelé à voter pour Emmanuel Macron[2].

Arnaud Lagardère, alors propriétaire de *Paris Match*, du *JDD* et d'Europe 1 ? Avec l'aide de Michèle Marchand, il met son groupe de presse au service de la Macronie, comme il l'avait fait dans les années 2000 avec Nicolas Sarkozy. Dès le printemps 2016, *Paris Match* commence à publier des unes complaisantes pour les Macron. En pleine crise des Gilets jaunes, l'hebdo Lagardère glorifiera l'action de Christophe Castaner et criminalisera allègrement les manifestants, le plus souvent réduits à un ramassis de « casseurs »[3]. Mais comme avec Nicolas Sarkozy, c'est surtout sur un terrain privé qu'Arnaud Lagardère a aidé le couple Macron à se « présidentialiser » dans *Paris Match* et *Le JDD*. C'est une aide salutaire. Car à l'aube de son ambition élyséenne, le candidat du monde des affaires a un gros souci : une rumeur le présente comme… un « homosexuel au placard »

---

1. Candice Nedelec et Caroline Derrien, *Les Macron*, Fayard, Paris, 2017.
2. Bernard Arnault, « Pourquoi je vote Emmanuel Macron », *Les Échos*, 5 mai 2017.
3. Voir notamment « Gilets jaunes, la violence est dans la rue », *Paris Match*, 13 décembre 2018 ; « Gilets jaunes, l'escalade de la violence », *Paris Match*, 10 janvier 2019 ; ou « Gilets jaunes, les casseurs ont envahi Paris », *Paris Match*, 21 mars 2019.

18

Mimi contre la rumeur

Dès l'arrivée du couple Macron à Bercy, Brigitte aurait été « informée » à plusieurs reprises de la rumeur qui circule que son mari serait « homo ». Comme cet appel téléphonique évoqué par le journaliste Nicolas Prissette : « Votre mari se trouve en ce moment en compagnie d'un publicitaire[1]. » En août 2015, un incident contraint Emmanuel Macron à « sortir du bois ». Cet été-là, dans les milieux du renseignement et de la police, des responsables confient sous cape que le ministre de l'Économie aurait une liaison avec l'un des policiers du SDLP chargé de sa sécurité[2]. Comme à son habitude, Emmanuel Macron ne cherche pas à démentir. Un jour où d'autres rumeurs d'homosexualité étaient parvenues aux oreilles de sa mère, et qu'elle lui avait suggéré de prendre la parole, il lui aurait rétorqué : « Mais non, Maman, répondre ne ferait qu'alimenter cette rumeur infondée et sans intérêt[3]. » Mais cette fois, Emmanuel Macron change de stratégie. Manifestement préoccupé à l'idée que les rumeurs d'homosexualité qui lui collent à la peau comme un sparadrap ne finissent par l'empêcher d'accéder à l'Élysée, il va déployer avec Brigitte une énergie considérable à les démentir.

Dès 2015, lors des nombreux dîners que les Macron organisent à Bercy, ils abordent régulièrement le sujet. « Vous savez, on dit qu'Emmanuel est

---

1. Nicolas Prissette, *Emmanuel Macron, en marche vers l'Élysée*, Plon, Paris, 2016.
2. Marc Endeweld, *L'Ambigu Monsieur Macron*, *op. cit.*
3. Anne Fulda, *Emmanuel Macron, un jeune homme si parfait*, Plon, Paris, 2017.

homosexuel, mais c'est totalement faux», martèle Brigitte. Mais rien n'y fait. L'année suivante, le poison de la rumeur est relayé au sein de son propre camp: «Macron n'a qu'un seul défaut, c'est qu'il est homo, et que les Français ne sont pas prêts à élire un président homo», aurait été jusqu'à balancer à l'époque un proche de Manuel Valls. Au printemps, c'est carrément Nicolas Sarkozy qui balance des allusions à l'ambivalence sexuelle supposée d'Emmanuel Macron: «Il est cynique. Un peu homme et un peu femme, c'est la mode en ce moment. Androgyne. Ce qui vous plaît chez Macron, c'est que vous aimez toujours ceux qui ne vous obligent pas à choisir[1].» Furieux, le candidat d'En marche soupçonne alors deux sarkozystes en vue de relayer la rumeur: le sénateur Pierre Charron, longtemps conseiller de Nicolas Sarkozy, et le banquier d'affaires Philippe Villin, un ancien directeur du *Figaro* ouvertement gay qui se répandrait en ville sur le fait que son couple avec Brigitte serait une façade dissimulant ses inclinations profondes. Un *Macron fake*, en quelque sorte[2].

La «mamarazzi» au secours des Macron

Le 7 juillet 2016, lors d'une cérémonie aux Invalides, Emmanuel Macron se serait plaint à Nicolas Sarkozy en personne. À ses visiteurs de Bercy, il fait mine de se moquer de cette rumeur, au moyen de formules telles que «Comme Mitterrand, j'ai le cuir tanné», ou «Je tiendrai». Mais à l'évidence, la rumeur l'atteint: «Il a vraiment l'air de mal le prendre, il en a parlé plus de vingt minutes, confie un de ses interlocuteurs. Si c'est faux, je ne vois pas pourquoi il prend autant de temps pour évoquer cela? Tout le monde s'en fout, on est en 2016[3]!» «Ce qui gêne le plus Emmanuel Macron, c'est qu'il puisse être suspecté de double vie, de falsification, de mensonge, analyse alors le journaliste Marc Endeweld. Aux yeux des Français, c'est sûrement ce qui pourrait lui être le plus dommageable[4].» Vu le risque politique, nier ne suffit plus. Dès le printemps 2016, constatant

1. Anna Cabana, «Je sais comment cela va se finir», *Le Point*, 12 mai 2016
2. Raphaëlle Bacque et Ariane Chemin, «Les coulisses de la guerre contre Macron», *Le Monde*, 14 novembre 2016.
3. Marc Endeweld, *L'Ambigu Monsieur Macron*, *op. cit.*
4. *Ibid.*

l'embarras croissant de Brigitte Macron, l'actionnaire du *Monde* Xavier Niel lui suggère de faire appel à Michèle Marchand.

Mimi a toujours protégé « son Nicolas ». François Hollande, en toute logique, n'appréciait guère cette « communicante des Sarkozy » habituée à faire du business avec l'image des politiques en échange de papiers complaisants dans les journaux people. Il faut dire que, dès le début des années 2000, il avait été victime de plusieurs « paparazzades ». Comme à l'été 2006, quand son épouse Ségolène Royal, dont il n'avait pas encore divorcé à cette époque, se retrouve en maillot de bain à la une de *Closer*[1]. Surpris dans le même appareil en train de lire *La France pour les Nuls*, François Hollande a cette fois prudemment été coupé des photos : « J'avais voulu un traitement le plus apolitique possible du sujet », euphémisera Laurence Pieau[2]. À partir de 2011, quand Hollande se présente à son tour à la présidentielle, les photographes de Mimi, qui a créé entre-temps Bestimage, se mettent à ses trousses : « Chaque fois qu'un paparazzi a été contrôlé, c'était un photographe de Bestimage, confiera l'ancien président en 2018[3]. »

L'aide de Mimi apparaît donc naturelle à Xavier Niel, qui admit auprès de Sophie des Déserts : « Quand, lors d'un dîner avec les Macron, j'ai entendu Brigitte se plaindre des paparazzis, je lui ai naturellement conseillé Mimi ». « [Niel] lui a dit qu'elle pourrait arranger les choses, lui permettre de retrouver de la tranquillité », précisera notre consœur[4]. « Elle protège, avec une certaine idée de la justice et un code de l'honneur, complète son ami Marc-Olivier Fogiel, le patron de BFMTV dont le mari photographe est parfois employé par Bestimage. Mimi se met, comme elle dit, en travers des balles. »

Niel avait connu Mimi en 2004 dans le cabinet de leur avocate commune, Me Caroline Toby, alors que tous deux sortaient de prison. Il organise une rencontre dans son hôtel particulier du 16e arrondissement. Suite à leur échange, la patronne de Bestimage passe quelques coups de fil, puis rappelle Brigitte : « il faut vraiment qu'on se rencontre, avec Emmanuel. » Très vite, les Macron décident de lui faire confiance. Et en quelques mois,

---

1. *Closer*, 7 août 2006.
2. Philippe Vandel, *Culture médias*, Europe 1, 7 octobre 2019.
3. Jean-Michel Decugis, Pauline Guéna, Marc Leplongeon, *Mimi*, *op. cit.*
4. Sonia Devillers, *L'instant M*, France Inter, 7 avril 2017.

avec la complicité du groupe Lagardère et de *Paris Match*, Mimi va faire des miracles : « Des rumeurs folles courraient sur leur couple (...) j'ai fait mon travail pour populariser et "peopoliser" dans la presse ce couple qui n'était pas encore connu[1] », nous a-t-elle confié.

L'hebdo de Lagardère est devenu « Mimi dépendant »

Dès avril 2016, quelques jours après le lancement d'En marche à Amiens, l'hebdo phare du groupe Lagardère titre : « Ensemble sur la route du pouvoir, Brigitte et Emmanuel Macron. Elle se confie, les photos de leur album intime[2]. » À la lecture de *Match*, Carla Bruni, dont Mimi coache la communication depuis quinze ans, lui aurait envoyé le texto suivant : « Je suis ravie que Brigitte Macron te fasse confiance. Moi, du coup, un peu moins. À la prochaine révolution, tu retournes ton pantalon[3] ? » Mais Mimi n'en a cure. En juin 2016, Emmanuel Macron rêve de s'afficher à la une de *Match* avec son épouse en vacances, comme Nicolas Sarkozy et la magnifique Carla Bruni ont l'habitude de le faire. Problème : à 63 ans, Brigitte est réticente à poser en maillot de bain. En juillet, Michèle Marchand parvient à la convaincre : « Réfléchis, toute la France parle de votre différence d'âge. Eh bien là, tu vas leur en mettre plein les mirettes. Assume ! Tu es belle[4]. » C'est ainsi qu'au cœur du mois d'aout, l'épouse du candidat finit par poser en maillot hawaïen au bras d'Emmanuel sur la plage Miramar de Biarritz. Pour faire croire à une « paparazzade », Bestimage signera la photo « DR », comme si son photographe avait surpris les Macron à leur insu. En réalité, il s'agissait bien évidemment d'une de ces « paparazzades arrangées » dont Mimi s'est fait une spécialité. « À peine retouchée », s'enorgueillit une source à Bestimage, qui précise tendrement : « On a juste lissé un peu le T-shirt de Brigitte, pour le défroisser. »

Ravis de l'opération, les Macron décident de lui confier en exclusivité la gestion de leur image : « Il y a un contrat d'exclusivité moral avec Bestimage, reconnaît début 2017 Sylvain Fort, alors conseiller communication

1. Mail de Michèle Marchand à l'auteur, 7 octobre 2021.
2. Caroline Pigozzi, « Ensemble sur la route du pouvoir », *Paris Match*, 14 avril 2016.
3. Sophie des Déserts, « Enquête : qui est vraiment Mimi Marchand, la reine des paparazzis et papesse de la presse people ? » *Vanity Fair*, 4 juin 2021
4. *Ibid.*

d'Emmanuel Macron. Cela permet de mieux maîtriser leur image, le choix des photos qui circulent sur eux. Quand ils sont victimes d'une paparazzade, ils font appel à un photographe de l'agence, ils sont sûrs, ainsi, d'avoir des clichés plus avantageux[1]. » Sa présence rassurant le candidat, Mimi participe régulièrement à des réunions de communication à l'Élysée. Mais malgré des unes de *Paris Match* ou de *VSD* signées Bestimage, les rumeurs sur le candidat d'En marche reprennent de plus belle.

À quelques mois de la présidentielle, n'y tenant plus, Emmanuel Macron aborde le sujet lors d'un débat à *Mediapart*: « Je n'ai pas de double vie, et je tiens plus que tout à ma vie familiale et maritale. [...] Je le dis très simplement, que ceux qui s'amusent à faire cela se fatiguent. Moi, en tout cas, je ne changerais pas de vie pour eux[2]. » Mais rien n'y fait. Début février 2017, un député LR de l'Aube réattaque Macron sur le terrain de sa vie privée. Dans l'espoir de tuer une bonne fois pour toutes ces rumeurs, Emmanuel Macron tente le tout pour le tout. Le 7 février 2017, lors d'un meeting à Paris, il évoque « celles et ceux qui voudraient faire courir l'idée que je suis duplice, que j'ai des vies cachées, ou autre chose » – un silence parcourt l'assistance. « D'abord, c'est désagréable pour Brigitte. [...] Comme elle partage toute ma vie, du soir au matin, elle se demande simplement, comment physiquement, je pourrais. » L'assistance se met à sourire. Et Macron de conclure, triomphant: « Si dans les dîners en ville, si dans les boucles de mails, on vous dit que j'ai une double vie avec Mathieu Gallet (PDG de Radio France) ou qui que ce soit d'autre, [...] ça ne peut pas être moi! » Dans la salle, Mimi jubile. Le lendemain, la presse en conclut que les rumeurs étaient « bidons ». Exactement le message que les macronistes cherchaient à faire passer: « Nous avons sciemment relayé l'histoire sur Mathieu Gallet qui était totalement fausse, pour piéger nos ennemis et tuer la rumeur », confiera un proche d'Emmanuel Macron quelques semaines plus tard[3].

Dans les derniers mois de la campagne, *Paris Match* consacre encore trois unes aux Macron. À chaque fois, Bestimage est à la manœuvre.

---

1. Nathalie Funès, « Comment les Macron s'assurent des clichés avantageux dans la presse people », *L'Obs*, 29 mars 2017.
2. *Mediapart*, 2 novembre 2016.
3. Marc Endeweld, *Le Grand Manipulateur*, Stock, Paris, 2019.

Comme l'écrira joliment *Libération*, l'hebdo de Lagardère est devenu « Mimi dépendant » : « Il a depuis longtemps renoncé à envoyer le moindre photoreporter sur les traces du couple Macron, au grand dam des historiques de la maison[1]. » Quand, fort de cette promotion assurée par le groupe Lagardère, le couple Macron accède finalement à l'Élysée, Sébastien Valiela, le paparazzi préféré de Michèle Marchand, se jette dans les bras du nouveau président[2]. Quelques semaines plus tard, arpentant les couloirs du plus célèbre palais de la République en compagnie de Brigitte, la reine de la presse people savoure son triomphe. L'espace de quelques instants, celle qu'on surnomme la « Mamarazzi » se glisse derrière le bureau présidentiel et pose tout sourire sur fond de dorures, les deux bras levés, arborant le « V » de la victoire. Depuis la campagne présidentielle, pour verrouiller la communication des Macron, elle coopère étroitement avec un certain… Alexandre Benalla. À l'Élysée, l'ère des voyous commence. Pour l'information, ce n'est pas une bonne nouvelle.

À France Télévisions, on n'a pas encore pris la mesure de la violence qui va s'abattre sur tout journaliste s'intéressant d'un peu trop près au président ou à ses puissants soutiens. En septembre, *Complément d'enquête* et *Cash investigation* programment des enquêtes mettant en cause des proches de Macron, comme son épouse Brigitte, Muriel Pénicaud ou Sibeth Ndiaye. Mais aussi Xavier Niel. Patron de Free, gendre de Bernard Arnault et premier actionnaire du *Monde*, il est alors l'un des plus puissants – et des plus fervents – partisans d'Emmanuel Macron.

---

1. Renaud Lecadre, « Mimi Marchand, première dame des paparazzis », *Libération*, 6 juillet 2018.
2. Philippe Besson, *Un personnage de roman*, Julliard, Paris, 2017.

19

France Télés, « poil à gratter » de l'oligarchie ?

En cette rentrée 2017, une journaliste de *Cash investigation* enquêtant sur la souffrance au travail dévoile un peu par hasard les coulisses peu reluisantes de l'empire Free et des complaisances politiques dont il avait bénéficié sous François Hollande[1]. Pour une génération entière, Xavier Niel est un héros. Pas pour son business passé dans le minitel rose. Ni pour le mois de détention préventive qu'il avait effectué en 2004 à la prison de la Santé suite à une accusation de proxénétisme aggravé et de recel d'abus de biens sociaux pour avoir perçu des enveloppes de 5 000 euros de sex-shops strasbourgeois[2]. Mais parce qu'en 2009, avec le feu vert de François Fillon (et contre l'avis de Nicolas Sarkozy), il dynamite le marché téléphonique français. Jusque-là, Orange, Bouygues et SFR imposaient des prix de 15 ou 20 euros par mois pour une ligne mobile. Trop cher pour des millions de Français. Alors quand Free casse les prix avec des abonnements mobiles à 2 euros par mois, Xavier Niel devient LE héros de millions de consommateurs, dont l'auteur de ces lignes ! Mi-pirate, mi-anarchiste, il contribue également au financement de dizaines de sites d'information alternatifs, comme *Bakchich* ou *Mediapart*. En 2010, il devient même le

1. « Travail, ton univers impitoyable », *Cash investigation*, *loc. cit.*

2. Cette accusation de proxénétisme s'est soldée par un non-lieu. Mais le 27 octobre 2006, Xavier Niel a tout de même été condamné à deux ans de prison avec sursis et 250 000 euros d'amende pour abus de biens sociaux lié à des détournements de fonds dans les sex-shops.

premier actionnaire du *Monde*. « Quand les journalistes m'emmerdent, je prends une participation dans leur canard et ensuite ils me foutent la paix », aurait-il dit sans fausse honte à l'époque[1]. En 2014, ce dynamiteur transgressif de l'économie devient dans l'ombre l'un des principaux soutiens du dynamiteur de la politique, Emmanuel Macron. Un président qu'il trouve « jeune », avec du « dynamisme » : « Je pense que c'est bon que la France présente une forme de jeunesse. Vous préférez avoir un président de 70 ans, vous ? », demandait-il benoîtement en avril 2018 à des écoliers sur C8, la chaîne de Vincent Bolloré[2].

Xavier Niel, patron anti-grèves ?

Mais en 2017, *Cash investigation* fait des découvertes accablantes dans les coulisses de son empire téléphonique[3]. Chez Mobipel, un centre d'appels ouvert par Free à Colombes, en région parisienne, la journaliste Sophie Le Gall découvre que suite à un bref débrayage de trois heures fin 2014, la direction de Free aurait discriminé les salariés ayant eu l'impudence de faire grève, même brièvement. « On m'a demandé de faire une liste noire de ceux qui avaient débrayé », témoigne un responsable qui précise : « Quand un poste de chef d'équipe se libérait et que quelqu'un postulait, on vérifiait s'il avait débrayé. Si je disais oui, il pouvait faire tous les entretiens du monde, il n'avait jamais le poste. » Plus embarrassant : *Cash* s'est procuré un mail interne de la direction de Free laissant penser qu'après cet épisode, elle aurait délibérément entravé tout développement du site de Colombes : « Jusqu'à apaisement de la situation sociale, plus aucun recrutement sur le site de Mobipel », ordonne le mail. En quelques années, Free aurait fait passer les effectifs de son centre d'appels de 650 à moins de 350 téléconseillers. Comment ? À coups de pression, de ruptures conventionnelles et de licenciements souvent abusifs.

France 2 cite quelques exemples : Pour une absence de 48 heures, Linda est convoquée à un entretien préalable à licenciement. Face à son interlocuteur, elle révèle avoir fait une tentative de suicide. Elle tente désespérément

---

1. Odile Benyahia-Kouider, *Un si petit* Monde, Fayard, Paris, 2011.
2. *Au Tableau*, C8, 1er avril 2018.
3. Sauf mention contraire, les citations de cette section viennent de « Travail, ton univers impitoyable », *loc. cit.*

de sauver son poste : « Normalement, je devrais être morte. C'est mon compagnon qui a réussi à me sauver. J'ai les papiers de l'hôpital. » Elle écope d'un avertissement. Julien, lui, est convoqué pour licenciement suite à des retards de quelques minutes dans sa prise de poste. Il tente de se défendre : « Cela peut arriver d'être en retard, je viens en voiture, je mets deux heures le matin, autant le soir. » La direction lui reproche aussi le temps passé avec les abonnés. « J'ai de bonnes statistiques, donc je suis humain ! J'ai du mal à comprendre, je tombe de haut. » Il est licencié. Mathieu, chef d'équipe, est convoqué car le taux d'absentéisme de son équipe atteint 12,45 % : « Ils pleurent le soir en rentrant chez eux, explique-t-il. Je n'ai jamais vu cela. Je pense m'être pas mal investi dans cette entreprise. [...] On est considéré comme de la merde. Cette convocation, c'est le crachat final à la figure. Si je suis licencié, j'espère être prévenu avant d'arriver à mon poste, contrairement à d'autres. » Il est viré.

Quant au responsable qui avait établi une liste noire des grévistes à la demande de la direction, un vendredi, il reçoit à son tour un avertissement. « Quand on envoie un avertissement, ça sent le roussi, confie-t-il à France 2. Je sais, car je l'ai fait. Après, il y a eu le week-end, et le lundi matin, je n'ai pas pu me lever pour aller au travail. Je n'avais plus de jambes, la tête qui ne suit pas, j'étais détruit. Le médecin m'a dit : "La dépression, *burn-out* total, oubliez le monde du travail". » Ce responsable a eu de la chance : licencié pour « cause réelle et sérieuse », il a perçu une indemnité. Mais sur le site de Colombes, beaucoup de salariés furent licenciés pour « faute grave ». Ce qui permettrait à Xavier Niel de ne pas verser d'indemnités ! Face à la ténacité d'Élise Lucet, Maxime Lombardini, le directeur général de Free, vasouille : « Personne n'a été licencié.

– Vous avez licencié 248 personnes à Mobipel Colombes, rétorque Lucet.

– Je ne sais pas », élude le responsable de Free devant une Élise Lucet accablée par l'impréparation de son interlocuteur.

Xavier Niel cherchait-il à déstabiliser les salariés de ses centres d'appels français pour les délocaliser au Maroc, un royaume où « les lois sociales sont plus souples » et où « on peut faire travailler les gens le week-end et la nuit », comme il aime à le répéter ? « On a tenté de s'implanter en banlieue parisienne, mais à Colombes, cela n'a pas marché », nous confiera son entourage. Ce qui est sûr, c'est qu'au royaume de Mohamed VI, Free prend encore moins de gants avec ses téléconseillers. En 2012, les conditions de travail précaires, que les salariés assimilent à un « esclavage moderne », provoquent une grève dans un centre d'appels de Casablanca. Au bout de quelques semaines, une représentante de Free débarque de Paris, lâchant des phrases du genre : « Si cela continue comme cela, cela risque d'impacter notre politique d'investissement au Maroc » ; voire : « Je vais prendre mes cliques et mes claques ! », se souvient le secrétaire général de l'Union du travail marocain. Et de fait, une centaine de salariés grévistes vont être licenciés dans les mois qui suivent. Pour avoir fait grève ? Ce serait contraire à la loi et à la Constitution marocaine. « Chez Free, on ne licencie pas quelqu'un parce qu'il fait grève », assure Lombardini devant Lucet. Mais l'équipe de *Cash* s'est procuré un échange de mails qu'il avait eu avec Angélique Gérard, la responsable des centres d'appels qui s'était déplacée au Maroc : « Je comprends que des licenciements sont en cours à Casablanca pour sortir du mouvement de grève. Que préconisez-vous ?

– En réalité, nous n'avons encore que cinquante grévistes, nous liquiderons les cinquante détracteurs. »

La beauté de la langue de bois est incommensurable. Chez Free, la responsable des 6000 téléconseillers ne « licencie » pas des « grévistes », elle « liquide » des « détracteurs ». En 2014, après des mois de pressions, des employés du centre d'appels de Casablanca tentent malgré tout d'y monter une section syndicale : « Nous sommes le nouveau groupe syndical, il nous faut un accusé de réception », expliquent-ils à la direction. Le lendemain matin, à leur arrivée au centre, un vigile leur interdit l'entrée : « Ordre de la direction. » Le soir même, des huissiers se présentent devant leurs domiciles avec des lettres de licenciement. Motifs invoqués ? « Refus de prendre les appels », « Ivresse », « Absences injustifiées ». Après des années d'ancienneté, ils sont licenciés. « On ne vivait que de nos salaires, ce fut vraiment un choc », se souvient l'un de ces employés marocains.

Face à la gravité des témoignages et des éléments de preuve collectés par *Cash investigation* (qui seront largement relayés par la presse, dont *Le Monde*), Xavier Niel a peu d'arguments. Quelques mois auparavant, une première enquête de l'hebdomadaire *Politis* sur le « système Free » avait déjà montré que dans son centre d'appels de Marseille, une cinquantaine de salariés étaient fichés par la direction des ressources humaines, qui cherchait à les virer à coups d'appréciations comme : « Semble usé, à creuser conjointement avec la RH » ; « À négocier, départ » ; « Risque conseil de prud'hommes fort et très onéreux, à voir pour transac » ; voire « Dossier à construire pour faute[1] ».

Mis en cause par ce *Cash investigation* dévastateur, Xavier Niel se contentera de déclarer au *Parisien*, le quotidien de son beau-père Bernard Arnault : « Les salariés sont au cœur de la réussite de Free. » Suite à l'enquête de *Politis*, il avait pourtant reconnu que le sort des employés de ses centres d'appels l'intéressait assez peu : « Ce sont les ouvriers du XXIe siècle. C'est un métier horrible. [...] Est-ce que les centres d'appels de chez Free sont une activité qui me passionne ? Non[2]. » En clair, Niel privilégie ses box et ses centres de formation, et laisse à Angélique Gerard, sa responsable de la relation abonnés, le soin de gérer d'une main de fer ses centres d'appels. Faut-il rappeler que légalement, le fait de se mettre en grève est un droit, tant en France qu'au Maroc ? Recontacté à propos du centre d'appels de Colombes en août 2021, l'entourage de Xavier Niel amorce un semblant de *mea culpa* : « Sur le fond, *Cash investigation* avait raison, nous avons été condamnés à 25 000 euros d'amende pour ne pas avoir échangé avec les représentants des salariés sur les réductions d'effectifs[3]. » En clair, pour avoir lancé un plan social sans respecter les procédures légales.

Pourquoi Xavier Niel ne prend-il alors même pas la peine de réfuter les faits rapportés par *Cash investigation* ? Peut-être parce qu'il est assuré d'un très fort soutien politique. En novembre 2016, malgré l'enquête de *Politis* révélant les fichages clandestins de téléconseillers chez Free, le président socialiste François Hollande décide d'octroyer à Angélique Gérard, la patronne des centres d'appels du groupe, la médaille de chevalière dans l'Ordre national du mérite ! Proposée par Manuel Valls, cette distinction est censée récompenser des personnes ayant accompli des « actes de dévouement, de bravoure, de générosité, de réels mérites ou un engagement mesurable au service des autres ou de la France ». Huit jours après la diffusion du *Cash investigation*, sa médaille lui était remise dans un luxueux

1. Jean-Marc Manach, « Enquête sur le système Free », *Politis*, 18 mai 2016.
2. *Society*, 27 mai 2016.
3. Entretien d'un proche de Xavier Niel avec l'auteur, août 2021.

restaurant parisien, La Maison Blanche, par Pascal Lorot, fondateur de l'Institut Choiseul (un *think tank* lié aux grandes entreprises), en présence de François Hollande[1]. Dans *Cash investigation*, on voit même Angélique Gérard poser, tout sourire, sur un selfie avec Emmanuel Macron. En 2015, elle lui avait succédé à la tête du classement des « 100 leaders économiques de demain » décerné par l'Institut Choiseul. Dans le milieu des affaires, le monde est petit et manifestement, le respect du droit du travail n'est pas forcément la préoccupation première des grandes entreprises, surtout quand leurs actionnaires copinent avec le locataire de l'Élysée.

Les « femmes du président », la goutte qui fait déborder le vase ?

Une autre enquête dévastatrice de France Télévisions va mettre en cause l'entourage d'Emmanuel Macron, cette fois directement. Le premier trimestre du quinquennat Macron a été mitigé. Plusieurs journalistes du service public commencent à pointer l'ultralibéralisme de sa politique, voire des conflits au sein de sa garde rapprochée. Dans un contexte où la cote de popularité du locataire de l'Élysée dégringole (64 % juste après son élection, 40 % fin août), l'équipe de *Complément d'enquête* sur France 2 décide de consacrer son émission de rentrée à un thème d'apparence anodine : Emmanuel Macron et les femmes d'influence qui l'entourent, Muriel Pénicaud, Sibeth Ndiaye et Brigitte Macron[2].

Ancienne DRH de Danone, la ministre du Travail est épinglée pour s'y être enrichie suite à un plan de suppression de 900 emplois (la vente de ses actions lui avait rapporté un million d'euros de plus-value). Des témoins décrivent une DRH à la poigne de fer : « Elle a fait des ressources humaines, mais elle est tout sauf humaine », lâche un ancien collègue. Pour une ministre du Travail, la critique est dure ! Et l'enquête évoque un sujet plus délicat encore pour elle. En cette rentrée 2017, la ministre est engluée dans une affaire de connivence supposée avec Havas. En janvier 2016, à la tête de Business France, elle avait débloqué 380 000 d'euros pour que

1. David Perrotin, « La patronne de Free épinglée par *Cash investigation* décorée de l'ordre national du mérite », *Buzzfeed*, 6 octobre 2017.

2. Sauf mention contraire, les citations de cette section viennent de « Macron, les femmes du président », *Complément d'enquête*, France 2, 21 septembre 2017.

l'agence de Vincent Bolloré organise la venue et la promotion d'Emmanuel Macron au Consumer Electronics Show de Las Vegas (voir chapitre 17). Alors étoile montante du gouvernement, le ministre de l'Économie s'en était servi de rampe de lancement pour sa future candidature présidentielle. Selon le code des marchés publics, Pénicaud aurait dû lancer un appel d'offres. Non seulement elle a omis de le faire, mais elle a en outre débloqué pour l'agence de Vincent Bolloré un budget six fois plus important que celui proposé au prestataire de l'année précédente ! « Dès que je l'ai su, j'ai déclenché un audit interne », tente de se justifier la ministre devant la caméra de France 2. Manifestement peu convaincue, la journaliste de *Complément* conclut : « La ministre devrait être entendue par les magistrats, elle risque une mise en examen pour favoritisme, ce qui pourrait lui coûter sa place au gouvernement. »

France 2 s'intéresse ensuite au verrouillage de la communication présidentielle. La chaîne publique a exhumé une archive de 2015 où un journaliste de Canal Plus interrogeait Brigitte Macron sur sa relation avec son mari : « On dit que vous l'avez beaucoup encadré, recadré, parfois ?

– Nous avons des échanges musclés, répond Brigitte. Montaigne a dit qu'il fallait toujours limer sa cervelle à celle d'autrui. Donc nous limons… abondamment. » Fou rire garanti des collaborateurs du ministre. Lui fait une drôle de tête… Depuis cette réplique culte, Brigitte Macron se fait discrète. *Gala* publiera par exemple des dizaines d'articles sur la première dame, sans jamais obtenir la moindre interview ! « Elle a peur des faux pas, elle ne veut pas desservir son mari », commente une journaliste de l'hebdo. *Complément d'enquête*, qui a « ramé » des semaines pour pouvoir « suivre » la première dame quelques heures lors d'un déplacement en Grèce, fait le même constat : Brigitte Macron ne veut plus parler. Même les journalistes grecs, pour savoir si elle est contente de sa visite à Athènes, en sont réduits à poser la question à… la reporter de France 2 ! Le 13 juillet 2017, lors d'une visite du couple Trump à Paris, une autre anecdote illustre la distance que l'Élysée cherche à instaurer entre la presse et la première dame.

Ce jour-là, Bestimage est en « exclu » sur le bateau qui promène les « premières dames » sur la Seine. Les photographes de Michèle Marchand mitraillent, mais bizarrement, leurs images ne parviennent pas aux autres agences photo. « On nous a promis ces photos, on les a attendues,

attendues, ce n'était pas très clair», nous a expliqué Jean-Michel Psaïla, patron de l'agence Abaca[1]. «Je crois qu'ils attendaient le bouclage de *Match* et de *Gala*, qui avait été retardé. Il faut savoir qu'une exclu dans *Match*, c'est minimum 50 000 à 100 000 euros! Avec toutes les exclus *Match* de la campagne, Mimi a fait des fortunes.» Et pour pouvoir faire du business avec l'image du couple présidentiel, «Mimi la marchande», comme la baptisera joliment quelques mois plus tard *Le Canard enchaîné*, aurait fait des compromis avec la déontologie.. Quand Psaïla s'impatiente, ses interlocuteurs lui déclarent en effet: «Il faut le temps de retoucher les images.» «Qui a dit cela?, lui demande la journaliste de France 2.

– L'agence Bestimage.»

Retoucher les photos de Brigitte Macron? Cela s'apparenterait à de la propagande politique! Sollicitée par France 2, Michèle Marchand refuse toute interview. Elle jure que les photos ont été «validées» par les premières dames. Pas «retouchées». Mais en comparant les photos finalement diffusées par Bestimage et d'autres prises au même moment, France 2 démontre qu'alors que Brigitte Macron, qui approche les 64 ans, affiche de nombreuses rides quand elle est photographiée par des indépendants, elle fait trente ans de moins sur les images diffusées par l'agence photo de la chargée de communication présidentielle! À l'évidence, les clichés signés Bestimage auraient bien été retouchés.

Et quand un photographe qui n'est pas missionné par Bestimage tente néanmoins de faire son travail, le ciel lui tombe sur la tête. En août 2017, le photoreporter Thibaut Daliphard, qui tente d'immortaliser le couple présidentiel lors de ses vacances à Marseille, est humilié par un «garde du corps» du président: «Il m'a dit: "Votre métier n'est pas un métier, je ne vous serre pas la main, je ne vous dis pas bonjour, les présidences précédentes, c'est terminé, il va falloir vous y habituer".» En diffusant ce témoignage, la reporter de France 2 vient – sans le savoir – de mettre en cause publiquement pour la première fois un certain... Alexandre Benalla. À Marseille, le sbire du président, qui n'est ni gendarme ni policier, tente d'empêcher le photoreporter d'utiliser son téléphone portable, puis lui annonce qu'il est en «garde à vue». Dans la foulée, des policiers locaux le

1. Entretien de Jean-Michel Psaïla avec l'auteur, 14 janvier 2020.

retiennent durant six heures et fouillent son ordinateur, avant de le relâcher en lui conseillant de quitter Marseille... Deux jours après l'incident, Emmanuel Macron en personne accentue la pression sur l'infortuné photographe en portant plainte contre lui pour « harcèlement et tentative de violation de la vie privée ». Cette plainte est classée sans suite début septembre pour « absence d'infraction ». Pour ne pas perdre la face, l'Élysée prétend alors que le président a « retiré sa plainte ».

Mais le rapport paranoïaque de Macron avec la presse ne s'arrête pas là. En visionnant le sujet sur Brigitte Macron, on comprend que Benalla, qui n'est pas nommé à ce stade, joue déjà un rôle clé pour la communication présidentielle. Ses interventions musclées ciblent en général des journalistes qui font leur travail de façon indépendante. Il laisse en revanche passer les paparazzis de Michèle Marchand. Eux ont régulièrement des accès exclusifs, privilégiés.

Ce *Complément d'enquête* montre enfin que lors des voyages officiels, les journalistes accrédités sont parfois parqués dans des gymnases, hors de portée du président, comme à Forbach le 4 septembre 2017. Ce jour-là, seuls des chargés de communication appointés par l'Élysée ont le droit de suivre Emmanuel Macron dans la classe de CP qu'il visite, pour poster ensuite leurs vidéos promotionnelles sur les comptes officiels de la République française. Exit le journalisme indépendant : « Les équipes qui s'occupent de ça sortent d'écoles de communication », se désole Jean-Michel Psaïla, patron de l'agence photo Abaca : « Je me souviens d'une réunion à l'Élysée. Les filles qui s'occupaient de la communication de Macron disaient : "Notre client." On ne fait pas le même métier, elles le disaient clairement[1] ! »

Dans les mois qui suivent la visite des Trump à Paris, l'épouse du président persiste à refuser d'être prise en photo par des photographes indépendants. Pour la visite d'un orphelinat en Inde, par exemple, la presse est contrainte de reprendre les photos complaisantes de Bestimage, après qu'elles ont été sélectionnées par Brigitte Macron en personne. Le 29 mars 2018, les membres du comité de liaison des photographes de presse affectés à l'Élysée protestent auprès de Michèle Marchand : « Nous n'avons pas

1. *Ibid.*

à être soumis à cette validation, ce n'est pas notre déontologie. » Elle se serait alors fâchée tout rouge : « C'est comme ça ! Si je ne fais pas ça, je ne travaille pas[1] ! » « C'est pour nous inadmissible et incorrect, dénonçait dès 2017 Psaïla sur France 2. Nous sommes les témoins de l'actualité, et aussi les témoins de l'histoire. Donc je ne vois pas pourquoi on se mettrait à retoucher les images, donc aussi les images du président ? Quand on fait Nicolas Sarkozy, doit-on lui rajouter 10 cm pour qu'il ait l'air plus grand ? Ça ne se fait pas. »

Quand début septembre à Forbach, l'équipe de *Complément d'enquête* tente d'interroger le Président sur cet étroit contrôle de sa communication, il élude : « Les journalistes ne m'intéressent pas, ce sont les Français qui m'intéressent. [...] Les journalistes ont un problème : ils s'intéressent trop à eux-mêmes, et pas assez au pays[2]. »

« Ce type a insulté ma femme ! »

Début septembre 2017, à quelques jours de la diffusion de ce *Complément d'enquête* sur « Les femmes du Président », Emmanuel Macron et ses conseillers comprennent qu'après avoir épinglé Bernard Arnault, Patrick Drahi, Vincent Bolloré et Arnaud Lagardère, l'émission de France 2 va démaquiller leur « propagande présidentielle ». Ils comprennent aussi que Muriel Pénicaud va être mise en cause. Inquiets, ils se braquent : alors que les bandes-annonces de France 2 annoncent un *Complément d'enquête* « en direct depuis la cour de l'Élysée », le château fait savoir à la chaîne publique que ses fauteuils rouges ne sont plus les bienvenus ! Planté pour son direct, Thomas Sotto est furieux : « Il a instauré un bras de fer avec Macron sur le thème : "Si vous ne nous acceptez pas, on enregistrera depuis la Rotonde !" », se souvient une reporter de *Complément*. Depuis que le candidat d'En marche a célébré le premier tour de la présidentielle dans cette brasserie parisienne, on la compare au Fouquet's, où Nicolas Sarkozy avait invité ses riches supporters en mai 2007. Effrayés à l'idée que France 2 fasse passer leur champion pour un président « bling bling », les conseillers du château cèdent à ce qu'ils perçoivent comme un « chantage ».

1. « Mimi prisonnière de son deal avec Brigitte », *Le Canard enchaîné*, 4 avril 2018.
2. *Complément d'enquête*, France 2, 21 septembre 2017.

« Il leur a tordu le bras et cela s'est très mal passé, résume un journaliste de l'émission. Ils étaient furieux du sujet sur Brigitte, il y a eu des pressions. »

Quelques jours après la diffusion, le château bruisse de rumeurs sur la colère du président. Signe qu'il n'a pas apprécié que le patron de l'agence Abaca révèle que les photos de Brigitte étaient retouchées, il s'insurge : « Ce type a insulté ma femme[1] ! » Psaïla reçoit alors un message téléphonique de la présidence : « M. Emelien aimerait bien vous voir cet après-midi à 16 heures. » Alors à Los Angeles, le patron d'Abaca rappelle l'Élysée, personne. La nuit suivante, il met son réveil à 3 heures du matin pour rappeler les hommes du président. Quand cela décroche, il comprend qu'Ismaël Emelien a mis le haut-parleur pour que Bruno Roger-Petit, un ancien de France 2 qui conseille également Macron, écoute la conversation : « Votre apparition télévisée n'a pas provoqué que de la joie, euphémise l'ancien de Havas. L'exécutif l'a très mal pris. Qu'est-ce qui se passe ?

– Je suis respectueux de la première dame, explique Psaïla. Mais le principe de la photo de presse est qu'elle ne doit pas être retouchée. Quand on envoie un photographe en Syrie, qu'une bombe a éclaté dans une école, on ne va pas mettre le sang plus rouge pour être sûr de vendre la photo à *Paris Match*... » Le directeur d'Abaca a le sentiment que les conseillers du président, peut-être pas au mieux avec la première dame, l'entendent : « Ils sentent que l'argument est profond et me disent : "OK, on va rapporter vos propos et on vous rappelle." Ils ne m'ont jamais rappelé[2]. » Emmanuel Macron, lui, n'aura manifestement pas pris en compte l'argument déontologique avancé par Psaïla. « Macron est hypermnésique quand il s'agit de Brigitte, confiera une journaliste politique. Il ne pardonnera jamais[3]. »

En novembre 2017, c'est suite à ce *Complément d'enquête* dévastateur et au *Cash investigation* sur les pratiques antisyndicales de Xavier Niel que les équipes de Delphine Ernotte tentent d'externaliser la plupart des reportages de *Complément d'enquête* et d'*Envoyé spécial*. Dans l'entourage de la patronne de France Télévisions, un conseiller l'a déjà fait : Rodolphe Belmer.

---

1. Élise Karlin, « Brigitte Macron : ils l'aiment ou ils l'aiment », *L'Express*, 29 avril 2018.
2. Entretien de Jean-Michel Psaïla avec l'auteur, 14 janvier 2020.
3. Véronique Groussard, « Big Macron is watching you », *L'Obs*, 25 janvier 2018.

En 2006, c'est lui qui avait externalisé l'investigation de Canal Plus sous la marque *Spécial investigation* après avoir supprimé *90 Minutes*, la prestigieuse émission produite en interne sous la direction de Paul Moreira. Mais à France Télévisions, Ernotte va se heurter à une forte résistance des journalistes et de l'opinion publique. Quand elle échoue finalement à externaliser – et donc fragiliser – l'investigation, Emmanuel Macron laisse éclater sa colère et qualifie l'attitude des dirigeants de l'audiovisuel public de « honte de la République » (voir introduction). Suite à cela, craignant manifestement d'être débarquée, Ernotte aurait entrepris en coulisses un discret mais radical « lissage » de la ligne éditoriale de la télévision publique. En commençant par mettre la pression sur quelques fortes têtes de France 2 jugées un peu trop jalouses de leur indépendance éditoriale.

20

Ernotte « à la botte ? »

Dès l'élection d'Emmanuel Macron, on l'a vu, David Pujadas, pilier du « 20 heures » de France 2, est débarqué. Quelques semaines plus tard, Jean-Pierre Canet, le rédacteur en chef d'*Envoyé spécial*, est remercié après que trois reporters missionnés par France 2 ont été tués par l'explosion d'une mine en Irak[1]. Officiellement, on lui reproche un « défaut d'information » : ne pas avoir prévenu la direction qu'une équipe s'était rendue à Mossoul pour un reportage. Mais Canet n'a-t-il pas surtout payé son indépendance éditoriale ?

Élise Lucet sous pression

Cofondateur de *Cash investigation*, Canet avait été recruté mi-2016 par Élise Lucet pour « rebooster » *Envoyé spécial*. Il avait mis tout son poids dans la balance pour empêcher Nicolas Sarkozy et Michel Field de déprogrammer une enquête sur l'affaire Bygmalion (voir chapitre 16). En janvier 2017, *Envoyé spécial* avait diffusé une enquête embarrassante pour

1. Le 19 juin 2017, les journalistes Stéphan Villeneuve, Bakhtiyar Haddad et Véronique Robert sautent sur une mine lors d'un reportage produit par la société #5bis sur la traque des djihadistes français à Mossoul. Bakhtiyar Haddad et Stéphan Villeneuve, un ami de l'agence CAPA avec qui j'avais réalisé de nombreux reportages pour l'émission 24 heures de Canal Plus, décèderont aussitôt. Véronique Robert, avec qui j'avais cosigné un portrait de Nicolas Sarkozy en 2005, s'éteindra pour sa part quelques jours plus tard à l'hôpital militaire Percy, à Clamart.

François Hollande sur les conditions de libération d'employés français d'Areva enlevés au Niger en 2010 et libérés trois ans plus tard[1]. Les atermoiements des autorités françaises auraient fini par exaspérer AQMI (Al-Quaïda au Maghreb islamique). Le 2 novembre 2013, trois jours seulement après la libération des derniers otages, deux envoyés spéciaux de RFI, Ghislaine Dupont et Claude Verlon, avaient été enlevés et assassinés au Mali. Selon mes confrères d'*Envoyé spécial*, des documents classés « confidentiel défense [...] accréditent l'hypothèse d'un assassinat par vengeance » : certains ravisseurs des otages se seraient sentis « dupés » par Paris, au point d'assassiner des français. « On a sollicité l'Élysée, le ministère de la Défense, et même Nicolas Sarkozy. Mais personne n'a accepté de répondre à nos questions », résume l'auteur de l'enquête Geoffrey Livolsi[2].

Le jeudi suivant la diffusion de cette enquête, *Envoyé spécial* frappe à nouveau très fort. En pleine affaire Fillon – son épouse Pénélope est soupçonnée d'avoir bénéficié d'un emploi fictif d'assistante parlementaire –, un reporter exhume une interview où elle explique en 2007 à un hebdo britannique qu'elle n'a « jamais été l'assistante de son mari »[3]. Le reportage fait un carton d'audience (21,5 % de parts de marché) et contribue à faire la lumière sur cette affaire révélée par *Le Canard enchaîné* qui entraînera la chute de François Fillon.

Mais juste après l'élection d'Emmanuel Macron, changement d'ambiance : comme on l'a vu (voir chapitre 13), Michel Field attaque dans *Libération* l'enquête télévisée, genre journalistique plébiscité par le public, mais qui dérange souvent de puissants intérêts : « N'abuse-t-on pas de ce "journalisme incarné" où le reporter met en scène son investigation ou son questionnement ? Ne succombons-nous pas, parfois, à une rhétorique de l'image "à l'estomac", avec effets de montage, musique et commentaires dramatisants ? L'investigation et la révélation sont un trésor à sauvegarder.

1. Michel Despratx et Geoffrey Livolsi, « Otages d'États », *Envoyé spécial*, France 2, 26 janvier 2017.

2. « *Envoyé spécial* a enquêté sur l'assassinat des deux journalistes de RFI au Mali », France Info, 26 janvier 2017.

3. Yvan Martinet et Tristan Waleckx, « Pénélope Fillon, l'interview oubliée », *Envoyé spécial*, France 2, 2 février 2017.

[…] Doivent-elles pour autant revêtir systématiquement une forme inquisitoriale[1] ? »

Furieux que leur directeur de l'information les attaque dans la presse, les journalistes de France Télévisions votent une nouvelle motion de défiance contre lui et obtiennent cette fois son départ. Mais Yannick Letranchant, que Delphine Ernotte a nommé à la place de Field, maintient la pression sur l'indomptable Canet : début juin 2017, il laisse entendre à Élise Lucet qu'il envisage de « ne pas renouveler le contrat de son rédacteur en chef ». « Il s'agissait de privilégier une nomination interne, signal fort pour la rédaction après les motions de défiance contre Field », affirme-t-on aujourd'hui dans l'entourage de Letranchant. Mais Canet n'avait-il pas, justement, courageusement résisté aux pressions de Michel Field ? Le 19 juin, le drame survenu en Irak donne au troisième directeur de l'information de l'ère Ernotte un prétexte tout trouvé pour écarter le sourcilleux rédacteur en chef d'*Envoyé spécial* : alors que Canet suggère que la direction de France 2 tire les enseignements du drame survenu à Mossoul, notamment en termes d'organisation et de financement de l'information, Letranchant refuse : « J'ai décidé de ne pas te garder », lui apprend-il simplement. Quelques jours auparavant, Canet avait déjà dû annoncer à Geoffrey Livolsi – qu'il avait fait venir à *Envoyé* après qu'ils aient tous deux été censurés par Vincent Bolloré pour l'enquête sur le Crédit Mutuel – que ses supérieurs ne souhaitaient pas que son contrat soit renouvelé, notamment en raison de son peu d'expérience télévisuelle.

Après l'investigation qu'il avait co-réalisé sur les otages du Niger, ce jeune confrère formé à l'école de *Mediapart* avait proposé à *Envoyé spécial* une enquête sur le harcèlement à France Télécom dans les années 2010, en choisissant prudemment de ne pas mentionner le rôle de Delphine Ernotte. « Arrivée à la tête de France Télécom, elle avait entrepris quelques changements. Elle était plutôt bien vue des syndicats, même s'il y avait encore eu des suicides sous son règne », nous a confié Livolsi. Prudente, Élise Lucet avait tout de même consulté la patronne de France Télés, qui se serait montrée « réglo » : « Michel Field avait sauté en mai, de nouvelles relations de confiance s'étaient instaurées avec Élise. Ernotte l'a remercié

1. « Médias et politique : une urgence démocratique », *loc. cit.*

d'avoir été prévenue, elle a dit : "Pas de souci", tout en précisant : "J'ai toujours des amis là-bas" », croit savoir Livolsi. Mais d'abord, le jeune reporter se voit confier un vingt-six minutes sur… le « fromage AOP ». « J'étais un peu frustré, j'ai traîné, j'avoue. » En cette fin de saison, un nouveau rédacteur en chef, Sébastien Vibert, a été envoyé par Yannick Letranchant pour réorienter *Envoyé spécial* vers des sujets comme les « chefs au grand cœur », les « maires qui sauvent leur village » ou les « profs charismatiques ». « [Vibert] voulait du "Kamel Ouali magicien", sourit une reporter d'*Envoyé spécial*, de beaux portraits, des fouilles archéologiques dans la cathédrale de Reims avec des découvertes extraordinaires, des personnages lumineux… C'était devenu une *joke* dans l'équipe[1]. » Livolsi va ainsi s'étonner que sa hiérarchie envisage un reportage sur la reformation du groupe de rock Téléphone à réaliser avec des images fournies gratuitement par leur producteur, Universal. Cela ressemble un peu trop à du reportage promotionnel. À la fin de la saison, son contrat à durée déterminée de neuf mois n'est pas renouvelé. Déçu, il participe quelques mois plus tard à la création de Disclose.ngo, un site d'investigation indépendant financé par les dons des lecteurs et des fondations françaises, américaines ou hollandaises.

Après ces deux départs, Élise Lucet est mise sous pression. En novembre 2017, on s'en souvient, la direction de France Télévisions tente d'externaliser l'investigation en virant ou réaffectant les trois quarts des effectifs de *Complément d'enquête*, mais aussi d'*Envoyé spécial*, l'émission qu'elle présente désormais en plus de *Cash investigation*. Signe que la décision vient de très haut, quand Caroline Got, alors patronne de France 2, tente timidement de prendre fait et cause pour Élise Lucet en pointant lors d'un comité exécutif que la quasi-suppression d'*Envoyé spécial* touche à l'« identité de France 2 », une participante se souvient qu'elle s'était retrouvée en porte-à-faux avec la direction générale, qui lui aurait fait comprendre qu'elle devait « rester solidaire ». Abandonnée en rase campagne, Élise Lucet est contrainte de monter au créneau avec le tweet que nous citions en introduction : « Touche pas mon info, les mags du jeudi en danger. » Dans la foulée, 84 % des journalistes de France Télévisions votent une motion de défiance contre Delphine Ernotte.

1. Entretien avec l'auteur, 12 avril 2019.

Quelques semaines plus tard, Lucet est attaquée dans *Téléstar*. De mystérieux dirigeants de France Télévisions avançant masqués la traitent de « garce » qui « broie ses proies », de « carriériste qui s'est rendue invirable[1] ». L'un d'eux balance anonymement : « Pour elle, il y a les méchants d'un côté et les gentils de l'autre. C'est simpliste et poujadiste de gauche. » Ou un autre : « Elle est incapable de recevoir un ordre. Delphine Ernotte, c'est tout juste si c'est sa patronne ! » « Elle est hors de contrôle », gémit un troisième anonyme. En chute du papier, *Téléstar* « révèle » que France Télévisions rémunère Lucet 25 000 euros par mois… « Mon article intervenait après le *Cash investigation* qui avait épinglé Free et Lidl[2], se souvient Linda Bouras, l'autrice du papier. *Cash* dérangeait, faisait peur aux dirigeants. Des chefs d'entreprise s'étaient sentis "piégés". Des cabinets proposaient du "coaching" pour résister à Lucet. Je voulais savoir si elle avait l'appui de sa direction, si des annonceurs se plaignaient. Les gens que je contactais à France Télévisions n'étaient pas élogieux. Ils disaient qu'Élise Lucet n'était pas du tout "politique", complètement indépendante, pas du tout[3]… » Malléable ? Souple ? Linda Bouras ne finit pas sa phrase. En alimentant son papier, la direction de France Télés cherchait-elle à faire pression sur sa célèbre journaliste ? « Les audiences d'*Envoyé spécial* n'étaient pas au top, ils voulaient faire le ménage, mais avec elle, cela passait moyen, se souvient la journaliste. Elle avait tendance à défendre ses équipes. Du coup, la direction ne pouvait pas faire les réorganisations qu'elle souhaitait. »

Pas dupe de la fuite de son salaire, qu'elle attribue probablement à sa direction, Lucet lui aurait fait passer un message : « Je les ai appelés pour leur dire que ce n'était dans l'intérêt de personne qu'on joue à ce petit jeu », confiera-t-elle à l'époque.

Frilosité éditoriale

À la veille de Noël 2017, interviewé par Laurent Delahousse suite à son coup de gueule du 5 décembre contre le service public de l'audiovisuel,

1. Linda Bouras, « *Téléstar* a enquêté au cœur du système Lucet », *Téléstar*, 15 janvier 2018.
2. « Travail, ton univers impitoyable », *loc. cit.*
3. Entretien de Linda Bouras avec l'auteur, 15 juillet 2021.

Emmanuel Macron rend hommage aux chaînes privées qui feraient « aussi bien le job » que France Télévisions[1]. Message reçu cinq sur cinq. Sybille Veil, la très macroniste patronne de Radio France, bombarde d'abord Catherine Nayl, alors cheffe des infos de télé Bouygues, directrice de la rédaction de France Inter. Dans le même temps, Delphine Ernotte sollicite Takis Candilis, un ancien responsable de la fiction à TF1 devenu grand manitou des productions Lagardère, pour prendre la tête des programmes de France Télévisions… Comme s'ils se conformaient déjà à la « culture TF1 », plusieurs responsables des chaînes publiques seraient alors devenus particulièrement frileux vis-à-vis de tout documentaire risquant d'indisposer l'exécutif. Mais pour tout dire, ce souci de ne pas trop choquer ou déranger avait contaminé les esprits dès l'arrivée de Delphine Ernotte. Pour ne prendre qu'un exemple, Éric Colomer pourrait en témoigner. Il produisait un documentaire sur les abus sexuels dans l'Église, mis au placard pendant trois ans.

« Début 2016, on était allé voir France 2 avec ce projet sur lequel on avait déjà enquêté cinq mois, avec des documents prouvant que depuis trente ans, des communautés avaient signalé au Vatican que des religieuses étaient abusées par des prêtres de façon systémique », nous a confié Colomer. Intriguée, Géraldine Levasseur, alors patronne des magazines, propose à son « boss » Vincent Meslet, un ancien directeur éditorial d'Arte passé à France 2, de financer un « développement ».

Mais le 5 octobre 2016, quand Delphine Ernotte débarque brutalement Vincent Meslet pour confier la direction exécutive de France 2 à Caroline Got, cette ancienne responsable du groupe TF1 décide avec Catherine Alvaresse, la patronne des documentaires, d'abandonner le projet. « Leurs adjoints ont dit qu'on avait fait un travail remarquable, mais qu'ils ne voyaient pas pourquoi on allait "emmerder" l'Église avec cela, que des viols de femmes, il n'y en avait pas que dans l'Église, qu'il y avait déjà un *Cash investigation* en préparation sur le même thème, etc. », se souvient Éric Colomer. Caroline Got aurait-elle été embarrassée par cette mise en cause de l'Église ? « On l'appelait Caroline la catholique », persifle une réalisatrice. Contactée, l'ancienne directrice exécutive de France 2 confirme être

1. « 20 heures », France 2, 17 décembre 2017.

catholique, mais soutient que le documentaire sur les viols de religieuses n'a pas été arrêté pour cette raison, et cite à nouveau le *Cash investigation* sur la pédophilie à l'Église. Les mois précédents, Élise Lucet avait pourtant obtenu de Vincent Meslet que son projet n'entraîne pas l'annulation de celui de Colomer ! Éconduit par France 2, le producteur propose son projet à Dana Hastier, qui dirige l'unité documentaire de France 3. Mais elle aussi évoque un documentaire en préparation sur la pédophilie dans l'Église[1]. Le producteur approche alors Canal Plus. Mais la chaîne cryptée, désormais sous la coupe du très catholique Vincent Bolloré, décline à son tour : « Cela ne rentre pas dans la ligne éditoriale. » C'est finalement Arte qui acceptera ce documentaire sur les viols de religieuses. Diffusé en mars 2019 après trois ans de combats[2], il bat des records d'audience avant d'être primé au Figra en mars 2020, puis sélectionné à Cannes pour la « Semaine du cinéma positif ».

Éric Colomer se souvient d'avoir également dû ferrailler avec les équipes d'Ernotte pour imposer des sujets de santé publique importants pour les femmes, comme « Tampons, notre ennemi intime[3] » : « Une de nos réalisatrices avait découvert qu'ils contenaient du phtalate, que les autorités s'en moquaient, ne jugeant même pas utile que leur composition soit communiquée aux consommatrices, se souvient le producteur. On a lancé nos recherches et on a démontré que ces tampons étaient parfois toxiques et que la chute de la fertilité et la multiplication des endométrioses chez les femmes pouvaient être liées à cela ! » « Pitchant » le projet au siège de France 5, Colomer se heurte à des réticences. Bravache, il bataille, un brin « provoc » : « Les intellectuelles parisiennes ne veulent pas de ce film qui parle de 55 % de la population mondiale ? C'est un scandale sanitaire planétaire !

– On ne va pas mettre un sujet sur les règles en *prime time* !

– On est là pour dénoncer un truc scandaleux !

– Cela ne concerne que les femmes !

1. Richard Puech, « Pédophilie, un silence de cathédrale », France 3, 21 mars 2018.

2. Marie-Pierre Raimbault, Éric Quintin et Élizabeth Drévillon, « Religieuses abusées, l'autre scandale de l'Église », Arte, 5 mars 2019.

3. Audrey Gloaguen, « Tampons, notre ennemi intime », France 5, 25 avril 2017.

– Les maris n'en ont rien à faire de la santé de leurs femmes ? De leurs mères ? »

« Je me suis battu comme un chien pour faire passer ce documentaire, résume le producteur. Il n'était pas politique, mais Nathalie Darrigrand ne voulait pas de choses choquantes ou dérangeantes. Il a fallu que je montre que 70 % des hommes vont acheter des tampons pour leurs femmes… Le film a fini par passer, mais cela a été un vrai combat ! »

En 2016, Élizabeth Drévillon réalise un formidable documentaire montrant comment, après le « Non » des Français à une Constitution européenne en 2005, leur expression démocratique avait été contournée par le traité de Lisbonne en 2007[1]. Suite à sa diffusion sur France 3 début 2017, elle apprend que son film mettant en lumière la lourde tendance des médias dominants à promouvoir une Europe libérale et sans frontières a déplu en haut lieu. Selon une source interne à France Télévisions, une responsable de France 3 aurait même exigé : « Plus jamais cela ! »

Des censures politiques ?

Plusieurs projets à dimension politique ou économique capotent, et le coup de gueule présidentiel du 5 décembre 2017 qualifiant l'audiovisuel public de « honte de la République » accentue la pression. Durant une campagne marquée par l'affaire Fillon, Emmanuel Macron avait promis une loi de « moralisation de la vie politique ». À la rentrée 2017, à l'instigation de Magali Serre, une réalisatrice passée par *Pièces à conviction*, TSVP, une société de production créée par Agnès et Christie Molia, propose à France 5 un dossier sur cette thématique. Alors dirigée par Nathalie Darrigrand, la chaîne se montre intéressée, mais elle trouve le projet trop « dossier », trop « *Cash investigation* », « pas assez positif » et suggère une enquête « plus incarnée ». Mi-décembre 2017, un nouveau pitch titré « Citoyens, magistrats, élus, les nouveaux incorruptibles de la vie politique » est donc envoyé à France 5. Les chargés de programme, Renaud Allilaire et Anne Gouraud, pré-valident alors le projet pour l'émission *Le Monde en face*.

1. Élizabeth Drévillon, « 2005 : quand les Français ont dit "non" à l'Europe », *Docs interdits*, France 3, 2 mars 2017.

« On avait le feu vert du parquet national financier pour une interview, Transparency International[1] nous ouvrait ses portes et Jean-Christophe Picard, le président de l'association Anticor [son équivalent français, NDLA] qui avait porté plainte contre Emmanuel Macron dans l'affaire du Consumer Electronics Show de Las Vegas, avait même accepté qu'on suive de l'intérieur une procédure en préparation contre Bruno Le Maire, le ministre de l'Économie, dans l'affaire Alstom », se souvient un stagiaire ayant collaboré au projet. Une belle perspective pour *Le Monde en face*, qui selon France 5 diffuse « des documentaires aux points de vue affirmés [...] dans un monde où jamais le besoin d'une parole brute et sincère n'a été aussi fort ». Mais quand les chargés de programme le présentent à Nathalie Darrigrand, nouvelle douche froide : certains aspects du sujet « poseraient problème ». Début janvier 2018, les productrices sont convoquées, mais sans la réalisatrice ni son rédacteur en chef. Darrigrand se serait montrée intraitable : « On ne va pas le faire. » Visant implicitement Anticor, la célèbre association anticorruption qui vient de porter plainte contre Richard Ferrand dans l'affaire des Mutuelles de Bretagne[2], la patronne de France 5 aurait ajouté : « On ne fait pas de trucs sur les associations. » À la fin de la réunion, elle aurait envisagé de commander aux productrices trois 52 minutes évoquant l'affaire Cahuzac, celle du Mediator, l'affaire Weinstein... Les sœurs Molia proposent alors une série : « L'affaire de trop ». Le premier retour de France 5 est positif. Mais en février 2018, nouvelle déconvenue : Darrigrand fait comprendre qu'il y a un « gros problème », car un autre producteur travaillerait sur la « même thématique ». Du coup, après avoir été rattrapée par l'actualité, toute l'enquête de Magali Serre sur la moralisation de la vie politique est abandonnée. En guise de « même thématique », le producteur Alexandre Amiel et Bruce Toussaint avaient en réalité proposé un concept consistant à revenir sur des événements passés, comme la démission d'Abdelaziz Bouteflika ou l'échec présidentiel de François Fillon[3].

1. Une ONG internationale fondée en Allemagne luttant contre la corruption institutionnelle.

2. « Affaire Ferrand : le PNF ouvre une information judiciaire », *Le Monde*, 16 janvier 2018.

3. Bruce Toussaint, Félix Seger, « Fillon, l'homme qui ne pouvait pas être président », *C'était écrit*, France 5, 4 février 2018.

Au même moment, l'enquête de Geoffrey Livolsi sur le harcèlement à France Télécom va elle aussi être enterrée. Après avoir quitté *Envoyé spécial*, il réécrit son projet pour Bangumi, la société de production de Laurent Bon et Yann Barthès : « En s'appuyant sur l'enquête de sept ans menée par la justice, écrit Livolsi, cette investigation démontrera que le harcèlement n'était pas le fait d'individus isolés, [...] mais le résultat d'une décision prise par la direction, puis déclinée à tous les étages de l'entreprise. » Bangumi le propose à France 3 : refus. À France 5, en revanche, Renaud Allilaire se montre emballé. Il envisage même de programmer le film fin 2018 dans *Le Monde en face*, pour être en résonance avec l'ouverture du procès France Télécom. Mais par prudence, le chargé de programmes de France 5 demande à Bangumi une note sur la situation juridique de la patronne de France Télés dans le procès à venir. « Je fais donc un mail expliquant pourquoi Ernotte ne sera pas dans le procès ni dans le documentaire », nous a confié Livolsi. Le 15 janvier 2018, lors d'une réunion chez Bangumi, Renaud Allilaire se serait montré « confiant ». Mais le lendemain, quand il présente le projet à Nathalie Darrigrand, elle le refuse catégoriquement. Déçu, Allilaire explique alors aux rédacteurs en chef de Bangumi que la patronne de France 5 a trouvé que leur projet était une « très mauvaise idée au moment où des coupes budgétaires sont en prévision à France Télévisions ». Surtout elle se serait montrée « inquiète d'enquêter sur l'ancienne boîte de la patronne ». Par crainte que les journalistes découvrent finalement qu'Ernotte aurait pu être mise en cause dans le scandale France Télécom (chapitre 12) ? Le 20 octobre 2006, par exemple, elle était « directrice de la communication France » quand la direction avait entrepris d'escamoter d'un compte rendu un propos de Didier Lombard incitant ses managers à obtenir des départs « par la porte ou par la fenêtre ».

Certain que cet épisode conduisant à s'interroger sur le rôle joué par Ernotte n'est pas abordé dans le projet de Livolsi, Bangumi tente de rassurer Darrigrand en faisant appeler Laurent Bon. Le 5 février, sans nouvelles de ce dernier, Livolsi recontacte directement Renaud Allilaire, qui lui répond sur Facebook : « Salut Geoffrey, les raisons [du blocage] sont simples : Nathalie Darrigrand a estimé que le sujet nécessitait son accompagnement par un rédacteur en chef type *Envoyé spécial* ou

Complément, profil dont France 5 ne dispose pas. Votre sujet, c'est ce type de traitement par l'enquête avec lequel *Le Monde en face* n'est pas en phase. » *Télérama* et *Arrêt sur images* révèlent alors l'étrange blocage de France 5 [1]. Nathalie Darrigrand serait-elle devenue allergique à l'investigation ? « Je pense qu'elle n'a pas aimé que l'affaire soit rendue publique, analyse Livolsi. Bangumi ne m'a jamais rappelé. Je leur ai envoyé plusieurs mails en mars, sans réponse. Ils auraient pu me parler, m'exprimer quelque chose ! […] Sur le fond, je pense que le refus de France 5 illustre un effet de cour. Je ne suis même pas sûr que Delphine Ernotte en ait été informée ! C'est peut-être de l'autocensure[2]. »

Toujours après le bras de fer Macron-Ernotte de l'automne 2017, France Télévisions aurait réorienté, retardé voire annulé d'autres documentaires braquant leurs projecteurs sur la « France d'en bas ». En 2018, remarquant que 70 % des migrants arrivent en France par les Alpes, Éric Colomer propose un projet à France 5 : se poser six mois dans le Briançonnais pour enquêter sur les « délits de solidarité » : « On voulait montrer que l'État laisse les villageois se débrouiller sans respecter les règles d'accueil des mineurs, voire condamne des habitants qui secourent des migrants crevant de froid ! On n'a jamais vu cela depuis le régime de Vichy, quand sauver des juifs vous exposait à des sanctions. Normalement, la justice condamne des gens faisant le mal, pas ceux qui font le bien ! » Là encore, le producteur se souvient d'avoir bataillé avec les responsables de France 5 : « C'est trop clivant, les migrants, cela ne réunit pas les téléspectateurs !

– Mais c'est important !

– Oui, mais la moitié des téléspectateurs ne vont pas regarder ! »

France 5 demande finalement que le producteur donne le point de vue… de ceux qui sont « pour » les migrants et de ceux qui sont « contre » ! Livré en novembre 2019 pour une diffusion dans l'hiver, le film rebaptisé « Face aux migrants à la frontière des Alpes »[3] reste sur les étagères. Finalement programmé le 31 mars 2020 dans *Le Monde en face*, il est

1. Manuel Vicuña, « Suicides chez Orange : France 5 retoque un projet de documentaire », *Arrêt sur images*, 6 février 2018.

2. Entretien de Geoffrey Livolsi avec l'auteur, 14 janvier 2020.

3. Thomas Jonhson, Philippe Pichon, Arnaud Mansir, « Face aux migrants, à la frontière des Alpes », *Le Monde en face*, France 5, initialement programmé le 31 mars 2020.

déprogrammé à la dernière minute à l'instar d'autres documentaires : « On nous a expliqué qu'avec le confinement, il fallait des films plus *feel good* », nous a confié une autre productrice impactée. Tout au long de l'année, Éric Colomer demande des nouvelles, mais aucune reprogrammation n'est prévue. Début 2021, Sophie Chegaray, la responsable de programme du pôle « société et géopolitique », aurait fini par concéder que Catherine Alvaresse souhaitait du journalisme de « reconstruction », répétant que la question des migrants était « clivante »...

Autre documentaire sur la « France d'en bas » à voir sa diffusion retardée : « Gosses de France ». Tourné en 2018 avec le souci de ne « pas en rajouter » et de « rester positif », ce film d'Andréa Rawlins-Gaston et Caroline Le Hello rappelait que dans la France d'Emmanuel Macron, un enfant sur cinq était « pauvre » et que 3 millions de mineurs grandissaient dans des familles vivant sous le seuil de pauvreté. Une « mosaïque de témoignages édifiants », écrira *Télérama*, mais s'en tenant prudemment à un « constat individuel », « sans éclairer en profondeur les mécanismes politiques, économiques et sociaux qui fabriquent les inégalités[1] ». Et de fait, la seule partie à la limite du grinçant incluait un bref extrait du discours présidentiel du 13 septembre 2018 où, évoquant les enfants pauvres, Emmanuel Macron s'émouvait de ces « Mozart qu'on assassine ». Les ados filmés réagissaient tout aussi brièvement : « Je lui proposerais gentiment qu'il vienne boire un café et qu'on discute, car c'est une personne qui a toujours connu la richesse, confiait ainsi timidement Jassim, 17 ans, dont la famille survit avec 1 200 euros par mois. Il ne sait pas ce que c'est de manger du pain dans du pain. Il faudrait qu'il goûte, un jour » ; « Tu sais c'est quoi mon passé, souriait Sofia, si je te le dis, tu vas pleurer direct » ; Brocéliande : « Les enfants pauvres, ils existent pas, les gens ont pas envie de les voir, en fait. » Était-ce trop pour France Télévisions ? Sur sa page web Infrarouge, la case de France 2 ayant commandé « Gosses de France » affirme programmer des films « sans concessions », des histoires « fortes, émouvantes, révoltantes, parfois choquantes et acides ». Livré au début de la révolte des Gilets jaunes, le film d'Andréa Rawlins-Gaston sera remisé dans les placards de France 2 durant... dix

1. Virginie Félix, « Gosses de France », *Télérama*, 8 octobre 2019.

mois. « Pour ne pas qu'il risque d'alimenter la colère sociale qui menaçait alors le pouvoir exécutif ?

La patronne de France 2 aurait par ailleurs demandé qu'on accélère la sortie de Guilaine Chenu et Françoise Joly, à qui venait d'être retirée la présentation d'*Envoyé spécial*: « Vincent Meslet s'était pourtant engagé à leur trouver un autre magazine, il n'était pas question de les sortir brutalement après seize ans d'antenne sur le service public. Mais Caroline Got voulait que ce soit immédiat », se souvient un de ses subordonnés[1]. Dans ce contexte, d'autres projets mettant en lumière des coulisses peu reluisantes de la France d'Emmanuel Macron furent carrément refusés par les équipes de Caroline Got. Comme « Les invisibles », ces nouveaux esclaves modernes employés par des sociétés sous-traitantes pour nettoyer les trains, les hôtels ou les bureaux sans grand souci du droit du travail. Accepté par *Envoyé Spécial* en décembre 2017, ce projet sera retoqué en mars 2018. On en a « pas besoin », aurait lâché l'un des rédacteurs en chef de l'émission. En mars 2019, « Les invisibles » est finalement recasé chez *Mediapart* pour la modique somme de 1 000 euros. Remarquée au Figra quelques mois plus tard, l'enquête de Clarisse Feletin décroche la mention spéciale des « moins de quarante minutes ». Elle propose alors à France Télévisions d'approfondir avec un documentaire plus ambitieux. « Trop enquête et contestation », lui fait-on comprendre. Entre-temps, France Télévisions a accepté un projet sur la sous-traitance, mais avec une approche moins « investigation » : se mettre dans la peau des travailleurs précaires, sans enquêter sur les entreprises qui les exploitent ni leurs commanditaires (SNCF, administration des impôts…). L'ambitieux projet de Feletin échouera finalement sur France 3 Île-de-France, comme si en France, la problématique de la sous-traitance ne concernait que la région parisienne !

La réalisatrice avait également proposé, en 2018, un accès exclusif à Jacques Toubon, le défenseur des droits ayant critiqué l'utilisation de LBD par la police. La collection de France 3 à qui elle s'était adressée avait déjà diffusé des sujets sur le Conseil d'État ou le Conseil constitutionnel, mais « Les vigies de la République » est refusé par Emmanuel Migeot. En novembre 2018, quand la répression policière des Gilets jaunes redonne

1. Entretien avec l'auteur, 5 juillet 2021.

écho aux courageux combats de Jacques Toubon, plusieurs réalisateurs proposent à France Télévisions de lui consacrer un documentaire. Feletin rebaptise alors son projet « Les défenseurs des invisibles » et le repropose à la même case « Infrarouge » de France 2, celle qui se vante de programmer des films « sans concessions ». Selon nos informations, aucun de ces projets sur le défenseur des droits n'aurait été accepté.

Et ce n'est pas le seul projet de nature à questionner l'action de la police à avoir été enterré par France Télévisions sous Emmanuel Macron. Après le décès du coursier parisien Cédric Chouviat, qui à l'instar de l'Américain Georges Floyd, avait agonisé de longues minutes en criant « J'étouffe » alors qu'il était maintenu au sol par des policiers parisiens le 3 janvier 2020, un jeune journaliste a une idée. En contact avec Assa Traoré, la sœur d'un jeune mort à la gendarmerie de Persan en juillet 2016, il propose « *Black lives matter* », un reportage sur des jeunes qui deviennent « anti-flics » à force de bavures policières impunies. Nouveau refus, cette fois de France 5. Selon plusieurs producteurs que nous avons interrogés, l'un des rares territoires qu'il est encore possible d'explorer à France Télévisions, c'est l'environnement. « Là, on arrive à placer des films d'enquête car la télé publique pense que les Français sont très concernés, raconte une productrice. [...] Mais c'est politiquement correct, l'environnement ! »

Depuis l'élection d'Emmanuel Macron et les économies budgétaires qu'il impose à France Télévisions, une forte pression économique s'exerce également sur les producteurs : « Officiellement, on ne déroge pas à la dernière loi audiovisuelle et aux quotas de documentaires, nous a expliqué l'un d'eux. Mais en fait, il y a nettement moins de commandes. Pourquoi ? Parce que le gouvernement a demandé des centaines de millions d'euros d'économies sur trois ans. Résultat, avec les rémunérations au "forfait", nombre de réalisateurs de documentaires se retrouvent de fait à vivre avec le SMIC, voire moins, et plein de boîtes de production ferment ! Au final, tout se délite et le service public est de moins en moins offensif sur l'information. Est-ce pensé ? » Bonne question...

21

Centralisme autocratique à France Télévisions

« Avant 2019, on proposait nos projets à France 3, France 5, France 2, on avait affaire à des pouvoirs décentralisés, on pouvait les convaincre, argumenter », explique une productrice. Mais en janvier 2019, Delphine Ernotte crée un guichet unique avec trois pôles documentaires : histoire et culture, société et géopolitique, découverte et sciences. Et elle les confie à une seule responsable. En clair : elle recentralise France Télévisions. Et pour piloter ce paquebot bureaucratique, la patronne de la télé publique promeut Catherine Alvaresse, qui vient de la « *feel good TV* », selon les mots d'un producteur. Pas vraiment une femme d'information, donc. Mais surtout, chaque pôle recevant près de mille projets par an, comment la patronne des documentaires pourrait-elle recevoir leurs auteurs ou même lire leurs projets ? « Au début, les chargés de programme ont eu une séance de présentation avec elle, puis ils ne l'ont presque jamais revue, croit savoir un producteur. Du coup, eux-mêmes ne peuvent pas toujours "pitcher" oralement nos projets à leur propre patronne. Donc ils font des fiches ! » Résultat : les chargés de programmes n'osent plus s'engager. Et lorsqu'ils le font, il arrive qu'ils se fassent retoquer par Catherine Alvaresse, même si elle n'a pas pu lire le projet. Rien ne se fait sans son accord. « La toute-puissance de la directrice des docs est assez inquiétante », s'alarme une réalisatrice.

Dès lors, plusieurs chargés de programme se seraient découragés : « Ils sont partis écœurés, en disant : "On fait plus rien, on est des *factotums*". »

Cette déresponsabilisation a des effets délétères: «On participe à des réunions pendant des heures, puis ils nous font mariner, mais en fait, ils n'ont aucun pouvoir», se désespère une productrice. «Il y a quinze ans, beaucoup de ces chargés de programmes avaient été rédacteur en chef, réalisateurs, producteurs, ils connaissaient le métier, savaient ce qui était jouable ou pas dans une enquête», ajoute un autre. Désormais, la directrice des documentaires et les conseillers de programmes sont rarement des réalisateurs ou des journalistes, à l'exception d'un ou deux. «Ils n'ont aucune anticipation des problèmes que nous pouvons rencontrer sur le terrain, aucune vision réelle de l'information», regrette un réalisateur. «Au-dessus, on a longtemps eu des gens comme Caroline Got ou Takis Candilis. Issus du groupe TF1, ils considèrent que l'info ne marche pas (ce qui est faux) et qu'il faut proposer aux gens des programmes qui les "divertissent"», estime un réalisateur. «Plus ça va, moins tu as des interlocuteurs qui produisent une pensée, rapporte un autre. Les responsables intermédiaires agissent comme des girouettes qui tournent avec le vent. Affolés de voir que les audiences s'effritent, ils relayent des théories fumeuses et catastrophiques pour la qualité des antennes.»

Faire du journalisme «positif»

Plus préoccupant encore: depuis 2019, le «guichet unique» serait utilisé pour marginaliser l'investigation. «On a commencé à entendre dire qu'il fallait arrêter de proposer de l'investigation, car les Français en avaient marre des sujets anxiogènes, explique une productrice. Donc petit à petit, non seulement il fallait du "concernant", du "franco-français", mais désormais, du "positif".» Selon plusieurs témoins, la patronne des documentaires de France Télévisions demanderait principalement du «journalisme de reconstruction»: «Cela semble moins naïf que du journalisme "positif", mais au fond, c'est la même demande», pointe un producteur, qui conclut: «Cela rentre parfaitement en résonance avec le pouvoir politique macronien, qui avait discrédité la télévision publique en début de mandat. Ce qui effraye France Télés, ce n'est pas le pouvoir économique, c'est le pouvoir politique, son pouvoir de tutelle!» Avec à la clé une volonté de contrôle éditorial souvent mal vécue: «Nous sommes de moins en moins maîtres de nos œuvres», estime un réalisateur qui dénonce un « interventionnisme permanent des conseillers de programme dans les salles de montage ». « Nous sommes devenus des prestataires de services, des ouvriers spécialisés, ressent un autre. Et nous n'avons pas choisi d'exercer ce métier pour cela. » Cette tendance à l'ultra-contrôle aurait contribué à décourager des auteurs pourtant reconnus.

Jacques Cotta, journaliste d'investigation de France 2 célèbre pour son engagement citoyen ? Mi-2017, après une quarantaine de numéros de sa série documentaire *Dans le secret de…*, il propose aux équipes de Catherine Alvaresse un sujet sur la façon dont Emmanuel Macron a été soutenu par de puissants intérêts dans sa conquête de l'Élysée : « Dix-huit mois avant sa victoire, il était à 2 % de notoriété, et là-dessus, il devient président de la République : que s'est-il passé ? » Selon Cotta, le candidat d'En marche aurait « occupé tout l'espace médiatique durant dix-huit mois » et de « vieux bonzes de la Vᵉ République » l'auraient « choisi » et se seraient « mobilisés pour lui ». Mais quand il propose cet angle à une responsable de la direction des documentaires, celle-ci temporise : « Elle m'a dit : “Oui, on va voir, c'est compliqué, pas évident par rapport à la grille…” En fait, j'ai compris qu'elle n'avait rien à faire du fond. J'étais fou de rage, car l'enjeu était important ! J'ai compris que c'était fini, que je n'avais plus ma place à France Télévisions[1]. »

Pierre Péan, l'auteur d'*Une jeunesse française* sur le passé vichyste de François Mitterrand et d'innombrables livres enquêtes ayant marqué leur époque ? Le vieux lion de l'investigation est décédé en juillet 2019 sans parvenir à convaincre France Télévisions d'accepter un projet sur un intermédiaire clé de la Vᵉ République, Alexandre Djouhri. Durant des années, le célèbre journaliste avait enquêté sur cet homme de l'ombre spécialiste des grands contrats (donnant souvent lieu à des rétrocommissions) et en avait tiré un remarquable livre enquête[2]. « Péan voulait partir du parcours d'Alexandre Djouhri pour décrire un système, un mécanisme dans les zones grises du pouvoir », se souvient une stagiaire. Selon elle, la production avait obtenu un développement payé par France Télévisions pour une minisérie qui s'annonçait passionnante. Mais la chaîne concernée aurait

1. Entretien de Jacques Cotta avec l'auteur, 18 août 2021.

2. Pierre Péan, *La République des mallettes. Enquête sur la principauté française de non-droit*, Fayard, Paris, 2011.

alors demandé l'impossible : un mode narratif « sortant des canons de l'écriture d'enquête », plus « subjectif », plus « près du personnage ». Mais comment être « près » de Djouhri, quand celui-ci refuse toute interview, allant jusqu'à entretenir un incroyable culte du secret au point de n'apparaître sur pratiquement aucune photo ni vidéo ? Pour sauver leur projet, les producteurs proposent des animations, un procédé coûteux. Là-dessus, la direction des documentaires change, pour échoir à Catherine Alvaresse. Manifestement réticente à l'égard de ce projet visant à lever un coin du voile sur les dérives de notre système politique, elle aurait suggéré à Péan de se contenter de réaliser une biographie d'Alexandre Djouhri « façon *Vanity Fair* » : « Elle estimait qu'on ne pouvait pas aller beaucoup plus loin tant que les affaires politiques [en général] n'étaient pas jugées et que ce serait dorénavant sa ligne », révèle notre stagiaire. Si les journalistes attendaient dix, vingt, voire trente ans que les « affaires soient jugées » pour faire leur métier, ils auraient dû attendre… 2021 pour évoquer l'affaire de Karachi ! Impensable dans une démocratie digne de ce nom. Péan claque la porte. Il décède un mois plus tard.

Gérard Miller, l'un des plus fins décrypteurs des destins politiques français ? Après l'arrivée au pouvoir d'Emmanuel Macron, France Télévisions lui a très vite fait comprendre qu'elle ne lui commanderait plus de documentaires politiques. Laurent Mauduit, le co-fondateur de Mediapart ? Après avoir publié « La caste[1] », formidable enquête sur les mœurs dévoyés de la haute fonction publique française, il avait proposé avec son talentueux producteur Jean Lahbib, une adaptation documentaire à Arte et France Télévisions. Sans succès. Lahbib avait alors proposé à l'audiovisuel public de raconter par le menu la plus incroyable aventure de presse de ces dix dernières années : celle de *Mediapart*. Là encore, refus. Christophe Nick, l'un des producteurs les plus doués de sa génération ? Il n'est pas parvenu à placer à France Télévisions ni à Arte un documentaire ambitieux sur la révolte des Gilets jaunes, sur laquelle il avait pourtant longuement enquêté. « Le service public, ce fut un honneur d'y travailler. Aujourd'hui, c'est une honte », fulmine Jacques Cotta. « Le pire, remarque

1. Laurent Mauduit, *La caste, enquête sur cette haute fonction publique qui a pris le pouvoir*, La Découverte, 2018.

une productrice, c'est qu'en 2019, quand France Télés avait commandé une étude auprès des téléspectateurs, ils voulaient du décryptage, de l'enquête et plus de travail sur les *fake news*. À la rentrée 2021, France Télévisions a néanmoins nommé l'excellent Tristan Waleckx, prix Albert Londres 2017, à la tête de *Complément d'enquête*. Et lancé une initiative destinée à débusquer les « fausses images ». Deux décisions allant dans le bon sens. Mais suffiront-elles à dissiper cette désagréable impression que la « télévision d'État », comme l'appela un jour Daniel Schneidermann[1], se montre trop souvent réticente à mettre en cause le gouvernement ?

Et pour les professionnels échaudés qui tenteraient de diffuser leurs documentaires d'information en salle, le Centre national du cinéma n'est pas toujours d'un immense secours. Ces dernières années, son collège a refusé de soutenir des œuvres comme *Les Nouveaux Chiens de garde*, pourtant sélectionné par l'académie des Césars, ou *Merci Patron !*, César du meilleur documentaire en 2017. Même *Un pays qui se tient sage*, le formidable documentaire de David Dufresne sur la révolte des Gilets jaunes, pourtant nommé pour le César 2021, s'est vu refuser l'avance sur recette au motif qu'il serait « sectaire ». Deux ans auparavant, c'est Emmanuel Macron qui avait nommé un des « grands donateurs de sa campagne », Dominique Boutonnat, à la tête du CNC. Ceci explique-t-il cela ? À l'époque, en tout cas, plus de soixante-dix cinéastes, parmi lesquels Jacques Audiard, Arnaud Desplechin, Nicole Garcia, Louis Garrel, Cédric Klapisch ou Noémie Lvovsky, avaient publié une tribune présentant la nomination de Boutonnat comme une récompense pour « bons et loyaux services au profit du futur président de la République[2] ». En février 2021, alors que depuis quelques mois, le CNC contraint tous les producteurs souhaitant obtenir des subventions à assister à des ateliers contre le harcèlement sexuel, Dominique Boutonnat est mis en examen pour « agression sexuelle » et « tentative de viol » suite à une plainte d'un de ses filleuls. Présumé innocent, il est resté en poste.

1. Daniel Schneidermann, « Ce qu'est une télévision d'État, réponse à un journaliste de France 2 », *Arrêt sur images*, 10 janvier 2019.

2. Marine Turchi, « Violences sexuelles : la mise en examen du patron du CNC met Macron sous pression », *Mediapart*, 5 mars 2021.

Début 2020, même Nathalie Darrigrand, la responsable de France 5 devenue directrice des programmes de France Télés et qui avait consciencieusement protégé l'exécutif pendant deux ans, finit par partir. Pour la remplacer à quelques mois d'un éventuel renouvellement de son propre mandat prévu pour juillet 2020, Delphine Ernotte fait appel à un garçon dans le vent passé par CAPA, Canal Plus et Netflix: Diego Buñuel. Petit-fils du célèbre réalisateur de cinéma espagnol Luis Buñuel, Diego fut longtemps l'un des visages des *Nouveaux explorateurs* de Canal Plus. Pour une patronne de France Télés affichant sa volonté de concurrencer les plateformes de streaming américaines, l'expérience de Buñuel chez Netflix lui permet de «cocher toutes les cases». Ce qui est moins connu, c'est qu'à Canal Plus, il était aussi l'ami des marques… et des annonceurs.

Un directeur des programmes ami des marques?

Nous avons accueilli au comité d'entreprise de Canal Plus une intervenante de marque à la fin de l'été 2017: Francine Meyer, la dynamique patronne de la régie pub du groupe, qui travaille avec Diego Buñuel, qu'elle nous présente comme son «bras droit» chargé du «*brand content*» (contenu pour les marques). Notamment connu pour avoir présenté *Ne le dites pas à ma mère* sur Canal Plus dans les années 2000, Diego avait commencé sa carrière comme reporter à l'agence CAPA. Au fil des années, il a développé un goût pour les reportages «positifs». En 2012, par exemple, alors qu'il préside le jury du seizième festival «Aventures et découvertes» de Val-d'Isère, il s'enthousiasme pour un documentaire montrant des Afghans escaladant un pic de 7400 mètres. Son réalisateur Louis Meunier décrit le film comme «une opération de communication pour parler de l'Afghanistan de manière positive». Quant aux liens de Diego avec les marques, il ne s'en cache pas spécifiquement. En mai 2011, déjà à l'antenne des *Nouveaux explorateurs* (Canal Plus), il avait «accordé une interview exclusive à la division Broadcast de Canon France», dans laquelle il «expliquait son choix de tourner ses reportages exclusivement avec des caméras Canon XF305». Début 2012, Buñuel inaugure sur Canal Plus *Boomerang*, une émission de grands reportages avec un premier numéro consacré aux filières de l'industrie du téléphone portable: «Un documentaire de quatre-vingt-dix minutes qui décrypte un monde globalisé dans lequel nos actes de consommateurs ont des conséquences insoupçonnées, explique à l'antenne Buñuel, car c'est au prix de millions de morts, d'une exploitation humaine digne des débuts de l'industrialisation et de graves dégâts environnementaux et sanitaires que nous pouvons nous offrir un nouveau téléphone. » Puis il conclut : « Derrière les touches et les coques, il y a la sueur, le sang et les larmes de milliers de forçats. [...] Les journalistes de *Boomerang* sont allés voir ce qu'implique notre consommation frénétique. [...] Éteignez vos portables et préparez-vous à ne plus jamais les regarder de la même façon. » Une sévère mise en cause des multinationales de la téléphonie, donc. Mais en deux heures d'émission, Buñuel réussira l'exploit de ne jamais citer un seul des fabricants mis en cause[1] ! Quelques mois après cette émission, il se fera rémunérer pour tourner une pub Samsung incitant à acheter le dernier « Galaxy » de la marque[2]...

Dans le milieu audiovisuel, une telle capacité à passer de grand reporter à homme-sandwich n'est pas si fréquente. Nommé en 2014 à la tête des documentaires de Canal Plus, Buñuel cumule rapidement cette casquette avec celle de directeur de la Canal Brand Factory, littéralement « usine à fabriquer du contenu pour les marques ». En 2017, il expliquait au site Lareclame.fr sa vision de ce nouveau concept financé par des annonceurs soucieux de développer leur notoriété au-delà des écrans publicitaires : « L'intéressant, aujourd'hui, c'est le *storytelling*. Je vois beaucoup de *brand content* très bien formulés, mais il manque parfois l'histoire qu'on raconte. » Et Buñuel de poser trois « grandes questions » : « Va-t-on regarder ? Jusqu'au bout ? Partager ? » Trouvant manifestement naturel d'utiliser des personnalités de la chaîne cryptée ou de surfer sur le concept des « nouveaux explorateurs » pour promouvoir des produits, Buñuel se félicite d'avoir accès directement aux « moyens de production et aux talents des groupes Canal, Vivendi, Universal, Studio Canal et Gameloft ». À la question de savoir si en pleine « infobésité », le public avait besoin que les marques fabriquent du contenu, Buñuel répondait : « On est saturés de contenus médiocres, c'est ça le problème. Le travail fondamental, c'est de se dire : qu'est-ce que la marque va pouvoir apporter en termes de contenu à un public qui serait

1. Diego Buñuel, Bertrand Coq, Anthony Dufour, Sabrina Van Tassel, « La puce à l'oreille », *Boomerang*, Canal Plus, 21 mars 2012.

2. « Canard plus », *Le Canard enchaîné*, 17 avril 2013.

demandeur de ça? Je pense à plein de thématiques comme le voyage, la nourriture, la découverte, comme étant des contenus que les gens ont envie de consommer[1]. »

Au printemps 2021, le syndicat indépendant des producteurs travaillant pour France Télévisions tente de mieux cerner la ligne éditoriale que Buñuel, nommé à la tête des programmes de France Télévisions par Delphine Ernotte, souhaite promouvoir. Il leur explique souhaiter une « clarification des grilles » reposant sur un « axe principal de réflexion sur la façon de raconter les différents programmes (le *storytelling*) en vue d'élargir le cœur de cible du public grâce aux nouvelles écritures[2] ». Ce jour-là, Buñuel conclut sur une note un peu plus concrète : il indique aux producteurs travaillant pour France Télévisions que les réductions budgétaires imposées par la Macronie au groupe public atteindront… 62 millions d'euros en 2021.

À la télé publique, même les magazines seraient désormais contaminés par une crainte de déplaire au pouvoir ou d'alimenter des colères sociales. Confiés par Delphine Ernotte à Nicolas Daniels, puis à Patrick Charles (ancien bras droit de Patrick de Carolis à M6, passé ensuite par France 3), puis à nouveau à Nicolas Daniels, les magazines auraient tendance à privilégier des sujets « pas trop dérangeants ». Au printemps 2017, Patrick Charles aurait par exemple écarté un documentaire entier tourné en Guyane pour l'émission *Des racines et des ailes* par la réalisatrice Maha Kahat. En cause? Au même moment, une grève générale déclenchée à l'époque dans ce petit territoire français d'outre-mer. Le film de France 3 suivait notamment les traces d'un médecin soignant les Indiens dans des forêts désertées par les services publics. Le patron des magazines de France Télévisions aurait craint qu'il n'apporte de l'eau au moulin des manifestants : « On ne va pas rajouter de l'huile sur le feu », aurait-il tenté de se justifier après[3].

1. « L'interview minute de Diego Buñuel (directeur Canal Brand Factory) », *Lareclame.fr*, 24 juillet 2017.

2. « Rencontre avec Diego Buñuel », compte rendu du Syndicat des producteurs indépendants, 15 mars 2021.

3. Contacté, Patrick Charles n'a pas souhaité s'exprimer.

Éviter les sujets qui fâchent ?

Autre exemple : *Cellule de crise*. Selon le site de France Télévisions, cet excellent magazine produit par Brainworks nous invite à revivre les « événements les plus marquants de notre histoire récente », au cœur du pouvoir, « lorsque l'État vacille ». Lors de sa création en 2015, alors présentée par David Pujadas, l'émission avait enquêté avec talent sur les graves failles sécuritaires mises en évidence par les attentats de *Charlie Hebdo* et du Bataclan. Mais au fil des saisons, cette émission « sans concessions » (dixit France Télés) semble s'être émoussée. Que s'est-il passé ? « Pour chaque numéro, on doit proposer plusieurs thèmes et les responsables des magazines en choisissent un, nous a confié un ancien journaliste de l'émission. Durant trois ans, l'équipe avait proposé l'immigration. Après l'affaire de l'*Aquarius* [navire ayant recueilli 629 migrants en Méditerranée en juin 2018], on avait travaillé sur la façon dont le problème avait été (mal) géré par les Italiens et les Français. À partir de cette histoire, on tirait le fil de toutes les contradictions européennes sur les questions migratoires. Ils n'ont jamais accepté cette thématique ! »

Un ancien reporter de l'émission multiplie les exemples : « Après la dernière évasion de Redouane Faïd, en juillet 2018, on a proposé d'évoquer la crise des prisons. C'était passionnant. Il y avait des problèmes de manque de moyens, de mauvaise organisation… La direction des magazines nous a répondu : "Bof, faites plutôt la traque de Redouane Faïd ! Les prisons, tout le monde s'en fout[1]…" » Autre cas : après « Histoire secrète du débarquement », émission magnifique mais consensuelle[2], les producteurs proposent un autre « hors-série », cette fois sur la débâcle de 1940, la montée de Pétain, la responsabilité de l'extrême droite dans la défaite, bref, pourquoi la France s'est si peu battue contre l'Allemagne nazie. A priori, cette thématique colle parfaitement à la promesse de *Cellule de crise*, qui consiste selon France Télévisions à se demander si les Français ont « tiré les leçons des crises passées » et s'ils sont « prêts à faire face à celles qui s'annoncent ».

---

1. Marianne Kerfriden et Stenka Quillet, « La traque de Redouane Faïd », *Cellule de crise*, France 2, 23 avril 2019.

2. Mikaël Guedj, « Histoire secrète du débarquement », *Cellule de crise*, France 2, 4 juin 2019.

Mais là encore, la direction des magazines aurait préféré éviter les vagues.» Elle aurait suggéré un autre angle plus consensuel : la chute de Hitler, selon un ancien enquêteur de l'émission[1].

Selon des sources syndicales à France Télévisions, d'autres propositions de *Cellule de crise* auraient été retoquées ces dernières années : la bascule de 1958, quand le général de Gaulle prend le pouvoir durant la guerre d'Algérie en instaurant un régime ultra-présidentiel, le génocide des Tutsis rwandais par des Hutus armés par la France en 1994, la guerre dans l'ex-Yougoslavie, en Syrie et même la guerre de Libye. Déclenchée en 2011 sous Nicolas Sarkozy sur insistance de Bernard-Henri Lévy, cette dernière méritait pourtant une investigation, au vu des conséquences dramatiques qu'elle a eues dans la région. À chaque fois, la direction des magazines a pretexté que ces projets ne feraient «pas d'audience». Mais n'étaient-ils surtout pas de nature à questionner dangereusement l'histoire officielle ? Selon plusieurs réalisateurs que nous avons interrogés, la direction des magazines aurait tendance à privilégier des angles valorisant ce qu'elle appelle le «roman français» : la capture d'un «méchant» (Redouane Faïd) ou la chute d'un monstre étranger (Hitler). À France Télévisions, éviter les thèmes historiques dérangeants se pratique aussi pour les documentaires : «Pour eux, l'histoire, cela se limite le plus souvent à 1939-1945, estime une productrice reconnue. Il y a eu près de huit documentaires sur les camps de concentration nazis ces dernières années. Et l'Indochine[2] ?»

«Le conflit indochinois est une guerre oubliée, un déni de l'histoire», estime également un de ses confrères. Quand il a proposé un documentaire sur ce thème en 2018, on lui a répondu qu'un autre projet sur la décolonisation était en préparation. Bilan ? La guerre d'Indochine a été expédiée en une quinzaine de minutes. «Et *quid* des documentaires sur la Palestine, Israël ? Interroge un troisième producteur en vue. Tous les sujets qui pourraient mettre le gouvernement [dans une situation délicate] passent à la trappe.» Si cette appréciation est bien évidemment excessive

1. Caroline Benarosh, «Histoire secrète de la victoire de 1945», *Cellule de crise*, France 2, 7 mai 2020.

2. Entretien avec l'auteur, 17 août 2021. À la rentrée 2021, la télévision publique annoncera néanmoins avoir confié à Benjamin Stora et Georges-Marc Benamou une série de cinq documentaires sur la guerre d'Algérie.

(France Télévisions diffuse parfois des documentaires dérangeants[1]), elle est partagée par l'écrasante majorité des producteurs et réalisateurs que nous avons interrogés. Autre grief: la direction des documentaires de France Télévisions rechignerait parfois à accorder du temps d'antenne aux historiens: « Pour Catherine Alvaresse, on doit raconter l'histoire avec ceux qui l'ont vécue ou leurs descendants et sans les "sachants" », regrette un producteur. Exit donc les historiens qui apporteraient un décryptage et une analyse distanciée permettant d'équilibrer la subjectivité des témoins.

Cette réticence de l'audiovisuel public à explorer des thématiques dérangeantes contaminerait aussi les magazines d'information dirigés, eux, par Elsa Margout. Au printemps 2018, après avoir enquêté deux ans sur Michèle Marchand, les journalistes Jean-Michel Décugis et Marc Leplongeon publient son portrait chez Grasset: « On devait faire un documentaire pour *Pièces à conviction*, puis ils ont reculé en disant: "On verra en janvier" », nous a confié l'un des auteurs. À la rentrée 2018, une quinzaine de jours avant la sortie de leur livre[2], ils prennent rendez-vous avec l'équipe de *Complément d'enquête*: « Ils semblaient intéressés par un cinquante-deux minutes. On a été reçus par un rédacteur en chef. Le présentateur, Jacques Cardoze, est passé cinq minutes, a manifesté son intérêt, puis il est parti. » Décugis et Leplongeon pensent alors que c'est « mort ». Ils rappellent tout de même. On leur dit: « Peut-être un vingt-six minutes, pour janvier. » Trois ans plus tard, Tristan Waleckx aurait enfin lancé ce sulfureux portrait.

Périmètre réduit pour l'investigation

Pourtant, la direction des magazines sait, supposément, que les téléspectateurs de France Télévisions adorent les documentaires fouillés: « Lors d'une enquête confidentielle interne, nous a confié une productrice parisienne, il apparaissait que les citoyens attendaient de l'investigation! C'est pour cela qu'à sa conférence de rentrée de juin 2019, Delphine Ernotte a parlé de *Pièces à conviction*, de *Cash investigation*, de *Complément d'enquête*,

1. Voir notamment Karim Miské et Marc Ball, « Décolonisations », Arte, 7 janvier 2020 et Pascal Blanchard et David Korn-Brzoza, « Décolonisations, du sang et des larmes », France 2, 6 octobre 2020.

2. Jean-Michel Decugis, Pauline Guéna, Marc Leplongeon, *Mimi*, *op. cit.*

d'*Envoyé spécial.* Elle est bien consciente que c'est ce qu'attendent les téléspectateurs[1] ! » Et pourtant, à l'époque, même les émissions de plateaux de France Télévisions étaient réticentes à recevoir Décugis et Leplongeon pour évoquer leur excellent ouvrage sur la reine des paparazzis passée au service des Macron. Laurent Ruquier ? « Il s'est montré intéressé, puis il a changé d'avis. » La sulfureuse communicante de l'Élysée ferait-elle si peur ? « Après nous avoir interviewés, Francis Letellier, présentateur du Soir 3, nous a dit : "J'espère que je ne serais pas viré demain !" », hallucine Décugis. À la rentrée 2019, son journal de mi-soirée connu comme un bastion d'indépendance journalistique est supprimé.

En juin 2020, un mois avant de solliciter le renouvellement de son mandat, Delphine Ernotte recrute Laurent Guimier, un ancien chroniqueur radio de Cyril Hanouna passé par *Le Figaro* et la direction d'Europe 1 (sans être parvenu à redresser la radio du groupe Lagardère). En septembre 2020, après un bref passage par France Info, il est propulsé au poste de quatrième directeur de l'information de l'ère Ernotte. Il commence par supprimer *Pièces à conviction.* Selon nos informations, le magazine d'investigation était sous pression depuis plusieurs saisons par les équipes de Delphine Ernotte, qui limitaient ses périmètres d'investigation et rechignaient à renouveler son budget, au point qu'à plusieurs reprises, l'émission de Marie de la Chaume avait dû programmer des rediffusions faute de pouvoir lancer de nouvelles enquêtes. « Les équipes de l'émission ont produit vingt ans de révélations et de reportages qui font l'honneur du service public », écrit Guimier en novembre 2020 aux salariés, tout en précisant qu'il veut créer « des magazines plus complémentaires, plus différents et plus innovants ».

« Sur France 3, l'information et l'investigation voient leur périmètre se réduire d'année en année », déplore pour sa part la société des journalistes de la chaîne. Un peu comme quand en 2016, Vincent Bolloré avait supprimé *Spécial investigation* et les journaux télévisés de Canal Plus. « Nous resterons très vigilants quant au remplacement des émissions consacrées

---

1. En février 2019, 127 000 téléspectateurs consultés par France Télévisions dans le cadre de l'enquête « Ma télé et ma radio demain » manifestaient une « forte attente pour l'information » ainsi qu'une demande de « plus d'audace et d'engagement » (voir « Bilan du comité éthique 2019 de France Télévisions »).

à l'investigation. D'autant qu'il n'y a plus guère que sur les antennes publiques qu'on en trouve encore », se désolera Christian Gerin, le président du Syndicat des agences de presse audiovisuelles. En janvier 2021, Laurent Guimier annoncera le remplacement de *Pièces à conviction* par une version filmée d'*Affaires sensibles*, l'excellente émission historique de France Inter dans laquelle Fabrice Drouelle explore depuis 2014 « les grandes affaires, les aventures et les procès qui ont marqué les cinquante dernières années ». Passionnant, mais très loin de l'ambition éditoriale ayant marqué l'histoire de *Pièces à conviction*… à la rentrée 2021, le premier numéro d'*Affaires sensibles*, consacré à la présidentielle… de 1995, plafonnera à 6,3 % de parts de marché. En octobre, l'émission tombera à un peu plus de 3 %.

À quelques mois de la présidentielle de 2022, Laurent Guimier donnera en outre à certains l'impression de mettre France Télévisions au service des macronistes en nommant à la tête du service politique du groupe un certain Cyril Graziani, journaliste de France Inter réputé proche d'Emmanuel Macron : « Il se vante lui-même de commenter "The Voice" avec le président, le samedi soir, par texto », lâchera un journaliste de France Télés au *Monde*. « Guimier et Graziani font partie du même *package* », estime un de ses confrères, présumant que le duo a été choisi par Delphine Ernotte à moins de deux ans de la présidentielle parce qu'il était « Macron-compatible »[1]. Quelques mois plus tard, la révélation d'une liaison entre Thomas Sotto et Mayada Boulos, une ancienne *spin doctor* de Havas conseillant Jean Castex, après avoir discrètement travaillé à réhabiliter Mohamed Ben Salmane après l'assassinat de Jamal Khashoggi[2], conduira le « joker » du 20h de France 2 à renoncer à présenter *Élysée 2022*, la nouvelle émission politique de la chaîne.

Quand on s'étonne de cette situation, un arbre magnifique vient immanquablement cacher la forêt en déshérence : *Cash investigation*. Mais au fil du mandat d'Ernotte, même la mythique émission d'Élise Lucet serait devenue un caillou dans la chaussure de la patronne de France Télévisions, désireuse d'être reconduite à son poste par les macronistes.

1. Aude Dassonville, « France Télévisions : émoi après la nomination d'un nouveau chef au service politique », *Le Monde*, 12 mars 2021.

2. Antton Rouget, « Affaire Khashoggi : la responsable de communication de Castex était chargée de redorer l'image de l'Arabie saoudite », *Mediapart*, 2 mars 2021.

22
Cash investigation ciblée ?

Officiellement, Delphine Ernotte et Élise Lucet vivent depuis 2015 une véritable lune de miel. « Je ne fayote pas, mais bravo Delphine Ernotte ! », pouvait-on entendre dire Elise Lucet à la rentrée 2019, en expliquant : « Je suis souvent dans son bureau pour la prévenir sur des sujets sensibles et à chaque fois elle me dit : "Continue ton travail, vas-y ! Tant pis si on perd des annonceurs. Tant pis si je reçois des lettres furax de responsables politiques ou de dirigeants d'entreprise. C'est notre mission de service public de faire ces émissions"[1]. » Mais en coulisses, la patronne de France Télévisions serait nettement plus ambivalente à l'égard de l'investigation. Une défiance qui serait largement partagée par la Macronie.

La défiance des macronistes

En mai 2017, après avoir suivi plusieurs mois Emmanuel Macron pour *Envoyé spécial*[2], le réalisateur Bertrand Delais (nommé depuis à la tête de la chaîne parlementaire) ne cachait pas que le président appréciait modérément *Cash investigation*, Élise Lucet et sa façon de houspiller les patrons. Cet été-là, une chargée de communication macroniste en vacances dans l'île espagnole de Formentera, repère de la « jet-set » télévisuelle parisienne, aurait même fait la « tournée des popotes » pour déblatérer sur

1. Sarah Lecœuvre et Damien Canivez, « Je ne fayote pas, mais bravo Delphine Ernotte de nous laisser carte blanche », *Le Figaro*, 4 septembre 2019.

2. Bertrand Delais, « En marche vers l'Élysée », *Envoyé spécial*, France 2, 11 mai 2017.

l'emblématique journaliste de France 2. Et au fil du mandat d'Ernotte, les campagnes de puissants groupes d'intérêts contre Élise Lucet finiraient par fragiliser la célèbre journaliste de France 2. On se rappelle de sa marionnette dans *Les Guignols*, évoquée plus haut… En parallèle, des animateurs comme Cyril Hanouna ou Jean-Marc Morandini tentent de la discréditer à la moindre occasion. Quand elle présente un impressionnant *Cash investigation* révélant qu'en 2010, alors simple président de la conférence épiscopale argentine, le pape François aurait tenté de faire innocenter un prêtre pédophile condamné en première instance à quinze ans de prison[1], Hanouna se dit « choqué ». Dans *Touche pas à mon poste*, il ira jusqu'à faire la leçon à Élise Lucet, lui conseillant fort intelligemment de « prendre rendez-vous » avec le Saint-Père plutôt que de l'interpeller publiquement[2].

On se souvient aussi d'un pitoyable coup de griffe de Pierre Ménès, le très populiste ex-consultant foot de Canal Plus. En novembre 2017, quelques semaines après un remarquable *Cash investigation* consacré par les équipes d'Élise Lucet aux *Panama papers*[3], il avait twitté : « Parfois, j'ai un peu honte de faire le même métier qu'elle[4]. »[5] ? Un twittos fan de Lucet n'avait pu s'empêcher de répondre : « Cela tombe bien, tu ne fais pas le même métier qu'elle : tu commentes des matches de foot, tu fais l'idiot chez Hanouna […] et tu fais de la pub pour des sites de paris sportifs alors qu'Élise Lucet est journaliste. »

Dans les mois qui suivent, la pression monte d'un cran quand des figures de la macronie se joignent à la meute. Début 2019, après avoir coanimé avec Cyril Hanouna un *Grand débat* sur C8 suite à la révolte des Gilets jaunes[6], la secrétaire d'État Marlène Schiappa s'en prend bille en tête dans *Télé loisirs* à deux émissions phares d'Élise Lucet : « Je suis interpellée par ce que le format *Envoyé spécial* est devenu et par l'émission *Cash investigation*.

1. « Pédophilie dans l'Église, le poids du silence », *loc. cit.*

2. Audrey Kucinskas, « Cyril Hanouna choqué de voir Élise Lucet interpeller le pape », *L'Express*, 23 mars 2017.

3. Édouard Perrin, « Les *paradise papers* : au cœur d'un scandale mondial », *Cash investigation*, France 2, 7 novembre 2017.

4. *Touche pas à mon poste*, C8, 23 novembre 2017.

5. Isabelle Roberts et Raphaël Garrigos, « Pour protéger Pierre Ménès, Canal Plus censure un docu sur les femmes », *Les Jours*, 21 mars 2021.

6. « Balance ton post », C8, 25 janvier 2019.

Je trouve que quand on montre sans cesse, sur le service public de surcroît, aux gens des exemples de politiciens corrompus, d'hommes et de femmes politiques véreux, de gens qui détournent de l'argent… quand on ne montre que ça, je crois qu'on installe dans l'esprit des gens : "Wouah, ils sont tous comme ça." Et je trouve que c'est un peu une forme de populisme de dire : "Ils sont tous pourris". » Visiblement, la secrétaire d'État chargée de l'Égalité entre les femmes et les hommes et de la Lutte contre les discriminations préférerait que l'audiovisuel public parle des trains qui arrivent à l'heure : « J'aimerais bien qu'on alterne et que de temps en temps, il y ait de belles histoires. […] Que l'on parle des responsables politiques qui s'engagent, souvent pour pas grand-chose, au service de l'intérêt général. Il y en a des milliers[1]. » Une sortie peu appréciée par les rédacteurs en chef de *Cash*, qui répliquent sur Twitter : « Bonjour Marlène Schiappa. Lorsque *Cash investigation* enquête sur le plastique, la surpêche, les implants, l'optimisation fiscale et les conditions de travail des salariés, pour vous c'est une "forme de populisme". Pour nous ce sont des sujets d'intérêt général. » La secrétaire d'État préfère-t-elle *Touche pas à mon poste*, l'émission que son ami Cyril Hanouna et son coactionnaire Yannick Bolloré mettent souvent au service de la communication des macronistes[2], après en avoir fait un monument de complaisance sarkozyste en 2016 ?

En novembre 2019, lors du premier anniversaire de la révolte des Gilets jaunes, les équipes de Lucet réalisent une excellente enquête montrant que les réformes fiscales de François Hollande (CICE) et d'Emmanuel Macron (suppression de l'ISF, création du prélèvement forfaitaire unique) ont permis aux cent plus grandes fortunes de France d'économiser en moyenne chacune 1,6 million d'euros d'impôts en 2018. « Ces réformes censées favoriser l'emploi et la croissance économique ont surtout contribué à l'injustice fiscale pour de nombreux Français, écriront les enquêteurs de *Cash* sur le site de France Télés. Ces dispositifs fiscaux se chiffrent en milliards d'euros en moins chaque année dans les caisses de l'État[3]. » Interviewé dans son bureau de Bercy, Gérald Darmanin, alors ministre de l'Action et des

1. « L'interview sans filtre », *Télé loisirs*, 28 mars 2019.
2. Voir notamment « Baba Noël », C8, 20 décembre 2017.
3. Sophie Roland et Julie Pichot, « Qui profite de nos impôts », *Cash investigation*, France 2, 19 novembre 2019.

Comptes publics, est exaspéré. Quelques mois auparavant, il avait proposé de supprimer la redevance finançant l'audiovisuel public[1]. Cette fois, il se mue le temps d'un tweet en expert autoproclamé, accusant les équipes de Lucet d'avoir fait une lecture « biaisée » des statistiques officielles. Une accusation immédiatement contestée par les rédacteurs en chef de l'émission[2].

À six mois de la nomination d'un nouveau patron pour France Télévisions, cette hostilité de Gérald Darmanin à l'égard d'Élise Lucet aurait néanmoins incité le directeur des magazines de France Télévisions à la plus grande prudence éditoriale. À l'époque, c'est Patrick Charles qui occupe le poste : « Depuis qu'on est gérés par Patrick Charles et ses adjoints, c'est plus compliqué, nous a confié un journaliste travaillant régulièrement pour l'une des émissions phares de France Télévisions. Pour qu'ils acceptent des sujets, il faut insister, les convaincre, ils sont pleutres. » Quelques semaines après la sortie de Gérald Darmanin, un départ du groupe va inquiéter *Cash* : Nathalie Darrigrand, la directrice des programmes réputée favorable à Élise Lucet, décide de quitter brutalement France Télévisions. Et dans les jours qui suivent, les journalistes de Premières Lignes Télévisions apprennent un peu par hasard qu'à six mois du possible renouvellement du mandat de Delphine Ernotte, la production de France Télé prévoit de réduire de six à quatre le nombre de *Cash investigation* par an. Au pot de départ de Nathalie Darrigrand, Élise Lucet questionne Delphine Ernotte à ce sujet. Comme souvent, elle lui indique n'être « pas au courant ». Elle lui maintiendra finalement six émissions par an.

Mais au même moment, Takis Candilis adresse un mail aux productions. Il y rappelle qu'en raison du début de la campagne des élections municipales, les règles du CSA encadrent très strictement les temps de parole politiques, qui doivent s'équilibrer à l'intérieur d'un programme donné. Du coup, la diffusion d'un *Cash* sur les coulisses de l'hôpital de Valenciennes et les « sous-traitants de la République » qui épingle notamment Gabriel Attal, porte-parole du gouvernement, est reportée. Après

1. Delphine Denuit, « Bercy veut en finir avec la redevance télé », *Le Parisien*, 30 mars 2019.

2. « *Cash investigation* : Darmanin répond à la présentation "biaisée" d'Élise Lucet », *Le Huffpost*, 20 novembre 2019.

les municipales, France Télévisions reportera à nouveau cette diffusion, en indiquant cette fois qu'avec le Covid-19, les téléspectateurs n'avaient pas envie de voir les coulisses d'un hôpital. Un autre *Cash* sur les écarts de salaire hommes-femmes, qui épingle notamment la Caisse d'épargne d'Île-de-France, est alors programmé et visionné par les équipes de Patrick Charles. Comme souvent, le film s'ouvre sur une séquence « apéritif » d'une dizaine de minutes façon *Le Petit Journal* où la reporter s'amuse à demander à plusieurs ministres comme Gérald Darmanin, Nicole Pénicault ou Christophe Castaner si leurs cabinets respectent la « parité » tant vantée par leur gouvernement. On y découvre que les femmes y sont peu nombreuses, ou cantonnées à des rôles de communication. Mais après quelques minutes de visionnage, Patrick Charles se serait opposé à cette séquence « à la Yann Barthès [...] n'apportant rien ».

Diffusé le 19 mai 2020, ce *Cash investigation*[1] aurait en outre donné lieu à un harcèlement insidieux des journalistes de l'émission. Interpellée par les caisses d'épargne d'Île-de-France à deux mois du renouvellement de son mandat, Delphine Ernotte réagit en saisissant un obscur « comité éthique » de France Télévisions. Créés en 2017 suite à la loi Bloche (dite « loi anti-Bolloré », car elle fut édictée en réaction aux entraves éditoriales de Vincent Bolloré à Canal Plus), ces comités sont désormais obligatoires dans toutes les chaînes. En pratique, leurs membres sont nommés (et remerciés) par les directions des chaînes. Leur indépendance est donc toute relative d'autant qu'en général, ils ont très peu de moyens. Le comble, c'est qu'ils peuvent en revanche avoir un pouvoir... de nuisance ! En mai 2020, suite au *Cash* sur les différences de salaire hommes-femmes, Delphine Ernotte reçoit donc de la direction des caisses d'épargne d'Île-de-France un courrier de protestation. Elle va le faire suivre au comité d'éthique de France Télévisions en lui demandant d'enquêter sur l'enquête de *Cash* ! « D'habitude, nous étions saisis directement par mail, s'étonne la responsable du comité éthique de l'époque, l'universitaire Sophie Jehel. Là, la Caisse d'épargne s'était adressée directement à Delphine Ernotte, qui nous avait retransmis la saisine, c'était une procédure exceptionnelle[2]. » À la même époque, une brève dans

1. Zoé de Bussierre, « Égalité hommes-femmes, balance ton salaire », *Cash investigation*, France 2, 19 mai 2020.
2. Entretien de Sophie Jehel avec l'auteur, 26 avril 2021.

Le Canard enchaîné laisse entendre que le gouvernement attend du prochain président de France Télévisions qu'il (ou elle) écarte Élise Lucet !

Une seconde tentative de réduire de six à quatre le nombre de « *Cash* » par saison parvient alors aux oreilles de la célèbre journaliste. Elle doit à nouveau monter au créneau, cette fois auprès de Stéphane Sitbon-Gomez, directeur de cabinet de Delphine Ernotte, pour obtenir la garantie que France 2 continuera à programmer six *Cash investigation* par saison. En juillet 2020, auditionnée par le CSA avec l'espoir que son mandat soit renouvelé, Delphine Ernotte n'annonce pas l'éviction d'Élise Lucet, mais elle s'engage à développer sur les antennes du groupe public un « journalisme de solution ». Une mission qu'elle confiera à Laurent Guimier, son quatrième directeur de l'information en cinq ans.

Un « comité éthique » pour régler des comptes ?

Cash investigation, un programme gênant ? Durant tout le mois de juillet 2020, le comité éthique que Delphine Ernotte a saisi poursuit les journalistes de l'émission, conteste les experts consultés pour leur enquête sur les écarts salariaux hommes-femmes, critique le fait d'avoir donné la parole à la CGT… Avant de partir en vacances, les journalistes de *Cash* se voient donc contraintes de rédiger en catastrophe des rapports circonstanciés au possible, justifiant leurs méthodes d'enquête. Mais le 14 juillet, à quelques jours de la reconduction de Delphine Ernotte à la tête de France Télés, son comité éthique s'est fait une opinion : sans même avoir dialogué avec les journalistes de *Cash investigation*, il s'apprête à rendre un rapport critiquant leur « déontologie » ! Surprises de n'avoir même pas été entendues, elles demandent alors à être auditionnées. Le 24 août, le comité éthique organise enfin une réunion… virtuelle. Élise Lucet, sa rédactrice en chef, l'auteure de l'enquête et un expert confirment qu'elles ont utilisé une méthode fiable pour évaluer les écarts salariaux entre hommes et femmes au sein des caisses d'épargne. Très bien, sauf que seuls deux membres du comité éthique sur cinq sont derrière leur webcam ! Une troisième, prétendument là par téléphone, raccrochera au bout de quelques minutes.

Selon Sophie Jehel, la prof de Paris-8 qui dirigeait alors bénévolement ce très bancal « comité éthique » de France Télévisions sans même disposer d'un bureau au siège du groupe public, il avait été impossible de rassembler tous les membres du comité: « Guy Canivet, magistrat à la Cour de cassation, avait démissionné dès le premier jour, Michelle Cotta avait jeté l'éponge en novembre 2019, une représentante de la télévision italienne n'était carrément… jamais venue ! J'avais dû mettre la pression pour qu'elle soit [finalement révoquée] », se souvient même Jehel. Elle-même, qui avait été nommée pour trois ans en mars 2017, aurait dû achever son mandat en mars 2020. « Avec le confinement, la présidence m'avait demandé de rester un peu plus », nous a-t-elle appris. Le 23 septembre 2020, quatre mois après la fin officielle de son mandat, Jehel rend à l'équipe d'Ernotte l'avis de son comité critiquant la déontologie de *Cash investigation*.

Truffé de fautes de syntaxe, présentant la Caisse d'épargne d'Île-de-France comme les « plaignants » (alors que le comité éthique n'est pas un tribunal), il n'a pas grand-chose de précis à reprocher à l'équipe de Lucet, à part des formules comme: « La Caisse d'épargne d'Île-de-France n'apparaît pas mériter d'être particulièrement citée en mauvais exemple. » Mieux: alors que la Caisse d'épargne d'Île-de-France a obstinément refusé de répondre aux questions de *Cash investigation*, le comité éthique écrit: « Le reportage aurait pu être davantage équilibré dans la présentation des points de vue en présence. Cette exigence n'est que renforcée par la complexité des enjeux présentés. » En raison précisément de cette complexité, *Cash* s'appuyait sur les travaux d'experts. Contrairement au comité éthique de France Télévisions, manifestement si dépourvu de moyens qu'il n'est même pas en mesure de publier lui-même son avis: « C'étaient les équipes de la présidence qui géraient tout, on ne pouvait même pas mettre nos avis en ligne », déplore Jehel. Le 30 septembre, les équipes d'Ernotte communiquent l'avis du comité à la Caisse d'épargne d'Île-de-France et aux équipes de *Cash*. Quelques jours plus tard, *Challenges*, l'hebdo du très macroniste Claude Perdriel[1] révèle que « *Cash investigation* a été taclé pour son manque d'objectivité[2] ». Particularité de cet article qui n'a pas jugé utile de solliciter les équipes de Lucet ? Il est signé Pierre-Henri de Menthon, directeur adjoint de la rédaction. En octobre 2016, il s'était fait

1. Jean Pérès, « La Macronie sait récompenser ses serviteurs: Claude Perdriel promu officier de la Légion d'honneur », *Acrimed*, 18 juillet 2019.

2. Pierre-Henri de Menthon, « *Cash investigation* mis en cause par le comité éthique de France Télévisions », *Challenges*, 13 octobre 2020.

remarquer en publiant dans *Challenges* avec deux autres confrères et l'éditorialiste Bruno-Roger Petit (qui deviendra quelques mois plus tard porte-parole de l'Élysée) la « profession de foi » du candidat Macron[1].

Découvrant que son rapport a fuité dans *Challenges* et qu'une partie de la presse s'appuie dessus pour déstabiliser Lucet, Jehel prend l'initiative de l'adresser à Roch-Olivier Maistre, le président du CSA : « Votre avis est très intéressant, vous êtes un des comités fonctionnant le mieux », la félicite alors cet ancien conseiller de Jacques Chirac nommé sous Emmanuel Macron. Le 14 octobre, lendemain de l'article de *Challenges*, la présidence de France Télévisions explique à Sophie Jehel qu'elle a fait un « excellent travail », mais qu'elle ne sera pas reconduite à la tête du comité éthique, qui sera désormais présidé par Christine Albanel. Ancienne ministre de Nicolas Sarkozy, Albanel est aussi une ancienne collègue d'Ernotte chez Orange : « Elle est probablement plus proche d'elle, elles ont dû se croiser », analyse Jehel, manifestement dépitée que son mandat n'ait pas été renouvelé. Dans cette affaire, le comité éthique de France Télévisions fut-il instrumentalisé ? Contacté par mail le 27 mars 2021, il n'avait répondu à aucune de mes sollicitations huit mois plus tard, malgré plusieurs relances téléphoniques. Autre bizzarerie : le site de France Télévisions rappelle que le comité « doit rendre un rapport annuel public avant le 31 mars ». Mais mi-novembre 2021, c'est toujours le rapport de 2019 qui s'y trouvait ! Le comité éthique servirait-il plus à régler des comptes en interne qu'à informer de façon transparente les téléspectateurs ?

Les dysfonctionnements de la plateforme de replay de France Télévisions

Dans l'équipe de *Cash*, la plupart des journalistes vivront en tout cas ce nouvel épisode pénible comme une énième tentative de déstabilisation. Ils ne sont pas au bout de leurs peines… Le 2 septembre 2020, débute le procès de l'attentat de janvier 2015 contre *Charlie Hebdo*. Travaillant au moment de l'attaque sur le même palier que l'hebdo satirique, les

1. Pierre-Henri de Menthon, Maurice Szafran, Nicolas Domenach, Bruno Roger-Petit, « Macron ne croit pas au président normal, cela déstabilise les Français », *Challenges*, 16 octobre 2016.

journalistes de Premières Lignes, avaient été très atteints par l'assassinat de leurs treize confrères, notamment ceux qui, se précipitant à leur chevet, avaient été les premiers à les découvrir baignant dans leur sang, avant même l'arrivée des pompiers. Quand le procès de cet attentat commence, beaucoup de salariés de l'agence viennent travailler la boule au ventre. D'autres s'étonnent que le gouvernement Castex n'ait prévu aucune sécurisation de l'ancien immeuble de *Charlie*, où ils sont toujours installés. Le 25 septembre dans la matinée, le cauchemar de 2015 ressurgit : deux salariés qui fumaient une cigarette au pied du bâtiment s'effondrent après avoir été grièvement agressés au hachoir par un terroriste pakistanais. « Après l'attentat, ils sont tous venus nous serrer la main [Gérald Darmanin, Jean Castex, Didier Lallement], se souvient un cadre de l'agence. Nous, on fulminait : ils n'auraient pas pu nous mettre des policiers en bas de l'immeuble, durant le procès *Charlie* ? Ils l'auraient fait, on n'en serait pas là ! L'un de nos collègues grièvement blessés est resté près de trois semaines dans le coma ! » Les journalistes de *Cash*, produits par Premières Lignes, ressortent encore affaiblis de ce second attentat.

Cerise sur le gâteau : depuis la rentrée 2018, comme toutes les émissions d'information de France Télévisions, *Cash investigation* a reçu de l'équipe Ernotte l'ordre de ne plus poster ses documentaires sur sa chaîne YouTube. Au fil des années, ils y rencontraient pourtant un immense public en replay, parfois plus de 4 millions de vues[1] ! « Ernotte a expliqué que c'était une "plateforme américaine" et qu'il fallait désormais poster les enquêtes de *Cash*, *Complément* et *Envoyé spécial* uniquement sur le replay de France Télés », nous a confié un journaliste de France 2. Mais la plateforme marchait à l'époque très mal, avec des reportages tardant à être mis en ligne ou n'y restant que quelques semaines. En février 2021, certains numéros de *Cash investigation* n'étaient disponibles que quatre semaines ! « On nous dit que c'est un "bug", mais cela fait des mois que cela dure... », se désolait en 2020 un journaliste d'*Envoyé spécial*.

Et les dysfonctionnements de la plateforme de replay de France Télévisions affligeaient à l'époque nombre de producteurs extérieurs : « Au

1. Voir notamment Zoé de Bussierre, « Luxe, les dessous choc », *Cash investigation*, France 2, 10 octobre 2018 (4,2 millions de vues).

début, quand on a vu une cinquantenaire issue d'Orange arriver à France Télés [Delphine Ernotte], on s'est dit : "Super !", raconte une productrice parisienne réputée. Mais là, on gâche un argent fou : nos films ne sont visibles que sept jours en replay, trente jours maximum ! Et ils ne sont pas capables de faire une plateforme de replay qui marche ! Ils ont fait quoi, depuis sept ans ? » Et notre productrice d'entreprendre une comparaison cruelle avec Arte, dont l'ancienne patronne, Véronique Cayla, a « assuré » avec une plateforme où la chaîne franco-allemande réalise désormais plus de 50 % de son audience en replay, avec des documentaires totalisant régulièrement plusieurs millions de vues. Une situation d'autant plus incompréhensible qu'en février 2019, le comité éthique de France Télévisions avait estimé que face aux plateformes de streaming américaines, il importait que « les programmes produits par les médias de service public puissent être largement accessibles[1] ». En 2021, certains magazines d'information seraient redevenus accessibles huit mois sur Francetv.fr.

Résultat de ces atermoiements : le public de France Télévisions est vieillissant : « Ils n'arrivent pas à récupérer des jeunes, c'est la panique, s'alarme un producteur. Même avec Élise Lucet à sa tête, *Envoyé spécial*, [...] nettement moins bien financée que *Cash investigation* et qui a [aussi] nettement moins de temps pour réaliser ses reportages, tombe parfois à 7 % de parts de marché » (moins que sous Françoise Joly et Guislaine Chenu, brutalement débarquées par l'équipe Ernotte en mai 2016, qui étaient à environ 12 % de parts de marché). Le lissage éditorial aboutirait-il à l'inverse de l'effet escompté : une désertion des téléspectateurs ? La question se pose d'autant plus qu'après le torpillage des *Guignols de l'info* par Vincent Bolloré, même l'humour politique est désormais traqué sur la plupart des chaînes...

1. « Bilan 2019 du comité éthique de France Télévisions ».

23

La Macronie ne rigole plus

La scène fait s'écrouler de rire des milliers d'internautes début décembre 2016. Sur un palier d'immeuble, les humoristes Mathieu Madénian et Thomas VDB s'adressent à Emmanuel Macron. Quelques jours après que, lors d'un discours parisien, le candidat d'En marche s'est mis à hurler aux Français d'aller « partout » pour faire « gagner son projet », les deux humoristes de France 2 font mine de le prendre au mot : « Tu nous as envoûtés, alors on a décidé de marcher avec toi et de faire du porte-à-porte. » Thomas VDB sonne alors chez une habitante lambda, entre, puis répète en hurlant aux oreilles de la malheureuse l'appel d'Emmanuel Macron : « Votre responsabilité, c'est d'aller partout en FRAAAANCE, pour porter le MESSAAAAGE ! Et GAGNER ! Ce que je veux, c'est que vous, vous alliez le faire GAGNEEEEER... Parce que c'est notre PROJEEEEET ! [...] Je vous remercie de m'avoir reçu MADAAAAME, je vous souhaite une bonne JOURNÉÉÉÉE[1]. » Dans les heures qui suivent, cette hilarante vidéo moquant en creux l'absence de programme politique du candidat d'En marche devient culte.

En septembre, les deux compères s'étaient déjà moqué, avec succès, du « *coming out* » de Macron, qui après avoir démissionné de son poste de ministre de l'Économie de François Hollande, avait avoué qu'il n'était « pas de gauche » : « Cela a été une énorme surprise, on ne s'en doutait pas du

1. *Actuality*, France 2, décembre 2016.

tout», riaient les humoristes, avant de feindre d'avoir cru qu'il travaillait «avec sa mère» (Brigitte Macron). «Sa femme!», avait corrigé Madénian devant un VDB jouant les «penauds».

Deux humoristes censurés

Au moment où Vincent Bolloré affaiblit l'humour politique sur Canal Plus, le recrutement par France 2 de ces deux potaches habitués à diffuser à l'arrache leurs sketches sur YouTube est un coup de maître: c'est la «vraie bonne émission télé de la rentrée», titre le guide culturel *Timeout.* Mais Emmanuel Macron, lui, apprécie moyennement l'humour ravageur de ces deux comiques mal rasés et plutôt marqués à gauche: «Il a vu nos sketches et m'en a parlé. Il s'est plaint qu'on lui en mettait plein les dents», révélera Mathieu Madénian quelques mois après la présidentielle[1].

Un mystérieux phénomène va alors survenir à France Télévisions: à chaque sketch un peu trop caustique de Madénian et VDB, d'étranges «soucis techniques» surgissent. Le 20 novembre 2016, lors d'une «grande soirée des primaires de la droite et du centre», Laurent Delahousse annonce en plateau un «rendez-vous à ne pas manquer»: le «débrief décalé de Mathieu Madénian et Thomas VDB». Mais leur sketch n'est finalement… pas diffusé! Un «souci technique», selon France 2. Le lendemain, c'est toutefois une autre histoire que Thomas VDB révèle dans *Le Parisien*: «On démarrait la vidéo en félicitant Alain Juppé en premier, puis François Fillon ensuite. On nous a dit que c'était un contresens trop gênant.» Les deux humoristes refusant que France 2 coupe ce passage, la chaîne aurait décidé de trapper leur sketch[2]. Déçus, ils le réenregistrent le lundi matin pour leur pastille habituelle diffusée chaque soir dans *Actuality.* Mais là encore, il ne sera pas diffusé, cette fois en raison d'une grève de techniciens.

Début 2017, *Actuality* s'interrompt faute d'audience. Mais comme ils «cartonnent» sur les réseaux sociaux, France 2 leur passe commande de quatre-vingts nouvelles «pastilles» pour les diffuser quotidiennement à 20h35 durant la campagne présidentielle. «On passe de la Ligue 1 à

1. Éric Bouche, «Thomas VDB et Mathieu Madénian: Macron s'est plaint qu'on lui en mettait plein les dents», *Téléstar*, 19 février 2018.

2. Charlotte Moreau, «Thomas VDB et Mathieu Madénian zappés par France 2», *Le Parisien*, 21 novembre 2016.

la *Champion's League*! », se réjouit Mathieu Madénian. Pour honorer la commande, ils recrutent une petite équipe. Le 13 mars 2017, pour la première de leur nouvelle formule, ils livrent à France 2 un sketch féroce sur la dérive des mœurs politiques. Faisant mine de donner des conseils à Benoît Hamon et Jean-Luc Mélenchon, ils leur conseillent en substance : « Pour vous faire remarquer, faites comme les autres : refusez les convocations des juges, embauchez vos épouses comme assistantes parlementaires, commettez des délits. » Mais à 20 h 37, surprise ! Alors qu'ils sont rassemblés avec quelques amis devant France 2, la chaîne publique leur refait le coup du mois de novembre : leur pastille politique est « trappée » à la dernière minute ! D'après ce qu'ils comprennent, elle aurait été jugée « trop politique » et Delphine Ernotte aurait décidé d'en suspendre la diffusion[1] !

Excédés, ils postent alors sur Facebook une petite vidéo mettant en boîte la patronne de France Télévisions : « On a fait 120 sketches dans *Actuality*, il y en a 90 qui parlaient de politique, mais apparemment, Delphine Ernotte ne s'en est pas rendu compte. Elle ne les a pas vus. Elle ne doit pas regarder sa chaîne, je ne sais pas », chambre Madénian. « Ou peut-être qu'elle se goure de chaîne ?, reprend Thomas VDB, ou qu'elle chocotte, qu'on gêne le pouvoir en place ? T'as peur qu'on dise "Flamby" ? François Hollande va appeler ? » « Ne vous inquiétez pas, on va retrouver du taf », conclut Madénian, qui ne croit plus à la volonté d'Ernotte de diffuser de l'humour politique. Simultanément, dans une tentative de faire « jeune », la patronne du groupe public les congédie maladroitement sur Twitter : « Hello, Messieurs, très sympa, votre message, et je vous dois la vérité : vous ne me faites pas rire… » Recontacté en 2021, Mathieu Madénian nous révélera que suite à ces escarmouches, France Télévisions leur avait proposé que leurs sketches puissent continuer, mais à condition qu'ils fassent désormais l'objet d'un contrôle préalable. Une proposition que les deux potaches ont déclinée. À l'époque, en tout cas, cette censure brutale va provoquer un dernier remous avec Patrick Menais, qui a transféré son célèbre *Zapping* de Canal Plus sur France Télévisions sous le titre *Vu*.

1. Jérôme Lefilliâtre, « France Télévisions : Thomas VDB et Mathieu Madénian censurés ? », *Libération*, 14 mars 2017.

Quelques jours après l'incident, Mathieu Madénian et Thomas VDB rejouent leur sketch censuré sur le plateau de Yann Barthès. Talentueux héritier de l'« esprit Canal Plus », ce dernier vient de passer avec armes et bagages dans le groupe TF1 suite aux pressions de Vincent Bolloré pour que *Le Petit journal* réduise son budget et devienne en partie crypté. Le lendemain, quand les équipes de Patrick Menais sélectionnent pour *Vu* cet extrait de *Quotidien* montrant que Madénian et VDB n'ont pas l'intention de se laisser faire, un représentant de la direction de France Télés s'oppose à sa diffusion, arguant qu'il ne faut pas « provoquer la direction ». Ce soir-là, *Vu* est donc diffusé sans l'extrait du sketch de Madénian et VDB. Et le lendemain matin, contrairement aux habitudes, c'est une version amputée de *Vu* qui est postée par France Télévisions sur Twitter[1]... Et ces pressions sur l'humour politique ne se seraient pas exercées qu'à France Télévisions. Sous Emmanuel Macron, même Yann Barthès aurait subi des pressions au cœur du groupe TF1.

La Macronie contre Barthès ?

Le 7 avril 2016, alors que Vincent Bolloré ne l'a pas encore poussé vers la sortie de Canal Plus, Yann Barthès et son *Petit Journal* repèrent les premières failles du candidat Macron : à Amiens, le ministre de l'Économie qui se veut « sincère, authentique, et vrai » lance son mouvement En marche ! devant une salle... interdite aux journalistes ! Au cours de la soirée, il fait diffuser un clip feignant de montrer des « Français [qui] voudraient que cela bouge », car ils ont « un potentiel et du talent »... Mais en vérifiant, les équipes de Barthès ont découvert que les visages qui défilent sont en réalité des figurants de publicité ou de clips politiques... autrichiens, allemands ou américains ! Pour le dissimuler, les équipes d'En marche ont été jusqu'à maquiller certains plans pour faire croire qu'ils avaient été tournés en France[2]. En guise de transparence et d'authenticité, cela commence bien !

Dans la foulée de ce petit « coup de griffe » aux macronistes, Barthès se prend dans la figure une enquête hostile du *Point*, l'hebdo du milliardaire

1. Albin Duvert, « France Télévisions a-t-elle coupé Thomas VDB et Mathieu Madénian de son zapping *Vu* ? », *Télé loisirs*, 17 mars 2017.
2. *Le Petit Journal*, Canal Plus, 7 avril 2016.

François Pinault. A-t-il bidonné? Trahi l'éthique de l'information? Tué sa grand-mère? Non. Barthès est seulement « secret ». Certains salariés le décriraient « tyrannique et omnipotent », comme le « gourou d'une secte » qui ferait régner la terreur dans ses bureaux[1]. L'attaque est aussi facile que faible. À la rentrée 2016, c'est *Public*, un hebdo people bas de gamme du groupe Lagardère lancé par Laurence Pieau quelques années auparavant qui cherche à son tour des « biscuits » sur Barthès, qui vient de quitter le Canal Plus de Vincent Bolloré pour rejoindre TF1. Là encore, les journalistes ont fouillé, interviewé d'anciens collègues du jeune trublion, mais sans trouver grand-chose: « Je ne l'ai jamais vu péter les plombs au bureau, témoigne un proche. Il peut bouder s'il n'est pas satisfait de quelque chose. » C'est tout? Pas tout à fait. *Public*, dont Michèle Marchand est proche (pour y avoir longtemps collaboré et parce que son agence Bestimage lui vend régulièrement des photos), accuse Barthès de « verrouiller sa com ». Il exigerait de relire ses rares entrevues avec la presse avant publication (ce qui n'est pas interdit) et déclinerait, dans ses rares contacts avec la presse, toute question sur « sa famille ou ses amours[2] ». Ce qui est vrai, c'est que Barthès refuse effectivement depuis des années d'exposer sa vie privée (il fuit les photographes et fut longtemps absent de Facebook ou Twitter), ce qui est son droit le plus strict. « Même dans l'équipe, on ne parlait jamais de [sa vie privée] », confirme un ancien de Bangumi, la société de production de Laurent Bon et Yann Barthès. Alors pourquoi aller le chercher sur ce terrain?

À l'automne 2016, sans se laisser déstabiliser par les allusions codées de *Public* à sa vie privée, Barthès continue à porter un regard acéré sur la campagne présidentielle, en particulier sur la communication d'Emmanuel Macron. Elle est alors « coachée » en coulisses par Michèle Marchand, tandis que Sylvain Fort et Sibeth Ndiaye sont les interlocuteurs officiels des journalistes. Début octobre, Paul Larrouturou, un reporter de *Quotidien* interroge avec pugnacité le candidat d'En marche sur l'étiquette de « traître » qui lui colle à la peau depuis qu'il a décidé de se présenter

1. Thomas Malher, Michel Revol, Olivier Ubertalli, « Le côté obscur du *Petit Journal* », *Le Point*, 9 mai 2016.

2. John-Raël Courjault, « Yann Barthès, enquêtes sur l'homme le plus secret du PAF », *Public*, 24 septembre 2016.

contre François Hollande[1]. Fin novembre, Barthès se moque d'Emmanuel Macron dans une séquence caustique montrant que malgré la sortie de son livre *Révolution*[2], il n'a… toujours pas de programme. Même le traditionnel résumé de la quatrième page de couverture a été remplacé par… une photo du candidat posant façon « sourire *ultrabrite* ». « Vous savez quoi ?, moque Barthès en mimant le candidat. Ce livre n'a pas besoin de résumé. Le texte, c'est moi. Le résumé, c'est moi. Mon programme, c'est mon visage[3] ! » Hilarité garantie dans les gradins. Quelques jours plus tard, lors d'une séquence de dédicace de son livre, c'est un Macron répétant mécaniquement dix fois la même phrase (« Bonjour ! Vous allez bien ? Alors, je mets pour qui ? Merci d'être là ») qui fait rire les téléspectateurs de TMC. En décembre, lors de son premier grand meeting parisien, son discours « hurleur » lui vaut une nouvelle imitation désopilante de Barthès.

Et début février, après un meeting lyonnais où il avait joué les prédicateurs américains, *Quotidien* pointe à nouveau le grand vide de ses discours : « Macron à Lyon, il sauve, guérit, fait prospérer… », commence Barthès, avant d'entrecouper chaque phrase creuse du candidat d'En marche d'un sonore : « Alléluia ! » « Le meilleur est devant nous, le meilleur est en nous », lance ainsi Macron. « Et l'eau, ça mouille ! Alléluia ! », rigole un Barthès plus impertinent que jamais. « Les jeunes disent tous que Macron n'a rien dit de clair ou précis », rapporte en duplex Hugo Clément, l'envoyé spécial de *Quotidien* à Lyon. Récurrent et souvent très drôle, l'humour de Barthès est-il de nature à plomber le plan de carrière de Macron ? Assurément pas. Mais un peu comme *Les Guignols de l'info*, à coups de moqueries, il instille dans l'esprit des jeunes téléspectateurs de TMC, filiale du groupe TF1, l'image d'un candidat superficiel qui n'annonce pas franchement aux électeurs la politique qu'il entend mener. De quoi irriter Sylvain Fort, Sibeth Ndiaye et Michèle Marchand, les communicants (officiels et officieux) d'Emmanuel Macron. À quelques mois de la présidentielle de 2017, en tout cas, ils savent pertinemment qu'après avoir été contrarié par certains aspects du quinquennat Hollande, Martin Bouygues, le propriétaire de

1. Paul Larrouturou, « 24 heures avec Manu Fitzgerald Macron », *Quotidien*, TMC, 5 octobre 2016.
2. Emmanuel Macron, *Révolution*, XO éditions, Paris, 2016.
3. *Quotidien*, TMC, 24 novembre 2016.

TF1 et de TMC, privilégie plutôt la candidature de François Fillon. Paul Larrouturou apprend alors par un ami que la *spin doctor* de l'Élysée connue pour dynamiter ou protéger les petites hypocrisies des peoples, la célèbre Mimi, furète autour de *Quotidien* : « Il m'a dit : "Fais gaffe, si tu prends de la coke ou si tu trompes ta femme, Michèle Marchand envisage de lancer des paparazzis sur toi, elle cherche à avoir prise sur toi". »

C'est alors que Yann Barthès va subir une nouvelle incursion dans sa vie personnelle. En février 2017, l'hebdo people du groupe Lagardère *Public* publie carrément des photos de lui prises à son insu à La Clusaz, où il possède une résidence secondaire, en précisant qu'il vient d'y passer quelques jours de vacances « entre potes[1] ». Préservant jalousement sa vie privée, comme on l'a vu, Barthès n'apprécie pas. Et il soupçonne la patronne de Bestimage d'être derrière ce coup bas. Selon le journaliste Jean-Michel Décugis, quelque temps auparavant, elle aurait « demandé à un proche de Barthès de lui révéler ou il passait ses vacances »… Choqué, ce dernier aurait prévenu le célèbre présentateur[2]. Lors de cette première publication des photos dans *Public*, Barthès remarque qu'elles ont été recadrées pour qu'on n'aperçoive que lui, et pas ses proches. Mais il sait désormais que des clichés indiscrets circulent dans les rédactions.

Mimi verrouille la « com » du président

À deux mois du premier tour, le jour même où Mathieu Madénian et Thomas VDB sont évincés de France Télévisions après s'être (un peu trop ?) moqués du candidat d'En marche, Barthès ne se démonte toujours pas. Recevant Emmanuel Macron dans *Quotidien*, il le « cuisine » sur son « ambiguïté » politique[3]. »

Le soir du premier tour, après avoir pointé une ultime bévue d'Emmanuel Macron présentant la Guyane comme une « île », les équipes de Barthès vont à nouveau exaspérer le candidat d'En marche. Ce soir-là, c'est à La Rotonde, une prestigieuse brasserie parisienne, qu'Emmanuel Macron célèbre un peu maladroitement avec ses troupes une victoire qui n'a pas

1. « Yann Barthès, au sommet même en vacances ! », *Public*, 24 février 2017.
2. Entretien de Jean-Michel Décugis avec l'auteur, 17 décembre 2018.
3. *Quotidien*, TMC, 13 mars 2017.

encore eu lieu. Parmi les invités : Line Renaud, Pierre Arditi, François Berléand, Stéphane Bern ou Bernard Montiel. Pour *Quotidien*, Paul Larrouturou demande alors à Emmanuel Macron si c'est son « Fouquet's à lui » (allusion à la soirée organisée dans cette luxueuse brasserie des Champs-Élysées par Nicolas Sarkozy en 2007 pour remercier des dizaines de grands patrons de l'avoir soutenu). Embarrassé par cette comparaison avec son prédécesseur réputé « bling bling », Macron répond sur un ton cassant que c'était son « moment du cœur » et qu'il n'a « pas de leçon à recevoir du petit milieu parisien ».

Manifestement contrarié par la diffusion de cet échange, Sylvain Fort téléphone alors à Yann Barthès à quelques minutes de l'antenne. Selon *Le Monde*, il l'aurait alors traité de « connard ». Recontacté, Fort reconnaît le coup de fil, mais dément l'insulte : « On s'entendait bien avec Paul Larrouturou, il ne nous gênait pas, on lui accordait plein d'accès privilégiés. Mais entre les deux tours, les équipes de *Quotidien* ne couvraient plus la droite, elles ne se moquaient que de nous, alors c'est vrai, j'ai appelé Barthès pour lui dire : "Il y a un truc qui déconne, intéressez-vous à Marine Le Pen, vous n'êtes pas équitables !" Il m'a raccroché au nez. » Furieux, Fort appelle ensuite Paul Larrouturou, en route vers un déplacement de Macron dans le Sud-Ouest : « Ton patron m'a parlé comme un connard, donc tu n'auras pas les accès convenus. Changement de doctrine, désormais, tu seras avec les autres journalistes[1] ! » Selon notre enquête, Sylvain Fort aurait même lancé au reporter de *Quotidien* : « Moi vivant, tu ne pourras plus approcher Macron à moins de dix mètres. » Puis il appelle Laurent Bon, le producteur de *Quotidien*, pour lui confirmer que ses équipes n'auront « plus d'accès privilégié » au candidat comme c'était le cas depuis le début de la campagne. Suite à ce coup de pression, Emmanuel Macron ignore ostensiblement en toute occasion Paul Larrouturou.

Quelques jours plus tard, Barthès rendra un hommage appuyé aux équipes de François Hollande qui, elles, n'ont « jamais passé un coup de fil ». Dans cet entre-deux-tours tendu, alors qu'Emmanuel Macron court derrière Marine Le Pen au chevet d'ouvriers de Whirpool écœurés que leur usine d'Amiens soit délocalisée en Pologne, les deux humoristes phare de

1. Entretien de Sylvain Fort avec l'auteur, 16 août 2021.

Quotidien, Éric et Quentin se moquent de Michèle Marchand. Arborant une ridicule perruque blonde, Quentin incarne la communicante qui « booste » son « petit poulet » (Emmanuel Macron) avec d'hilarants « Fais bisous ! », puis l'incite à rencontrer des vrais gens : « Va voir les ouvriers ! Va voir les pêcheurs ! » Puis : « Cet après-midi, tu vas voir l'intersyndicale de Whirlpool, il faut que tu montres que t'es un peu de gauche, quand même ! Faut que t'ailles les voir, ces ouvriers, faut que t'arrêtes d'avoir les miquettes ! » Éric « Macron » l'interroge, catastrophé : « Cela veut dire qu'on va annuler le shooting avec *Paris Match* ? » Quand elle acquiesce, il tape par terre de rage, puis la questionne : « C'est un "coup de com", ma Mimi ? » Et la fausse Mimi d'opiner : « Tu crois que c'est le monde des bisounours, la politique[1] ? »

Mimi a-t-elle apprécié cette mise en abyme hilarante des opérations de communication qu'elle téléguide en coulisses depuis des mois avec la complicité de *Paris Match* ? Le jour de l'investiture d'Emmanuel Macron, quand Paul Larrouturou se présente, un huissier lui indique qu'il n'est « pas sur la liste des journalistes accrédités[2] ». « Il était en liste d'attente, en raison de l'affluence et du fait que nous ne voulions pas privilégier *Quotidien* », expliquera Sylvain Fort[3]. En réalité, il aurait affirmé à l'envoyé spécial de Yann Barthès : « J'ai rayé ton nom pour que tu viennes me présenter tes excuses. »

Une fois leur champion parvenu à l'Élysée, les communicants d'Emmanuel Macron vont se montrer de plus en plus intolérants à l'égard de la presse en général et de Yann Barthès en particulier. Dès les premières semaines, le président laisse entrevoir son intention de déménager la salle de presse de l'Élysée… hors de l'Élysée. En juin 2017, ses conseillers justifient l'abandon de la traditionnelle interview du 14 juillet par ces termes hautains : « La pensée complexe du président se prête mal au jeu des questions-réponses avec les journalistes[4]. » Lors d'un déplacement en

1. Éric et Quentin, « The Macron », *Quotidien*, TMC, 27 avril 2017.
2. Charlotte Chaffangeon, « Emmanuel Macron et la presse, histoire d'un mépris », *Vanity Fair*, 24 août 2018.
3. Mail de Sylvain Fort à l'auteur, 16 août 2021.
4. Solenn de Royer et Bastien Bonnefous, « Ce que Macron veut faire de son congrès à Versailles », *Le Monde*, 29 juin 2017.

Bretagne pour visiter le Centre régional de surveillance et de sauvetage atlantique, un nouvel incident va survenir avec les équipes de Barthès. Lors d'une discussion avec le personnel sur les navires utilisés, dont le « kwassa-kwassa », noms des bateaux de pêche comoriens, Emmanuel Macron lance une vanne douteuse : « Ah non, c'est à Mayotte le kwassa-kwassa. Mais le kwassa-kwassa pêche peu, il amène du Comorien, c'est différent[1]. » Depuis une vingtaine d'années, des milliers de migrants comoriens fuient effectivement la misère en tentant de rallier le cent unième département français sur ces frêles embarcations. Bilan : des milliers de reconduites à la frontière et de 7000 à 10000 morts entre 1995 et 2012. La blague présidentielle passe mal et elle a été filmée par un envoyé spécial de Yann Barthès. Fortement critiqué sur les réseaux sociaux, le locataire de l'Élysée doit désamorcer la crise en appelant son homologue des Comores.

Suite à ce énième incident, Sylvain Fort et Sibeth Ndiaye limitent encore plus sévèrement les accès de *Quotidien* au président. Mais quelques mois plus tard, lors d'un voyage officiel du couple Macron en Inde, une envoyée spéciale de Yann Barthès va tout de même parvenir à mettre à nouveau en lumière la petite « cuisine people » organisée par Mimi et *Paris Match* pour promouvoir au mieux Brigitte et Emmanuel Macron, au détriment de l'information…

Taj Mahal, papier glacé et… foutage de gueule

En ce mois de mars 2018, fraîchement arrivée à New Delhi, la journaliste Valentine Oberti repère dans le programme élyséen une « visite privée au Taj Mahal ». Flairant une opération de com', l'envoyée spéciale de *Quotidien* file découvrir ce chef-d'œuvre architectural érigé en 1631 par un empereur moghol en hommage à son épouse décédée. Bonne pioche : Emmanuel et Brigitte s'y sont rendus en « visite privée » avec le conseiller diplomatique de l'Élysée, l'ambassadeur de France, un journaliste et un photographe de l'AFP, un journaliste de *Paris Match*, une équipe de TF1, la conseillère communication du président, le caméraman de l'Élysée, la photographe officielle de l'Élysée : « C'était en mode voiturettes de golf, et je vois Bruno Jeudy [directeur de la rédaction de *Paris Match*] dedans,

1. *Quotidien*, TMC, 2 juin 2017.

se souvient Oberti. Je me dis : c'est une vaste blague, en fait, la "visite privée" se déroule avec tout un tas de journalistes ![1] » Dans son reportage, elle pointe ce « coup à la Mimi », dont l'un des principaux paparazzis, Dominique Jacovides, accompagne le couple présidentiel.

Le lendemain, en conférence de presse à Bénarès, l'envoyée spéciale de Yann Barthès questionne le président devant une vingtaine de confrères : « Pouvez-vous nous donner votre définition d'une visite privée, puisqu'hier, il y avait beaucoup de photographes, de caméras pour votre visite "privée" au Taj Mahal ? » Comme à chaque fois que son instrumentalisation de la presse people se voit un peu trop, Emmanuel Macron prend la mouche : « Je tiens à vous remercier de l'intérêt de votre question après une visite de trois jours en Inde qui manifeste toute la richesse que vous avez tirée de ce déplacement. [...] Plusieurs d'entre vous étaient satisfaits de pouvoir être là. [...] Mais si la frustration de ceux qui n'étaient pas là les conduit à poser des questions de ce type, c'est à se demander si cela ne devrait pas être totalement fermé aux médias[2]. » Le lendemain, *Paris Match* consacrera huit pages à la visite du couple Macron en Inde. Un « schéma classique avec Bestimage », résumera Oberti, qui recevra le soutien de nombreux confrères choqués que le président ait méprisé si ostensiblement sa question.

En plateau, Barthès fera décrypter l'épisode du Taj Mahal par l'impertinent humoriste de France Inter Guillaume Meurice : « Je suis passionné par le culot ! Il y a des mecs qui crèvent de froid dans son pays, des migrants qui se font gazer à Calais et le mec, il emmène sa gonzesse devant les photographes, genre : "Viens, bébé, je vais te faire la totale." Il fait vider le Taj Mahal, il écarte les touristes et il se pose là, quoi... [...] Je me dis, à quel moment quelqu'un va lui dire : "Tu peux arrêter tes conneries, STP ?" Et j'espère bien que ce sera le peuple de France très bientôt dans la rue ! » Dans la foulée de cet appel à l'insurrection populaire lancé sur le plateau de Yann Barthès sept mois avant la révolte des Gilets jaunes, une violente campagne de déstabilisation est lancée contre l'emblématique fondateur du *Petit Journal*.

1. Entretien de Valentine Oberti avec l'auteur, 3 mars 2020.
2. *Quotidien*, TMC, 13 mars 2018.

Yann Barthès « outé »

Cyril Hanouna, l'animateur de C8 si proche de la sulfureuse communicante de l'Élysée qu'il était invité à son mariage et qu'il la qualifie volontiers de « deuxième maman »[1] interpelle à l'antenne son concurrent de *Quotidien*. Depuis des mois, la rivalité exacerbée entre *Touche pas à mon poste* (C8) et *Quotidien* (TMC) affole les gazettes. Mais cette fois, Hanouna va s'en prendre à Barthès avec une violence inédite, voire suspecte : « J'exècre Yann Barthès. Vraiment. Il a tout ce que je n'aime pas : il n'est pas courageux, il balance à l'antenne et quand t'es devant lui, il se retourne et il dit : "Je vais aller au commissariat..." [...] Moi j'aime les mecs qui ont des couilles. Malheureusement, il n'en a pas[2]. » Légitimement choqué par la violence de cette attaque aux relents homophobes, l'animateur de *Quotidien* réplique sur Instagram : « Je ne pensais pas qu'un jour, j'aurais honte d'avoir travaillé à Canal Plus. Aujourd'hui, c'est le cas. » Et Barthès d'ajouter, au sujet de ses attributs supposément absents : « Et pour ceux qui auraient des doutes, j'en ai. »

Le présentateur de *Quotidien* l'ignore, mais en coulisses, une manœuvre de déstabilisation autrement plus dévastatrice se prépare à propos de sa vie privée. Le 30 mars, *Oops*, un obscur journal people à la parution épisodique et dont on peine à identifier les journalistes et même l'adresse de la « rédaction » republie les photos de lui « volées » en février 2017 à La Clusaz. Mais cette fois, on y voit ses proches, Ariane Massenet et Laurent Bon, le producteur de *Quotidien*. Surtout, sous le titre « Avec son mec, c'est l'amour au quotidien », *Oops* laisse entendre que Barthès serait en couple avec son producteur ! Dans l'article, Laurent Bon est ainsi présenté comme celui qui « remplirait de bonheur sa vie (et ses nuits !), [...] celui qui le fait rire, lui fait des câlins et le soutient[3] ».

Dans les coulisses de l'émission, cet « *outing* » sauvage provoque un énorme malaise : « Tout le monde dans les couloirs en parlait !, nous a confié un ancien de *Quotidien*. Barthès et Bon ne communiquaient jamais

---

1. « Mimi Marchand, la reine des peoples au chevet des Macron », *loc. cit.* ; et Jean-Michel Decugis, Pauline Guéna, Marc Leplongeon, *Mimi*, *op. cit.*
2. *TPMP*, C8, 22 mars 2018.
3. « Yann Barthès, avec son mec, c'est l'amour au quotidien », *Oops*, 30 mars 2018.

sur leur vie privée. J'ai travaillé trois ans avec eux, je suis incapable de vous dire s'ils sont ensemble. Sachant le tempérament hyper *control freak* des deux, soucieux de préserver leur vie privée (et à raison) on s'est dit: "Là, ils vont détester, cela ne va pas le faire".» Le soir, sur son compte Instagram, Yann Barthès poste une photo de Christophe Salengro, le président de Groland, arborant un doigt d'honneur. Dans les bureaux de Bangumi, l'ambiance est glaciale: «Il se disait que c'était un coup de Mimi Marchand, avec Hanouna. On parlait d'une vengeance suite à l'affaire du Taj Mahal. Ils disaient aussi que ces photos circulaient depuis longtemps dans les rédactions», continue notre source. Pour les proches de Barthès, Mimi, déjà soupçonnée d'être à l'origine de la «paparazzade» de 2017, a peut-être joué de son influence pour que les photos soient republiées, cette fois de façon explicite. Contactée en 2021, la *spin doctor* des Macron dément.

Quand on lui rapporte l'anecdote, Sylvain Fort, lui, se montre moins catégorique: «J'espère qu'elle n'a pas fait cela... Pourquoi aurait-elle pris le risque de faire un truc aussi pourri? C'est de l'homophobie de base! Même si je trouve que Barthès s'était vengé de façon incorrecte après qu'on a supprimé ses accès privilégiés en 2017, ce ne sont pas des méthodes.

– C'est *border*?

– Ce n'est pas *border*, c'est de l'autre côté de la ligne!»

Puis, après un silence, l'ancien conseiller d'Emmanuel Macron conclut à l'endroit de Michèle Marchand: «En tout cas, rien ne lui a été demandé[1].» Dans l'entourage de Yann Barthès, on n'en démord pas: «Franchement, c'est signé, qui à part Mimi irait chercher dans les archives une vieille photo de Yann?», lançait en 2018 un de ses proches devant les journalistes Jean-Michel Décugis et Marc Leplongeon[2]. Et pourtant, à l'époque, Barthès et Bon auraient hésité sur la conduite à tenir. Porter plainte contre *Oops* pour atteinte à la vie privée? Cela équivaudrait à accréditer l'idée qu'ils sont en couple. Avec Ariane Massenet, ils vont opter pour un compromis: porter plainte, notamment dans l'espoir d'identifier les paparazzis indélicats et leurs liens éventuels avec Mimi, mais discrètement.

1. Entretien de Sylvain Fort avec l'auteur, 16 août 2021.
2. Jean-Michel Decugis, Pauline Guéna, Marc Leplongeon, *Mimi*, *op. cit.*

Le 24 avril 2018, ils assignent en référé la société éditrice de *Oops* devant le tribunal de Paris pour « atteinte au droit à l'image et à la vie privée ». Barthès et Bon réclament chacun une provision de 75 000 euros à valoir sur la réparation du préjudice subi, l'interdiction de la publication des photos sur tous supports et la publication d'un communiqué judiciaire à la une de *Oops*. Massenet se contente de réclamer 15 000 euros. Le 24 septembre, notant que Barthès a toujours cherché à préserver sa vie privée et considérant que l'article « révèle » son « orientation sexuelle », le tribunal condamne *Oops* à lui verser 12 000 euros, à valoir sur la réparation de son préjudice moral, et à annoncer en une que le journal a été condamné pour avoir porté atteinte à son image et à sa vie privée. Laurent Bon obtient la même condamnation et Ariane Massenet, 4 000 euros[1].

La victoire a un goût amer. D'abord car malgré la plainte, les paparazzis n'ont jamais été identifiés. Ensuite, car *Oops* n'a jamais versé les sommes dues. Enfin, car en quelques heures, l'article de *Oops* a été relayé par une quinzaine de journaux. Autant dire que la vie privée de Barthès ne l'est plus vraiment... Sur les réseaux sociaux, des commentaires écœurés fusent : « Putain, *Oops* ils sont sérieux ? C'est juste une atteinte à la vie privée. Les magazines people n'ont vraiment rien à faire de leur vie. Yann Barthes a le droit de choisir ou non de révéler son homosexualité. » Sur *Garçon Magazine*, les jeunes homos sont tout aussi choqués : « Secret de polichinelle soit, mais si ni Yann Barthès ni son compagnon n'ont choisi d'en parler publiquement, personne n'a le droit de le faire... Même pas *Oops*... » « Espérons que la justice soit la plus sévère possible, renchérit un autre. C'était tout aussi intolérable dans le cas Philippot » (allusion à l'*outing* forcé du numéro deux du Front national par *Closer* en décembre 2014). Le 2 juin 2018, *Oops* remet un coup de pression sur le présentateur de *Quotidien* avec un article encore plus douteux affirmant qu'il aurait été « largué par son mec[2] ».

Suite à cette campagne de déstabilisation derrière laquelle les patrons de Bangumi croient entrevoir Michèle Marchand, ils tentent de remonter le fil, d'identifier le sulfureux patron de *Oops*, mais sans parvenir à retrouver la

1. TGI de Paris, ordonnance de référé du 14 septembre 2018.
2. « Barthès largué par son mec », *Oops*, 2 juin 2018.

trace des paparazzis. Ont-ils enquêté sur les méthodes de certains paparazzis qui consultent (illégalement) les listes des passagers d'Air France pour voler des photos de personnalités[1] ? Sinon, pourquoi ne pas l'avoir fait ?

« MIMI LA TERREUR »

À la lecture de *Mimi*, l'ouvrage de Décugis et Leplongeon publié juste après l'*outing* de Yann Barthès et Laurent Bon, on ne peut s'empêcher de se demander si la frilosité des fondateurs de Bangumi ne s'expliquait pas par l'incroyable influence que la reine des paparazzis exerçait sur une bonne partie de la presse. En témoigne la discrétion qui a entouré la sortie de cet ouvrage. En avril 2018, Décugis et Leplongeon récupèrent une photo datant de 2017 ou Mimi pose en faisant le « V » de la victoire les deux bras en l'air dans le bureau du président de la République. C'est Brigitte Macron qui l'y avait introduite quelques instants, juste après l'élection présidentielle, alors que son mari filait avec Theresa May assister à un match de foot au Stade de France. Début mai 2018, la publication dans *Le Point* et *Le Canard enchaîné* de ce cliché symbolisant l'influence que la papesse de la presse people a acquise au cœur de l'Élysée embarrasse le pouvoir macroniste[2]… « À l'époque, Mimi envisageait de vendre Bestimage pour contractualiser à 100 % à l'Élysée », pense savoir Jean-Michel Décugis.

Dans un premier temps, elle conserve son rendez-vous hebdomadaire avec Brigitte Macron au palais présidentiel. Et le 6 mai 2018, malgré la publication annoncée de la fameuse photo, Emmanuel Macron la convie comme prévu à l'Élysée pour le premier anniversaire de son élection. « Il y avait tous les vrais et fidèles militants, même ceux qui n'ont aucun poste, pas les soldats de la dernière heure », racontera Mimi. « Et comme je suis là également, tous se disent alors, y a pas de problème ! » Ce jour-là, Emmanuel Macron lui aurait même fait la bise. Puis elle aurait reçu un texto élyséen sur le thème : « Le président ne vous en veut pas du tout[3]. » Brigitte Macron

1. « Mimi Marchand, la reine des peoples au chevet des Macron », *loc. cit.*

2. Émilie Lanez, « Mimi Marchand, la reine des paparazzis au cœur du pouvoir », *Le Point*, 7 mai 2018 ; et Christophe Nobili, « Le business élyséen de Mimi la marchande », *Le Canard enchaîné*, 9 mai 2018.

3. Renaud Lecadre, « Mimi Marchand, première dame des paparazzis », *Libération*, 6 juillet 2018.

aurait même envisagé à ce moment de lui confier sa communication pour le reste du quinquennat. Il faut dire que l'entregent de Mimi à *Paris Match* est précieux. Fin mai, elle envoie son meilleur paparazzi au château pour célébrer « un an de Brigitte Macron à l'Élysée ». S'ensuit un énième reportage de dix pages particulièrement complaisant pour la première dame[1].

Mais quand Décugis et Leplongeon rencontrent Mimi quelques semaines plus tard pour évoquer leur ouvrage à paraître, elle comprend qu'il s'annonce dévastateur. Les auteurs prévoient en effet d'y évoquer ses nombreux démêlées avec la justice. Pour la *spin doctor* des Macron qui vient de s'illustrer en organisant discrètement la communication de crise d'Alexandre Benalla, le CV est lourd. Elle aurait exercé des pressions sur Jean-Michel Décugis, salarié du *Parisien*: « *Le Parisien* enquête sur moi? Je ne pensais pas! J'y ai tant d'amis! » Puis elle cite Stéphane Albouy, alors directeur de la rédaction du quotidien, Pierre Louette, PDG du groupe, et Bernard Arnault, le propriétaire du journal, dont elle affirme « gérer la communication » (contacté, un responsable de LVMH nuance, mais reconnaît que le richissime groupe de Bernard Arnault missionne régulièrement Bestimage pour « couvrir des événements du groupe »).

« Vous me menacez? », lance Décugis. « Oh, il n'a pas d'humour! », plaisante Mimi. Dix minutes après cet échange, elle remartèle par texto à Décugis qu'elle connaît du monde dans son journal. La semaine d'après, elle déjeunait avec Stéphane Albouy ». Fin août, c'est son co-auteur Marc Leplongeon qui a une mauvaise surprise: son appartement parisien est visité en son absence. Mais rien n'est volé. Au même moment, l'Élysée annonce couper tout lien avec Michèle Marchand. Officiellement, c'est la fin de ses rendez-vous du jeudi avec la première dame. Même l'accréditation permanente de Bestimage à l'Élysée semble remise en cause. Un « cordon sanitaire » dont Mimi serait à l'origine, « pour ne pas nuire à Brigitte Macron », écrira *Libération*[2].

En parallèle de cette apparente mise en retrait de l'Élysée, Marchand a-t-elle usé de son influence pour dissuader certains confrères d'évoquer le

1. « Brigitte Macron, un an à l'Élysée, une première dame bien dans son rôle », *Paris Match*, 7 juin 2018.

2. Renaud Lecadre, « Écartée par l'Élysée, Mimi sort du champ », *Libération*, 17 octobre 2018.

livre ? Fin août, lors d'une conférence de rédaction à *Elle*, Marion Ruggieri (également chroniqueuse à *C à vous*) propose d'interviewer Pauline Guéna, la romancière qui a aidé les auteurs à rédiger *Mimi*. Quelques jours plus tard, *Closer*, l'hebdo people dirigé par Laurence Pieau (vieille copine de Michèle Marchand), ressort une vieille affaire où la police avait trouvé de la drogue dans un appartement appartenant à sa mère, la célèbre Ève Ruggieri[1]. Le 12 octobre, Marion publie néanmoins son interview [2]. Cette fois, c'est *France dimanche*, une locomotive du groupe Lagardère longtemps proche de Mimi, qui s'en prend à nouveau à sa mère en la présentant abusivement comme étant « au cœur d'un trafic de drogue[3] ».

Dès lors, les médias ne se bousculent pas au portillon pour interviewer les auteurs de *Mimi*. Même *C à vous*, l'émission de France 5 où travaille Marion Ruggieri et qui sollicite fréquemment Jean-Michel Décugis pour décrypter des faits divers, ne juge pas utile de l'inviter pour raconter sa formidable enquête sur la communicante de l'Élysée. Début novembre, il est néanmoins appelé, mais à propos d'un vieux fait divers remontant aux années 1980 : l'affaire Grégory[4]. « Dans les coulisses, je croise Pierre-Antoine Capton [le producteur de l'émission], nous relate Décugis. Je lui lance : "Alors, le livre, vous auriez pu nous inviter !" Il est gêné. Je l'avais croisé à l'Élysée le jour où on interviewait Brigitte. Il me lâche : "Mimi, je l'ai vue déjeuner avec Sylvain Fort !". » Décugis juge l'info intéressante, le principal communicant du château continuerait d'entretenir des relations avec Michèle Marchand. « On voulait la sortir dans *Le Point*, nous a confié le journaliste. Le service politique de l'hebdo appelle Sylvain Fort, mais quand il rappelle, il met la pression sur Sébastien le Fol [directeur de la rédaction]. » « Je lui ai simplement fait valoir qu'il m'était permis de déjeuner en ville sans que cela se retrouve dans *Le Point* », m'a précisé l'ancien conseiller d'Emmanuel Macron[5]. *Le Point* s'étant dégonflé, c'est *Le*

1. « La police trouve un kg de shit dans un appartement appartenant à Ève Ruggieri », *Closer*, 30 août 2018.

2. Marion Ruggieri, « Michèle Marchand : pour « Mimi », le livre de chez Grasset, les gens avaient peur de nous parler », *Elle*, 12 octobre 2018.

3. Jean-Christophe Garnier, « Ève Ruggieri : au cœur d'un trafic de drogue ! », *France dimanche*, 21 octobre 2018.

4. « Affaire Grégory, Muriel Bolle parle », *C à vous*, France 5, 5 novembre 2018.

5. Mail de Sylvain Fort, 16 août 2021.

Canard enchaîné qui révélera l'existence de ce discret déjeuner entre Mimi et le conseiller du président, lequel se justifiera en arguant de leur amitié : « Mimi est une copine, elle est sympathique, nos relations relèvent de la vie privée[1]. »

Même les équipes de Yann Barthès, qui passent pourtant leur temps à décrypter la communication politique, ne diront pas un mot de ce portrait de la *spin doctor* de l'Élysée : « Au début, on voulait inviter Décugis et Leplongeon en plateau, confie une source à Bangumi. Mais quand on a vu que Yann était cité dans l'ouvrage, on s'est dit qu'il serait délicat pour lui de les interviewer. La presse avait respecté une sorte de *gentlemen agreement*, personne n'avait parlé de l'*outing* de *Oops*. En en reparlant, Yann aurait légitimé le truc. Nous ne voulions pas en remettre une couche, on a préféré laisser cet article au niveau du caniveau. » Quand Décugis et Leplongeon apprennent que malgré ces réticences, les équipes de *Quotidien* prévoient de les interviewer dans les locaux de leur maison d'édition, Grasset, ils s'en réjouissent. Mais la veille du jour J, à 21 heures, un chargé de production leur adresse un texto d'annulation. On leur parle d'un « problème d'actualité ». Bizarrement, ils ne seront jamais recontactés. En télévision, seul le *Soir 3* de Francis Letellier et le *28 minutes* d'Arte rendront finalement compte de leur excellent ouvrage. Yann Barthès et Laurent Bon auraient-ils craint, comme nombre de journalistes, de se mettre définitivement à dos la très influente *spin doctor* de l'Élysée ? Ce que nous avons découvert, c'est que non content de passer sous silence un ouvrage qui fourmillait pourtant de révélations sur l'un des personnages les plus fascinants du pouvoir macronien, *Quotidien* a par la suite renoncé à diffuser un scoop au moins aussi dévastateur pour les macronistes.

---

1. « Canard plus », *Le Canard enchaîné*, 14 novembre 2018.

24

« Armes françaises au Yémen » : le scoop enterré

Le Yémen est un petit État du golfe d'Aden dont le régime autoritaire est contesté par une rébellion houthiste d'obédience chiite. En mars 2015, une coalition menée par l'Arabie saoudite (deuxième client de la France en matière de vente d'armes) lance contre ces rebelles yéménites une offensive militaire qui provoque en quelques mois un désastre humanitaire. Fin 2017, alors qu'un enfant « meurt toutes les dix minutes » au Yémen, *Quotidien* diffuse les appels au secours d'un jeune père de famille de la capitale, Sanaa : « J'aimerais que vous cassiez le silence autour du Yémen, il faut en parler, en parler, il faut convaincre vos pays d'arrêter de soutenir l'Arabie saoudite. Nos enfants meurent. Imaginez que nos enfants soient vos enfants[1] ! » En février 2018, Élise Lucet diffuse à son tour un remarquable *Envoyé spécial* sur les victimes civiles de la guerre menée au Yémen par la coalition saoudo-émiratie[2]. Bouleversé, Yann Barthès exhibe alors dans *Quotidien* des photos des chars Leclerc et des canons Caesar que la France a vendus à la coalition qui mène la guerre au Yémen.

Alors que l'ONU parle de « pire crise humanitaire de la planète, avec 20 millions d'habitants en urgence humanitaire » et qu'une résolution du Parlement européen demande la fin des ventes d'armes à l'Arabie, un reporter de *Quotidien*, Baptiste Demonstiers, interroge une première

1. *Quotidien*, TMC, 15 novembre 2017.
2. Khadija Al Salami, « Le Yémen, les enfants et la guerre », *Envoyé spécial*, France 2, 8 février 2018.

fois Florence Parly, la ministre de la Défense d'Emmanuel Macron, sur le soutien apporté aux Saoudiens : « Compte tenu de la "crise" au Yémen, la France peut-elle continuer à leur vendre des armes ? » « C'est une épouvantable crise humanitaire », répond la ministre, gênée. Mais l'envoyé spécial de Barthès, formé à l'école de *Complément d'enquête*, se montre pugnace : « Faut-il mettre la pression sur l'Arabie saoudite et les Émirats, ou garder le silence et continuer à leur vendre des armes ?

– La France réclame à cor et à cri des accès humanitaires pour la population yéménite qui souffre…

– On réclame des accès humanitaires, mais on continue à livrer des armes ?

– Je pense avoir répondu, réplique la ministre, furieuse. […] Je vous répète que nous avons des procédures et que naturellement, si de nouveaux contrats devaient être passés avec ces pays, ils passeraient au crible des critères que j'ai rappelés.

– Mais les contrats passés, on continue à les honorer !

– Je ne peux pas être plus précise ! », lâche Florence Parly. Excédée, elle s'éclipse en omettant de saluer la préfète présente, avant de s'excuser : « Oh, pardon, je suis confuse ! Je suis tellement en colère contre ces gens[1]… »

Le crime de trop ?

Fin 2018, confiant dans l'impunité que lui accordent les États-Unis et la France, le royaume saoudien organise le crime de trop. Le 2 octobre, Jamal Khashoggi, un journaliste saoudien en exil ayant pris position contre la guerre au Yémen dans ses chroniques du *Washington Post*, est exécuté et découpé en morceaux à la scie à os dans le consulat d'Arabie saoudite à Istanbul, où il était venu chercher un document pour son remariage[2]. Planétaire, le scandale relance la question du soutien occidental au sanguinaire royaume saoudien. Le 23 octobre, Angela Merkel suspend ses ventes d'armes à l'Arabie saoudite. Emmanuel Macron, lui, snobe les questions des journalistes : « Je ne vous répondrai pas. » Quelques jours plus tard,

1. *Quotidien*, TMC, 23 février 2018.
2. Le 26 février 2021, le président étatsunien Joe Biden déclassifiera un document établissant que le prince héritier Mohamed Ben Salmane avait personnellement approuvé l'assassinat de Jamal Khashoggi.

il semble ne pas prendre la mesure du scandale Khashoggi : « Quel est le rapport entre les ventes d'armes [à l'Arabie saoudite] et M. Khashoggi ? Je comprends le lien avec le Yémen, mais il n'y en a aucun avec M. Khashoggi », s'écrie-t-il le 26 octobre lors d'une conférence de presse en Slovaquie. Concernant les civils yéménites, Florence Parly tente d'éteindre l'incendie chez Jean-Jacques Bourdin : « À ma connaissance, les armes vendues récemment [à l'Arabie saoudite] ne sont pas utilisées contre les populations civiles[1]. »

Peu après, Valentine Oberti, la reporter de *Quotidien* qui avait déjà pointé l'hypocrisie de la communication macroniste au Taj Mahal, récupère un rapport « confidentiel défense » de quinze pages, rédigé le 25 septembre 2018 par la Direction du renseignement militaire (DRM). Transmis à Emmanuel Macron, Florence Parly, Jean-Yves le Drian et Édouard Philippe et présenté lors d'un conseil restreint de défense à l'Élysée le 3 octobre 2018, ce rapport explosif révèle, avec force détails, cartes et graphiques à l'appui, que des chars Leclerc, des obus flèches, des Mirage 2000-9, des radars Cobra, des blindés Aravis, des hélicoptères Cougar et Dauphin et des canons Caesar vendus aux Saoudiens ou aux Émiratis peuvent parfois être utilisés contre les populations civiles du Yémen ; et que, d'autres fois, la France n'a « pas d'informations » sur l'utilisation des armes qu'elle a vendues. La preuve irréfutable qu'en affirmant depuis des mois que les armes françaises ne sont « pas utilisées contre les civils du Yémen », Emmanuel Macron et Florence Parly relayent une énorme *fake news*.

Estomaquée, Oberi vérifie l'authenticité de ce rapport confidentiel accablant, puis commence à isoler les apparitions médiatiques de Florence Parly sur les plateaux de télévision. Le 23 novembre, histoire de boucler son enquête en recueillant la réaction de la ministre, elle se rend (avec le feu vert de sa hiérarchie) dans un salon « innovation défense », à Paris. Le rapport confidentiel de la DRM sous le bras, l'envoyée spéciale de Yann Barthès interpelle Florence Parly : « J'ai un document dans lequel il est expliqué que la France ne sait pas toujours ou vont ses armes au Yémen. » La ministre se mure dans le silence. Oberti se souvient d'une ambiance très

1. Interview de Florence Parly par Jean-Jacques Bourdin, RMC, 30 octobre 2018.

tendue : « Autour de moi, il y a plein de gradés. Soudain, mon ingénieur du son me dit : “Fais gaffe, ils prennent en photo ton document”. » Inquiète, elle le replie. Puis un conseiller de la ministre s'approche et commence à la filmer discrètement avec son téléphone portable : « Ce sont des documents confidentiel-défense que vous avez là ?

– Ce sont des documents qu'on m'a transmis, je fais mon travail, je pose des questions », répond l'envoyée spéciale de Yann Barthès. Elle se souvient d'une tension extrême : « Une chargée de communication en uniforme n'arrêtait pas de venir, de me dire : “Pouvez-vous me montrer ?” Elle me collait, j'ai été obligée de me réfugier aux toilettes pour planquer le document sous mes vêtements ! J'avais peur qu'ils l'identifient, qu'ils m'arrêtent. J'aurais dû me laisser faire, au moins, l'affaire n'aurait pas été enterrée ! Ce qui me faisait peur, c'est qu'ils confisquent nos rushes. Or c'était la seule preuve de leur gêne. Donc j'ai dit : “On se casse !”. » Sentant qu'elle a mis le doigt dans une affaire d'État, Oberti met les rapports confidentiels de la DRM et ses rushes en sécurité. L'après-midi même, la patronne de la Délégation à l'information et à la communication de la Défense (DICOD) lui adresse un mail avec copie à son rédacteur en chef et à Yann Barthès. Nonobstant les principes de liberté de l'information, elle les menace de cinq ans d'emprisonnement et de 75 000 euros d'amende s'ils « transmettent, reproduisent, publient ou détruisent » les rapports de la DRM démontrant que des chars et des canons français sont bien utilisés contre des civils au Yémen. La porte-parole de la défense exige que le fameux rapport soit restitué « sans délai » au ministère de la Défense, dans le quartier parisien de Balard.

Télécharger Signal pour « se parler tranquillement »

« Je me dis ok, on touche quelque chose », se souvient Oberti. Elle demande alors à ses collègues de télécharger l'application Signal pour qu'ils puissent se « parler tranquillement ». Laurent Bon demande une consultation à l'avocat de la société Bangumi, Richard Malka, sur les risques encourus. Selon Oberti, cette consultation n'est pas alarmiste : elle évoque des précédents, montre qu'il y a eu peu de condamnations, et que le secret de la défense nationale peut être contrebalancé devant la Cour européenne des droits de l'homme par la nécessité de garantir la liberté d'informer.

La justice française prononce néanmoins souvent des « rappels à la loi » avec peine en cas de récidive. « Il faut se tenir à carreau durant six ans. Cela entrave notre travail, c'est inacceptable, dissuasif. Si tu es pigiste, c'est encore pire ! », explique Oberti qui, elle, a la chance d'être en contrat à durée indéterminée.

En clair, la pression de l'exécutif est forte. Il n'est évidemment pas question de divulguer la moindre information qui permettrait d'identifier un militaire français sur le terrain au risque de le mettre en danger, mais il est d'intérêt public de révéler la vérité : contrairement à ce que les macronistes prétendent depuis deux ans, des canons français seraient bien braqués contre des civils yéménites, et des chars utilisés sur le terrain, Paris ne souhaitant pas que cette information circule.

Mais la semaine suivante, tout change. Laurent Bon convoque Valentine Oberti dans son bureau. Signe que l'heure est grave, il a demandé au rédacteur en chef, Guillaume Henette, et au responsable éditorial, Théodore Bourdeau, d'être présents. Selon des témoins ayant souhaité garder l'anonymat, le producteur de *Quotidien* aurait alors contesté l'importance des rapports confidentiels de la DRM et demandé vivement qu'on « réponde au mail du ministère ». Décontenancée, Oberti lui aurait alors demandé de pouvoir continuer à enquêter. Mais Bon lui aurait répliqué qu'elle ne pouvait « plus enquêter », qu'elle s'était « découverte auprès de la ministre », qu'elle avait « fait une faute professionnelle », qu'elle n'aurait « pas dû aller voir la ministre avec ce document ». Il aurait même laissé entendre n'être « pas au courant de ce tournage » qui « met en péril la boîte », et indiqué qu'il ne « pouvait se permettre d'avoir Yann Barthès en garde à vue »... Oberti ne comprend pas : « si je l'avais interviewée à son bureau, cela n'aurait rien changé, elle aurait quitté la pièce et on aurait eu les mêmes pressions du ministère ! » La journaliste reconnaît s'être mise en colère : « On est en train de changer toute l'écriture de *Quotidien* ? On ne va plus pourchasser les gens ? On le fait plus, ça ? D'accord, on fait des entretiens chiants sur des chaises ? Ben d'accord ! Je savais pas... »

De fait, les réticences de Laurent Bon posent question. Dans tous les médias sérieux, il arrive qu'on récupère des documents confidentiels, parfois classés secret-défense, c'est le jeu. Et quand ils récupèrent des informations d'intérêt public, les journalistes ont le devoir de les publier, dans le strict respect de leur déontologie professionnelle, même si cela bouscule de puissants intérêts. Laurent Bon et Yann Barthès subissaient-ils des pressions du pouvoir exécutif ? Le 6 novembre, à Verdun, le président avait répondu avec mépris à Paul Larrouturou qui l'interrogeait sur la fronde naissante des Gilets jaunes : « Vous n'êtes pas au bon niveau, Paul[1]. » Selon Laurent Bon, c'était juste un problème de méthode : « On ne brandit pas un document secret-défense dans un salon, on n'est pas *Cash investigation*, on est un *talk-show*, on fait de l'*infotainment*. Je n'ai jamais détenu de document secret-défense et je ne veux pas en détenir. Et si cela arrive, je veux anticiper le risque, en parler[2]. »

Le groupe Bouygues – propriétaire de TF1 et de sa filiale TMC, diffuseur de l'émission *Quotidien* –, qui bénéficie de nombreux marchés en Arabie saoudite et qui dépend de l'État pour ses fréquences téléphoniques, est-il intervenu ? « Un responsable de Bangumi m'avait dit un jour que l'une des clauses du contrat liant Bangumi au groupe TF1 leur interdisait de porter atteinte aux intérêts du groupe Bouygues ou de TF1 », nous a affirmé un confrère. « C'est vrai, comme dans toutes les chaînes, nous avions les mêmes à Canal Plus », minimisera Laurent Bon, qui conteste néanmoins toute pression du groupe Bouygues[3]. Mêmes dénégations à la direction des programmes de TF1. Oberti, elle, aurait été prête à le comprendre : « Ils m'auraient dit : "Écoute, Valentine, tu nous mets en difficulté, c'est trop compliqué et je ne peux pas t'expliquer pourquoi, débrouille-toi pour que cela sorte ailleurs", j'aurais été énervée, mais j'aurais dit : "OK, je comprends, je ne suis pas à *Mediapart*, je suis dans une boîte privée avec des contraintes, OK, c'est la limite !" Mais au moins, je n'aurais pas eu l'impression qu'on essayait de m'écraser la tête pour me déstabiliser ! Quand Bon a répété "faute professionnelle" plusieurs fois, je me suis dit : "Tu veux me virer ? Tu es en train de faire un dossier ?" Je l'ai mal vécu. »

Le lendemain de l'incident, un rédacteur en chef de *Quotidien* aurait tenté de « discuter » avec la porte-parole du ministère. Mais elle se serait montrée intraitable, réitérant la demande de restitution du document et

---

1. Mathieu Sapin, *Comédie française, voyages dans l'antichambre du pouvoir*, Dargaud, Paris, 2020.
2. Entretien de Laurent Bon avec l'auteur, août 2021.
3. *Ibid.*

menaçant de plainte. Oberti refusant de céder à cette pression de l'exécutif, elle reçoit un courrier du ministère lui annonçant que la section antiterroriste du parquet de Paris ouvre une enquête préliminaire pour « compromission du secret de la défense nationale ». Bangumi ne révèle pourtant pas l'affaire.

Le 15 février 2019, alors qu'elle est enceinte, c'est donc à l'insu de tous qu'Oberti est convoquée dans les bureaux de la DGSI à Levallois-Perret par des policières qui cherchent à identifier sa source. « Elles m'ont demandé depuis combien de temps je bossais à *Quotidien*, qui en était le rédacteur en chef, combien de personnes travaillent sous ses ordres, comment nous discutions nos sujets… » Comprenant que son audition a commencé, la journaliste fait courageusement valoir son « droit au silence ». Le 11 avril suivant, la pression s'accentue : la DGSI convoque son ingénieur du son, puis le 15, sa journaliste reporter d'images. Alors qu'Oberti vit douloureusement cet insidieux harcèlement de la Macronie, la direction de *Quotidien* lui refuse deux nouvelles enquêtes. Une sur une journaliste de *L'Opinion*, Emmanuelle Ducros, réputée défendre les pesticides (et dont Oberti a découvert qu'elle était parfois rémunérée par l'industrie agroalimentaire) et une histoire de « *#Metoo* dans la pub », qui aurait « mis mal à l'aise » les équipes de Barthès. Après quoi elle part en congé maternité. Fin de l'histoire ? Loin de là.

Scoop mondial

Le 15 avril 2019, les rapports secrets de la DRM que Bangumi a censurés sont publiés par le site d'investigation indépendant *Disclose*[1], dont Valentine Oberti est membre du comité éditorial. Le scoop est mondial. Au lieu de porter plainte contre les fondateurs du site, Mathias Destal et Geoffrey Livolsi, dans le cadre de la loi sur la presse de 1881, le gouvernement les fait convoquer à leur tour par la DGSI (avec Benoît Collombat, patron de la cellule investigation de Radio France) pour « compromission du secret de la défense nationale », délit puni de cinq ans de prison et de 75 000 euros d'amende. Pour justifier ce harcèlement de la presse par les services secrets, Sibeth Ndiaye affirme que les journalistes n'ont aucun

1. « Made in France », *Disclose*, 15 avril 2019.

droit particulier, qu'ils sont « des justiciables comme les autres[1] ». En réalité, dans toute démocratie, les journalistes bénéficient de droits particuliers, notamment celui de protéger leurs sources. Mais l'acharnement de la DGSI à identifier la source de Valentine Oberti va finalement se retourner contre le gouvernement d'Édouard Philippe.

Car cette fois, Destal, Livolsi et Collombat refusent de garder le silence[2]. Bientôt, la presse découvre que ce sont en tout huit journalistes ayant travaillé sur les armes au Yémen qui sont mis sous pression par la DGSI. Laurent Bon et Yann Barthès, qui tentent depuis six mois de rester discrets sur le fait que c'est leur journaliste qui est à l'origine de ce scoop mondial, se retrouvent en porte-à-faux. Le 15 mai 2019, ils invitent en plateau Anne Poiret, une journaliste qui vient de publier un ouvrage sur les ventes d'armes françaises[3]. Dans *Quotidien*, elle explique que contrairement à ce qu'avait prétendu Emmanuel Macron après l'assassinat de Jamal Khashoggi, des rapports parlementaires publics montrent que l'Arabie saoudite est bien l'un des premiers clients de la France en matière de vente d'armes. « Le président ment », conclut la journaliste. Devant sa télévision, Oberti s'étrangle : « refuser mon enquête, mais inviter Anne Poiret, c'était vraiment l'humiliation ! » Problème pour les patrons de *Quotidien* : la procédure dans laquelle sont entendus les journalistes ayant publié les rapports de la DRM mentionne le nom de Valentine Oberti, la véritable auteure du scoop. L'affaire va donc s'ébruiter.

Quelques jours plus tard, Michel Despratx, qui avait collaboré à l'enquête de *Disclose*, est à son tour convoqué par la DGSI. Puis, le 22 mai, c'est Ariane Chemin, grand reporter au *Monde*, que les services tentent d'intimider après un article à propos de l'affaire Benalla. Immédiatement, le directeur du *Monde*, Luc Bronner, publie un éditorial défendant sa journaliste. Embarrassés, les responsables de *Quotidien* tentent un dernier coup de poker : ils demandent à Oberti de revenir de son congé maternité pour évoquer en plateau son audition par la DGSI… sans révéler qu'ils ont censuré son scoop ! « Après toutes ces convocations de journalistes par la

1. Europe 1, 23 mai 2019.
2. Fabrice Arfi et Mathieu Suc, « Civils tués au Yémen : le secret-défense contre le journalisme », *Mediapart*, 24 avril 2019.
3. Anne Poiret, *Mon pays vend des armes*, Les Arènes, Paris, 2019.

DGSI, il devenait difficile pour nous de garder le silence», expliqueront-ils à *Télérama*. Cherchant à quitter Bangumi sans provoquer de scandale, Oberti accepte de jouer le jeu. Mais cette fausse bonne idée va se retourner contre *Quotidien*. Le lendemain, plusieurs journalistes l'appellent, intrigués, lui demandant où est son enquête. Sur France Inter, le directeur du *Monde*, lui, défend, sa journaliste Ariane Chemin: «Il ne faut surtout pas dissimuler ce genre de convocation. [...] Chez nous, pour protéger la source, on rend tout de suite public ce genre de choses pour neutraliser toute pression, enquête du parquet[1]...» Acculés, les responsables de *Quotidien* demandent alors à leur chroniqueur média d'expliquer en plateau que dès novembre, Oberti avait bien fait une enquête, mais qu'elle n'avait «pas abouti», la ministre de la Défense «refusant de répondre». La journaliste estimant que cette formulation entame sa crédibilité professionnelle, Julien Belver raccourcit son intervention.

Intrigué, un journaliste de *Télérama* demande alors à Bangumi où est passée l'enquête d'Oberti: «Nous souhaitions vraiment que la ministre Florence Parly réagisse à ces éléments sur les ventes d'armes dans une séquence, lui répond-on. Sans confrontation avec la ministre, pour nous, il n'y avait plus de sujet télé[2]!» En réalité, une confrontation entre Valentine Oberti et la ministre a bien eu lieu le 23 novembre, elle a même été filmée, mais jamais montée! C'est pourquoi aujourd'hui encore, peu de gens savent que c'est une journaliste appointée par Yann Barthès qui est la véritable auteure du scoop sur l'utilisation d'armes françaises contre les civils au Yémen. En 2019, après avoir démissionné de Bangumi sans indemnités particulières, Valentine Oberti est retournée travailler à *Mediapart*. Elle y co-anime «À l'air libre», une émission d'actualité mise en ligne tous les soirs à 19 heures... quelques minutes avant le début de *Quotidien*.

1. Sonia Devillers, *L'instant M*, France inter, 23 mai 2019.
2. Richard Senejoux, «Mais où est passée l'enquête de *Quotidien* sur les ventes d'armes?», *Télérama*, 2 juin 2017.

25

Le palais des *fake news* ?

À force de se méfier des journalistes, de les éconduire, de vouloir contrôler l'information, d'encourager l'affaiblissement de l'investigation dans l'audiovisuel public, Emmanuel Macron n'a-t-il pas contribué à faire de l'Élysée un « palais des *fake news* » ? Dès le départ, on l'a vu, il engage un bras de fer avec les journalistes couvrant sa présidence. Ses services de communication leur annoncent que la salle de presse située au rez-de-chaussée de l'Élysée qui leur permettait depuis des décennies de se tenir au courant des faits et gestes de la présidence serait réattribuée au service de sécurité de l'Élysée et qu'eux devraient désormais suivre l'Élysée depuis… l'extérieur de l'Élysée. Quelques semaines plus tard, Emmanuel Macron supprime la traditionnelle interview du 14 juillet, rare moment où les journalistes peuvent questionner le président sur l'évolution de son quinquennat, sous prétexte, comme on l'a vu, que sa « pensée complexe » ne se « prêterait pas aux questions des journalistes ». La formule prêterait à sourire si cette idée d'une « surintelligence » du pouvoir macronien n'avait pas été à nouveau relayée quelques mois plus tard par Gilles Le Gendre, président du groupe LREM à l'Assemblée. En pleine révolte des Gilets jaunes, il déplorera que les représentants de l'exécutif se soient montrés « trop intelligents, trop subtils, trop techniques dans les mesures de pouvoir d'achat[1] ». Un pouvoir tellement « intelligent » qu'après avoir éloigné les journalistes, il va donner

1. *Territoires d'info*, Public Sénat, 17 décembre 2018.

l'impression de vouloir prendre le contrôle de l'information, au point de relayer régulièrement des éléments de langage contestables, voire des *fake news*.

Affaire Benalla : dérapages et mensonges…

Les exemples sont tellement nombreux qu'il est impossible de les évoquer tous dans ce livre. Dès la veille du premier tour des législatives de juin 2017, alors que des journalistes demandent à Sibeth Ndiaye si Emmanuel Macron va prendre un « bain de foule », elle répond « Non ». Puis ils apprennent qu'elle leur a menti. Quand une journaliste de *L'Express* l'interroge sur l'anecdote, la communicante de l'Élysée lui répond : « De toute façon, à un moment, j'assume parfaitement de mentir pour protéger le président[1]. »

Laetitia Avia, la députée LREM porteuse d'un projet de loi sur la « haine en ligne » ? Dès le début du quinquennat, embarrassée par le fait que sa page Wikipédia relaye un article du *Canard enchaîné* relatant qu'elle avait mordu un chauffeur de taxi[2], elle met la pression sur une de ses collaboratrices : « Une de tes priorités de ta rentrée, c'est ma e-réputation. […] Le site Internet, je veux qu'on avance. Et Wikipédia. Wikipédia, il y a plusieurs choses à faire. Il faut prendre le contrôle sur cette page. Il ne suffit pas juste de supprimer le paragraphe sur *Le Canard enchaîné*, il faut le réécrire de toute façon et le sourcer quand on le réécrit[3]. » « Prendre le contrôle », « supprimer », « réécrire », cette tendance des macronistes à vouloir écrire l'histoire eux-mêmes sous-tend tout le quinquennat. Même les photos d'actualité doivent parfois être retouchées.

Alexandre Benalla ? Dès l'été 2017, lors des vacances du couple Macron à Marseille, il annonce à un photoreporter en planque devant leur résidence qu'il le place en « garde à vue ». Le chargé de mission auprès du président serait-il policier ? Non. Mais manifestement, il aime le laisser penser (voir chapitre 19). En décembre 2017, furieux que des journalistes de

1. Stéphanie Marteau, « Silence radio au château, comment Macron verrouille sa com », *L'Express*, 12 juillet 2017.
2. « Macroniste très mordante », *Le Canard enchaîné*, 5 juillet 2017.
3. David Perrotin, « Laetitia Avia, la députée LREM qui horrifie ses assistants », *Mediapart*, 12 mai 2020.

BFMTV attendent le président à la sortie d'un restaurant de La Mongie, dans les Pyrénées (ce qui n'est pas interdit), Benalla menace de leur casser la figure: «Il nous a demandé si on voulait aller s'expliquer un peu plus loin en montrant ses poings, se souvient le reporter Martin Cangelosi, puis il nous a suivis en nous expliquant que nous n'avions plus intérêt à revenir, qu'il savait où on habitait à Paris, avec qui on vivait et que, désormais, il allait nous suivre[1].»

Le 1er mai 2018, des milliers de personnes hostiles à la politique du «président des riches», comme dit Jean-Luc Mélenchon, défilent à Paris. Persuadé qu'il a la protection d'Emmanuel Macron et qu'elle est infaillible, Alexandre Benalla évolue comme un poisson dans l'eau parmi gendarmes et policiers, participant au maintien de l'ordre en toute illégalité, se comportant comme une «petite frappe», avec brassard «Police» et talkie-walkie officiel. Au jardin des Plantes, que des manifestants traversent pour échapper à la police, une jeune fonctionnaire du ministère de la Justice craignant d'être violentée par les forces de l'ordre prend la précaution de filmer sa retraite avec son téléphone portable. Quand elle croise Alexandre Benalla, Vincent Crase et Philippe Mizerski, un major de la préfecture de police de Paris censé les encadrer, ils la plaquent contre un arbre: «On n'a pas le droit de manifester le 1er Mai?

– Non, t'as qu'à aller au Venezuela ou à Cuba! Donne ton téléphone, sinon, on t'embarque!» Le trio s'empare alors de son téléphone portable pour en effacer la vidéo qu'elle vient de filmer[2].

Puis c'est l'intervention place de la Contrescarpe, où un jeune couple sera frappé et molesté par Benalla. La vidéo est prise par Taha Bouhaf, aujourd'hui journaliste au *Media*. Si sa diffusion sur les réseaux sociaux passe relativement inaperçu du grand public, le sommet de l'État, lui, est immédiatement informé de l'incident. Le préfet de police de Paris, Michel Delpuech, parle en confiance à son ami Patrick Stroda, directeur de cabinet d'Emmanuel Macron, pour lui suggérer de licencier immédiatement Alexandre Benalla. Mais Stroda se montre impuissant. Le 19 juillet, quand Ariane Chemin révèle dans *Le Monde* que sans le savoir, c'est un très proche

1. «Benalla, dérapages en série», BFMTV, 23 juillet 2018.
2. Willy Le Devin et Ismaël Halissat, «1er Mai: Benalla et Crase impliqués dans une autre interpellation», *Libération*, 27 juillet 2018.

collaborateur d'Emmanuel Macron que Taha Bouhafs a filmé en train de jouer les « gros bras »[1], une redoutable machine de production de *fake news* se met en branle au sommet de l'État. À la manœuvre ? Ismaël Emelien, le conseiller du président formé à l'école de Havas, l'agence de Vincent Bolloré. Très vite, pour discréditer le couple de jeunes manifestants, Alexandre Benalla se procure illégalement auprès de la préfecture de police de Paris des bandes de vidéosurveillance de la place de la Contrescarpe, mais aussi des images filmées ailleurs. Il les transmet à Ismaël Emelien[2]. Problème : si certaines images montrent bien le couple molesté jetant des bouteilles sur des policiers quelques instants avant d'être violemment interpellé par Benalla, d'autres montrent un homme qui n'a rien à voir : il n'a pas le même blouson, ses chaussures ne sont pas de la même couleur et il a été filmé plusieurs heures plus tard dans un autre lieu poursuivant des policiers en brandissant une chaise…

N'en faisant qu'un seul fichier, Ismaël Emelien rendra ces deux vidéos publiques via le compte Twitter anonyme @frenchpolitic de Pierre Le Texier, le responsable du pôle e-influence de La République en marche. Objectif : discréditer le couple molesté par Benalla. En légende des deux vidéos regroupées en une seule, Le Texier indique d'ailleurs : « C'était un individu violent qui était sciemment venu place de la Contrescarpe pour casser du flic. » Interrogé par l'IGPN sur l'utilisation de ce compte anonyme, Le Texier expliquera : « Je ne voulais pas que les journalistes fassent le lien avec moi et qu'ils nous demandent pourquoi nous défendions M. Benalla. » Pour faire buzzer cette vidéo trompeuse, en revanche, les macronistes sont là.

Informée de sa mise en ligne le 19 juillet vers l'heure du déjeuner alors qu'elle accompagne Emmanuel Macron en déplacement à Périgueux, Sibeth Ndiaye glisse à l'oreille de quelques confrères : « Va voir un compte qui s'appelle *French politic*, tu verras que Benalla n'est pas celui qu'on dit. » En quelques heures, cette *fake news* vidéo a été fabriquée, mise en ligne et promue par de hauts responsables de la préfecture de police de

1. Ariane Chemin, « Un proche de Macron mis en cause pour violence », *Le Monde*, 20 juillet 2018.

2. Ariane Chemin, « Benalla : l'Élysée a fait circuler une vidéo trompeuse », *Le Monde*, 31 mars-1er avril 2019.

Paris, Alexandre Benalla, Ismaël Emelien et Sibeth Ndiaye. Redoutable. Quelques mois plus tard, après avoir démissionné de l'Élysée, Emelien affirmera sur France 5 qu'il ne « savait pas » que l'homme à la chaise n'était « pas celui de la Contrescarpe » : « Je n'en sais rien, je ne sais pas qui est ce Monsieur, je ne sais pas si c'est celui-là ou pas. » Quant à l'utilisation de comptes anonymes, il se défend auprès de Patrick Cohen : « Vous savez, sur Twitter, c'est un peu la règle[1]. » Nous voilà donc dans une France où des conseillers de l'Élysée utilisent des comptes Twitter anonymes pour intoxiquer l'opinion avec des vidéos trompeuses. Cas isolé ? Pas sûr.

Dès la campagne de 2017, un document interne de La République en marche présentait la mobilisation sur Twitter comme « importante notamment vis-à-vis des journalistes ». « Pétitions anonymes » de soutien au gouvernement, multiplication de faux comptes Twitter pour agir façon « guérilla », intrusion dans des « groupes privés » de La France insoumise, messages attaquant des journalistes, « infiltration de groupes Gilets jaunes » : sur la Toile, les marcheurs se croiraient désormais tout permis[2]. À l'été 2018, après que deux coffres-forts d'Alexandre Benalla ont disparu (à son domicile d'Issy-les-Moulineaux) ou ont été vidés (dans son bureau de l'Élysée) et alors que l'Élysée prétendait couper tout lien avec le douteux chargé de mission, Michèle Marchand, encore elle, l'aidait en coulisses à gérer sa communication, allant jusqu'à mettre à sa disposition un van aux vitres fumées utilisé habituellement par les paparazzis de Bestimage et même un logement[3].

Une loi absurde contre les désinformations

Début 2019, en déplacement à Souillac, le président de la République expliquait pourtant à un panel d'experts qu'ils devraient dire « d'où ils parlent et qui ils sont », afin que nos concitoyens « partagent beaucoup mieux la décision publique » : « Il faut une hygiène démocratique de la liberté de l'information, poursuivait Emmanuel Macron. Il faut aller vers

1. *C à vous*, France 5, 28 mars 2019.

2. Samuel Laurent, « Plongée dans le web des ultra-macronistes », *Le Monde*, 7-8 juillet 2019.

3. Romain Boutilly et Tristan Waleckx, « Les secrets de l'affaire Benalla », *Envoyé spécial*, 20 juin 2019.

une levée progressive de l'anonymat [sur Internet], des processus où on sait distinguer le vrai du faux, savoir d'où les gens parlent et pourquoi ils disent les choses[1]. » Orwellien…

À la même période, alors que la loi sur la presse de 1881 prévoit déjà que « la publication, la diffusion ou la reproduction, par quelque moyen que ce soit, de nouvelles fausses, de pièces fabriquées, falsifiées ou mensongèrement attribuées à des tiers, lorsque, faite de mauvaise foi, elle aura troublé la paix publique, ou aura été susceptible de la troubler, sera punie d'une amende de 45 000 euros », les macronistes annoncent vouloir… légiférer sur les *fake news*. Dans le projet de loi de La République en marche, un candidat ou un électeur pourrait saisir un magistrat pour demander la suppression d'un contenu dans les 48 heures en cas d'« absence d'éléments vérifiables de nature à le rendre vraisemblable ». Comment les juges, déjà débordés dans les tribunaux, pourraient-ils devenir les boussoles de la vérité en… 48 heures, quand les journalistes d'investigation mettent parfois des mois à établir des faits ? Aberrante, cette proposition suscite un tollé : « Est-ce que désormais, il va y avoir une vérité officielle ? […] Lorsque le pouvoir commence à définir la vérité, je trouve que la démocratie est quelque part en danger », pointe à juste titre le député LR Éric Ciotti.

Craignant pour sa part qu'en cas de vote de la loi, les Gafam (Google, Amazon, Facebook, Apple, Microsoft) se retrouvent en situation de supprimer des contenus à la moindre alerte et sans procédure contradictoire, Jean-Luc Mélenchon dénonce à l'Assemblée un président qui inventerait une « censure privée » : « S'il fallait vraiment combattre la fausse information, on se battrait contre la concentration de la propriété des médias. On se battrait pour que les journalistes puissent correctement faire leur travail. Qu'ils n'aient pas peur, qu'ils arrêtent de courir. Ce sont les conditions matérielles du travail qui sont pour nous la première garantie qu'ils peuvent faire leur travail. La qualité de l'information est un sujet central en démocratie[2]. » Votée contre l'avis du Sénat en décembre 2018, la loi macroniste contre les *fake news* ne servira pas à grand-chose. Quand deux

1. Déclaration d'Emmanuel Macron, Souillac, 18 janvier 2019.
2. Discours de Jean-Luc Mélenchon, Assemblée nationale, 6 juin 2018.

parlementaires communistes tenteront de l'invoquer pour faire condamner le ministre de l'Intérieur Christophe Castaner, qui avait faussement évoqué une « attaque contre l'hôpital de la Pitié-Salpêtrière », le 1er mai 2019, avant de reconnaître que ce terme ne correspondait pas à la réalité, ils seront déboutés par la justice[1].

Et durant la révolte des Gilets jaunes, une infinité d'affirmations hautement contestables, voire d'insultes ont pu se répandre dans les grands médias en toute impunité. Un des exemples les plus frappants concerne la négation des terribles violences policières s'étalant pourtant chaque week-end dans les rues et sur les réseaux sociaux.

L'occultation des violences policières

Deux mois après le début de la révolte des Gilets jaunes, *Libération* a déjà décompté 90 blessés graves et le journaliste David Dufresne tient minutieusement le compte de ces violences sur son compte Twitter « Allo, place Beauvau ? C'est pour un signalement ». Cela n'empêche pas Georges Brenier, « spécialiste police justice » à TF1, de déclarer le 10 janvier 2019, sur le plateau du 20 heures : « Vu la violence inouïe des casseurs, eh bien il n'y a pas eu, à première vue en tout cas, de bavure, pas de morts, pas de blessés graves et, de l'avis de tous les experts, c'est la preuve de beaucoup de sang-froid et de maîtrise » de la part des forces de l'ordre. Commentaire d'*Arrêt sur images* : « Évoquant 64 enquêtes judiciaires néanmoins ouvertes suite à des signalements de violences policière, Brenier ira jusqu'à estimer que cela prouve que "contrairement aux idées reçues, les bœuf-carottes nc font aucune fleur, aucun cadeau à leurs propres collègues"[2]. »

Ruth Elkrief, star de BFMTV, donne l'impression de traiter les Gilets jaunes avec le même mépris. Son collègue Christophe Barbier ? Il consacrera un de ses éditos à faire la morale à Gaspard Glanz, le jeune reporter strasbourgeois blessé à plusieurs reprises par des policiers lors des manifs des Gilets jaunes[3]. Pendant que Barbier déblatère tranquillement sur son

1. Sandrine Cassini, « Premier désaveu pour la loi sur les « intox », *Le Monde*, 24 mai 2019.
2. Juliette Gramaglia et Tony Le Pennec, « Au JT, les violences policières n'existent pas », *Arrêt sur images*, 14 janvier 2019.
3. Christophe Barbier, « Gaspard Glanz n'est pas un héros », *L'Express*, 23 avril 2019.

confrère depuis un plateau parisien, Glanz, lui, a été enfermé dans une cellule durant quarante-huit heures, sous prétexte qu'il avait fait un doigt d'honneur à un policier. Durant cette éprouvante garde à vue, même ses médicaments lui auraient été retirés. Ce que Barbier ne dit pas (il n'était pas sur place !), c'est que juste avant son furtif « doigt d'honneur », Glanz venait d'être salué par le commandant de l'unité de police qui l'entourait avant d'être atteint (visé ?) par un tir de grenade explosive. En état de choc, les jambes criblées d'éclats, il avait été brutalement arraisonné et plaqué au sol. Sa caméra ayant continué à filmer, Glanz diffusera quelques jours plus tard les images d'un policier braquant sur son visage son « Cougar », un lanceur de grenades lacrymogènes et explosives de 55 mm de diamètre avec son doigt sur la détente[1]. « Au moindre faux mouvement, il m'aurait fait exploser le crâne », me racontera le courageux reporter au retour d'une rencontre des « citoyens résistants d'hier et d'aujourd'hui » au massif des Glières[2]. Thierry Ardisson, alors animateur sur C8 ? Il acceptera sans broncher la censure d'une interview du leader Gilet jaune Maxime Nicolle (dit « Fly rider ») enregistrée le 21 mars 2019 pour son émission *Salut les Terriens*.

Et cette tendance des médias *mainstream* à censurer ou discréditer de façon militante le mouvement des Gilets jaunes n'épargne pas l'audiovisuel public. Le 15 décembre 2018, le « 19/20 » de France 3 maquille une pancarte « Dégage Macron » brandie par un manifestant pour qu'on ne voie plus que « Macron » ! France Info ? Le 21 avril 2019, en commentaire d'une vidéo où des manifestants choqués par les violences policières provoquent des forces de l'ordre place de la République au cri de « Suicidez-vous ! », l'éditorialiste politique Renaud Dély tweete : « Et dire que pendant que cette vermine parade chaque samedi, il est encore des "idiots utiles" des Gilets jaunes qui fantasment un prétendu régime policier… » Suite au tollé provoqué par son tweet, l'éditorialiste de France Info le supprimera piteusement le lendemain.

Tout au long de cette révolte historique, à l'instar de Télé Bouygues, de BFMTV, voire de France Télévisions, le pouvoir macroniste tardera à reconnaître les graves violences policières survenues, comme quand Emmanuel

1. « Arrestation de Gaspard Glanz à Paris le 20 avril 2019 », *Taranis News*, 24 avril 2019.

2. Entretien de Gaspard Glanz avec l'auteur, 20 mai 2019.

Macron déclarera le 7 mars 2019 lors d'un « débat » à Gréoux-les-Bains (Alpes-de-Haute-Provence) : « Ne parlez pas de répression ou de violences policières, ces mots sont inacceptables dans un État de droit. » En réalité, la police blessera grièvement en quelques mois plus de manifestants qu'elle ne l'avait fait dans les vingt années précédentes. En une cinquantaine de samedis de manifestations, le bilan s'établit à onze morts (la plupart heurtés accidentellement par des véhicules, sauf la retraitée marseillaise Zineb Redouane, frappée à la poitrine par un projectile policier alors qu'elle fermait ses volets) et au moins 2500 blessés chez les manifestants (dont neuf éborgnés, cinq mains arrachées et trois cent quarante quatre blessures à la tête). Côté forces de l'ordre, près de 2000 policiers et gendarmes auraient également été blessés. En quelques mois, on a répertorié plus de 15000 tirs de lanceurs de balles de défense (rappelons encore que c'est une « arme de guerre », selon la réglementation internationale), près de 12000 interpellations et 10700 gardes à vue.

Au final, la violente répression de la plus importante révolte sociale survenue en France depuis la guerre d'Algérie n'aura débouché que sur un peu plus de 400 « enquêtes judiciaires ». En novembre 2019, le journaliste David Dufresne se montrait peu optimiste sur l'issue de ces procédures en réalité menées par la police elle-même : « Aucune communication n'a été faite sur la moindre punition, mise au placard, reconversion d'un policier. Et encore moins sur une condamnation. La plupart des plaintes aboutissent à des classements sans suite par l'IGPN, la police des polices. Même les sociologues les plus modérés disent que dès lors qu'il s'agit des violences policières, il y a un biais à l'IGPN ; certains parlent d'angle mort ou d'énigme sur le fait que l'IGPN soit incapable d'aller au bout de ces questions-là[1]. » Un déni qui frappe aussi France Télévisions. Le 2 juin 2019, alors que quelques dizaines de manifestants amputés, éborgnés ou ayant eu une main arrachée défilent, comme des « gueules cassées de 1914-18 », pour dénoncer leur sort, le 20 heures de France 2 ne leur consacre même pas un « off ». « Écœurant », me lâche dans un café Dominique Pradalié, ancienne secrétaire générale du Syndicat national des journalistes et figure de France 2.

1. Laure Narlian, « David Dufresne : la police a blessé en quelques mois autant de manifestants qu'en vingt ans », Francetvinfo, 16 novembre 2019.

Quelques mois plus tard, la loi « Sécurité Globale » illustrera la volonté des macronistes de contrôler les journalistes et l'image qu'ils renvoient de la réalité. La vive réaction qu'elle a suscité dans le milieu des médias, chez les syndicats du milieu de la presse et du cinéma (notamment avec la coordination Stop Loi Sécurité Globale) montre qu'il y a malgré tout encore une résistance, une volonté de lutter pour la transparence et l'honneur du journalisme.

Durant la crise du Covid-19, à partir de début 2020, la plupart des grands médias audiovisuels n'en continueront pas moins de marteler des éléments de langage de l'exécutif parfois frappés au coin du bon sens (l'utilité de la vaccination pour limiter les formes graves de la maladie), mais souvent approximatifs, voire mensongers (sur l'inutilité des masques ou les raisons de leur pénurie). Là où on aurait rêvé des médias offensifs, sceptiques, investigateurs, bref de nature à retisser la confiance entre journalistes et citoyens, tout se passe comme si les grands journaux d'information audiovisuels se comportaient désormais comme des machines à relayer la propagande de l'exécutif.

Avec des conséquences graves. Suite à la révolte des Gilets jaunes et à son traitement médiatique souvent biaisé, les agressions et actes d'incivilité contre des élus et des symboles de la République se multiplient dangereusement. Dans les manifs, des journalistes représentant des grands médias sont de plus en plus souvent agressés, au point de se voir contraints de recourir à des vigiles, voire de dissimuler honteusement le nom de leur média des bonnettes de leurs micros. « Pas une semaine sans qu'une de nos équipes ne se fasse agresser », déplorait ainsi Laurent Guimier lors de la conférence de rentrée de France Télévisions, le 24 août 2021. Il aurait été intéressant qu'il se demande pourquoi…

Dans son long travail de conquête de l'opinion, pour passer, comme disait Jacques Cotta, de 2 % de notoriété en 2016 à son élection à l'Élysée au printemps 2017, Emmanuel Macron aura pu compter sur les grands médias, une escouade de brillants conseillers souvent issus du privé, mais aussi sur Michèle Marchand, la « reine de paparazzis ». À la fin du quinquennat, comme grisée par le sentiment de toute-puissance qui aura caractérisé les macronistes depuis 2017, Michèle Marchand va toutefois commettre quelques erreurs qui vont précipiter sa chute.

26

La *spin doctor* de l'Élysée en prison

En ce 18 juin 2021, une dépêche tombe: « Michèle Marchand a été incarcérée à la prison de Fresnes pour avoir violé son contrôle judiciaire. » Mise en examen début juin dans un volet de l'enquête sur un possible financement libyen de la campagne présidentielle de Nicolas Sarkozy en 2007, celle qui gère en coulisses depuis des années l'image de stars du *show-business* et de la politique (notamment les couples Sarkozy et Macron) dort désormais en prison! Mon confrère Nicolas Vescovacci n'en revient pas.

La « vérité » sur le supposé financement libyen de Sarkozy?

Mais il fait vite un rapprochement: le 11 novembre 2020, en regardant BFMTV, il avait vu que Ziad Takieddine, l'intermédiaire en grands contrats qui avait introduit Nicolas Sarkozy auprès de Mouammar Kadhafi dans les années 2000 et qui lui avait raconté avoir joué les « porteurs de valises » entre la Libye et la France lors de la campagne présidentielle de 2007[1], serait « revenu sur son témoignage ». Il affirmerait désormais que Nicolas Sarkozy n'a pas touché d'argent libyen. Sur son compte Facebook, l'ancien président triomphe. Mis en examen pour « corruption », « financement illicite de campagne électorale », « recel de détournements de fonds publics » et « association de malfaiteurs », il exulte: « La vérité éclate enfin,

1. Fabrice Arfi, Karl Laske, Nicolas Vescovacci, « Takieddine: j'ai remis trois valises d'argent libyen à Guéant et Sarkozy », *Mediapart*, 15 novembre 2016.

le principal accusateur reconnaît ses mensonges. Jamais il ne m'a remis d'argent, jamais il n'y a eu de financement illégal de ma campagne de 2007. »

En guise de « preuve » de cette « rétractation » de Takieddine, une courte vidéo filmée à Beyrouth par Sébastien Valiela, le paparazzi proche de Michèle Marchand. Avec un fil de micro pendouillant à sa chemise, Takieddine y déclare à propos du supposé financement libyen de Nicolas Sarkozy : « Je confirme que ceci n'est pas vrai. M. Sarkozy n'a pas eu un financement libyen pour la campagne présidentielle » puis, « M. Kadhafi ne pouvait le faire parce qu'il ne le faisait jamais[1]. » À lire *Paris Match*, Takieddine aurait été plus ambigu : « Nicolas Sarkozy n'a pas reçu de moi les 5 millions d'euros. Il n'y a jamais eu d'argent pour sa campagne. Tout ce que j'ai fait, c'est donner 5 millions en cash à Claude Guéant chez moi, à la maison, en application des termes d'un accord de sécurité entre la France et la Libye. C'était en 2005[2] ».

Si on comprend bien, il y aurait bien eu un transfert de plusieurs millions d'euros en liquide de la Libye vers Claude Guéant, alors directeur de cabinet de Nicolas Sarkozy, avant la présidentielle de 2007, mais cet argent n'aurait « pas été destiné à financer la campagne de Nicolas Sarkozy ». Une « rétractation » quelque peu embrouillée, pas vraiment de nature à effacer d'un revers de main les nombreux indices et éléments à charge collectés par les juges et des journalistes d'investigation depuis des années. Et pourtant, *Paris Match* et BFMTV vont « vendre » au public ce « revirement » de Takieddine comme s'il prouvait l'innocence de Nicolas Sarkozy. Dans un bandeau titré « Libye/Sarkozy : la vérité éclate enfin », la chaîne info de Patrick Drahi reprend à son compte l'expression de l'ancien président. Quand Nicolas Vescovacci, surpris par cette présentation pour le moins favorable à Nicolas Sarkozy, appelle la chaîne d'info en continu, il a la surprise de tomber sur Romain Verley, un ancien rédacteur en chef de *Cash investigation* qu'il connaît : « Comment pouvez-vous titrer cela ?

1. Cité par Simon Piel et Joan Tilouine, « Revirement spectaculaire de Ziad Takieddine dans l'affaire du financement libyen de la campagne de Nicolas Sarkozy », *Le Monde*, 11 novembre 2020.

2. François de Labarre, « Exclusif, l'insaisissable Ziad Takieddine », *Paris Match*, 21 novembre 2020.

– Ben c'est une citation de Nicolas Sarkozy!

– Ah? Et vous ne pouvez pas le dire?

– On est une chaîne d'info en continu, cela va vite… »

Un détail, mais non des moindres, doit être gardé à l'esprit. BFMTV est désormais dirigée par Marc-Olivier Fogiel, un proche de Michèle Marchand: « Depuis longtemps, (Mimi) monte des coups, elle sait en faire parler, se justifie aujourd'hui Fogiel. Quand elle m'a appellé du Liban avec une vidéo, je savais que cela ferait du bruit. Cela collait avec une date judiciaire pour Sarko, cela se raconte». Ah? et la vérification des faits dans la «première chaîne info de France»? «On achète un témoignage, on ne prétend pas faire de l'enquête. Ce serait à refaire, je le referais[1] », réplique Fogiel. Problème: au fil des semaines, la prétendue «rétractation» de Takieddine arrangeant les affaires de Nicolas Sarkozy va apparaître pour beaucoup comme une opération méthodiquement organisée en coulisses par des proches de l'ancien président tout au long des années 2000. Pour mieux promouvoir la carrière politique de celui que Lagardère appelle «mon frère», *Paris Match* et *Le JDD* ont multiplié les unes perçues par beaucoup comme complaisantes. Puis, en mai 2021, l'ancien président de la République a carrément été coopté au conseil d'administration du groupe Lagardère.

Au cœur de la supposée «rétractation de Takieddine» se trouve Hervé Gattegno. Proche de Nicolas Sarkozy et d'Alexandre Djouhri, cet ancien journaliste du *Méridional* et du *Monde* devenu directeur des rédactions du *JDD* et de *Paris Match* se dit persuadé depuis des années que Nicolas Sarkozy n'a pas perçu d'argent libyen pour sa campagne de 2007. Au point de multiplier les articles tendant à dédouaner l'ancien président ou à discréditer ses accusateurs. Les magistrats en charge de l'affaire début 2020, dans une ordonnance réclamant le placement en détention d'Alexandre Djouhri écriront que: «Les conversations téléphoniques interceptées entre Alexandre Djouhri et Hervé Gattegno établissent effectivement qu'il lui demande de faire paraître des articles sur des sujets déterminés, notamment l'interview de Bachir Saleh [directeur de cabinet de Kadhafi] à Johannesburg […]; de très nombreuses conversations téléphoniques de

1. Conversation de Marc-Olivier Fogiel avec l'auteur, 17 octobre 2021.

2013 à 2014 établissent la proximité entre les deux individus ; dans ces conversations, Alexandre Djouhri n'apparaît nullement comme une source mais comme un donneur d'ordre[1]. » En juillet 2019, Gattegno publie en une du *JDD* un article spectaculaire présentant l'affaire Sarkozy-Kadhafi comme une « machination[2] ». Au moment de la publication de cet article, Nicolas Vescovacci se souvient d'un appel désagréable du même Gattegno l'accusant d'être un « militant » (après qu'il ait recueilli le témoignage de Takieddine en 2016 sur ses remises d'argent liquide à Nicolas Sarkozy[3]). En octobre 2019, Arnaud Lagardère le nommera également directeur des rédactions de *Paris Match*.

L'« opération Takieddine » de Michèle Marchand

C'est dans cette atmosphère de connivences qu'intervient Michèle Marchand. En parallèle de ses liens avec les Macron, elle est restée proche de Carla Bruni-Sarkozy, qu'elle accompagne souvent dans les médias. En échange, elle demanderait des petites faveurs pour son agence Bestimage, comme de pouvoir couvrir le mariage de Franck Louvrier, l'ancien conseiller de Nicolas Sarkozy devenu maire de La Baule. Le 12 octobre 2020, une énième « tuile judiciaire » tombe sur l'ancien président : pour la quatrième fois, il est mis en examen dans l'affaire du financement libyen, cette fois pour « association de malfaiteurs ».

À l'époque, Ziad Takieddine, l'un de ses accusateurs dans cette affaire, vient d'être condamné par la justice française dans l'affaire des frégates de Karachi. Contrarié, il s'est réfugié au Liban, d'où il souhaite prendre la parole. Noël Dubus, un intermédiaire français condamné pour escroquerie, l'appelle alors devant Michèle Marchand. Takieddine concédant que la mise en examen de Nicolas Sarkozy va un peu loin, l'idée d'une interview à décharge prend forme. Courant octobre, Mimi se déplace à Beyrouth pour superviser l'opération « rétractation. » Recueillis à Beyrouth le 23 octobre

1. Karl Laske et Fabrice Arfi, « Sarkozy-Kadhafi, les juges pointent la manipulation de la presse par Djouhri », *Mediapart*, 8 février 2020.
2. Hervé Gattegno, « Sarkozy-Kadhafi, les coulisses d'une machination », *JDD*, 13 juillet 2019.
3. « Takieddine : j'ai remis trois valises d'argent libyen à Guéant et Sarkozy », *loc. cit.*

par François de Labarre, de *Paris Match*, les propos du libanais vont dans le sens attendu.

Il faut dire que Michèle Marchand s'est elle-même déplacée pour « cadrer » l'interview. « Il s'agissait de vérifier que Ziad Takieddine allait dire ce qui était prévu », reconnaîtra-t-elle devant les juges, à savoir : « Sarkozy n'a jamais touché d'argent de Kadhafi[1]. » Pour s'assurer que le message passe en boucle sur les chaînes info et dans les 20 heures, Mimi a emmené dans ses bagages son fidèle paparazzi Sébastien Valiela, chargé de tourner une courte vidéo promise à BFMTV. En cette fin 2020, la chaîne d'info de Patrick Drahi est passée sous la coupe de Marc-Olivier Fogiel, dont on a déjà souligné la proximité avec Michèle Marchand. Depuis quelques années, la communicante fait parfois travailler le photographe François Roelants, mari de Fogiel, dans son agence Bestimage. Le monde est petit.

Une fois Mimi rentrée de Beyrouth, fin octobre, l'interview de Takieddine n'est pas diffusée tout de suite. Quelques semaines plus tard, le 23 novembre, doit s'ouvrir le procès des écoutes (dit « Paul Bismuth »[2]). Une épreuve pour Nicolas Sarkozy. Pourquoi attendre pour révéler la prétendue « rétractation » de Takieddine dans le meilleur timing possible pour Nicolas Sarkozy ? « Le procès des écoutes [le procès Bismuth] commençait juste après, ça arrangeait que ça attende trois semaines », expliquera Michèle Marchand aux juges. Ce sera chose faite le 11 novembre sur BFMTV et le lendemain dans *Paris Match*. Le jour même, s'engouffrant dans cette supposée « rétractation », le parti Les Républicains dénonce un « acharnement » judiciaire contre l'ancien président et la « partialité d'une instruction » qui aurait « fragilisé la démocratie ». Complaisamment interviewé par Ruth Elkrieff sur BFMTV le 13 novembre, Nicolas Sarkozy multiplie à son tour les formules outrancières comme « Est-ce que la France est un état de droit ? », « J'ai honte pour mon pays » ou « je ne suis pas un voyou ». Des éléments de langage manifestement destinés à discréditer la justice à la veille du procès « Paul Bismuth ».

1. *Ibid.*

2. Dans le cadre d'écoutes pour l'enquête sur le supposé financement libyen de sa campagne de 2007, la police avait découvert que Nicolas Sarkozy communiquait avec son avocat, Thierry Herzog, sur une ligne téléphonique ouverte à un faux nom : Paul Bismuth.

Et l'opération Takieddine ne s'est pas arrêtée là. À la veille de Noël, sous le titre « Takieddine accuse ses juges », *Paris Match* publie un nouvel article montrant cette fois Ziad Takieddine se rétractant devant un notaire libanais. Une photo non créditée illustre cet article signé Hervé Gattegno et François de Labarre. Commercialisée par Bestimage, la photo aurait été vendue 10 000 euros à *Paris Match*[1]. Mais le 14 janvier 2021, auditionné par la justice française à Beyrouth, Ziad Takieddine affirme que ses propos ont été « déformés » par l'hebdo Lagardère. « N'oubliez pas que *Paris Match* appartient à un ami de Sarkozy », fera-t-il remarquer aux magistrats venus l'entendre au Liban.

En mars, ignorant la teneur de cette audition, Michèle Marchand tente à nouveau de protéger Nicolas Sarkozy. Dans la foulée, Hervé Gattegno publiera un éditorial au vitriol contre la justice, doublé d'une fausse paparazzade signée « DR » et mise en scène à la une de *Match* sous le titre : « Ils ne nous détruiront pas[2]. » Cette fois, elle n'aurait pas été organisée par Michèle Marchand : « On pense toujours à moi pour les fausses paparazzades. Mais ce n'est pas moi, c'est le photographe de Nicolas Sarkozy, Sébastien Valente. C'est Hervé Gattegno qui est le chef d'orchestre de tout ça[3] », déclarera « Mimi » aux enquêteurs.

En juin 2021, après avoir enquêté quelques mois sur la « vrai-fausse » rétractation de Ziad Takieddine, la justice place Michèle Marchand et quatre autres personnes en garde à vue. Quarante-huit heures plus tard, elle est mise en examen pour « subornation de témoins », « association de malfaiteurs en vue de commettre une escroquerie en bande organisée » et placée sous contrôle judiciaire. Elle a interdiction d'entrer en contact avec Nicolas Sarkozy, son avocat Thiery Herzog, Hervé Gattegno, et même son paparazzi fétiche Sébastien Valiela. Dans un premier temps, Mimi nie toute implication. Quelques jours plus tard, en violation de son contrôle judiciaire, elle échange par téléphone avec Sébastien Valiela. « Je n'aurais

1. Hervé Gattegno et François de Labarre, « Takieddine accuse ses juges », *Paris Match*, 23 décembre 2020.

2. Bruno Jeudy, « Ils ne nous détruiront pas. Les juges l'ont condamné, ensemble, ils font face », *Paris Match*, 10 mars 2021.

3. « Fausse rétractation de Takieddine : comment Mimi Marchand devait "cadrer les choses" », *loc. cit.*

pas dû lui parler, c'était une erreur[1] », admet-elle aujourd'hui. Incarcérée le 18 juin à la prison de Fresnes, elle reconnaîtra finalement le 19 juillet devant les juges être bien impliquée dans l'opération Takieddine, allant jusqu'à avouer qu'elle avait participé à la rédaction de la « sommation interpellative » que le célèbre intermédiaire avait adressée à la justice française fin 2020. Signée par Takieddine devant un notaire libanais, cette sommation accusait le juge Serge Tournaire d'avoir incité Takieddine à accuser faussement Nicolas Sarkozy[2].

Dans le même temps, Michèle Marchand avait continué à pousser Noël Dubus à intercéder en Libye pour faciliter la libération de Hannibal, l'un des fils Kadhafi censé apporter des éléments de nature à prouver qu'un document publié par *Mediapart* en 2012 à l'appui du financement libyen était un faux. Le 22 mai, dans une conversation avec Marc-Olivier Fogiel interceptée par la police, la patronne de Bestimage aurait à nouveau relayé cette thèse obsessionnelle du clan Sarkozy sur le prétendu « faux document » de *Mediapart*. Une thèse pourtant démentie à trois reprises par la justice ces dernières années. Interrogée par les policiers sur son rôle dans cette affaire, Mimi aurait répondu qu'elle avait « la mission de "tuer" *Mediapart*[3]. » Contactée pour cet ouvrage, elle n'a pas souhaité s'exprimer sur cette affaire.

À la même période, la *spin doctor* des Macron sera également mise en examen pour avoir lancé des offensives vaseuses contre des gêneurs de la Macronie. En février 2020, alors que Benjamin Grivaux, un très proche d'Emmanuel Macron, se présentait aux municipales à Paris, une de ses anciennes maîtresses, Alexandra de Taddeo, avait conservé une vidéo sexuelle explicite qu'il lui avait envoyée au printemps 2018, lors de leur liaison. Son nouveau compagnon, l'artiste russe Piotr Pavlenski, avait alors rendu la vidéo publique, mettant un coup d'arrêt aux ambitions municipales de Benjamin Grivaux. Un mauvais coup pour Mimi, dont l'agence Bestimage travaillait depuis des mois à populariser la candidature du

1. Mails de Michèle Marchand à l'auteur, 27 septembre 2021 et 7 octobre 2021.
2. Fabrice Arfi, Karl Laske, Antton Rouget, « Sarkozy-Takieddine : la folle histoire d'une manipulation », *Mediapart*, 24 juin 2021.
3. *Ibid.*

candidat macroniste à la Mairie de Paris à grands coups de photos complaisantes dans *Paris Match*.

Deux jours après la diffusion de la « sex vidéo » de Grivaux par Pavlenski, informé par la police du lieu et de l'heure de l'interpellation du couple « maudit », Sébastien Valiela se rend sur place et filme l'arrestation. Dans la foulée, ses images montrant Pavlenski maintenu face contre terre par des policiers de la brigade anticriminalité du 16e arrondissement font la une de *Match* sous le titre : « Affaire Griveaux : le piège, les diaboliques qui ont fait chuter le candidat[1]. » Mais quand Alexandra de Taddeo porte plainte pour comprendre comment Bestimage a pu être informée de son arrestation à venir, l'IGPN ouvre une enquête. En juin 2021, Sébastien Valiela est mis en examen pour « recel de violation du secret professionnel » et « corruption active ». Trois policiers de la brigade anticriminalité du 16e arrondissement parisien sont pour leur part mis en examen pour « violation du secret professionnel », « corruption passive » et, pour l'un d'entre eux, « faux en écriture publique ». Le 12 août, la patronne de Bestimage Michèle Marchand est à son tour mise en examen dans cette nouvelle affaire pour « recel du secret professionnel » et « extorsion de fonds ». « Corruption, policiers impliqués… Ça ressemble à un véritable système mafieux », réagira Noémie Saidi-Cottier, l'avocate d'Alexandra de Taddeo[2]. Durant toute cette affaire, en tout cas, « Mimi » aura pu compter sur le soutien de Brigitte Macron. Le 29 juillet, suite à sa sortie de prison, la première dame l'appelle depuis le portable d'un proche pour s'affliger du traitement réservé par la justice à Nicolas Sarkozy et révéler qu'elle a déjeuné avec Carla Bruni : « ensembles, on disait c'est dégueulasse », lâche Brigitte Macron. Puis, elle aurait assuré la patronne de Bestimage de son soutien. Pour finir, l'épouse du président de la République aurait condamné le traitement « dégueulasse » de la justice à son égard et lui aurait proposé de contacter son officier de sécurité « en cas d'emmerdes[3] ».

1. « Affaire Grivaux : le piège, les diaboliques qui ont fait chuter le candidat », *Paris Match*, 19 février 2020.

2. « Affaire Griveaux. Un paparazzi mis en examen dans l'enquête sur l'interpellation de Piotr Pavlenski », *Ouest France*, 19 juin 2021.

3. Fabrice Arfi, Karl Laske, Antton Rouget, « Mimi Marchand-Sarkozy : l'embarassant coup de fil de Brigitte Macron », *Mediapart*, 3 novembre 2021.

27

Pegasus et le silence de Macron

À la fin de l'écriture de ce livre, les quelques illusions qui me restaient sur la possibilité d'investiguer en France en toute sécurité se sont effondrées à la lecture d'une enquête développée par mon confrère Laurent Richard, l'un des initiateurs de *Cash investigation* qui avait quitté Premières Lignes Télévision en 2017 pour créer avec d'autres *Forbidden Stories*, une organisation internationale visant à revenir sur les enquêtes de journalistes assassinés.

En ce 18 juillet 2021, un gros titre s'affiche en une du *Monde* : « "Projet Pegasus", révélations sur un système mondial d'espionnage de téléphones. » Comme l'avait déjà dévoilé Amnesty International, *Forbidden Stories* confirme que depuis 2011, la société de cybersurveillance israélienne NSO a vendu à une soixantaine d'États plus ou moins recommandables (Inde, Maroc, Togo…) ou gangrenés par des mafias (Hongrie, Mexique…), voire totalitaires (Arabie saoudite…), un redoutable logiciel d'espionnage permettant de siphonner à distance – et à l'insu de ses victimes – toutes les données d'un smartphone. Agenda, carnet d'adresses, photos, messagerie « sécurisée » type WhatsApp ou Signal, rien n'échappe désormais à la puissance du redoutable logiciel espion israélien. Selon Forbidden Stories et les dix-sept médias partenaires à l'origine de ces révélations, près de 50 000 numéros de téléphone dans le monde ont été potentiellement ciblés.

Des journalistes espionnés ?

Alors que Pegasus est en principe destiné à la lutte contre le terrorisme et sa vente subordonnée à une autorisation de l'État hébreu, depuis 2010, les téléphones de centaines d'avocats, de journalistes, de militants des droits de l'homme, de lanceurs d'alerte et même de responsables politiques ont été ciblés, voire infectés par le logiciel espion Israelien. Mieux : selon la réalisatrice américaine Laura Poitras, NSO a étendu son réseau de clients d'États à la faveur du traçage du Covid-19. Pegasus aurait également accéléré le projet d'assassinat de l'opposant Jamal Khashoggi quand le royaume saoudien, qui avait infiltré son téléphone, a découvert qu'il finançait Omar Abdulaziz, un autre dissident réfugié au Canada. Autre « scoop » terrifiant révélé lui aussi par le documentaire *The Dissident* : alors qu'il était en froid avec le milliardaire américain Jeff Bezos, le prince héritier saoudien Mohamed Ben Salmane en personne lui aurait adressé un message piégé. Quelques semaines après que le fondateur d'Amazon a mordu à l'hameçon, une de ses infidélités surgissait dans la presse. Le scandale provoquera son divorce[1].

À la lecture de cette formidable enquête, je suis scandalisé, mais pas vraiment surpris. Comme la plupart des journalistes d'investigation, je soupçonne depuis des années officines privées et États de porter illégalement atteinte au secret des sources. Sous François Mitterrand, l'affaire des écoutes de l'Élysée avait fait scandale. Avec Nicolas Sarkozy, en 2007, espionner les journalistes était monnaie courante, comme l'a montré la condamnation de Bernard Squarcini, ancien patron de la DCRI (ex-DST). Ces pratiques qui portent atteinte à la liberté de l'information obligent désormais nombre de journalistes à perdre un temps fou pour tenter de protéger les lanceurs d'alerte qui les informent.

Prenons l'exemple de Christophe Labbé, co-auteur d'une formidable enquête sur Bernard Squarcini, en 2012[2]. Son ordinateur sera espionné à son insu lors d'une entrevue à Marseille avec un haut responsable de la DCRI. Pour savoir si son appartement a été visité, il est désormais

1. D.F., « Un logiciel espion déjà starifié », *Le Canard enchaîné*, 21 juillet 2021.

2. Christophe Labbé, Didier Hassoux, Olivia Recassens, *L'Espion du président. Au cœur de la police politique de Nicolas Sarkozy*, Robert Laffont, Paris, 2012.

contraint de recourir à d'incroyables stratagèmes que la confraternité m'empêche de révéler. Marc Endeweld ? Après qu'il a commencé à enquêter sur la Macronie, en 2015, un émissaire de l'Élysée lui conseilla un jour de faire « attention, en vélo, dans Paris ». Tristan Waleckx, le nouveau patron de *Complément d'enquête* ? En 2018, alors qu'il affrontait trois procédures bâillons initiées par Vincent Bolloré, dont un procès en diffamation devant le tribunal de Nanterre, il avait subi une inquiétante intrusion, de nuit, à son domicile parisien. Deux jours avant de se présenter avec un témoin syndicaliste africain devant le tribunal, lui et son épouse avaient découvert qu'une grande vitre de leur appartement avait été descellée et qu'elle était tombée. La nuit suivante, vers 2 heures du matin, le couple avait entendu un ordinateur s'allumer dans leur appartement où dormait aussi un jeune enfant. Après avoir vérifié que l'enfant n'était pas réveillé, l'épouse de Tristan Waleckx s'était recouchée sans réaliser que des intrus avaient pénétré dans son salon. Le lendemain matin, quand elle avait voulu quitter le domicile pour aller travailler, elle avait découvert qu'elle était enfermée dans son appartement, dont les serrures avaient été changées dans la nuit. Empêché d'aller chercher son témoin africain à l'aéroport, Tristan Waleckx alertera la police et obtiendra que France Télévisions lui attribue des gardes du corps le temps d'affronter Vincent Bolloré devant la justice.

Plus modestement, quand j'ai commencé à critiquer les censures en cours à Canal Plus et donc à déranger la direction nommée par Vincent Bolloré, j'ai tout d'abord évité d'utiliser mon mail professionnel, craignant qu'il pouvait être surveillé par mon employeur. Puis je me suis méfié de ma ligne mobile, souscrite à mon nom et gérée par Canal Plus depuis 2000. Je l'ai conservée, mais en partant du principe qu'elle n'était pas fiable. Dans l'espoir de protéger mes sources, j'ai souscrit des abonnements téléphoniques à de faux noms. Un peu comme Nicolas Sarkozy, en 2014, dans l'affaire « Paul Bismuth ». À la différence près que Nicolas Sarkozy était soupçonné à l'époque d'inciter Gilbert Azibert, un magistrat de la Cour de cassation, à le renseigner illégalement sur l'avancée d'une procédure embarrassante : l'affaire Bettencourt. Alors que moi, je m'efforçais juste de faire mon métier de journaliste. Pour l'enquête de ce livre, il a fallu conserver ces lignes téléphoniques ouvertes sous de faux noms, mais aussi recourir à des techniques permettant de transmettre un manuscrit à distance sans risquer un piratage de ma boîte mail.

Mais avec Pegasus, à quoi bon toutes ces précautions? Capable de siphonner illégalement le contenu entier d'un ordinateur ou d'un téléphone portable en quelques instants quasiment sans trace de n'importe quel coin de la planète, le logiciel espion israélien ne risque pas seulement d'exposer tout journaliste ou lanceur d'alerte à des menaces de mort. Il aboutit à contaminer les cerveaux avec l'idée que personne n'est désormais à l'abri de la main vengeresse d'un État, d'officines privées mal intentionnées, voire de tueurs à gages. Le logiciel espion israélien crée donc… de la terreur, ce qui est de nature à tarir les sources d'information des journalistes. Et donc à fragiliser dangereusement la démocratie. En 2004, quand nous avions publié avec mon confrère Lounis Aggoun un livre enquête sur les dérives de la Françalgérie[1], un policier des Renseignements généraux avait demandé à me rencontrer. Lors d'un échange informel dans une brasserie parisienne, je l'informais être interdit de visa presse en Algérie depuis un reportage ayant déplu aux autorités en 1996[2]. Quand je l'interpellais sur le scandale consistant pour l'État Chirac à fermer les yeux sur le terrorisme d'État algérien en France, notamment lors des attentats de Paris en 1995, il me demanda: « N'avez-vous jamais été menacé de mort?

– Pas encore.

– Faites attention, en deux roues, dans Paris! » Suite à ce rendez-vous, j'ai fait un peu plus attention, en deux roues, dans Paris…

L'étrange impunité des espions du roi

Ces dernières années, Reporters sans frontières a pris la triste habitude de répertorier les dizaines de confrères assassinés chaque année dans des pays peu respectueux de la liberté d'informer[3]. Des assassinats spectaculaires se produisent désormais aux portes de l'Europe: Anna Politkovskaïa, une remarquable journaliste Russe embarrassant Vladimir Poutine, abattue

1. Lounis Aggoun et Jean-Baptiste Rivoire, *Françalgérie, crimes et mensonges d'États*, La Découverte, Paris, 2004.

2. Faouzia Fekkiri et Jean-Baptiste Rivoire, « Algérie, la vie continue », *Zone interdite*, M6, 1996.

3. Classement mondial de la liberté de la presse 2021, RSF.org

de plusieurs balles dans la tête le 7 octobre 2006 en plein Moscou. Plus récemment, Daphne Caruana Galizia, une journaliste maltaise tuée fin 2017 dans l'explosion de sa voiture après qu'elle s'est intéressée d'un peu trop près à la corruption gangrenant le sommet de ce petit État méditerranéen entré dans l'Union européenne en 2004. Pour Jean-Pierre Canet, membre du collectif « Informer n'est pas un délit », la cause est entendue : « Tu vas voir que la prochaine étape, ce sera des assassinats de journaliste au cœur de l'Europe ! », s'insurge-t-il au téléphone, effaré par la façon dont les services marocains ont espionné des journalistes français en toute impunité grâce à Pegasus.

J'aimerais lui donner tort. Comment Emmanuel Macron pourrait-il laisser le royaume chérifien connu pour emprisonner et torturer ses opposants infecter en toute impunité les téléphones de journalistes français, pour les surveiller de façon continue et identifier leurs sources à leur insu au cœur même de l'Hexagone ? D'autant qu'au fil des jours, en s'intéressant à la façon dont le Royaume du Maroc a utilisé Pegasus, Forbidden Stories a découvert que l'exécutif français lui-même aurait été ciblé : ces dernières années, des lignes téléphoniques appartenant à Emmanuel Macron et à quatorze de ses ministres auraient été sélectionnées par les services marocains en vue d'un éventuel piratage. Comment imaginer que l'exécutif français laisse un État étranger s'infiltrer au sein de ses échanges les plus confidentiels ? Et pourtant, suite aux révélations de Forbidden Stories, l'inimaginable va se produire : l'Élysée se mure dans un incompréhensible silence, se bornant à répéter aux journalistes qui l'interrogent : « Si les faits sont avérés, ils sont très graves. »

Très vite, *Le Monde* a pourtant transmis aux équipes d'Emmanuel Macron une liste de questions cruciales. Notamment pour « savoir si le téléphone du chef de l'État avait bien été ciblé ». Mais aussi pour savoir « quelle réponse la France entend-elle apporter à cette violation des droits élémentaires » des journalistes, avocats ou lanceurs d'alerte français à cause d'un logiciel espion israélien vendu aux services marocains[1]. Près de deux semaines après l'envoi de ces questions, l'Élysée n'avait toujours pas

1. Caroline Monnot, Nicolas Chappuis, Martin Untersinger, « "Projet Pegasus", ces questions laissées sans réponses par l'Élysée », *Le Monde*, 30 juillet 2021.

répondu. Pourquoi un tel silence de Paris ? Comment imaginer que l'État Macron ne protège pas des principes pourtant essentiels à toute démocratie, comme la liberté de la presse, donc le secret des sources, corollaire de toute liberté d'informer ? En renonçant à faire la lumière sur le scandale Pegasus, la Macronie laisse libre cours à tous les fantasmes.

Au centre du scandale se trouve Abdellatif Hammouchi, l'indéboulonnable patron de la Direction générale de la sûreté marocaine. En 2015, alors qu'il était sous le coup d'une plainte pour torture déposée en France par l'ancien boxeur marocain Zakaria Moumni, il avait été élevé par Bernard Cazeneuve au grade d'officier de la Légion d'honneur. Aurait-il partagé avec la France les informations obtenues illégalement via Pegasus ? Le fait que face à un tel scandale, Emmanuel Macron se mure dans un assourdissant silence, comme il l'avait fait dans les jours suivant l'affaire Benalla, interroge. Le locataire de l'Élysée semble vivre dans un autre monde. Un monde où les GAFAM comme Facebook ou Google qui omettent parfois de payer leurs impôts sont sollicités par les pouvoirs publics pour mieux surveiller les vacances des Français, leurs piscines, voire leurs propos ? L'Élysée a-t-il renoncé à faire respecter les principes fondamentaux de séparation des pouvoirs, de transparence publique et de respect de l'information qui caractérisent toute société démocratique digne de ce nom ? Si c'était le cas, il appartiendrait à d'autres, lanceurs d'alerte, journalistes intègres, représentants de la société civile, d'entrer en résistance pour faire vivre notre démocratie. Ils sont des milliers à le faire chaque jour. Puisse ce livre leur rendre un vibrant hommage.

Conclusion

À la fin de cette enquête, nourrie de dizaines de témoignages patiemment recueillis dans les coulisses des rédactions depuis le début des années 2000, tout se passe comme si la folie ayant consisté à encourager une demi-douzaine d'industriels à prendre le contrôle de la quasi-totalité des médias privés français produisait ses effets pervers. Bernard Arnault, propriétaire des *Échos* et du *Parisien*? Son groupe LVMH est le financeur exclusif des trois « Instituts des vocations pour l'emploi » présidés par Brigitte Macron à Clichy-sous-Bois, Valence et Roubaix. En clair, l'homme le plus riche de France finance sans complexe une partie des activités professionnelles de l'épouse du président de la République. Tout en soutenant médiatiquement ce même président. Vincent Bolloré, qui contrôle déjà Vivendi, le groupe Canal plus, le quotidien gratuit *CNews*? après avoir pris le contrôle du groupe Editis et d'une partie du groupe Lagardère (Europe 1, *Paris Match*, *Le JDD*), l'homme qui soutient la candidature présidentielle d'Éric Zemmour malgré ses deux condamnations définitives pour « incitation à la haine raciale » lorgnerait désormais... Le Figaro ! Xavier Niel, le fondateur de Free qui contrôle le groupe Le Monde et *L'Obs*? Comment se contenter du fait qu'il soit l'un des oligarques réputés les moins interventionnistes ?

À en croire différents échos parus dans la presse, le président Emmanuel Macron s'inquiéterait désormais de l'influence politique grandissante de ces oligarques, notamment de Vincent Bolloré. Au début du quinquennat, les macronistes s'étaient pourtant largement servi des médias du milliardaire breton pour relayer leurs éléments de langage.

Comment comprendre qu'au cours de cette enquête, ni Nicolas Sarkozy, ni François Hollande, ni Emmanuel Macron, ni Vincent Bolloré, ni Martin Bouygues, ni Arnaud Lagardère, ni Patrick Drahi, ni Delphine Ernotte, n'aient même pris la peine de répondre à mes mails ? Comment ne pas voir que leurs pratiques de copinage et de connivence lèsent, voire écœurent l'immense majorité de nos concitoyens ? Comment ne pas saisir que quand, lors des élections régionales de 2021, près de sept français sur dix font la « grève des urnes » (un record), c'est un signal d'alarme adressé aux institutions pour qu'elles évoluent enfin vers plus de respect citoyen voire d'éthique publique ?

À la rentrée 2021, après ma sortie de Canal plus, nous avons lancé avec de jeunes confrères et consœurs une série documentaire indépendante sur le bilan du quinquennat Macron[1]. Dédié aux conflits d'intérêts d'Alexis Kohler, le secrétaire général de l'Élysée, le premier épisode a été visionné près d'un million de fois en dix jours sur Youtube. Par ailleurs, notre campagne de financement participatif nous a permis de lever près de 100 000 euros en quelques semaines et nous avons reçu des centaines de messages d'encouragements.

Tous ces témoignages nous ont touché au cœur. Vous seriez donc des centaines, des milliers, voire des millions à appeler de vos vœux la naissance de médias indépendants des pouvoirs politiques et économiques, quitte à mettre la main au portefeuille pour les financer ? Pourquoi alors ne pas autoriser les contribuables que nous sommes à affecter une part des impôts que nous payons pour l'information (aides à la presse, redevance audiovisuelle…) aux médias indépendants de notre choix ? Pour ne pas déstabiliser la presse et l'audiovisuel public, une telle réforme devrait bien sûr entrer en vigueur de façon progressive. Et seuls, les médias réellement contrôlés par leurs salariés pourraient profiter de ces affectations citoyennes. Mais ne serait-ce pas une mesure révolutionnaire de nature à

1. Jean-Baptiste Rivoire, Yanis Mhamdi, Lucile Berland, Cécile Dolman, Etienne Millies-Lacroix, « Emmanuel, un homme d'affaires à l'Élysée », *Off investigation*, 2022.

refonder en profondeur l'offre d'information en France ? Si les politiques ne s'emparaient pas de cette proposition, il nous appartiendrait une fois de plus à nous, les citoyens, de nous battre pour faire avancer cette idée. Nous battre. Résister. Encore et toujours. Rien de bien révolutionnaire. Des bureaux régionaux de France 3, que j'écumais dans les années 1990 à l'agence CAPA, des émissions « La Marche du siècle » à « 90 minutes » en passant par « 24 heures », des plaines algériennes de la Mitidja aux orphelinats Russes en passant par l'histoire secrète de notre Ve République, à l'instar de nombreux confrères, j'ai toujours vécu le journalisme comme un acte de résistance. Puissions nous être des milliers dans ce cas, pour retrouver la confiance perdue de nos concitoyens.

Remerciements

Je tiens à remercier :
mon père Bruno Rivoire, cet esprit libre,
ma mère Bernardine Rivoire, si sensible aux injustices,
Paula qui m'a gentiment accueilli en Ardèche,
Jean Stern pour sa relecture attentive.

Table

Si vous souhaitez être tenu informé des parutions
et de l'actualité des éditions Les Liens qui Libèrent,
visitez notre site :
http://www.editionslesliensquiliberent.fr

Composition : In folio

Achevé d'imprimer en décembre 2021
par l'Imprimerie Floch à Mayenne
Dépôt légal : janvier 2022
N° impr. : 99654
Imprimé en France